雨花台年鉴

2023

南京市雨花台区地方志编纂委员会办公室 编

方志出版社
Publishing House of Local Records

图书在版编目（CIP）数据

雨花台年鉴. 2023 / 南京市雨花台区地方志编纂委员会办公室编.—北京：方志出版社, 2023.12
ISBN 978-7-5144-6009-4

Ⅰ. ①雨… Ⅱ. ①南… Ⅲ. ①区（城市）—南京—2023—年鉴 Ⅳ. ①Z525. 34

中国国家版本馆CIP数据核字（2023）第253125号

责任编辑：李志瑜
责任校对：刘玉霞
责任印制：梅中英
出 版 者：方志出版社
地　　址：北京市朝阳区潘家园东里 9 号（国家方志馆4层）
邮　　编：100021
网　　址：http://www.zgfzcb.cn
发　　行：方志出版社图书营销中心（010-67110500）
印　　刷：南京顺和印刷有限责任公司
开　　本：889毫米 × 1194毫米 1/16
印　　张：27.5
字　　数：623千字
版　　次：2023年12月第1版
印　　次：2023年12月第1次印刷
定　　价：198.00元

南京市雨花台区地方志编纂委员会

主　　任：李方毅

副 主 任：陆瑞峰　王金玉　郜叶红

委　　员：陶龙波　刘　军　朱盘江　姜　宁　翟高峰　梁　汶　许　慎　余　飞
张雪梅　俞　蓉　徐美如　曹祥娟　盛云生　夏　风　宋海红　尚小强
尹湘麟　程道伟　施晓明　王瑞荣　石明舟　刘立龙　褚堂琴　朱震龙
肖　华　祝　怡　吕齐斌　罗志刚　郑诗宁　王　鹏　裴　鸿　武永杰
魏建军　张　涛　张　盈　施妙生

办公室主任：徐美如

雨花台年鉴编辑部

主　　编：徐美如

执行主编：李　静

编　　辑：杨静珺　张　玄　陈佳佳　王守玲　张晓华　方亚玲

装帧设计：张南海

主　审

张连春　李方毅　杨　明　孙中华　余　清　陆瑞峰　王金玉　郜叶红

编辑说明

一、《雨花台年鉴》是由南京市雨花台区人民政府主办、南京市雨花台区地方志编纂委员会办公室编纂的综合性年度资料文献。其前身为创刊于2004年的《雨花年鉴（2001—2004）》，2018卷更名为《雨花台年鉴》。本卷为第20卷。

二、《雨花台年鉴（2023）》以马克思列宁主义、毛泽东思想、邓小平理论、“三个代表”重要思想、科学发展观、习近平新时代中国特色社会主义思想为指导，坚持辩证唯物主义和历史唯物主义的立场、观点和方法，全面、系统地记述和反映2022年南京市雨花台区自然、政治、经济、文化、社会和生态文明建设等方面的基本情况，以及与该行政区域密切相关的内容，为各级领导决策提供参考和依据，为社会各界人士了解和研究雨花台区提供基本资讯。

三、《雨花台年鉴（2023）》记述起讫时间为2022年1月1日至2022年12月31日。为便于读者查阅和了解事物的完整性，对于跨年度的个别重大事项仍予简略记述。为避免与国家风景名胜区“雨花台”产生歧义，部分文献材料中采用区域名简称“雨花”。

四、《雨花台年鉴（2023）》卷首设专题图片、特载、专记、大事记，主体部分设雨花台区概览、中国（南京）软件谷、机关团体、法治·军事、科技创新、区域经济、人居环境、文化旅游、公共服务、应急管理、街道·园区、人物·荣誉12个类目，卷末设附录、索引。按分类编辑法，设类目、分目、条目3个层次，部分分目下设次分目，条目为记述的基本层次。根据记述需要，部分交叉内容采用参见法，延伸说明采用链接法。

五、雨花台区内园区管理体制特殊，中国（南京）软件谷整体属于雨花台区范围，软件谷党工委、管委会分别为南京市委市政府的派出机构，委托雨花台区委区政府管理，本卷单列设为类目。雨花经济开发区由雨花台区直接管理，与街道并设为“街道·园区”类目。

六、本卷年鉴资料由雨花台区机关各部、委、办、局、街道（园区）、驻区企事业单位等提供；雨花台区地图由市规划和自然资源局雨花台分局提供；统计资料由区统计局提供。由于统计口径、方法、时间不同，部分数据有差异。

七、数字用法、标点符号用法分别采用国家标准《出版物上数字用法》（GB/T 15835-2011），《标点符号用法》（GB/T 15834-2011），计量单位采用国家技术监督局1993年12月发布的《量和单位》系列国家标准。

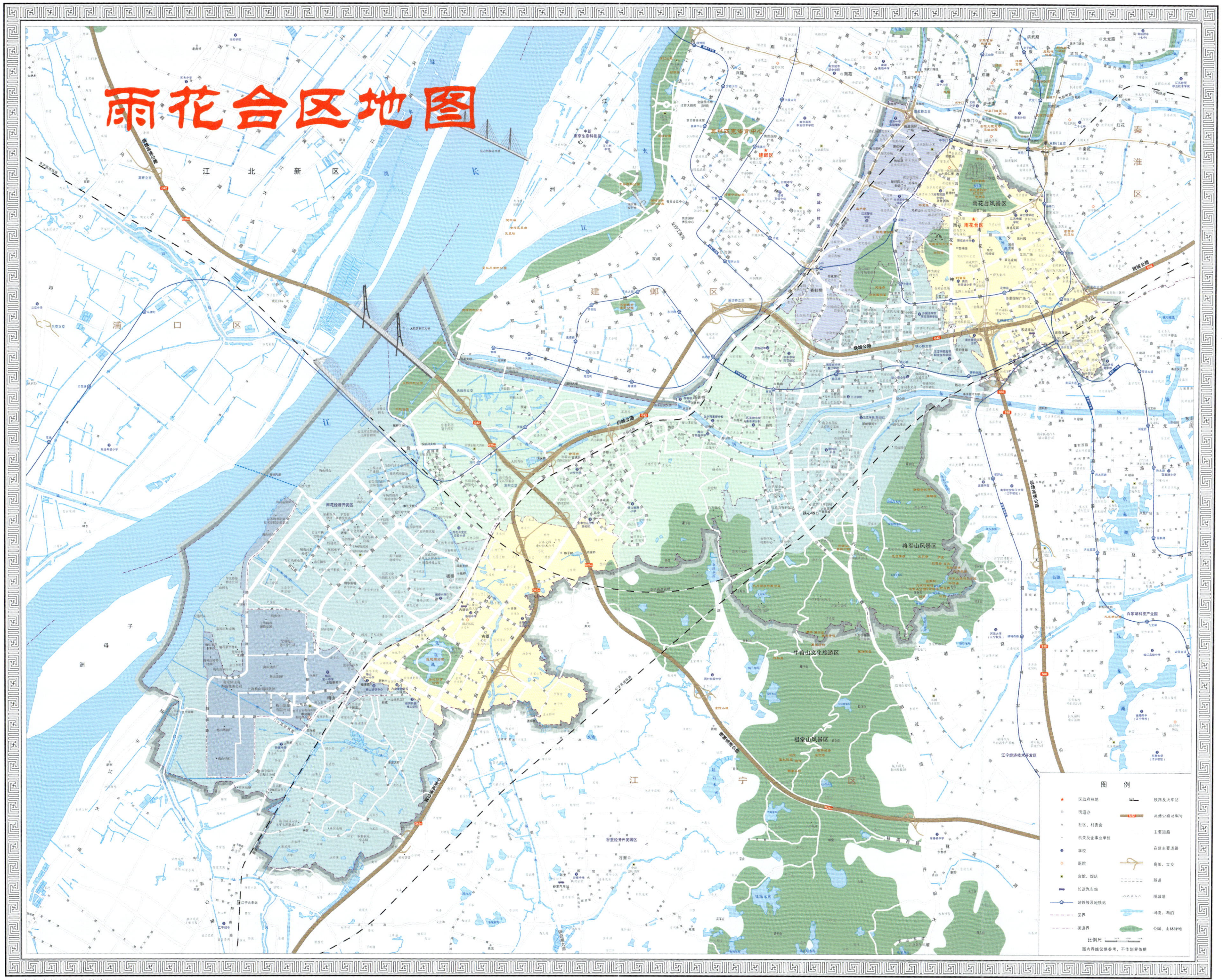

南京市规划和自然资源局
南京市测绘管理办公室 监制

审图号：宁S（2023）034号 2023年12月

总　　目

Main Contents

目　　录

机关团体

中国共产党南京市雨花台区委员会

科技创新

区域经济

文化旅游

人物·荣誉

附 录

索 引

专题图片

2023 YUHUATAI ALMANAC

Special Pictures

雨花台区新貌

（区委宣传部供图）

软件谷新貌

（区委宣传部供图）

岱山夜市　（西善桥街道供图）

新滨江夜景　（区委宣传部供图）

雨花经开区高科园区　　（区委宣传部供图）

金融科技产业园　　（区委宣传部供图）

板桥生态园

景明佳园口袋公园

（区委宣传部供图）

（区委宣传部供图）

花神大道

（区委宣传部供图）

4月21日，雨花台区举行2022年南京市重大招商项目暨央企区域总部项目签约活动（雨花台区分会场）

（区委宣传部供图）

7月30日，第二届全国红色爱国主义教育高峰论坛在雨花台中学举办 （区委宣传部供图）

8 月 24 日，雨花台区“及时雨”民声直达平台、政策直达平台双上线发布仪式在区政府综合楼会议室举行
（区委宣传部供图）

2022 年，雨花台区先后有亚信安全、嘉环科技、联迪信息等 3 家企业上市。图为 9 月 2 日南京联迪信息系统股份有限公司在科创城会议中心举行“云敲钟”上市仪式
（软件谷供图）

9 月 24 日，江苏省妇幼保健院总部、江苏省人民医院雨花分院在雨花台区开工建设　　（区委宣传部供图）

11 月 8 日，雨花台区委理论学习中心组专题学习党的二十大精神　　（区委宣传部供图）

11月23日，2022第五届中国核心技术创新发展峰会在软件谷举行，会上成立中国（南京）软件谷工业软件产业联盟 （区委宣传部供图）

11月23日，软件谷参展2022中国（南京）国际软件产品和信息服务交易博览会 （区委宣传部供图）

2月15日，雨花台区获全国智慧健康养老示范基地称号。图为雨花台区南山园护理院工作人员为老人服务
（区委宣传部供图）

5月15日，全国妇联揭晓全国最美家庭名单，雨花台区李蓉家庭入选。图为李蓉走进课堂，和孩子们共同阅读绘本
（区妇联供图）

7 月 29 日，雨花台区获江苏省第十二届“双拥模范区”称号。图为江苏省“双拥办”在雨花台区调研指导创建工作 （区委宣传部供图）

8 月 16 日，第十一届“中国软件杯”大学生软件设计大赛总决赛颁奖活动在区委党校举行 （软件谷供图）

8 月 25 日，“房地产企业雨花行” 活动在明发大酒店会议厅举办　　（区侨办供图）

古雄社区家风家训主题教育馆被江苏省文旅厅公布为 “最美公共文化空间” 打造对象　　（古雄街道供图）

"诗意雨花·书画名家作品展"在2021年度江苏美术馆馆际联盟优秀展览评选中，被评为优秀展览项目。图为8月27日"诗意雨花"全国油画名家作品展在雨花美术馆开幕（区委宣传部供图）

9月28日，中共南京市雨花台区委区级机关工委在雨花台烈士陵园举行"致敬雨花英烈 奋进雨花有我"沉浸式党课暨"信仰之光照亮奋斗之路"攻坚实践活动启动仪式（区委宣传部供图）

市公安局雨花台分局西善桥派出所教导员崔圣菊当选为党的二十大代表。图为崔圣菊走进社区宣讲党的二十大精神
（区委宣传部供图）

10 月 25 日，雨花台区禁捕协助巡护队获农业农村部 长江流域渔政监督管理办公室表彰。图为雨花台区组织长江禁捕联合执法检查
（区委宣传部供图）

5 月 12 日，雨花台区“新生儿出生一件事一次办、网上办”实现全区覆盖（区委宣传部供图）

6 月 6 日，雨花经开区社区卫生服务中心开诊（新滨江指挥部供图）

8 月 6 日，岱山新市集开展“后备箱集市”活动 （区委宣传部供图）

8 月 30 日，中华中学举行高中入学典礼暨雨花校区启用仪式。图为中华中学雨花校区
（区委宣传部供图）

11 月 11 日，2022 南京国际消费节暨雨花台区心动消费节启动仪式在雨花吾悦广场举行

（古雄街道供图）

11 月 18 日，古雄街道新林社区在小区“连心亭”开展居民议事

（区委宣传部供图）

出新后的赛虹桥街道菊花小区　　（区委宣传部供图）

绕城北辅道小游园　　（软件谷供图）

11月15日，雨花经开区举办“江河见证 英雄荟萃——2022雨花经济开发区招商中介推介会”
（雨花经开区供图）

板桥街道鸿创城　　（区委宣传部供图）

12月31日，宁马高速·大方互通全线通车　（新滨江指挥部供图）

新滨江人居森林片区建设　（新滨江指挥部供图）

莲花湖都市工业产业社区 （区委宣传部供图）

雨花经开区9号工坊都市工业园 （新滨江指挥部供图）

12 月 31 日，梅钢工业文化旅游区通过国家AAAA级旅游景区景观质量评审，列入国家AAAA级旅游景区创建名单。图为景区开通的梅钢至三山矶生态公园观光小火车 （梅钢集团供图）

新滨江旅游休闲 （新滨江建设指挥部供图）

5月14日，雨花台区以线上直播形式举办2022“We来+”人才服务活动发布会暨数字人才专场招聘会
（区委宣传部供图）

6月24日，区委常委会集体调研雨花经开区数字经济产业园
（区委宣传部供图）

软件谷云密城　　（区委宣传部供图）

8 月 11 日，软件谷云密城获省级“数字经济人力资源产业园”称号　　（软件谷供图）

8月12日，2022南京市文化产业资源共享会在软件谷云密城举行　　（区委宣传部供图）

9月6日，2022雨花台区数字经济发展大会召开，现场签约29个项目　　（区委宣传部供图）

雨花台区数字化进入街道管理服务。图为西善桥审批服务综合执法一体化平台演示　　（区委宣传部供图）

雨花台区数字化进入社区管理服务。图为赛虹桥街道菊花里社区工作人员向社区居民推广数字社区E家乐平台
（区委宣传部供图）

特载

2023 YUHUATAI ALMANAC

Leading Speech and Report

南京市雨花台区区委书记张连春在区委十二届六次全体会议上的讲话

（2022年12月8日）

这次全会的主要任务是，坚持以习近平新时代中国特色社会主义思想为指导，深入学习宣传贯彻党的二十大精神，全面落实省委十四届三次全会和市委十五届五次全会部署要求，深刻把握新时代新征程党的中心任务，动员全区上下聚焦“全面创新、全域高新”目标定位，围绕“打造新滨江、建设数字城”具体实践，凝心聚力、开拓进取，加快推进创新名区建设，全面推动党的二十大精神在雨花落地生根。根据区委常委会讨论的情况，我讲四个方面的意见：

一、深刻领悟党的二十大报告蕴含的伟大真理力量，切实用党的二十大精神统一思想、统一意志、统一行动

党的二十大是一次高举旗帜、凝聚力量、团结奋进的大会，习近平总书记所作的报告，高屋建瓴、高瞻远瞩，深刻阐释了中国之路、中国之治、中国之理，具有极强的政治性、思想性、理论性、实践性，为我们团结带领全区干部群众开辟中国式现代化新境界指明了前进方向、提供了根本遵循。

1.深刻认识“两个确立”引领伟大复兴的政治逻辑，在旗帜鲜明讲政治中笃信笃行、紧跟紧随。学习宣传贯彻党的二十大精神，最重要最根本的就是要深刻领悟“两个确立”的决定性意义，这是在实践中形成并已得到实践证明的最宝贵的政治经验，是新时代十年最大的政治成果、最重要的历史结论。站在“两个一百年”奋斗目标的历史交汇点上，向着实现第二个百年奋斗目标奋勇前进，我们要深刻领悟“两个确立”的历史必然性、时代必然性、现实必然性，凡事自觉从习近平新时代中国特色社会主义思想中找方向、找路径、找办法，知其言更知其义、知其然更知其所以然，始终坚定地忠诚核心、信赖核心、紧跟核心、维护核心，确保党中央决策部署在雨花落到实处、取得实效。

2.深刻认识宏伟蓝图引领新时代新征程的实践逻辑，在推动高质量发展中踔厉奋发、勇毅前行。党的二十大明确提出了新时代新征程中国共产党的使命任务，深刻阐释了中国式现代化的中国特色、本质要求和重大原则，全面部署了未来五年的战略任务和重大举措，生动擘画了推进中国式现代化的现实路径和发展蓝图。更好扛起“争当表率、争做示范、走在前列”的光荣使命，我们要全面对标对表党的二十大精神，更加自觉地把雨花工作放到以中国式现代化推进中华民族伟大复兴的宏大场景去谋划，加快建设创新名区，努力走出一条符合国情省情市情、彰显雨花区情特质的高质量发展新路。

3.深刻认识人民情怀引领团结奋斗的历史逻辑，在增进民生福祉中不忘初心、牢记使命。报告105次提到“人民”，将“坚持人民至上”作为根本政治立场，充分体现“打江山、守江山，守的是人民的心”。报告还提出，“采取更多惠民

生、暖民心举措，着力解决好人民群众急难愁盼问题”。新时代新征程，我们要始终树牢群众观点，站稳群众立场，坚持需求导向、问题导向，坚持尽力而为、量力而行，认真梳理“一老一小”、教育医疗、社会保障、城市更新等领域群众反映集中的问题，把那些“跳一跳就够得到”的民生问题及时解决到位，优化“幸福三圈”，提升幸福指数，让群众对美好生活的向往更加可观可感。

4.深刻认识自我革命引领赶考之路的斗争逻辑，在推进全面从严治党中激浊扬清、永葆本色。报告深刻揭示自我革命这一跳出治乱兴衰历史周期率的第二个答案，通篇贯穿全面从严治党的政治自觉，彰显百年大党初心不改、使命如磐的坚定执着。面对新时代“赶考”之路的更高标准、更严要求，我们要始终牢记“三个务必”的谆谆教诲，大力弘扬伟大建党精神，持之以恒推进全面从严治党，勇敢面对“四大考验”、坚决战胜“四种危险”，不断增强党的政治领导力、思想引领力、群众组织力、社会号召力，持续营造正气充盈、海晏河清的政治生态，为“全面创新、全域高新”新雨花建设提供坚强政治保证。

同志们，学习宣传贯彻党的二十大精神是当前和今后一个时期的首要政治任务。全区上下要在全面学习、全面把握、全面落实上下功夫，深刻领悟党的二十大报告中的重要思想、重要观点、重大战略、重大举措，自觉把思想统一到党的二十大精神上来，把力量凝聚到党的二十大确定的目标任务上来。要在持续深入学习上见成效。突出多形式、分层次、全覆盖，把党的二十大精神作为全区各级党组织学习的首要议题，作为党员干部培训的主修课程，作为“三会一课”、主题党日的常态化学习内容，加强学习研讨，开展专题培训，引导广大党员干部加深理解体悟，做到学深悟透、真信笃行。要在广泛宣传宣讲上见成效。把好基调、把好导向，组织开展内容丰富、形式多样的宣传教育活动，组织好面向基层的宣讲，推动党的二十大精神进机关、进企事业单位、进社区、进校园、进各类新经济组织和新社会组织、进网站，做到家喻户晓、深入人心。要在全面贯彻落实上见成效。年末临近，面对统筹疫情防控和经济社会发展，统筹发展和安全的各项工作，各部门各板块要紧密联系实际，细化工作举措，拿出具体方案，制定明确的任务书、时间表、路线图，以“处处走在前列”的进取心、“时时放心不下”的事业心、“事事抓好落实”的责任心，全力推动党的二十大精神在雨花落地生根、开花结果。

二、准确把握习近平新时代中国特色社会主义思想的世界观和方法论，更加自觉地用新思想武装头脑、指导实践、推动工作

党的二十大报告指出，中国共产党为什么能，中国特色社会主义为什么好，归根到底是马克思主义行，是中国化时代化的马克思主义行。报告以“两个结合”“六个必须坚持”的规律性认识，系统阐明了贯穿在习近平新时代中国特色社会主义思想中的马克思主义世界观和方法论，并深刻揭示了习近平新时代中国特色社会主义思想的理论品格和鲜明特质，是我们深入理解这一科学思想必须牢牢把握的基本点。我们要深刻体悟“两个归根到底‘行’”的内在逻辑、“两个结合”的丰富内涵、“六个必须坚持”的实践要求，自觉做习近平新时代中国特色社会主义思想的坚定信仰者、忠实实践者，切实把党的创新理论转化为坚定理想、锤炼党性和指导实践、推动工作的强大力量。

1.坚持把“学深悟透”自觉摆在首位，在学懂弄通上下功夫。习近平新时代中国特色社

会主义思想博大精深，是系统全面、逻辑严密、内涵丰富、内在统一、不断发展的科学理论体系，我们必须持续深入抓好学习。要带着政治责任学，带着信仰信念学，带着使命担当学，对重大论断、重大观点、重大要求了然于胸、烂熟于心，对内在本质和客观规律充分领会，真正理解、把握习近平新时代中国特色社会主义思想的核心要义、精神实质、实践要求，为更好地"扛起新使命、谱写新篇章"奠定坚实的政治基础、思想基础、理论基础。

2.坚持把"对标对表"真正融入血脉，在知行合一上下功夫。落实是最有力的贯彻，行动是最有效的落实。特别是当前，面对"扛起勇挑大梁"的政治责任和"争取最好结果"的目标要求，我们要自觉用习近平新时代中国特色社会主义思想之"矢"去射雨花高质量发展之"的"，事事对标、时时对表，及时纠正理念偏差、思维偏差、方法偏差，正确处理好速度和质量、发展和安全、发展和环保、发展和防疫等重大关系，着力解决实践遇到的新问题、改革发展稳定存在的深层次问题、人民群众急难愁盼问题、党的建设面临的突出问题，不断提高工作的科学性、预见性、主动性，不断开创事业发展的新局面。

3.坚持把"国之大者"时刻装在心中，在常悟常进上下功夫。笃信笃行习近平新时代中国特色社会主义思想不仅要知之行之，更要在实践中常悟常进，深刻体悟蕴含其中的真理力量和实践伟力，深刻体悟贯穿其中的坚定信仰信念、强烈历史担当、真挚为民情怀。担当新使命，奋进新征程，我们必须胸怀"国之大者"，时刻绷紧旗帜鲜明讲政治这根弦，时刻关注党中央和省市委在关心什么、强调什么，不断提高观大势、谋全局、抓大事的能力，推动雨花各项事业发展始终沿着正确方向行稳致远。

三、全面落实党的二十大精神，充分展示创新名区建设的标志性成果

党的二十大擘画了全面建设社会主义现代化国家、实现第二个百年奋斗目标的宏伟蓝图。省市委对标对表党的二十大精神，深刻把握中国式现代化五大特征和本质要求，对全面推进中国式现代化江苏新实践、南京新实践，分别作出部署和安排。以什么样的精神状态、朝着什么样的目标前进，考验着我们每位党员干部的初心使命和政治担当。区委十二届五次全会围绕"十四五"规划任务，聚焦"全面创新、全域高新"目标定位，作出了"打造新滨江、建设数字城"的具体实践布局。在全面推进中国式现代化雨花新实践的新征程上，我们打造新滨江、建设数字城，就是要按照习近平总书记亲自描绘的"数字中国"蓝图、亲自谋划亲自部署亲自推动的长江经济带发展战略，按照省市委关于数字经济发展、关于长江经济带建设的部署和安排，以更高站位、更宽视野、更高标准、更大力度，全力建设好沿江"城市客厅"的第一站、省市数字经济的新高地，要以打造"滨江首岸"，锚定"数字首位"为目标，把谋篇布局的"大写意"变成落地落实的"工笔画"，把时间表变成计程表，把规划图变成实景图，让中国式现代化标志性成果在雨花越来越真实可感，呈现出更加"落花如雨、繁花似锦"的现实模样。

打造"滨江首岸"，锚定"数字首位"，就是要推动识势辨势与借势成势双管齐下。当今世界正经历百年未有之大变局，世纪疫情冲击下，外部环境更趋复杂严峻，不稳定性不确定性明显增强。但是我国经济长期向好的基本面没有变，中华民族伟大复兴进入了不可逆转的历史进程。我们要始终胸怀"两个大局"、牢记"国之

大者”，深刻领会党中央和省市委对当前形势的分析判断，牢牢把握南京加快建设国家区域科技创新中心、打造“世界级魅力人文江岸”的机遇，科学研判时与势，始终掌握主动权。

打造“滨江首岸”，锚定“数字首位”，就是要实现软件产业与都市工业双轮驱动。如果说软件产业是雨花十多年前“无心插柳柳成荫”的结果，那么都市工业则是雨花审时度势、“有心栽花花正开”的必然选择。我们要以构建“软硬结合”现代产业体系为目标，突出“调高调轻调优调绿”导向，促进以通信软件、云计算大数据、网络安全、互联网、人工智能为重点的软件和信息服务业，和以轨道交通设备、智能硬件设备、高端电子元器件为主体的都市工业融合互动，不断积蓄经济发展后劲，实现更高质量更可持续的发展。

打造“滨江首岸”，锚定“数字首位”，就是要完善新滨江与数字城双核布局。打造新滨江、建设数字城，不仅是城市发展空间的重构和升级，更是雨花未来“产城人文”融合发展的现实路径，其中，产业是基础，城市是载体，人是核心，文化是灵魂。我们要加快优化组建新滨江、数字城建设的领导机构，围绕“产城人文”深度融合发展，来系统谋划、统筹推进。新滨江建设要以“一环串五城”为引领，推动城市发展与空间拓展相互促进，长江文化与滨江生态相得益彰，实现东西南北功能互补、特色发展；数字城建设要紧抓软件谷和“两桥”片区，以数字经济发展、智慧城市建设为重点，打造新标杆，注入新底蕴，形成新动能。

打造“滨江首岸”，锚定“数字首位”，就是要加快全面创新与全域高新双向发力。“全面创新、全域高新”是雨花“十四五”要实现的目标愿景。大道向前，实干为先。我们要始终坚持新发展理念，探索形成产业发展、创新创业、主体培育、社会民生、治理体系、城区空间、生态文明全面创新的新格局。特别要充分发挥创新驱动的突破性和先导性作用，完善公共配套，强化场景应用，塑造城市形态、产业形态、创新要素、文化内涵“四位一体”的点上突破与全域提升的新模式，把创新因子全方位植入发展中，释放更大潜能。

围绕上述要求和目标，重点做好六个方面工作：

1.坚持增量存量流量齐抓，展示现代化产业体系的标志性成果。以推动高质量发展为主题，把数字经济作为转型发展的关键增量，高效统筹、全面启动数字城建设，推动经济实现质的有效提升和量的合理增长。

以链式发展壮大数字经济。大力推动数字产业化、产业数字化发展，加快构建“一核三极”数字经济产业格局，树立“数字经济看雨花”的鲜明形象。发挥华为、中兴光电子、中电十四所等大企大所核心地位和头雁效应，辐射带动上下游产业链企业加速发展，做强数字产业集群，始终保持行业领跑地位。把握数字经济发展趋势，紧跟工业互联网、元宇宙等未来产业，加速布局车载操作系统、高端工业软件等一批产业新赛道，增强数字产业多样性。加强数字经济要素保障，打造前沿创新的应用场景服务，与时俱进充实丰富数字经济发展的政策包与工具箱，稳步推进5G网络、公务云、光纤等数字基础设施建设。

以项目落地支撑产业提质。围绕“十四五”发展规划和主导产业，优化区谷统筹的大招商机制，整合金融资本、中介组织、头部企业等资源，完善“产业图谱”“招商地图”，大力推动资本招商、市场化招商、产业链招商，引进集聚更多链主企业、头部企业，为高质量发展注入强劲动能。更大力度树牢“项目为王”的理念，抓好签约、开工、投产全周期管理，强化用地、用能、资金等全要素保障，积极推进征途信息总部、讯汇科技总部等项目建设，加快推进航天科工8511所研发总部、总部经济园区二期、联东U谷数字经济产业园等项目落地运营，确保企业放心投、安心干、不外流。

以要素集聚提升园区品质。继续保持“十年磨一剑”的定力和韧劲，以软件谷争创首批中国软件名园为契机，加快软件谷北园、南园跨秦淮新河融合贯通发展，更高起点、更高标准、更快节奏建设数字城，全面提升软件谷的战略支撑能力。全力推进新滨江启动区建设，以智能制造为核心产业，加快发展商务商贸、科技服务、数字文旅等配套产业，强化各类公建配套及要素资源供给，实现园区系统性重构，打造滨江发展新典范。坚持空间集约、企业集聚发展思路，开展低效用地、低效楼宇梳理整治，促进产业“有机更新”，打造一批专业化特色化的“园中园”。

2.坚持高地高原高峰合筑，展示现代化动能转化的标志性成果。把创新作为引领发展的第一动力，推动产业链创新链人才链深度融合，聚力建设创新名区，更加彰显“最年轻、最创新”的雨花气质。

打造高能级创新平台。完善产业联盟政企互动机制，支持华为云创新中心、华为（南京）人工智能创新中心、中软国际解放号、南京VR开放服务平台等重点平台建设，破解一批“卡脖子”难题，锻造一批“杀手锏”技术，努力实现更多“从0到1”的大突破、从“1到100”的大跨越。深入推动国际交流合作，进一步发挥中俄（南京）创新合作服务中心、中欧创新中心、海外协同创新中心等平台作用，探索“网络研讨会—项目路演—离岸加速—注册落地”新渠道，积极引入海外优质项目。探索推进企业与科研院所的多元合作方式，加快构建创新联合体，促进产业技术创新和科技成果转化。

培育高成长创新企业。完善创业孵化链条，设立重点企业培育库，优化“瞪羚”“独角兽”企业、高新技术企业和“专精特新”企业梯队培育机制，形成高科技高成长企业集群，让企业成为活力迸发的创新主力军。深入实施企业资本市场培育计划，发挥“双创”投资引导基金撬动作用，推进财政金融协同发力，支持企业快速发展。深化“放管服”改革，完善“及时雨”政策直达平台，确保各类惠企政策、助企资金直达基层、直通企业。深化国企改革，推动国有资本向创新领域、优势产业集中，做强做优做大区属国有企业。围绕“预算绩效化、执行精细化”目标，建成政府投资智慧集成管理平台，提高公建中心、工管中心、审计中心运行质效，丰富政府场景服务，优化政府投资生态。

引进高水平创新人才。树牢人才第一资源理念，制定科学家集聚区建设工作意见，用心做好人才“引育留用管”文章，推动雨花从“工程师”集聚区向“科学家”集聚区迈进。紧盯主导产业发展前沿、龙头企业发展所需，加大“高精尖缺”科技顶尖专家（团队）和高层次创新创业人才的引进培育力度，形成聚才成势、聚智兴业的生动局面。放大“谷雨”双创学院品牌效应，不断优化双创人才培育机制。强化公共资源统筹，提升人才服务效能，一体解决人才安居保障、子女入学、健康医疗等问题，让人才更有融入感、归属感。坚持党管人才原则，注重加强对人才的政治引领和政治吸纳，让雨花因人才而精彩、人才因雨花更出彩。

3.坚持颜值价值增值统一，展示现代化智

慧城市的标志性成果。注重功能品质兼顾、内涵形象并举，不断提升城市综合承载力、集聚辐射力、核心竞争力，让雨花成为居者留恋、闻者向往之地。

让城市空间更合理。强化规划引领，完善国土空间总体规划方案，深化数字城核心区、新滨江“一环三区”等重点区域城市设计，优化城市空间布局。深入推进“有温度的城市更新”，编制《城市更新专项规划》，实行“留改拆”并举，营造新空间、打造新场景、注入新功能、发展新消费，实现历史文化保护、城市功能提升、居民生活改善的有机统一。持续构建内通外联的城市综合交通体系，加快地铁7号线、10号线二期及宁马城际等轨道交通建设，大力推进宁芜铁路扩能改造、机场二通道北段、滨江大道雨花段、跨秦淮新河桥等工程项目。优化公交线路，加快站台智能化改造，提升公交覆盖范围和服务水平。

让城市面貌更靓丽。加快建设秦淮新河百里风光带、雨核高线公园、板桥科技生态园，塑造高颜值、人性化的城市公共空间，让群众拥抱身边的“诗和远方”。坚持“一街一景观、一街一特色”，有序推进背街小巷环境整治和长效管理，优化重点商圈、公园和开放空间夜间景观照明，让城市之美随处可见。聚焦“农村城市化、农民市民化、农业生态化、农田景观化”“四化”目标，全面开展乡村建设行动，抓好农村人居环境整治，建设宜居宜业和美乡村。深化“雨路芯程”品牌，全力争创“四好农村路”全国示范区。

让城市治理更精细。突出抓好智慧城市、海绵城市、安全城市建设，推进数字化治理中心建设，加快智能视频分析、物联感知等技术运用，以“绣花”功夫提升城市精细化管理水平。强化地下管网智能化管理，积极打造地下管线综合管理信息系统。打造智慧交通系统，推动“多杆合一、多箱合一”的道路设施智慧化改造。加强停车综合治理，推进道路停车电子收费全覆盖，重点整治违法停车、乱停乱放，规范非机动车停车管理。有序推进水、电、气、热等表具智能化改造，建设一批高感知密度的智慧小区、智慧社区。

4.坚持生产生活生态并举，展示现代化和谐共生的标志性成果。牢固树立和践行绿水青山就是金山银山的理念，依托雨花大江风貌、江河交汇的独特优势，努力实现“含金量”更高、“含绿量”更足的发展。

落实污染防治之责。优化“生态雨花”智慧系统，统筹打好污染防治攻坚战，抓好中央第二轮环保督察反馈问题整改，推动环境质量持续改善。加强污染物协同控制，突出臭氧与PM2.5协同治理、氮氧化物与VOCs协同减排，加大工地扬尘、油烟废气、交通尾气管控力度，基本消除重污染天气。统筹水资源、水环境、水生态治理，发挥河长制作用，抓好河道水环境提升、积淹水点整治、分散式净水站建设等工作，推进雨污水管网清疏修缮，确保国省市考断面水质稳定达标。加强土壤污染源头防控治理，强化用地污染状况调查、土壤环境监测和危险废物全生命周期监管，保证土壤质量稳定可控。

彰显生态宜居之美。持续巩固长江大保护成效，常态化抓好长江禁渔工作，刚性执行长江经济带负面清单指南，切实守护好“一江清水”。结合新滨江打造，高标准建设秦淮新河入江口步行桥，高起点设计大胜关长江文化公园，让滨江客厅首岸、人文江岸“首页”成为近悦远来的“网红打卡地”。全面推行林长制，按照“50米见绿、100米见彩、500米见园”规划要求，高质量推进国土绿化，统筹抓好植绿、护绿、用绿，精心打造更多“转角遇到绿”“转角遇到美”的口袋公园、景观小品，贯通织密城市绿廊绿道与交通慢行系统，努力实现“社区、街区、园区，区区相连；家园、公园、产业园，园园相通”。

探索低碳发展之路。积极稳妥推进碳达峰碳中和，推动能耗“双控”向碳排放总量和强度“双控”转变，健全完善清洁生产审核制度，持续整治“两高一低”项目，加快梅钢、华润热电等重要行业和重点企业绿色循环化改造，实现绿色领军企业数量质量“双提升”。大力发展节能低碳建筑，推进再生资源回收体系与生活垃圾分类收运体系“两网融合”，推行垃圾分类和资源化利用。积极倡导绿色低碳生活，鼓励绿色出行、绿色消费，让绿色低碳生活方式成为社会新风尚。

5.坚持初心人心民心同向，展示现代化品质生活的标志性成果。始终践行以人民为中心的发展思想，聚焦雨花群众对美好生活的向往，持续增进民生福祉，创造高品质生活。

稳定就业促增收。把就业作为最基本的民生，落实社保惠企系列政策措施，支持企业稳岗扩岗，保证就业岗位稳定。发挥省级数字经济人力资源服务产业园示范带动效应，实施数字职业技能提升行动，加强在岗职工、失业人员职业技能培训，精准开展用工供需对接，促进高校毕业生、退役军人、困难人员等群体充分就业、高质量就业，确保零就业家庭动态清零。积极拓展灵活就业渠道和新就业形态，创造更多市场化社会化就业机会，扩大就业容量，提升就业质量。打造数字经济卓越工程师培养创新基地，鼓励创业带动就业，加大政策帮扶、信贷支持力度，吸引各类主体创业兴业，不断增加经营性、财产性收入，在循序渐进中探索推进共同富裕。

健全体系强保障。持续实施全民参保计划，开展扩面征缴专项行动，落实社保扶贫政策，扩大困难群众健康“保中保”覆盖范围，推进社保改革和新业态人员职业伤害保障试点，构建多层次社会保障体系。统筹做好社会福利、慈善事业、优抚安置工作，更大力度帮扶重病重残、“二无老人”等六类困难群体，切实保障妇女儿童合法权益，积极打造残疾人“智慧托养”服务品牌。聚焦“一老一小”，加快建设养老综合服务中心工作体系，探索开发养老服务新场景新应用，申报创建全国首批医养结合示范区，大力发展托育服务，让全龄友好的幸福场景不断呈现。抓好公共租赁住房、棚户区改造和安置房建设分配等工作，提升物业管理服务和市场监督管理水平。

扩大供给优服务。进一步优化“幸福三圈”建设，深入实施教育“名师名校名校长”、医疗“名院名医名科室”、文化“名家名作名品牌”三大工程，真正让名区与名师名医名家相互成就、相得益彰。全面贯彻党的教育方针，做细做实“双减”文章，推动学前教育优质普惠、义务教育优质均衡、普通高中多样特色、职业教育产教融合，努力办好人民满意教育，积极争创全省学前教育普及普惠区。促进优质医疗资源扩容和均衡布局，扎实推进省妇幼保健院总部、区公共卫生服务中心等项目建设，谋划江苏省第二中医院新院区选址建设工作，深化医药卫生体制改革，发展医联体、健联体、药联体，创新升级家庭医生签约服务，深入开展爱国卫生运动，提升“健康雨花”“智慧医疗”建设水平。

繁荣文化聚合力。大力弘扬雨花英烈精神，加强青少年思政教育，广泛开展志愿服务等道德实践活动，推动新时代文明实践中心建设提质增效。壮大文化事业，加快建设雨花博物馆、全民健身中心，用好文化馆、图书馆、美术馆等公共设施，深化文化惠民工程，倡导全民阅读，建设书香雨花，孕育城市骨子里的“精气神”。支持梅钢工业文化旅游区争创国家AAAA级风景区，有效串联长江文化、钢铁文化、红色文化、名人文化，推进文化和旅游融合发展。落实文化数字化战略，升级数字化文化产业园，壮大“雨花文创联盟”，放大“雨花有礼”品牌效应，促使文化与产业、科技、金融深度融合、有机互动。

6.坚持安全安定安康共护，展示现代化高效治理的标志性成果。坚定不移贯彻总体国家安全观，全面深化平安雨花、法治雨花建设，加快提升市域治理体系和治理能力现代化水平，以新安全格局保障新发展格局。

疫情防控慎终如始。倍加珍惜来之不易的防控成果，坚持第九版防控方案、落实二十条优化措施、执行新十条通知要求，切实解决防控工作中的突出问题。根据当前疫情形势和病毒变异情况，更加科学精准防控。毫不松懈抓好重点人群、重点场所和重点环节管控，进一步优化学校疫情防控工作，持续扩大新冠疫苗接种覆盖面，充分调动老年人接种疫苗积极性，确保脆弱人群绝对安全。提升突发公共卫生事件应对水平，推进基层医疗分级分类管理，保障社会正常运转和基本医疗服务，及时解决群众的急难愁盼问题和各类生活需求，最大限度减少疫情对经济社会发展的影响。

安全发展一以贯之。认真对照安全生产工作十五条硬措施，严格落实安全生产责任制和“三管三必须”要求，深入推进安全生产风险专项整治。牢固树立“隐患就是事故”的理念，系统排查建筑施工、交通运输、城镇燃气、高层消防等重点行业领域风险，强化食品药品安全监管，将隐患解决在未发之时，坚决遏制重特大事故发生。坚持预防与应急相结合，建立大安全大应急框架，编制完善各类应急预案，加强应急救援队伍和信息化监管系统建设，全面提高防灾减灾、抗灾救灾能力，深入推进综合减灾示范社区创建。

维护稳定全力以赴。坚持和发展新时代“枫桥经验”，积极推进“精网微格”试点，强化社会治安防控体系，常态化开展扫黑除恶斗争，严厉打击治理电信网络诈骗、养老诈骗等突出违法犯罪，维护社会大局和谐稳定。提升群众工作能力，推进“数字社区”建设，整合完善“及时雨”民声直达平台、智慧调解平台等各类接诉即办、未诉先办工作体系，切实将矛盾纠纷化解在基层、消除在萌芽。壮大群防群治力量，畅通社会组织、社区群众等参与途径，打造人人有责、人人尽责、人人享有的社会治理共同体。树牢过“紧日子”思想，多措并举压降政府性债务和隐性债务规模，全面规范区属国企投融资行为，同步抓好房地产、金融等领域风险管控，确保不发生系统性风险。

四、推动全面从严治党向纵深发展，为创新名区建设提供坚强政治保证

全面从严治党是新时代党的自我革命的伟大实践，是党永葆生机活力、走好新的赶考之路的必由之路，必须持之以恒推进全面从严治党，深入推进新时代党的建设新的伟大工程，以高质量党建引领高质量发展。

一是铸造绝对忠诚的政治品格。坚持以政治建设为统领，深刻领悟、自觉捍卫“两个确立”的决定性意义，增强“四个意识”，坚定“四个自信”，做到“两个维护”。坚决执行党的政治路线，严格执行党的政治纪律和政治规矩，胸怀“两个大局”、牢记“国之大者”，不断提高

政治判断力、政治领悟力、政治执行力。持续深入学习宣传贯彻党的二十大精神和习近平新时代中国特色社会主义思想，认真落实“第一议题”制度，充分发挥中心组学习、“三会一课”等作用，常态长效开展党史学习教育，引导广大党员干部不断增进对党的创新理论的政治认同、思想认同、理论认同、情感认同。严格落实意识形态工作责任制，弘扬主旋律，激发正能量，筑牢网络空间安全防线，加强网络舆情分析引导，最大限度凝聚人心汇聚力量。充分发挥党委总揽全局、协调各方的领导核心作用，支持人大依法履职、政府依法行政、政协参政议政，推进全过程人民民主，强化党管武装工作制度落实，抓好国防动员和后备力量建设，深化工青妇等群团组织改革和建设，持续巩固心齐劲足的良好局面。

二是锻造无限可能的干部队伍。落实新时代好干部标准，努力建设一支政治过硬、适应新时代要求、具备领导现代化建设能力的干部队伍。严把政治关口，突出事业为上，完善干部考核评价和选拔任用机制，纪实干部在急难险重任务中的表现，切实将吃得了苦、受得了累、经得了事的德才兼备型干部选出来、用起来，做到以事择人、人岗相适。发挥党校主渠道主阵地作用，开展新时代现代化建设能力提升工程，打造实景式、沉浸式教学矩阵，不断提升党性教育的说服力、感染力，全面增强干部推动高质量发展本领、服务群众本领和防范化解风险本领。优化干部队伍结构，大力实施年轻干部“墩苗赋能”培养计划，健全年轻干部到基层一线锻炼长效机制，统筹抓好女干部、党外干部等培养选拔，畅通行政、事业、国企等干部使用通道，充分调动各年龄段、各方面干部的积极性。坚持严管厚爱相结合，加强对干部全方位管理和经常性监督，完善容错纠错机制，促进“两个担当”良性互动。

三是筑造坚不可摧的战斗堡垒。实施创新名区“党建强基”计划，强化基层党组织政治功能、组织功能，促进组织形态与发展形态、社会形态、治理形态有机融合。实施党建品牌动态管理计划，完善党建品牌培育管理体系，推动党建工作与中心大局相互促进，释放“红炬雨花”党建品牌矩阵效应。实施智慧治理“数字赋能”计划，探索创新“党建+基层治理”的“枫桥经验”数字版。实施“两新”党建“三领一提”三年计划，加强区域化党建、行业党建、新经济新业态党建，健全“双有”目标体系，提高“两个覆盖”工作质效。实施治理队伍“固本培源”计划，全面落实“1+2”系列文件，加速社工梯队建设，搭建参与平台和完善参与机制，广泛培育稳定的志愿者队伍，形成“专辅结合”的治理队伍结构。

四是营造风清气正的良好氛围。牢记“三个务必”，锲而不舍落实中央八项规定精神，严防“四风”问题反弹回潮、隐形变异。大力弘扬马上就办、事不过夜的工作作风，坚决纠治选择性无视、及格式满足、习惯性躺平、守摊式心态，健全完善常态化为基层减负机制，推动党风政风持续向好。一体推进“三不”体制机制建设，坚持无禁区、全覆盖、零容忍，严查重点领域、关键环节和群众身边腐败问题，始终保持高压震慑态势。把严的主基调长期坚持下去，加强对“一把手”和领导班子的监督，管好“关键少数”，压实“两个责任”。精准运用“四种形态”，抓早抓小、防微杜渐，使广大党员干部知敬畏、存戒惧、守底线。发挥巡察“利剑”作用，推动“四项监督”统筹衔接、贯通协同。深入推进分层分类警示教育，用好公职人员廉洁教育基地等资源，擦亮“雨花廉韵”“雨花廉盟”等品牌，不断强化家庭家教家风建设，全面营造崇廉、尚廉、倡廉、守廉的浓厚氛围。强化纪检监察机关规范化、法治化、正规化建设，更好发挥监督保障执行、促进完善发展作用。

同志们，团结才能胜利，奋斗才能成功。让我们在以习近平同志为核心的党中央坚强领导下，团结成“一块坚硬的钢铁”，高举习近平新时代中国特色社会主义思想的伟大旗帜，按照党中央和省市委的部署要求，全面推进创新名区建设，奋力谱写中国式现代化南京新实践的雨花篇章！

南京市雨花台区区长李方毅在雨花台区第十九届人民代表大会第二次会议上作的政府工作报告

（2023年1月2日）

2022年工作回顾

2022年，全区上下以习近平新时代中国特色社会主义思想为指导，在市委、市政府和区委正确领导下，在区人大、区政协的监督支持下，全面落实“疫情要防住、经济要稳住、发展要安全”重大要求，紧扣“全面创新、全域高新”目标定位，全力打造新滨江、建设数字城，有效应对疫情冲击、极端高温、电力保供等严峻挑战，顶住了经济下行的巨大压力。预计地区生产总值增长1.5%，全社会固定资产投资增长13%，一般公共预算收入还原留抵退税后完成96.8亿元，社会消费品零售总额完成716亿元，实际利用外资3.7亿美元，外贸进出口总额350亿元，用持续奋斗交出了经济社会发展的合格答卷。

数字赋能，产业发展实现新提升。以数字经济为引领，坚持“软硬结合、双轮驱动”，规上数字经济核心产业营收占比超30%，“数字经济看雨花”成为闪亮名片。主导产业点燃新引擎。软件和信息产业继续领跑，全年预计实现软件业务收入2600亿元，占全市比重超35%，集聚涉软企业3700余家、软件从业人员33万人。新成立工业软件和元宇宙两大产业联盟，软件谷通过首批江苏信创产业先导区验收，加快创建首批中国软件名园、江苏数字经济创新中心。制造业“智改数转”[1]卓有成效，推动企业“上云上网”[2]，集聚智能化数字化技改项目企业24家、星级上云企业10家。项目推进跑出加速度。9个市重大计划新开工项目全部开工，120个区人代会项目完成投资378.4亿元。围绕主导产业和龙头企业绘制产业招商图谱，举办重点招商活动13场，荣耀软件、豪威集团华东总部等一批项目成功落户。全年签约亿元以上项目102个，项目投资总额720亿元。市场恢复稳住基本盘。加大助企纾困力度，帮助解决供应链、资金链、人才端等方面问题。全年减税降费超30亿元，为2271家小微企业和个体工商户减免租金9551万元。全年新增企业6221户，同比增长1.8%，增幅全市第一。

推动市场复苏回暖，举办促消费活动18场，打造消费场景79处，发放汽车消费补贴1000万元，引进虎头局、哪吒等35家品牌首店。

创新引领，转型升级增添新动能。坚持科技创新、金融赋能协同发力，在全市率先争创科创金融改革试验区，双创示范基地建设和科技企业孵化器工作获省政府督查激励表扬。创新主体持续壮大。完成科技型中小企业市级入库2161家，高新技术企业总数预计破千家，数量居主城第一。累计培育制造业单项冠军企业3家、专精特新"小巨人"[3]企业12家、专精特新中小企业33家。集聚独角兽瞪羚企业52家，玻纤院等5家企业获评市级工程研究中心。亚信安全、嘉环科技、联迪信息3家企业成功上市，拟上市培育库内企业超60家。创新动力持续增强。科创载体提质增效，新增国家级众创空间1家，市级及以上孵化器达34家、众创空间达36家。科学家集聚区成效初显，引育国家级重点人才6人，总量居主城第一，全市2名科技创新创业领军人才均落户雨花。谷雨双创学院擦亮品牌，118名双创人才入营开训。建成全省首个数字经济人力资源服务产业园和数字经济人才市场。创新生态持续厚植。引金融活水服务实体，出台"1+2+N"[4]科创金融政策体系，搭建"及时雨"创贷平台，设立1亿元风险补偿资金池，入库企业2200余家，为企业发展强化金融支撑。做强做实双创投资引导基金，总规模超80亿元，投资84家企业19亿元。营商环境更加优化，深化"放管服"改革，"政银合作"新设企业0.5个工作日办结，"不见面审批"和可网办事项比例全市第一。加快信用体系建设和知识产权保护，成功创建省"县级地区创新信用管理与服务试点区"和"知识产权建设示范区"。举办雨花数字人才节、全球软件开发者大会等双创活动156场，持续宣传雨花双创品牌。

提升品质，城市建设展现新形象。加快推进213个城建项目建设，积极争创全国文明典范城市，城市功能品质显著提升。空间布局加速优化。科学划定"三区三线"[5]，徐工A等3幅经营性用地、南京电子设备研究所等8幅产业用地成功出让，实施低效用地再开发1100亩。有序推进宁马城际等41个征拆项目，完成拆迁面积61.8万平方米。重点板块建设全面发力，新滨江开篇破题，完善"五统一"[6]运行机制，形成"1+5+1"[7]阶段性成果，确立"运投融建"[8]开发模式，提出"梯度推进、特色引领"开发总体时序和"一环串五城"[9]建设路径。数字城核心建设成效明显，马家店保障房基本建成，华润商务中心一期、雨花城市公园等项目加速推进。基础设施加快完善。新建、改扩建岱山中路北延等46条城市道路，岱山东路北延、宁马高速大方互通、规二路（凤台南路-西城路）建成通车。加快推进滨江大道、126省道等跨区道路和地铁7号线、地铁10号线二期等轨道交通建设，智能化改造308处公交站台，秦淮新河以北区域站点800米覆盖率达71.4%。完成雨花西路等10条道路街巷精细化整治，优化改造17处"小微堵点"。建设保障房59万平方米，竣工22.3万平方米，提供人才住房4742套，改造老旧小区、棚户区近58万平方米，邓府山村、菊花小区获评省级宜居示范居住区。精细治理加强赋能。推广"智慧停车"系统，1365个停车泊位实现共享利用。全市率先探索非现场执法机制，运用"智慧工地""智慧渣土"系统，实现135个在建工地全流程监管、20个重点路段全天候管控。139条重点道路机扫率、39条重点背街小巷水洗率均达100%。创建27个省级垃圾分类达标小区，形成“点、站、中心”[10]三级高效回收模式。

绿色发展，生态保护擦亮新颜值。牢固树立“绿水青山就是金山银山”理念，绘就人与自然和谐共生美丽画卷。污染防成果显著。高质量完成第二轮中央环保督察迎查。深入打好污染防治攻坚战，空气环境质量保持全市前列，PM2.5浓度均值24.1微克/立方米，同比下降7.3%。8个国、省、市考断面水质全部达标，建成南河等6条市级幸福河湖。启动新湖大道等雨污水管网新改建工程，建设污水提升泵站11个。高分通过国家级县域节水型社会达标建设省级验收，成立全省首家生态环境保护合规教育中心。长江大保护坚决有力。加强长江大保护综合执法中心阵地建设，关停散乱污企业49家，推动落后产业转型升级。整治长江入河排污口231个，启动秦淮新河入河排污口治理。长江禁捕巡护队获评农业农村部“渔政协助巡护优秀队伍”。绿色低碳持续推进。坚决遏制“两高”项目盲目发展。完善林长制综合化信息管理平台，林长制工作获省政府督查激励表扬。打造全市首个快闪公园，景明佳园口袋公园获评省级“乐享园林”，岱山片区绿道获评全市“最美绿道”，全年新增绿化面积20万平方米，绿化覆盖率达46.04%，公园绿地服务半径覆盖率达92.92%。

心系群众，民生事业取得新进步。推进十二类91项民生实事项目，近80%财政支出用于民生领域，“幸福三圈”[11]服务体系进一步完善。持续优化供给。健康雨花提档升级，省妇幼保健院总部项目开工建设，雨花医院成功创建“二甲”医院，建成首批省级五级中医馆。区公卫中心改建工程全面启动，开发区社区卫生服务中心建成运营。“新生儿出生”“诊所开办”一件事改革[12]全程网办、全市领先。教育资源更加优质均衡，中华中学雨花校区正式启用，成立南京一中雨花教育集团，新开办小学1所、幼儿园2所，筹建市级机关第三幼儿园，义务教育优质均衡占比近97%，省优质幼儿园占比超95%。全面兜底保障。搭建“聚雨花·职未来”等就业平台，新增城镇就业2.1万人、大学生就业2.7万人。试点建成“云眸工程”就业培训智慧平台，开展政府补贴性职业技能培训1.2万人次。为特殊困难群体发放生活救助金4563万元。获评全国智慧健康养老示范基地，齐修社区“三色码”[13]助老服务模式获《焦点访谈》点赞。普及文体惠民。“雨花满天”“诗意雨花”成为全国有影响的文化品牌，举办“遇见”街头音乐汇111场，软件产业发展原创话剧《芯时代》成功首演。新增全省“最美公共文化空间”3家，新改建全民健身路径34套、体育公园1处，新增体育场地近50万平方米。

共治共享，安全发展构建新格局。坚持人民至上、生命至上，绷紧思想弦、拧紧责任阀，安全稳定形势持续向好。疫情防控坚决有力。优化调整疫情防控政策，平急转换紧密衔接。完善“智慧防疫”监管平台，高效精准做好流调溯源、核酸检测、隔离转运、医疗救治和疫苗接种等工作。安全发展守牢底线。落实国务院安委会“十五条”硬举措，成立区应急管理综合行政执法大队，推进安全生产专项治理、百日攻坚等专项行动，聚焦危化品、消防等重点行业领域和高层建筑、商场市场等重点场所，排查整改各类风险隐患3.5万处，事故起数和死亡人数实现“双下降”，“三年大灶”[14]顺利完成。扎实开展“百团进百万企业”系列宣讲，全面压实安全生产主体责任。锦华新城社区获评全国综合减灾示范社区。食品、药品、特种设备等安全监管持续加强。社会运行稳定有序。优化“五社联动”运行机制，通过省“现代社区治理创新实验区”验收。统筹推进“三大行动”[15]，高效完成信访突出问题攻坚化解年行动。上线智慧调解平台，岱山“零距离”法律援助服务项目获省政府表彰。积极防范政府债务风险，超额完成年度化债任务。有效防范化解企业股权、债权融资等重点领域金融风险。社会治安稳定向好，雨花台公安分局作为全市唯一代表，荣获“全国优秀公安局”称号。

守正创新，政府建设迈上新台阶。践行为民服务初心，服务型政府建设取得显著进展。依法行政规范科学。高标准办理省、市、区人大代表建议162件、政协委员提案229件，满意率和基本满意率达100%。推动“智慧审计+”融合发展，试点开展“阳光惠民”工程项目线上监管。雨花台区获评“依法治省成绩突出单位”。深化改革蹄疾步稳。完成国企改革三年行动，组建4家区属国有企业。推进“吹哨报到”、街道相对集中处罚权等改革。优化工程建设审批制度改革，23个工作日领取施工许可刷新记录、领跑全市。数字政府全面提速。组建区城市运行管理中心，完成数字底座建设，建立智慧雨花“一网统管”[16]指挥调度平台。上线“及时雨”政策直达和民声直达平台，惠及企业7000余家次、直达资金近7亿元，接受并办结群众咨询意见1366件。打造“雨花E家·数字社区”，融合推进在线治理、公共服务与便民服务。作风建设从严从实。严肃整治形式主义、官僚主义，大力精文简会，规范督查检查考核，“三公”经费支出压减20%。同时，妇女、儿童、助残、红十字会、对口协作、民族、宗教、外事、侨务、档案、人武、双拥、退役军人等工作取得新成绩。

各位代表，2022年是极不平凡的一年。在这一年里，我们顶住了多重压力，取得的成绩殊为不易。一年来，医务人员、社区工作者和志愿者们在抗疫一线无私奉献、不惧艰险，环卫工人、快递小哥和建筑工人们在平凡岗位上辛勤劳作、默默付出，企业家、工程师和创业者们在经济战线上砥砺奋斗、开拓进取。因为你们，雨花群众的生命健康才能得以保障，我们的城市才能正常运转，经济社会发展大局才能保持稳定。在这里，我代表区政府，向在各领域为雨花发展做出贡献的全区人民，向人大代表、政协委员，向各民主党派、工商联、各人民团体和无党派人士，向驻区各单位、公安干警和消防救援指战员，向所有关心支持雨花的各界朋友，表示衷心的感谢，并致以崇高的敬意。

临危不挠，兴不忘忧。在肯定成绩的同时，我们也清醒认识到雨花发展还面临不少挑战和困难。从外部挑战看，全市各板块在产业项目培育、城市功能提升等方面你追我赶，雨花面临强劲的竞争。同时，政府债务管控、三条红线等刚性约束愈加严格，全区可用财力、新增用地等要素保障还不牢固。从内生环境看，雨花产业结构单一，龙头企业、总部企业集聚不快，城市建设面貌与主城定位不相匹配，优质教育、医疗等公共配套底子薄，政府执行力有待提升，开拓创新、责任担当还需进一步加强。

当前，数字经济大潮势不可挡，雨花多年来深耕软件产业，积淀了深厚的产业基础、创新氛围和人才资源，在数字经济发展上具备先发优势。南京建设引领性国家创新型城市和科创金融改革试验区，为创业创新培育了丰厚沃土。宁芜铁路外绕、宁马城际建设将改善城市发展割裂局面，促进产城融合。我们要抢抓机遇，乘势而上，持续放大雨花的产业地标、科创生态、南站枢纽、绿色滨江、红色文化等优势，推动实现产业聚变、城市蝶变、民生跃变，努力建设更具活力、更加美好的新雨花。

2023年工作任务

各位代表，2023年是全面贯彻落实党的二十大精神的开局之年，也是"十四五"规划承上启下的关键之年。2023年区政府工作的总体思路是：以习近平新时代中国特色社会主义思想为指导，全面贯彻落实党的二十大精神，坚持稳中求进工作总基调，坚持以人民为中心的发展思想，认真落实区委十二届六次全会工作要求，全力打造"滨江首岸"、锚定"数字首位"，着力推进雨花高质量发展，奋力谱写中国式现代化南京新实践的雨花篇章。

2023年经济社会发展主要目标：力争实现地区生产总值增长5.5%左右，一般公共预算收入增长6%，全社会固定资产投资增长4%左右，社会消费品零售总额增长5%~6%，外贸进出口总额、实际利用外资稳中提质，全体居民人均可支配收入与经济增长基本同步。为实现上述目标，在新的一年里，我们将做好7个方面的工作：

一、提升发展能级，构建现代产业体系

把握数字经济发展趋势，深度推动"数实融合"，在千亿产业、百亿企业、十亿项目上实现更大突破，努力担当南京数字经济发展的排头兵。

加速扩容总量。聚焦软件和信息服务主导产业，发挥软件谷主阵地作用，擦亮国家数字出口基地金字招牌，积极创建国家首批中小企业特色产业集群，推动雨花从软件主导向数字主导迭代升级。持续壮大"六大"产业集群[17]，加快数字产品制造、数字产业服务、数字要素驱动落子布局，力争实现软件业务收入2750亿元，新增软件产业建筑面积60万平方米，构建具有国际竞争力的数字产业集群。

加速数字赋能。加快"智改数转"，构建多元化、本土化服务支撑体系，推动产业基础高级化与产业链现代化。做大做强新型都市工业，围绕智能制造、高端装备制造，引进都市工业项目66个，实现都市工业总产值200亿元以上。助力新材料、机器人等领域龙头企业构建全链条产业生态，支持玻纤院争创国防科技创新中心，支持亿嘉和打造国内领先的特种机器人研发及产业化基地。积极推动梅钢片区产业数字化转型和智能化升级，引进工业机器人等非钢产业。

加速拓展赛道。加快推动软件产业升级为算法产业，软件名城升级为算法名城。鼓励企业加大研发投入，加强新能源汽车、车载操作系统、元宇宙、工业应用软件等领域关键核心技术攻关，实现大数据完整性、算法多样性和算力高效性。推动战略性新兴产业融合集聚发展，探索新物种企业培育机制，培育一批行业领军企业和龙头企业，打造增长新引擎。

加速提升动能。狠抓招商引资，广泛开展资本招商、产业链招商，举办10场以上重点招商活动，确保签约项目投资总额700亿元以上，实际利用内资110亿元以上。狠抓项目推进，优化拿地即开工、容缺受理等机制，推动普联、展芯半导体、航天科工8511所等总部项目开工建设，确保浙大网新等项目投产达效。促进内需消费，大力发展数字贸易、电子商务，持续做大做强跨境电商产业园，帮助企业走出去。聚焦汽车购置、餐饮等场景，举办18场促消费活动，围绕雨花客厅、楚翘城、宜悦城等商业综合体，打造安德门魅力消费商圈品牌。

二、深化创新驱动，形成高精尖双创生态

全力塑造"最年轻、最创新"雨花气质，将创新潜能源源不断转化为发展动能，持续打造

国家级双创示范基地升级版。

*提升创新发展动力。*围绕产业链布局创新链，出台高精准、多层次、全过程的产业高质量发展政策包，在技术攻坚、人才引育、投资融资等领域全方位支持企业创新发展。充分利用南京高校、科研院所集聚优势，构建“产学研用”协同攻关体系，推动科创成果转化落地，新增国家级和省级科创孵化器各1家，确保实现技术合同交易额110亿元以上。统筹软件谷、数字城核心区资源，利用新滨江空间优势，围绕人工智能、5G、工业互联网、轨道交通等重点领域，加快聚集一批特色科创载体，新增省、市工程技术研究中心12家。举办应用场景集中发布活动，助力企业扩大朋友圈、延伸合作链，打造创新融通发展新格局。

*激发创新主体潜力。*抓好科创企业梯度培育，打造都市工业、高新技术、专精特新、独角兽瞪羚、挂牌上市企业雁阵梯队，净增高新技术企业100家以上，科技型中小企业入库1800家以上，实现3家以上企业上市。支持民营经济、个体工商户发展，积极争创省民营经济高质量发展示范区。叫响科学家集聚区品牌，深挖数字人才蓄水池，大力培育“高精尖缺”领军人才和创新团队，在创业起步、安居落户等方面全力保障。更大力度做好国家重点人才工程申报，引育卓越工程师50人以上，新增软件从业人员2万人以上。

*释放科创金融活力。*抢抓长三角科创金融改革试验区机遇，持续放大雨花科创资源优势，建立覆盖科技创新全周期的金融生态链，打造全市科创金融雨花品牌。加强与头部金融、风投机构深度合作，建设科创金融改革试验区金融服务一站式集聚地。打造“及时雨”科创金融综合服务平台，深化“政银担”[18]合作模式，促进“投贷联动”[19]，拓宽融资渠道，探索供应链金融，提档科创金融信贷服务。鼓励各类企业与科创基金、产业基金、天使基金、人才基金合作，搭建科创孵化平台，帮助种子期、初创期科创企业成长壮大。

三、推动产城融合，建设高品质城市

践行人民城市理念，推进城市有机更新，加强精细化建设管理，加密城市互联感知，着力彰显现代主城魅力。

*更高标准建设重点板块。*加快新滨江实体运作，抢抓轨道交通、国家长江文化公园建设等机遇，探索“TOD、EOD”[20]等开发模式，加快推进滨江大道等道路建设，构建内通外畅的交通路网。有序开展重点地段城市设计，大力推进启动区、梅山老生活区改造和大胜关长江文化公园建设，提升空间品质和综合竞争力。深化数字城核心区产城融合，引入20家以上数字经济相关高新技术企业，高标准推进管道路中段、雨花城市公园等项目建设。优化升级南站周边道路和绿化景观，持续放大枢纽经济区效应。加快宁南、安德门、长虹路片区存量土地利用和低效用地再开发，提升城市门户地段形象品质。

*更大力度完善城市功能。*着力补短板，投资106亿元实施交通基础设施等6大类城建项目。全力打通“断头路”、拓宽“瓶颈路”、建设“跨河路”、改善“老化路”，实施126省道、梅苑南路跨秦淮新河大桥、岱山中路北延、机场二通道北段等40个道路交通工程。推动10号线二期、宁马城际、7号线等轨道交通建设。加快推进西善桥北路109号等危房改造，续建潘窑、绿洲二期等保障房74万平方米、竣工71万平方米，建设定坊保障性租赁住房2.5万平方米。推

进停车设施建设，新增停车泊位280个以上。

更加精细提升主城形象。建设“会呼吸”的城市，系统推进绿色建筑、海绵城市建设，打造宜居宜业宜游的主城区。加快实施干道街巷、公共空间环境整治和品质提升工程，推进尤家凹3号、花神大道、宁丹路、古遗井社区等环境整治。实施征收拆迁40万平方米以上，加快推动蟠龙地块等综合改造。提升软件大道、龙藏大道等门户节点景观品质，精心打造地标式Logo，增强软件谷、新滨江辨识度和知名度。

更具前瞻打造智慧城市。聚焦城市运行“一网统管”建设，整合共享数据资源，丰富社会管理、公共服务、生态保护等领域应用场景。启动“智慧软件谷”二期建设，优化升级数字云平台，推动园区管理、企业服务上云上线。实现“智慧工地”全覆盖，全面完成安装环保在线监测、自动降尘、视频监控等系统建设。搭建9号路智慧监管综合治理平台，推进道路及周边环境综合治理应用场景建设。

四、坚持绿色共生，打造生态宜居环境

坚守生态环境保护底线，推进生态优先、节约集约、绿色发展，加快绘就蓝绿交织的山水城林新画卷。

一抓到底攻坚污染防治。坚持动真碰硬，深入打好蓝天、碧水、净土保卫战，从严做好第二轮中央环保督察问题整改。实施大气污染物控制精细化管理，建设重点区域楼顶雾化喷淋系统和污染源空气净化系统，力争PM2.5等主要指标保持全市前列，重污染天气、臭氧污染进一步压降。统筹水资源、水环境、水生态治理，推进沿江片污水管网建设、城南污水管网改造等工程，强化重点河道水质监测预警，确保国、省、市考断面水质稳定达标。落实“河湖长制”，建成板桥河等8处幸福河湖。加强土壤污染源头防控，开展新污染物治理。

一着不让修复生态系统。持续巩固长江流域禁渔成果，保护长江生物多样性。高标准完成长江入河排污口整治。以“林长制”促“林长治”，加强林地、湿地和自然保护地监管。推进秦淮新河百里风光带（两桥段）、雨核线件公园等城市公园规划建设，新增绿化面积10万平方米、绿道6公里，展现雨花“公园城市”形象。加强生态保护红线监管，加快落地应用“三线一单”[21]成果。

一以贯之推动绿色发展。围绕“双碳”目标，抓好减污降碳协同增效，统筹推进建筑、交通等领域低碳减排行动，督促传统产业、企业绿色转型。推动垃圾分类和资源化，健全再生资源回收体系，加快建设区污染物自动化智能分拣中心、装修垃圾处置中心，推进省级垃圾分类达标小区创建。

五、增进民生福祉，完善全覆盖保障体系

锚定群众幸福满意，紧盯群众急难愁盼，加快推进民生实事项目建设，着力提升雨花百姓获得感。

办好人民满意的优质教育。新开办5所以上幼儿园，推进徐工规划中学、华兴实验小学等25个教育设施建设。持续巩固“三名工程”[22]，积极创建全国义务教育优质均衡区，加快推进雨花台中学创建省高品质示范高中，创建“推进素质教育示范初中”1所，争创省、市优质园4所。加强名特优教师队伍建设，引进骨干教师10人。优化基础教育，通过名校联办、集团化办学等举措，提升办学水平。

建设更高水平的健康雨花。及时调整防疫政策，统筹推进医疗物资储备、人员医治和

疫苗接种。加快医疗资源补短补缺,高标准推进省妇幼保健院总部、省第二中医院总部项目建设,加快梅山医院改扩建,实现“三甲”医院零突破。巩固省基层卫生示范区成果,新增五级中医馆1处,支持社区卫生服务中心建设特色科室。推进分级诊疗制度,加强医联体、健联体和药联体建设,提高基层首诊率,创新家庭医生签约服务模式,提升居民满意度。

织密“一老一小”民生保障网。优化综合养老服务体系,开展65岁及以上老年人免费健康体检3万人次,组织老年人智能技术培训,为空巢独居老人配备语音呼叫设备。优化智慧养老服务平台,推广互助养老,推进认知障碍照护服务体系建设,争创全国“医养结合示范区”。强化儿童、托育服务供给,新建2个市级儿童友好社区,新增托育班15个、普惠托育机构1家,新增托位420个。

托稳兜底增收基本盘。坚持援企稳岗与扩就业并举,不折不扣落实组合式税费支持和稳经济一揽子政策,做优“贤聚金陵·梦汇雨花”人才服务品牌,组织招聘活动100场,新增城镇就业2.1万人,新增大学生就业2万人,开展政府补贴性职业技能培训7000人次。实施健康“保中保”,为医疗救助对象购买大病补充保险3000份以上,为基本生活困难群众实施二次救助5000人次以上。为残疾儿童发放康复补助资金300万元。

构建更高品质的文旅圈。打造“最美公共文化空间”,深耕“雨花满天”“诗意雨花”品牌,以弘扬传承雨花英烈精神等为主题,创作文艺时代精品。全年举办各类文艺活动1000场以上,“遇见”街头音乐汇100场以上。打造文化地标,区级旅游集散中心投入使用,支持梅钢工业文化旅游区争创国家AAAA级景区。

六、树牢底线思维,维护安全稳定大局

更好统筹发展与安全,以“时时放心不下”的责任感坚决防范安全风险,全力以赴营造安全稳定和谐的发展环境。

守牢安全生产底线。深化“治本攻坚”大会战,持续开展风险隐患排查,推动问题整改销号。为1300余栋高层住宅安装水压监测系统、1700余家小型餐饮场所安装燃气报警装置、1400余处电动车集中充电点安装简易喷淋。提高本质安全水平,推动新和源装饰城等大市场关停拆除。提升全民安全防范意识和处置能力,开展100场安全宣传咨询和公益培训活动,为1万户家庭赠送并培训使用灭火器。

维护稳定发展大局。强化调解优先理念,推动行政复议数字化转型,逐步实现网上受理、远程办理。巩固信访突出问题攻坚化解年行动成果,运用法治思维和法治方式,最大限度推动矛盾实质性解决。推动信访工作融入“精网微格”基层社会治理体系,把信访服务送到群众家门口。持续放大“慧系列”雨花警务品牌效应,推进“雪亮工程”[23]建设,新改建视频监控点位1900个以上,打造30个智慧安防小区,推动平安雨花建设持续向好。

加强韧性城市建设。强化源头治理、风险管控和应急体系建设,搭建城市韧性保障体系。有效发挥应急、数字城管、防汛抗旱等指挥中心作用,增强城市安全风险感知、监测、预警和处置能力。提升地下管网智能化管理水平,形成全区地下管网“一张图”。推进城市体检,加快破解交通拥堵、积淹水等城市顽疾。完善城市应急响应机制,组织开展防空、防震、防汛、森林防灭火等演练,强化应急救援能力建设。

七、加强自身建设，推动高效能政府治理

将学习贯彻党的二十大精神作为当前和今后一个时期首要政治任务，全力转作风、提效能、优服务，推进政府治理体系和治理能力现代化，建设人民满意政府。

强担当提升政府执行力。旗帜鲜明讲政治，切实增强“四个意识”、坚定“四个自信”、做到“两个维护”。坚决贯彻落实中央、省、市决策部署和区委工作要求，坚持问题导向、目标导向、结果导向，敢闯敢为、善做善成。建设更高质量法治政府，依法接受人大及其常委会监督，自觉接受政协民主监督，主动接受群众监督、舆论监督，严格落实重大行政决策程序，规范行政行为，让权力公开透明。

“及时雨”赋能政务服务。深化数字政府建设，优化政策直达和民声直达平台，让政策惠企更精准、诉求办理更顺畅、回应回复更高效。探索融合“12345”工单办理、网格化管理机制，通过流程再造和数据驱动，提升事件处置效率。聚力政务服务“一网通办”[24]，持续深化“一件事”改革试点，实现关联事项“打包办”、高频事项“简化办”、政策兑现“指尖办”。加快推进南京都市圈等跨区域通办，实现更多政务服务“全城通办”“跨省通办”。

促改革提升服务效能。建成政府投资智慧集成管理平台，提高“三驾马车”[25]运行质效，实现政府投资项目全过程监管。深化工程建设项目告知承诺制，探索全流程审批服务在线办理，推行交地即发证、交地即开工，进一步压缩施工许可审批时限。优化国企改革“1+N”总体布局，有序推进雨花新城公司等国企改革。深化“吹哨报到”机制，推动基层综合执法体制改革，优化数字治理指挥体系。完善社区体制改革，开展社区星级评定，创新考核评级机制。

守底线强化廉洁建设。加强政府系统党风廉政建设，严格执行中央八项规定及其实施细则精神。有序化解政府债务，全力压降平台融资成本，加快专项债支付进度。推动数字财政建设，加强财政资金全过程监管，强化财政支出绩效评价。带头过“紧日子”，“三公”经费和一般性支出再压减10%，将财政资金更多用于保基本民生。

各位代表，关山初度尘未洗，策马扬鞭再奋蹄。让我们紧密团结在以习近平同志为核心的党中央周围，在市委市政府和区委坚强领导下，不忘初心、牢记使命，埋头苦干、奋勇争先，聚力“两全两新”，打造新滨江、建设数字城，努力向党和人民交出更加优异的答卷！

名词解释

1.智改数转：指智能化改造和数字化转型。

2.上云上网：指通过高速互联网络，将企业的基础设施、平台、业务等部署到云端，利用网络便捷地获取计算、存储、数据、应用等各种服务资源。

3.专精特新“小巨人”企业：指具有“专业化、精细化、特色化、新颖化”特征的中小企业。

4.1+2+N：“1”是《建设科创金融改革实验区总体方案》，“2”是《科创金融扶持资金政策实施办法（试行）》及《实施细则》，“N”为后期陆续出台的各类扶持政策。

5.三区三线：指根据城镇空间、农业空间、生态空间三种类型空间，分别对应划定的城镇开发边界、永久基本农田保护红线、生态保护红线三条控制线。

6.五统一：指实行统一规划设计、统一

建设标准、统一土地管理、统一项目准入、统一监督考核的运作机制。

7.1+5+1："1"是行动方案指南，"5"是愿景定位提升、交通详细规划与道路设计指南、土地整备与城市更新、产业规划与招商策略、历史文化资源利用5个专题，"1"是工作手册。

8.运投融建：指运营、投资、融资与建设，体现"新滨江"开发建设以产业导入为先、产城融合发展的新型开发模式。

9.一环串五城："一环"即"数字江河、开放之环"，"五城"即新滨江分为经开区人居森林城、板桥数智创新城、古雄青年乐活城、梅山转型示范城、绿洲都市产业城五个功能片区。

10.点、站、中心：指居民小区等集中投放点（即垃圾分类亭房）、街道生活垃圾资源回收站、区级生活垃圾资源回收中心。

11.幸福三圈：指社区商业圈、文化体育圈、健康医疗养老服务圈。

12.一件事改革：指将企业和群众需要到各级政务服务机构办理的事项，通过环节整合、流程优化后形成"一件事"，只需跑一次即可办理所有事项。

13.三色码：指通过对独居老人进行评估，对紧急关注老人、75岁以上特困老人、60岁以上健康老人分为红色、橙色、绿色榜单，进行分级分类管理。

14.三年大灶：指在"小灶"基础上，江苏省按照全国统一部署，开展安全生产专项整治三年行动。

15.三大行动：指统筹发展和安全"大走访、大排查、大攻坚"行动。

16.一网统管：指通过组织整合、职责优化和流程再造，实现"一网整合数据、一屏能观全局、一体应急联动、一线解决问题"，智能协同高效处置城市中的各类问题。

17."六大"产业集群：指通信软件及运维服务、云计算大数据及信息安全、互联网+、人工智能及智能终端、集成电路、信创六大产业集群。

18.政银担：指政府支持的融资担保机构，包括政府、银行、担保机构三方合作，为小微企业解决融资难问题。

19.投贷联动：指商业银行和PE等投资机构达成战略合作，在投资机构对企业已进行评估和投资的基础上，商业银行以"股权+债权"的模式对企业进行投资，形成股权投资和银行信贷之间的联动融资模式。

20.TOD、EOD："TOD"指以公共交通为导向的城市空间开发模式，"EOD"指以生态环境为导向的城市空间开发模式。

21.三线一单：指以生态保护红线、环境质量底线、资源利用上线为基础，编制生态环境准入清单。

22.三名工程：指名师、名校、名校长工程。

23.雪亮工程：指以综治中心为指挥平台、以综治信息化为支撑、以网格化管理为基础、以公共安全视频监控联网应用为重点的群众性治安防控工程。

24.一网通办：指整合政务服务信息化成果，实现政务服务事项异地通办，并涵盖从申报、预审、收件到受理、审查、决定的全流程服务和动态监管。

25.三驾马车：指依托区公共工程管理中心、区公共工程建设中心、区公共工程审计中心，实施政府投资工程项目全流程管理。

责任编辑　陈佳佳

专记

2023 YUHUATAI ALMANAC

Special Feature

雨花亮点　南京名片

城市名片，凝聚一座城市自然、人文、历史、创新的精华，承载一座城市的精神、内涵和气质。

2022年，由南京市委网信办指导，南京报业传媒集团、南京发布工作室、视觉南京联合各区委网信办、各区融媒体中心共同推出的“新十年新南京，‘宁’的新名片网友推选活动”落下帷幕。

在热心网友与专家评审团的共同推选下，新十年48张“新名片”新鲜出炉涉及产业地标、城市建设、生态文明、文旅融合、美丽乡村、特色街区等6个类别。

这些名片充分展示了十年来南京城市的新变化、新成就、新魅力。

雨花台区有4个“新名片”中选。

雨花城市名片之一

中国（南京）软件谷

2010年，南京被工信部授予首座“中国软件名城”称号。2011年8月，为高标准建设“中国软件名城”，南京市委、市政府制定出台相关文件，中国（南京）软件谷正式成立。

这一年，中兴通讯在雨花台区建起以研发为主，涵盖培训、外包服务于一身的综合性研发基地，总建筑面积约150万平方米，投资总额160亿元。包括华为、中兴在内的一批国内软件“大牛”企业，扎根软件谷，开枝散叶，蓬勃发展。

十一载栉风沐雨，奠定了中国（南京）软件谷成为全国规模最大的通信软件产业基地，全国首

中国（南京）软件谷

批、江苏唯一的国家软件和信息服务业示范基地，国家数字服务出口基地，国家级博士后科研工作站等的坚实基础。

十一载砥砺奋进，软件谷连跨两个千亿级台阶。2022年，软件谷实现软件业务收入2600亿元，新增软件产业建筑面积68.53万平方米、总量超过1138万平方米，新增涉软企业350家、总数达到3842家，新增涉软从业人员2万人、总数达到34万人。

这是一座生机盎然的“产业之城”，中国（南京）软件谷以占据全市软件业务收入40%、全省20%的份额，成为南京软件产业的地标，当前，软件谷正争分夺秒抢进度、促发展，争创中国软件名园。

紧扣“产业数字化、数字产业化”发展方向，软件谷持续发展壮大通信软件及运维服务、云计算大数据及信息安全、互联网+、人工智能、集成电路、信创“六大产业集群”，积极布局工业软件、元宇宙“两个新赛道”，全力打造“6+2+N”的产业生态，加快夯实基础软件、集成电路、安全软件“三大产业基础”，壮大行业应用软件、新兴平台软件、嵌入式软件“三类产业规模”，拓展数字孪生、区块链、量子信息“三个前沿方向”，构筑“3+3+3”软件产业发展体系，让软件谷真正成为人才向往、人才荟萃的创业创新热土。

这是一片郁郁葱葱的“科创森林”，2017年6月，以中国（南京）软件谷为核心的雨花台区入选全国第二批“大众创业万众创新示范基地”，是全省唯一以软件和信息服务业为特色的示范基地。2017年，工信部信息化和软件服务业司、江苏省工信厅和南京市人民政府签署合作备忘录，共同推动中国（南京）软件谷创建继上海浦东新区之后全国第二个中国软件名城示范区。2020年4月，软件谷被商务部等部门评定为全国首批、江苏省唯一的国家数字服务出口基地。2018年至2022年，雨花台区全国“双创示范基地”工作，四年三获国务院办公厅表扬。

在创新生态的营造上，2022年软件谷新增省级工程技术研究中心2家、市级工程技术研究中心15家，累计数量分别达到23家和80家。平台载体成效明显。已打造各类公共服务平台40余个；集聚各类众创空间、科技企业孵化器47家，其中国家级9家、省级18家。

这也是一座活力澎湃的“数字城市”，软件谷还不断推动园区品质在产城融合中日益提升，以重大工程的建设推动项目招引，2022年，软件谷共安排市重大项目18个，除亿嘉和总部园区、中兴三区项目即将全面入驻以外，伟思医疗总部研发经

中国（南京）软件谷授予嘉环科技“软件谷数字人才实训基地”牌匾

济园、南站5G+产业园、公共安全人工智能产业园（东南智盾）等新开工项目正紧锣密鼓地加紧建设；智慧城市产业基地、浙大网新人工智能产业园等项目主体封顶；数字金融产业园项目推进内外装修。机场二通道北段一标段、规二路（奥体大街至凤台南路段）等市级跨区断头路实现竣工通车，梅苑南路跨秦淮新河大桥、三个绕城通道、机场二通道北段二标段等重大基础设施项目正按序推进，北辅道小游园竣工开放，9万平方米荒地变成生态游园。

加速特色园区的建设，软件谷的楚翘城、云密城、科创城、创业创新城和南京大数据产业基地"四城一基地"特色园区，科创载体招商率达91%以上。而在73平方公里的软件谷北园、南园、西园三大园区内，各类科创园区载体已有80多个。软件谷的华为二期建设项目，更入选全市"十三五"十大优秀公共建筑。

进入新发展阶段，软件谷正以高质量发展的新定位为起点，主动担负起向"数字谷"转型升级的历史使命。

雨花城市名片之二

软件大道　数字大道

雨花台区有一条道路叫"软件大道"，它是南京首条以产业名称命名的道路，全长5.3公里。

时间追溯到2008年，雨花台区在雨花软件产业基地成立了雨花软件园，为扩大软件产业影响力，雨花台区向主管部门提出申请并得到批准，2009年，"宁南大道"正式更名为"软件大道"。

软件大道两旁，一边有中兴，一边有华为，还有舜天集团、苏豪集团等知名企业，雨花台区的软件产业，从一条软件大道出发，昂扬启程，雨花台区软件及信息服务业铺就了创新发展的"高速公路"。

砥砺奋进十余载，如今，雨花台区的软件产业已占据了全市近40%、全省近20%的份额，一条"软件大道"彰显了雨花台区特色主导产业的骄人业绩。

2021年1月，雨花台区的一则动态再度引起关注——横贯雨花台区的龙翔路，正式更名"数字大道"。

在雨花台区的"铁心桥—西善桥"地区（以下简称"两桥"地区），龙翔大道和机场二通道犹如横轴、竖轴，打通了长期掣肘"两桥"交通的"任督二脉"，如今已竣工通车的这两条道路，展现出生机勃勃的"城市动脉"活力。

至2022年末，"两桥"地区累计开工建设36条主次干道，总计里程约34.55公里，完工通车数字大道、机场二通道（两桥段）、育群路、润善路、陇淮路、荷影路等28条主次干道，通车总里程28.32公里。

贯通南北的机场二通道（铁心桥—西善桥段）于2020年8月全线通车；横跨东西的数字大道于

2020年5月全线通车。龙翔西立交为数字大道的关键节点，也是南京交通史上最大立交油坊互通的重要组成部分，已于2020年年底完工。

软件大道夜景

如今，从江北新区通过五桥到达河西南后，沿江山大街一路向东出发，途经数字大道，继续开车10多分钟就能到达南京南站。这些道路的建成通车，极大地便利了周边群众的出行，片区交通拥堵状况得到大幅改善。

打通“城市动脉”，彰显雨花气质，是“数字大道”更名的源起。“城市动脉”的打通，旨在服务居民群众、促进地区经济社会发展。2021年初，雨花台区将龙翔路更名为“数字大道”，更名的背后，是雨花台区从“软件”迈向“数字”的雄心。

紧紧围绕软件和信息服务业，雨花台区全力建设以软件谷为核心区的“软件高原”，全区软件产业载体面积超1100万平方米，2022年软件业务收入2600亿元，软件从业人员超34万人。

雨花台区正全力打造、真正形成“数字引领、软硬结合”的“1+2”现代产业体系，擦亮“数字经济看雨花”的鲜明标识，立足“软件高原”，勇攀“数字高峰”。

数字经济是当前区域转型发展的“关键增量”。作为南京这座“中国软件名城”的核心承载区，雨花台区正以数字赋能全域发展，以城市“软实力”，扛起发展“硬担当”，不断推动城市和产业双向奔赴、加“数”攀升，努力实现全区高端、产业高峰、治理高效、民生高地的发展目标，将“打造新滨江、建设数字城”作为该区推动现代化建设、实现“全面创新、全域高新”的有效路径，努力绘就现代化典范城市创新名区的美丽画卷。

眼下，放眼“数字大道”沿线，一个个施工现场热火朝天、一个个“地标”项目引人注目。

为解决“有学上”“上好学”“方便上学”等群众关注的焦点，“两桥”地区共规划建设、改造扩建2所高中、5所初中、4所小学、6所幼儿园。其中，中华中学雨花校区的投资额约10.69亿元，占地12公顷，3栋教学楼可容纳60个教学班级；食堂有两层，可供2000人同时就餐；宿舍四人一间，独立卫浴，干湿分离。2022年秋季开学时，中华中学雨花校区已迎来首批师生。

2022年9月，已签约落户雨花“两桥”地区的江苏省妇幼保健院总部/江苏省人民医院雨花分院项目正式启动建设。项目将紧紧扣住“国内顶尖、国际一流”妇幼保健医院的愿景，体现“大专科、大综合”特点，打造集人文关怀、绿色生态、数字科技于一体的现代化院区，全力

数字大道

建成立足南京、服务全省、示范全国的综合性医疗机构，新院区总建筑面积约26万平方米，填补了雨花台区缺少三甲医院的“空白”。

统筹“生产、生活、生态”融合，加快推进江苏省妇幼保健院总部、雨花城市公园等一批惠民便民项目，不断补齐教育、医疗、交通、生态等民生短板，全力建设雨花台区新地标、新中心。当前，以一条“数字大道”为“主动脉”之一的“两桥”地区，正在不断彰显独具特色的“雨花气质”，奋勇建设“全面创新、全域高新”的新雨花。

雨花城市名片之三

三桥湿地公园+三山矶

大胜关大桥横跨长江南北，平静的江面上不时有轮船驶过，水中则是“微笑精灵”江豚的栖息地……这幅美景，出现在雨花台区大美滨江岸线的三桥湿地公园。

三桥湿地公园占地面积100公顷，近年来，雨花经济开发区先后投入1.8亿元，对湿地公园进行主体建设，完成长江岸线66.67公顷湿地公园一期、二期建设，栽种了20多个品种的1万多株绿植，如今这里已是绿草如茵、鸟语花香。

雨花滨江岸线重要景观之一的江豚广场，是开发区投入4800万元，将原有的金大妈码头仓库地块进行整治所建。江豚广场实现了将长江岸线造林绿化、湿地保护、生物多样性保护与城市环境提升的有机结合。如今已竣工对外开放的江豚广场，不仅有葱郁的植被树木、大型江豚群雕像，还有滨江江豚观景平台、科普教育基地。

总面积11.27公顷，岸线长度935米的江豚广场，北侧为鱼嘴湿地公园，南侧为三桥湿地公园，是连接两个公园的绿色纽带，也是观江和观桥的绝佳观景点。自2021年以来，雨花经济开发区反复调研入江口人行桥建设方案，在南京市相关部门的大力支持和指导下，2021年11月，项目召开桥梁方案国际征集会，面向全球5家顶尖国际建筑事务所和桥梁设计机构进行方案征集。

2022年2月，项目召开专家评审会，经过几轮会审，最终确定，来自瑞士的克里斯蒂安·克

三桥湿地公园

雷兹建筑设计事务所设计的“游远桥”方案成功中标。克里斯蒂安是国际建筑界颇有声望的设计师，在中国已成功设计了一批地标性筑。此次设计的“游远桥”，桥造型为三桥叠合互动，形似DNA双螺旋结构。“平远、深远、高远”的结构构思，具有中国山水画意境。

毗邻大美雨花滨江岸线和秦淮新河风光带，三桥湿地公园抬腿就到；直通滨江快速路、绕城连接线，从这里开车出发，10分钟即可抵达河西和软件谷……2022年以来，雨花台区上下正全面启动“打造新滨江，建设数字城”战略，其中雨花“人居森林”板块以绝佳的地理位置和生态环境优势，成为雨花城市发展的“新亮点”。这里，正全力以赴扬“江河交汇”之长，打造以滨河特色低密度居住社区为主，集文化、创意、生态、旅游等产业发展于一体的产城融合之城。

横跨秦淮新河，将雨花与河西南无缝衔接的秦淮新河大桥、天后大桥、龙行大桥等，都在人居森林范围内。已通车多年的地铁S3号线在此设有天保站，一站即达河西南的高庙路站。未来，这里还将有7号线、9号线二期、S2号线“三地铁”深度覆盖……雨花与河西接壤的“留白”，正在紧密“填充”之中。

三山矶公园

沿着三桥湿地公园顺流而上，雨花台区板桥西侧、长江之滨的三山矶，曾与栖霞燕子矶、马鞍山采石矶并称长江下游“三大名矶”。“三山半落青天外，二水中分白鹭洲”诗句所描述的，就是三山矶景致和江中新济洲的白鹭。

在雨花台区委、区政府的部署要求下，板桥街道持续攻坚，大刀阔斧展开综合整治。随着生态复绿工作的开展，区域环境得到明显改观与提升，长江南京三山矶段江畔逐步恢复原有的生态面貌。重现水清、岸绿、景美的三山矶成为以植物观赏、生态科普、候鸟栖息、步道游览湿地景观为主的生态公园，为周边居民提供了散步、休闲的活动场所。

三山矶生态景观公园，充分挖掘历史文脉，突出绿色生态和人文景观特质，实现3公里长江岸线板桥段“点、线、面”全方位提升。其中，一期工程以金陵三山文脉为内涵，打造滨江文化绿地，总投资约9800万元，江渡怀古景观区、江滩湿地保育区、主题文化公园区以及坡地绿化缓冲区等5个区域已于2020年竣工。

截至2022年末，三山矶已栽植垂柳、水杉、乌桕、榉树、枫香等各类苗木近1.65万株，完成绿化造林面积约33公顷。总面积约73.33公顷的一期工程，让古三山矶渡口焕发新的生机和活力，“三山半落青天外，二水中分白鹭洲”的美景诗意，已然再现。

近年来，雨花台区下大决心、投大资金全力整治岸线，目标和宗旨是“复绿不留死角，全覆盖扮靓”。眼下，长江雨花段9.6公里的滨江岸线，正呈现出一派景色宜人、活力澎湃的喜人景象。

雨花城市名片之四

雨花美术馆+紫麓雨花剧场

2022年7月，江苏省文旅厅通报了2021年度江苏省优秀展览项目（共10个），来自雨花台区雨花美术馆举办的“诗意雨花——书画名家作品展”入选。

从三年前为满足片区居民精神文化需要、提升综合文化素质而建馆，到三年后入列年度省级优秀展览项目，一座文化场馆从无到有、从有到优、从优到精的高质量发展之路，正是雨花台区坚持创新引领、坚守品质兴馆、坚定文化育人的探索写照。

观众在雨花美术馆看展览

近年来，雨花台区致力于解决“人民日益增长的美好生活需要和不平衡不充分的发展之间的矛盾”，在规划雨花市民中心时一并将雨花美术馆纳入其中。2019年9月，随着集演艺、阅读、展览、讲座、论坛等功能于一体，总面积1.8万平方米的文化大厦拔地而起，雨花美术馆率先完成内部装修并交付,总面积近2000平方米。

雨花台区得到中国美术家协会的大力支持,最终安排在雨花美术馆举办5届“雨花满天”系列全国画展,为高起点开馆奠定了基础。开馆3年来,聚焦“名家名作名品牌”,携手中国美术家协会联办国家级画展,雨花美术馆以“雨花满天”与“诗意雨花”两大品牌展览为引领,突出专业性、学术性与观赏性,展品涵盖美术、书法、篆刻、摄影等多个门类,吸引各地优秀艺术家积极参与,得到业内高度赞誉和社会广泛关注。此外,这里还举办了“彤管流芳”等16场高品质展览,30余位书画名家携数百件精品力作参展,累计逾10万人次前来参观。

近三年来,雨花美术馆屡创佳绩,各项工作得到中国美术家协会的高度关注和充分肯定,2021年5月,中国美术家协会新文艺群体(组织)展览与推广中心、中国美术家协会青少年展览与推广中心在雨花美术馆挂牌,这是中国美术家协会首次在基层设立“两个中心”。

在雨花台区数字化转型大背景下,雨花美术馆将围绕“四个数字化”进一步推进效能发挥,即:建设数字化场馆,高品质书画展采取“线下展厅+线上VR展厅”方式,同步呈现给广大书画爱好者;推行数字化服务,依托江苏公共文化云平台,打造集展览预告、线上活动、观众服务于一体的智能化掌上服务平台;开展数字化公众教育,结合中国美术家协会“两个中心”作用发挥,邀请书画大伽云端开课,满足更多书画爱好者需要;实施数字化典藏,开发馆藏作品掌上查询功能,实现足不入库即能知晓馆藏作品便捷服务。

2021年4月16日,紫麓雨花剧场正式开幕。这是南京首个“浸没剧场”,旨在依托雨花台烈士陵园等周边红色资源,打造“全国红色剧目会演基地”以及传播、体验雨花英烈精神的重要阵地。

开幕当天,南京艺术学院国家级大学生校外实践基地艺创空间和南京市文联艺术实践示范基地在此挂牌,这是剧场与高校、社会组织共建人才培养和艺术项目落地的深度实践。

剧场建筑面积1805平方米,设有座位370个,既可满足常规的单面观、会议、沙龙等需求,又可解构成三面观及四面观布局,满足不同客户的全方位需求,同时剧场配备先进的音视频设备,为各种演出、会议、活动保驾护航。

为提高文化场馆使用效能、丰富文化活动内容、提升文化服务层次,剧场委托专业机构运营,通过打造原创文艺精品、举办文化惠民演出、剧场日常维护管理等方面深度合作,进一步提升

王飞飞山水画作品展在紫麓雨花剧场举行开展仪式

场馆的热度和档次。其中，庆祝中国共产党成立100周年特别制作的原创历史话剧《长明》，已作为剧场的驻场演出剧目。截至2022年底，剧场先后推出大型历史舞台剧《长明》、话剧《建筑学家——杨廷宝》、音乐剧《沧海一粟》等3部原创作品。2022年软博会期间，剧场又首映了雨花台区原创剧目《芯时代》，通过创业人才的亲历故事，让观众感受到雨花台区十余载砥砺奋进，打造"软件高原"、勇攀"数字高峰"的动人历程。

黄惇书法篆刻展开展仪式在紫麓雨花剧场举办

除了原创剧目，紫麓雨花剧场因靠近软件大道，周边年轻群体集聚，这里每月的脱口秀演出吸引了众多附近的上班族。作为南京艺术学院国家级大学生校外实践基地艺创空间，这里定期会有南京艺术学院学生前来排戏、演戏。

（区委宣传部）

责任编辑　张晓华

大事记

2023 YUHUATAI ALMANAC

Chronicle of Events

1 月

1日　雨花台区应急指挥中心试运行。

5—6日　区政协十届一次会议在区委党校举行。

5—7日　区十九届人大一次会议在区委党校举行。会议通过《关于雨花台区人民政府工作报告的决议》等决议，宣布2022年度重点民生实事项目票决结果。

11日　位于尤家凹1号的原压缩机厂3处历史建筑入选市政府公布的南京市第三批历史建筑保护名录。

13日　雨花台烈士纪念馆在雨花台烈士陵园二泉展览馆推出“信仰的光芒——雨花英烈主题红色文艺作品展”，展示29名雨花英烈生前原创作品。

15日　0时41分，雨花台区（北纬31.94度、东经118.64度）发生2.6级地震，震源深度13千米。无人员伤亡及财产损失的报告。

20日　雨花社区卫生服务中心入选第一批江苏省基层医疗卫生机构五级中医馆建设单位。

同日　纵七路北延建设工程开工建设。

21日　区政府与市机关事务管理局、南京市第一中学合作办园、合作办学签约仪式举行。成立南京市第一中学雨花教育集团等多个教育集团。

22日　江苏省首部以软件产业发展为主题的长篇纪实文学《软件之路》作品研讨会在雨花台区图书馆举行。

25日　江苏省旅游学会研学旅行基地授牌仪式在梅钢工业文化旅游区举行，梅钢工业文化旅游区被授予“江苏省旅游学会研学旅行基地”铭牌。

29日　区纪委十二届二次全体会议在区级机关大楼举行。

同日　区城管综合行政执法大队拍摄的原创系列微电影《越了解越理解》第七部《拆违》上线。

31日　司法部、民政部印发《关于2021年度“全国民主法治示范村（社区）”复核工作情况的通报》，保留西善桥街道油坊社区、雨花街道花神庙社区“全国民主法治示范社区”称号。

2 月

4日　驻区企业众能联合数字技术有限公司研发的高空作业平台“传送”火炬手点燃鸟巢外分火炬台，完成北京冬奥会分火炬台点火仪式保障任务。

9日　驻区企业亚信安全科技股份有限公司在上交所科创板上市。

12日　雨花台区成立板桥新城开发建设指挥部。

15日　雨花台区入选工业和信息化部、民政部和国家卫健委公布的2021年国家智慧健康养老示范基地，赛虹桥街道、西善桥街道入选2021年国家智慧健康养老示范街道。

21日　中国科协召开2022“科创中国”年度会议，发布2021年“科创中国”系列榜单。中国电子科技集团公司第十四研究所研发的“灵犀手”产品入选2021年“科创中国”先导技术榜单。

28日—4月20日　市委第二巡察组对雨花台区开展化解民生诉求突出问题专项巡察。

3　月

3日　雨花台区2022年城市发展招商推介会在云密城举行，雨花台区与市机关事务管理局、南京一中签订名校名园战略合作协议，与市第一医院、市中医院、市脑科医院签订名医院医联体合作协议，与市建设发展集团签订长虹路城市更新项目合作协议。

同日　雨花台区总工会召开第七届女职工委员会第六次全委（扩大）会议暨女职工工作业务培训会。

4日　红“芯”向党　红谷领航——“雨花红谷”2022年度党建工作推进会在中国（南京）软件谷“雨花红谷”党群服务中心举行。

同日　“志愿服务新时代　雨花‘锋’范暖人心”志愿服务集中活动在虹悦城大拇指广场举行。

11日　雨花数字城核心区华润综合体项目在西善桥街道开工。

15日　雨花台区政务服务中心上线企业电子档案自助查询功能。

17日　雨花台区智慧司法（矫正）中心在软件大道172号竣工。

30日　区委政法委入选中国关工委、中央政法委、司法部、共青团中央、中国法学会联合表彰的“全国青少年普法教育先进集体”名单。

4　月

4日　岱山东路北延跨秦淮新河大桥全线合龙。

5日　《南京市雨花台烈士陵园保护条例》发布施行。

15日　中共中央组织部第十六届全国党员教育电视片观摩交流活动评选结果公布，雨花台区报送的《铁路枢纽南京南站》等3部作品获奖。

19日　区市场监管局报送的原创微视频《使命》在第三届全国市场监管微电影微视频微动漫征集展示活动中，获评“年度金质作品”。

20日　中国（南京）软件谷发布2022年谷雨双创学院培育计划，13家培育机构、超1200家企业报名。

21日　南京市举办2022年重大招商项目暨央企区域总部项目视频签约活动，签约项目投资总额约40亿元。

同日　区法院审理的“国芯公司反向破解芯片案”入选中国法院50件典型知识产权案例。

同日　“聚雨花　职未来”雨花台区人才服务云平台上线。

22日　“阅读新时代　逐梦新征程”雨花台区2022年全民阅读系列活动启动仪式在云密城举行。

同日　省文物局、市文旅局组织并邀请长三角可移动文物保护专家库成员对雨花台烈士纪念馆馆藏的167件（套）文物藏品进行评级。定级的54件（套）等级珍贵文物于5月向社会公开，于9月上线雨花台烈士纪念馆“云上文物”网络展览平台。

23日　首届南京科普读书节在南京科技馆举办。

28日　南京市首个兼具展览功能的快闪公园——雨花快闪公园在紫悦广场开放，活动持续至6月。

29日　南京科技馆入选全国“‘科创筑

梦’助力‘双减’科普行动”试点单位。

30日　中国美术家协会新文艺群体（组织）展览与推广中心、区文旅局主办的“左手右手”当代艺术家伉俪画展在雨花美术馆开展。

5　月

8—14日　中国美术家协会青少年展览与推广中心主办，区文旅局承办的“万物生长”少儿美术作品展在雨花美术馆举办，展出全市100名少儿美术作品。

9日　绕城北辅道（华为路—机场高速）路侧景观工程竣工。该工程于2021年3月开工建设，全长1.3千米，面积约9万平方米。

11日　区退役军人事务局与区司法局联合设立的全区首家退役军人法律援助工作站在区退役军人事务局揭牌成立。

12日　雨花台区召开新生儿出生“一件事”工作推进会，推动新生儿出生“一件事”一次办、网上办从试点变成全区覆盖。

14日　2022“We来+”人才服务活动发布会暨数字人才专场招聘会在雨花数字经济人力资源服务产业园（云密城）举办，同步进行线上直播招聘。

15日　雨花台区李蓉家庭获全国妇联表彰的2022年全国“最美家庭”称号。

16日　雨花台区召开学习贯彻习近平总书记在庆祝中国共产主义青年团成立100周年大会上的重要讲话精神座谈会。

25日　南京市公安局雨花台分局在全国公安系统英雄模范立功集体表彰大会上获“全国优秀公安局”称号。

同日　市第三十四届科普宣传周暨区科技局（科协）承办的百米少儿科技绘画活动在雨花外国语小学花神庙分校开展。

26日　雨花台区大中小学思政课一体化建设联盟活动在南京市南站中学举行。

6　月

2日　雨花台区生态环境保护合规教育中心暨环保公益诉讼、生态损害赔偿志愿者服务中心在雨花经济开发区揭牌成立。

6日　雨花经济开发区社区卫生服务中心开诊。

同日　板桥街道“红桥骑手党建联盟”成立，属地24家快递、外卖、货运物流企业及站点加入联盟，80余名骑手、小哥登记入册。

7日　铁心桥街道定坊兴苑入选省委组织部等4部门联合发布的第二批党建引领物业管理服务工作省级示范点。该保障房小区物业管理单位是江苏万园物业服务集团有限公司。

14日　中国（南京）软件谷入选南京市建设数字贸易示范基地。

15日　由市归国华侨联合会、区政府、中国（南京）软件谷管委会主办的2022南京侨界招商引智项目签约仪式暨雨花推介会在云密城举行。

16日　江苏省首届退役军人无人机飞控师特色培训班在雨花台区新航线无人机培训学校开班。

17日　省政府办公厅发布《省政府办公厅关于对2021年落实有关重大政策措施真抓实干成效明显地方予以督查激励的通报》，雨花台区在科技企业孵化器运行、林长制工作推进、森林资源和湿地资源管护、推动“双创”政策落地、扶持“双创”支撑平台、构建“双创”

发展生态、打造“双创”升级版等方面获表彰。

20日　宁马城际铁路（南京段）一标二工区板桥北站首根钻孔桩成功开钻，这是宁马城际铁路（南京段）首个正式开工的项目。

24日　落户中国（南京）软件谷的荣耀软件研发总部项目签约仪式暨南京荣耀软件技术有限公司揭牌仪式在深圳举行。

同日　市委组织部组织“服务企业·面对面”南京党员专业志愿者服务基层行走进雨花台区，发布“红色引擎”三聚行动。其间，雨花经济开发区“人居森林片区”“汽贸行业”“都市工业圈”三大党建联盟同步成立。

25日　区委常委会调研雨花新滨江，考察江豚广场、联东U谷·开发区数字经济产业园、338滨江大道、宁马高速大方互通改扩建配套工程项目等。

27日　“沉浸其中”——“小雨滴”特色志愿服务项目线下首演暨签约仪式在雨花台烈士纪念馆举行。该项目由雨花台烈士纪念馆、区委教育工委、区教育局联袂打造，以区教育系统“小雨滴”志愿者为主创主演。

29日　央视《焦点访谈》开创“党旗在一线飘扬”系列节目，西善桥街道齐修社区“三色码”创新服务模式作为首篇播出。

同日　雨花台区召开大气污染防治工作专题调度会。

7　月

1日　雨花台区召开庆祝建党101周年暨基层党建工作推进会。

2日　雨花台区岱山中路北延工程二标段（吉祥路—龙藏大道）开工建设。

6日　雨花台区家庭心理健康服务中心在雨花街道“邻里荟”挂牌成立。

同日　“励志，凝聚力量文学，沟通世界”——梅钢“励志大讲堂”分享会在梅钢工业文化旅游区举行。该活动为第二届南京世界文学之都主题书展暨第十二届江苏书展南京分展系列活动之一。

10日　岱山东路项目最后一联现浇箱梁开盘浇筑，主线结构实现全线贯通。

12日　“2021雨花满天——全国花鸟画作品展”复评工作会在雨花美术馆举行，复评出作品218件。其中57件入会资格作品于8月10—24日在雨花美术馆展览。

13日　“诊所开办一件事”上线雨花台区政务服务“一件事一次办”平台。

15日　“以人民为中心，为城市而设计”系列活动主题竞赛第六期“望亭·小筑——南京立体环境—社区单元设计竞赛”作品颁奖及展示活动在南京市规划建设展览馆举行。该活动于2021年11月12日启动，由市规划和自然资源局、区政府联合主办，选取岱山文体广场和三桥湿地公园为设计点位。

同日　铁心桥街道马家店社区党总支、区委党校党支部联合举办“共学攻坚”主题党日活动暨“强国复兴有我”社校企联合宣讲。

16日　由市文旅局、南京书画院（金陵美术馆）主办的“混濛有象——曹洋书法作品展”在雨花美术馆开幕。

20日　赛虹桥街道长虹路社区党总支联合省住建厅城建处党支部等7家单位，启动“‘赛小虹’牵手‘蓝精宁’共建红色‘燃’阵地”项目暨第一届长虹路社区“燃”气节，成立“赛小虹”志愿服务队和“蓝精宁”志愿服务队。

同日　186路福润公交总站举行开通仪

式，恢复和调整公交186路、103路和135路线路走向。

22日　由区地方金融监督管理局主办的"雨花台区资本市场圆桌会——港交所专题"活动在雨花金融众创空间举行。

同日　古雄街道召开"古雄·YI家"党建引领基层治理共同体建设推进会，成立"古雄YI家"党建联盟，启动博采众"议"行动，发布"六个YI"项目。

25日　"谷雨生花芳满园"2022年度谷雨双创学院开学典礼暨谷雨企业青年工作讲习所启动仪式在中国（南京）软件谷创新创业服务中心举行，117家企业学员入围谷雨双创学院培育对象。

26日　雨花台区法学会第二次会员代表大会在区级机关大楼召开。

同日　雨花台区"一访通"信访化解E平台上线。

27—29日　2022中国硅酸盐学会玻璃纤维分会学术年会暨全国玻璃纤维专业情报信息网第42届年会在雨花台区金峰汇金陵酒店召开，玻纤行业400余家企业参会。

28日　驻区企业南京维拓科技股份有限公司"垂直行业工业互联网平台解决方案"入选第四届全球工业互联网大会发布的2022年工业互联网融合创新百家行业应用优秀案例。

29日　雨花台区"夏悦雨花乐享万家"2022年夏季消费节开幕式暨汽车专场活动在紫荆广场举行。7月27日至8月31日活动期间，雨花台区提供汽车消费补贴1000万元。

同日　雨花台区获省委、省政府、省军区联合表彰的江苏省第十二届"双拥模范区"称号。

30日　第二届全国红色爱国主义教育高峰论坛在雨花台中学举行。

8　月

1日　雨花台区庆祝建军95周年主题活动暨首届"最美退役军人"事迹宣讲会在区委党校举行，会上公布首届"雨花台区最美退役军人"当选及提名人选。

4日　雨花台区召开产业扶持政策落实情况专项巡察动员部署会。

5日　第五届"贤聚金陵　梦汇雨花"青年大学生创新创业大赛决赛暨颁奖仪式在云密城举行。

6日　雨花台区召开全区重大项目现场观摩暨冲刺三季度调度会。

7日　"礼赞新时代　追梦复兴路"雨花台区"雨理同行"示范宣讲暨学习达人挑战赛决赛在紫麓雨花剧院举行。区城市管理局选手王园园夺得"学习达人"冠军称号。

8日　佳源科技股份有限公司等5家驻区企业入选国家级专精特新"小巨人"企业。

10日　雨花台区"区谷融合发力塑'两全两新'政企携手纾困谋'发展新局'——区谷机关部门组团服务软件谷企业系列活动"在云密城举办。

同日　江苏智高机器人科技有限公司和新航线教育培训学院在第三届"戎创金陵"退役军人创业创新大赛"传统产业及生活服务业"赛道分获一、二等奖。

11日　区委十二届五次全体会议在雨花台中学学术报告厅举行。

同日　省人社厅同意雨花台区成立数字经济人力资源服务产业园。

12日 “数字向未来 生活更精彩”2022年南京市文化产业资源共享会暨数字文化精品路演活动在云密城举行。

15日 区文化馆原创表演《快乐向前方》获第十五届江苏省“五星工程奖”。

同日 雨花台区获2022年上半年南京市招商工作擂台赛目标任务进度奖。

16日 工信部、教育部和省政府联合主办的第十一届“中国软件杯”大学生软件设计大赛总决赛颁奖活动在中国（南京）软件谷举办。

17日 由中国软件园区发展联盟主办，《中国信息化周报》、中国（南京）软件谷承办的中国软件名园创建工作座谈会在中国（南京）软件谷举行。

18日 第七届“i创杯”互联网创新创业大赛总决赛暨颁奖典礼在云密城举行。决赛期间8个项目落地中国（南京）软件谷，同步启动第八届“i创杯”互联网创新创业大赛。

19日 雨花街道雨花社区卫生服务中心放射科主任冯培宏获省委宣传部、省文明办、省卫健委联合授予的第六届江苏省“百名医德之星”称号。

23日 RISC-V中国峰会南京分会暨第二届RISC-V MCU创新应用大赛在云密城举行。

同日 “展千载雨花，传万世经典”古诗文展演暨“读雨花 颂发展 老少喜迎二十大”会演活动在雨花台区图书馆举行。

24日 雨花台区“及时雨”民声直达平台、政策直达平台双上线发布仪式在区级机关大楼举行。

同日 2022年度南京市职工职业（行业）技能大赛招商技能竞赛决赛在中国（南京）软件谷科创城举行。

26日 雨花台实验小学代表队在2022JOMA全国青少年足球邀请赛（江苏赛区）中获得冠军。

27日 雨花台区8个“一社区一案例”项目入选市重点培育项目。

27日—9月15日 由区文旅局主办的“诗意雨花——全国油画名家作品展”在紫麓雨花梦想剧场举行。

30日 南京市中华中学雨花校区启用，同步举行高中入学典礼。

同日 省人社厅同意雨花台区成立数字经济人才市场。

31日 “金融化雨 科创未来”——雨花台区“科创金融改革实验区”争创大会在云密城召开，同步启动“及时雨创贷”合作机构签约仪式。

9 月

1日 雨花台区“智慧财政”移动智能分析信息系统上线。

2日 雨花台区举行“加强基层组织建设 助力乡村振兴发展”慈善专场暨“9·9”公益日项目发布活动，会上成立中国（南京）软件谷、雨花街道、铁心桥街道等9个慈善分会，实现区基层慈善组织全覆盖。

同日 驻区企业南京联迪信息系统股份有限公司在北京证券交易所上市。这是雨花台区第1家北交所上市企业。

同日 谷雨双创学院“软件+”独角兽创新加速营在中国（南京）软件谷创新创业服务中心开营。

同日 区退役军人事务局举办的全区退役军人事务系统“戎耀练兵”比武竞赛在紫麓

雨花梦想剧场开赛。

3日　赛虹桥街道延陵荟公益服务中心入选由省委统战部发布的第二批江苏省新的社会阶层人士统战工作实践创新示范基地名单。

4日　中央电视台《新闻联播》播出《升级法律服务　为依法治国提供法治保障》，报道岱山法律援助工作站服务为民事迹。

同日　中国民办教育协会高等教育专业委员会主办、三江学院承办的一流民办本科高校建设论坛在三江学院举行。

5日　雨花台区岱山“零距离”法律援助服务项目在省政府召开的“江苏慈善奖”表彰大会上获评“最具影响力慈善项目”。

6日　2022年中国南京金秋经贸洽谈会雨花台区专场活动——雨见花开·数创未来暨2022年雨花台区数字经济发展大会举行，现场签约项目29个，计划总投资190.9亿元。

8日　共青团南京市雨花台区第十四次代表大会召开，选举产生共青团南京市雨花台区第十四届委员会。

16日　市卫生健康委、市政务办主办，区政府承办的南京市“诊所开办一件事”工作推进会在雨花台区召开。

同日　南京市软件谷第二小学“方玉春网络名师工作室”入选省教育厅公布的第三批江苏省中小学网络名师工作室名单。

20日　省级“乐享园林”项目——景明佳园口袋公园建成开放。公园位于花神大道与数字大道交叉处，紧邻地铁S3号线景明佳园站。

23日　南京玻璃纤维研究设计院有限公司被国家知识产权局运用促进司认定为国家知识产权优势企业。

24日　江苏省妇幼保健院总部/江苏省人民医院雨花分院开工仪式在雨花台区“两桥”地区举行。

28日　“致敬雨花英烈　奋进雨花有我”沉浸式党课暨“信仰之光照亮奋斗之路”攻坚实践活动启动仪式在雨花台烈士陵园举行。

同日　驻区企业博智安全科技股份有限公司入选国家工业信息安全发展研究中心发布的2022年度国家工业信息安全漏洞库（CICSVD）成员单位名单。

29日　铁心桥街道“同心桥公益路演”第九期活动举行，9家驻地单位捐赠善款14万元，帮助5户困难人员和残疾儿童。

同日　中国（南京）软件谷“红谷兴链季”主题活动之软件谷互联网产业联盟主题沙龙暨纳新仪式在联盟新成员企业南京八点八数字科技有限公司举办。

30日　岱山东路北延项目正式通车。

10　月

8日　驻区企业浩鲸云计算科技股份有限公司入选省商务厅公布的2022年江苏省数字商务企业（第三批）名单。

10日　省工业和信息化厅公布第七届“i创杯”互联网创新创业大赛获奖项目，中国（南京）软件谷获特别贡献奖。

12日　雨花台区召开社会科学界联合会第二次代表大会暨二届一次理事会。会议审议通过《雨花台区社会科学界联合会章程（修正案）》，选举产生第二届区社科联理事会、常务理事会、主席团和秘书长。

13日　雨花台区零工市场挂牌成立。

19日　西善桥街道“社区中心向善家长学校”入选中国成人教育协会发布的2022年

"终身学习品牌项目"。

同日　板桥市场群G1地块项目完成一期竣工验收备案。该项目为区行政审批局办结的全市首例"分段竣工验收"项目。

25日　雨花台区禁捕协助巡护队获农业农村部长江办表彰的"2021年度长江流域禁捕渔政协助巡护优秀队伍"称号。

29日　雨花台区未成年人成长指导中心("陶老师"工作站雨花台区分站)搬迁至雨花台区西善桥街道尤庄街7–15号。

31日　雨花台区长江禁捕智慧系统入选省农业农村厅公布的江苏省农业行业领域数字化建设优秀案例(智慧渔业案例)。

11　月

5日　雨花台区第三届金秋菊展在菊花台公园开幕,展览持续至11月18日。

同日　规二路(西城路至凤台南路段)竣工通车。

10日　"南京海智在线"优质项目国际推广专场活动在雨花经济开发区举办,5家企业参与展示。

同日　岱山片区绿道入选市绿化园林局评选的南京市"最美绿道"名录。

11日　由市商务局、区政府、中国(南京)软件谷主办的"心动雨花乐享生活"2022南京国际消费节暨雨花台区心动消费节在雨花吾悦广场启动。活动持续至11月28日结束。

15日　南京市产业链推进领导小组办公室发布《关于认定2022年市级都市工业示范园区的通知》,雨花经济开发区都市工业园被认定为"2022年市级都市工业示范园区"。

16日　区残联第七次代表大会举行,会议选举产生区残联第七届主席团,推举产生区残联第七届执行理事会。

同日　满帮集团、江苏蜂云供应链管理有限公司、众能联合数字技术有限公司3家驻区企业入选2022年中国产业数字化百强榜。

同日　南京同城阅读空间伙伴联盟成立仪式在梅钢励志书屋举行。

18日　中国(南京)软件谷在云密城举办招商项目集中签约仪式,现场签约企业16家,项目总投资30万元。

19日　2022年度南京市职工职业(行业)技能大赛花卉盆景技能竞赛在花神湖畔举行,33名园林绿化从业者参加。

19—30日　由省国画院、区文旅局主办的众山皆响——王飞飞山水画作品展在雨花美术馆展览,展出作品53幅。

21日　邓府山村小区、菊花小区上榜江苏省住房和城乡建设厅评定的2021年度省级宜居示范居住区创建项目榜单。

23日　第五届中国核心技术创新发展峰会在中国(南京)软件谷举行,会上成立中国(南京)软件谷工业软件产业联盟。

24日　"数字赋能　创想未来"2022雨花台区创业共享交流会在万谷移动互联科技园举行。

24日—12月5日　2022雨花数字人才节暨第三届软件谷1024程序员节在中国(南京)软件谷举行。

25日　由区委宣传部、中国(南京)软件谷科技创新部、江苏润和文化产业发展有限公司出品的原创励志话剧《芯时代》在紫麓雨花梦想剧场首演。

同日　中国南京互联网+人工智能创新赋能高峰论坛在中国(南京)软件谷举行。

26日　区红十字会第八次会员代表大会在区级机关大楼举行。

30日　铁心街道铁心商会被全国工商联认定为2021—2022年度全国“四好”商会。

同日　雨花台区工会第八次代表大会在区委党校举行。

12　月

1日　“学精神　强信念　跟党走”二十大精神宣讲暨“社区党史讲习所”雨花台区首批授牌活动在古雄家风家训馆举办。

3日　驻区企业浩鲸云计算科技股份有限公司数字服务出口成果被央视《朝闻天下》报道。

8日　雨花经济开发区锦华新城社区入选“2021年度全国综合减灾示范社区”。

同日　区委十二届六次全体代表大会在雨花台中学学术报告厅举行。

同日　由省委宣传部、省文明办组织的“道德的力量”——新时代江苏道德模范与身边好人事迹巡演活动在区新时代文明实践中心举行。

9日　雨花经济开发区商会、古雄街道商会被省工商联认定为2021—2022年度江苏省级“四好”商会。

同日　雨花台区科学技术协会第五次代表大会在区级机关大楼举行。

10日　雨花台区妇女第十二次代表大会在雨花台中学学术报告厅举行。

10—11日　NJSD2022第八届全球软件大会在中国（南京）软件谷召开。

11日　由省教育科技工会、省硅酸盐学会玻纤玻钢专委会和南京玻纤院共建的江苏玻璃纤维产业工匠学院在南京玻纤院揭牌。

13日　雨花“码农”被省人社厅认定为2022年度中高端技能类省级劳务品牌。

同日　区知识产权局申报的南京正驰科技发展有限公司X射线智能安检系统等4项产品获南京市首批专精特新类企业知识产权密集型产品认定。

22日　雨花医院成功创建二级甲等医院。

27日　雨花台区被省知识产权局确定为江苏省知识产权建设示范（县域）。

28日　雨花台区科技成果转化中心、南京科特科技企业孵化器、南京市创业创新城科技企业孵化器被科技部火炬中心评价为2021年度国家级科技企业孵化器优秀（A类）。

31日　宁马高速大方互通全线通车。

雨花台区概览

2023 YUHUATAI ALMANAC

Yuhuatai Profile

自然状况与历史文化

【城区定位】 雨花台区位于南京主城南部、雨花台畔，是主城的“南大门”，是连接华东、华中、华南、华北的重要交通枢纽，是全国最大的通信软件产业基地，全国首批、江苏唯一的国家软件和信息服务业示范基地、国家数字服务出口基地，是南京打造世界软件名城的核心区域、数字经济创新中心。

【区位交通】 雨花台区坐落在六朝古都南京城区南部，长江之滨，东与秦淮区、江宁区接壤，南与江宁区毗邻，西隔长江与浦口区相望，北与秦淮区、建邺区相邻。雨花台系二三百万年前古长江及其支流古秦淮河的堆积物所形成，相传梁代高僧云光法师在此设坛讲经，感泣天神，落花如雨，故名雨花台。该区地理坐标为北纬31° 53′ 50″ ~32° 05′ 40″，东经118° 36′ 00″ ~118° 52′ 30″。全区面积132.39平方千米。

雨花台区是南京主城南延的重要发展区域，区内交通便捷，距离南京市中心新街口3千米，距长江新生圩港18千米，距离南京禄口国际机场20千米，是南京进出空港的必经之路。华东地区最大交通枢纽、国家铁道枢纽站——南京南站，坐落于雨花台区，京沪高速铁路、沪汉蓉高速铁路、宁杭高速铁路、宁安高速铁路、宁合高速铁路、沪蓉沿江高速铁路（在建）、江苏南沿江城际铁路（规划）等在此交会，形成密集高铁路网。境内轨道交通优势显著，南京地铁1号线、3号线、10号线、S1号线、S3号线5条地铁线路，共在区内设有12个站点，其中南京南站、安德门站为多条地铁的换乘站，在建地铁7号线、6号线在雨花台区均设有站点。区域内有应天高架、城东干道、城西干道、绕城公路、绕越高速、机场高速、宁马高速等多条快速干道和南京大胜关长江大桥，形成便捷的交通路网体系，成为南京连接江南与江北、主城与郊区的重要交通门户，辐射皖南、皖北、苏南、苏北、浙北的重要窗口和连接华东、华中、华南、华北的重要交通枢纽。

【气　候】 雨花台区内属北亚热带湿润气候，受西北风环流影响，季风明显，四季分明，冬冷夏热，光照充足，雨量充沛。每年6月下旬到7月中旬为梅雨季节。主要气象灾害有台风、寒潮、连阴雨、冰雹、炎热高温和旱涝。丘陵地干旱缺水和平原圩区的洪涝灾害时有发生。

2022年，依据雨花台区内梅山街道和板桥汽渡自动气象站监测信息分析，雨花区平均气温偏高，降水量偏少，日照时数偏多。其中，梅山街道站年平均气温18.1℃，极端最高气温41.2℃，极端最低气温-5.4℃；年降水量846.5毫米，年降水日数106天。气候年景总体评价为中等偏差，重要的天气气候事件为寒潮、强对流、高温、梅雨、台风、雾和气象干旱。春季多冷空气影响。夏季出现持续时间长、强度大、范围广的高温天气。入梅偏晚（6月23日），出梅略早（7月11日），梅雨期偏短，梅雨量偏少，梅雨期降水局地性强、高温天气多。秋季多冷空气、寒潮和大雾天气。夏季至初秋，全市出现较严重的气象干旱。秋冬季有3次明显的降雪天气过程。1月15日0时41分，雨花台区（北纬31.94度、东经118.64度）发生2.6级地震，震源深度13千米。年内有3个台风先后影响南京，分别为7月的“暹芭”“桑达”和9月的“梅花”。

2022年农业气象条件总体利大于弊，粮食总体略增产，小麦质量和产量达到历史最好水平，油菜质量和产量总体高于往年。水稻气象条件利弊兼有。（南京市气象局）

【地质地貌】 雨花台区地处长江下游，地势东南高，西北低。属丘陵平原地区，境内有山、有水、有圩、有洲。地形可分为平原圩区、黄土高岗和低山丘陵3种地貌形态。

平原圩区。宁芜铁路以西，是广阔的平原，地面高程为5~9米，由长江、秦淮河冲积而成，分为长江圩区和秦淮河圩区。长江圩区包括板桥、西善桥等街道部分地段，由长江泥沙冲击而成的河漫滩地逐渐发育形成平坦的冲积平原。秦淮河圩区是平原。

黄土高岗。在平原与丘陵之间是一片岗地，由长江冲积平原随着地面3次抬升而形成一级比一级高的三级阶地。由于长期受水流冲刷被切割成零星分布的垄岗高丘。最高砂砾石岗地，分布在雨花、铁心桥、西善桥、板桥等街道部分地段，分布面积占全区总面积20.9%，顶部高程50~60米，蕴藏名闻遐迩的雨花石。

低山丘陵。主要分布在东南端铁心桥、西善桥、板桥等街道一带，高程60~240米，以韩府山、将军山、虎头山、岱山、罐子山为主体，地势较陡，风化层较薄，是成片林木出产基地。

【自然资源】 雨花台区位于南京南部主要绿色走廊之上，山清水秀，风景优美。境内牛首山、将军山、韩府山自然植被保存完好。区域西南为滨江圩田、洲地。地势东南高、西北低，西北圩田、洲地最低海拔仅有6米。境内河流、湖泊、水库交织成网，山丘植被被松、竹、茶、果、药材覆盖。全区绿化覆盖率46.04%、林木覆盖率31.46%。

土地资源。雨花台区位于地带性土壤黄棕壤分布区域内，黄棕壤长期受到人类生活影响，形成以水稻土、菜园土为主的耕作土壤。水稻土分布于板桥、西善桥、铁心桥等街道；菜园土分布于雨花、板桥、西善桥等街道。

森林资源。主要分布在以铁心桥街道韩府山、将军山、牛首山为主体的省级南郊森林公园和绕城公路、205国道、宁马公路、机场路、宁芜铁路两侧。树种主要以松、杉、柏、意杨、垂柳、杂阔林等为主；近年着力打造铁心桥韩府山、将军山主题山头，大量栽种栾树、马褂木、香樟、紫叶李、广玉兰、红玉兰、枫香、女贞等树种。

矿产资源。区境东南为丘陵地区，东南山丘平均海拔25米，最高山岭183米（牛首山除外）。丘陵山区产片石、卵石、砂石、陶土和雨花石；铁矿资源较为丰富，境内梅山矿业公司是国内重点黑色金属矿山企业之一，梅山铁矿具有矿体集中、储藏量大、品位较高、易于开采等优势。

水资源。雨花台区圩区池塘密布，水系畅通，交织成网。其中主要河道有8条，分别是长江（雨花段）、秦淮新河（雨花段）、板桥河、工农河、江宁河、南河、南南河和农花河，堤防总长度67.09千米。街道级行洪河道20条，总河长48.4千米。排涝泵站49座，设计总流量每秒182.96立方米。有水闸4座，分别是中型水闸板桥河闸、南河闸和小型水闸工农河闸、八〇七涵闸。10万立方米以上重点塘坝有5座，包括大石湖、安堂凹、静明寺、莲花湖和花神湖等。

【建置沿革】 距今5000年前，雨花台区域便有居民生息繁衍，散布着原始聚落。春秋属吴，后属越，战国初期属楚。周显王三十六年(前333)，楚建置金陵邑于石头山，今区境西北部紧贴石头山（当时仍为江水所漫)，区境属金陵邑辖境。

秦属秣陵。

汉初仍为秣陵县，武帝元朔元年(前128)改秣陵县为秣陵侯国，今区境属之。元鼎四年(前113)复为秣陵县。新莽天凤元年(14)改秣陵县为宣亭县。更始元年(23)复称秣陵县。东汉建安十七年(212)孙权改秣陵县为建业县，今区境属建业。晋太康元年(280)划其西南部，新置临江县，二年改临江县为江宁县，三年改建业为建邺。吴灭，建邺复为秣陵。今雨花台区东、北部属建邺，西南部属江宁，其余皆为秣陵县地。

西晋建兴元年(313)，亦分属建康(建邺改称建康)、秣陵、江宁3县，为京畿之地。梁天监元年(502)梁武帝以其出生地秣陵县同夏里，置同夏县，今区境东部为同夏县地。

隋开皇九年(589)，并建康、秣陵、同夏诸县入江宁，今区境全属江宁。

自南唐至清末，上元、江宁同城附郭而治。今雨花台区即江宁县沙洲、凤西、安德、凤东、开元、兴贤、光宅诸乡地域。

1912年，废上元、江宁县，属南京府。同年12月16日，复置江宁县。1916年，江宁全县改划7市、9乡。今雨花台区境在江宁市、凤台乡、滨江乡、江东乡等市、乡地域。

1927年，民国政府定都南京，废金陵道，南京建特别市。江宁县隶于江苏省。1934年，划定市界，今区境大部划入南京市区，以其偏西部分划设第十一区，其东部一角则属第十区。

日军侵占南京之后，1939年，以国民政府所设区划。

1945年，抗战胜利后，国民政府宣布废除汪伪各区建置，恢复抗战前各区。但仍以原第十、第十一区(即孝陵卫、上新河2区)辖域辽阔不便管理为由，保留了安德门区，改称第十一区。原上新河地区之十一区改为第十二区。1949年1月，从十二区划出江心洲，另建第十五区。

1949年4月23日，南京解放，境内仍属南京市第十一、十二区。同年6月，撤第十五区(包括永定、旗杆、东宏3乡)，复归第十二区。同年12月，划乡建镇。十一区辖10乡2镇。十二区辖11乡3镇。1950年6月，原第十一、十二区分别改称为第十区、十一区。1953年7月，第十一区划归江宁县。1955年8月，十区改名雨花台区。1958年10月，雨花台区被撤销，与其他3个郊区合并成立南京市郊区。1963年4月，南京市郊区撤销，分建雨花区和江东区。同年7月，雨花区复称雨花台区。1965年5月，江东区、雨花台区全部和中山陵园部分调整合并为雨花台区。1983年实行政社分开，重建各乡。雨花台区设5镇、9乡。1987年12月，建立全区第一个街道级的雨花新村办事处。1995年4月，南京市扩大城区范围，雨花台区划出石门坎、红花和江东3镇，石门坎镇划归白下区，红花镇划归秦淮区、江东镇划归鼓楼区和建邺区。划入江宁县东山镇农花村，江宁镇永安、孙家、邵庄、新建、三山5个村和谷里乡梅村，以及梅山冶金公司用地范围。2000年10月，成立工业集中区。2002年10月，南京市区划调整，雨花台区原江心洲镇、沙洲街道和双闸街道秦淮新河以北地区划入建邺区。2006年，工业集中区更名为南京雨花经济开发区。2008年8月，成立雨花软件园管理委员会、板桥新城管理委员会。2011年9月，雨花软件园管理委员会撤销。2011年8月1日，市委、市政府决定成立中共南京市委中国（南京）软件谷工作委员会、中国（南京）软件谷管理委员会，为市委、市政府派出机构，委托雨花台区管理。2012年6月，撤销雨花新村街道办事处。2020年3月6日，市政府批复设立古雄街道。

【行政区划】 2022年，雨花台区辖雨花、赛虹桥、铁心桥、板桥、西善桥、梅山、古雄7个街道办事处和雨花经济开发区，共64个社区。

【人口民族】 2022年，雨花台区户籍总人口33.4万人，比上年增长2.2%。年末常住人口62.35万人，比上年增长1.2%，城镇化率100%。全区常住人口中有少数民族33个、常住人口6527人；流动人口中有少数民族43个、流动人口4795人。

表1　2022年雨花台区街道（园区）所辖社区情况一览表

街道（园区）	社　区	数量（个）
雨花街道（花神大道3号）	康盛花园社区、翠竹园社区、翠岛花城社区、农花社区、丁墙社区、花神庙社区、雨花社区、共青团路社区、普德村社区、能仁里社区、雨花台社区、 凤凰山社区、吉山社区、云台山社区、青龙山社区、南站社区	16
赛虹桥街道（应天大街689号）	赛虹桥社区、长虹路社区、玻纤院社区、小行社区、菊花里社区、安德门社区、龙福社区、邓府山社区	8
铁心桥街道（大周路59号）	景明佳园社区，春江社区、铁心社区、尹西社区、定坊社区、高家库社区、马家店社区、翠岭银河社区，新河社区	9
板桥街道（振兴路59号）	板桥社区、绿洲社区、殷富社区、孙家社区、三山社区、永安社区、新建社区	7
西善桥街道（西善桥北路68号）	西善桥社区、油坊社区、古遗井社区、福润社区、西善花苑社区、齐修社区、嘉业社区、平治社区、明义社区、永盛社区	10
梅山街道（梅芳路9号）	中兴路社区、上怡新村社区、梅清苑社区、梅岭社区、梅欣社区	5
古雄街道（新湖大道16号）	柿子树社区、古雄社区、大方社区、新林社区	4
雨花经济开发区（龙飞路16号）	近华社区、天保社区、西寇社区、天后社区、锦华新城社区	5
合　计		64

（区民政局）

【历史人文】 雨花台区三分之一面积为南京市六朝古墓葬重点保护区，自20世纪50年代至今，雨花台区出土大小古墓葬800余座，出土文物达2万余件。其中“竹林七贤”砖刻壁画是江苏省唯一列入国家文物局首批64件禁止移动的国宝。古文化遗址3处，帝陵5处，名臣名将名宦墓葬28座，公主驸马墓葬11座。雨花台区是南京乃至全国唯一拥有佛教、道教、伊斯兰教、天主教重要遗迹的建成区。该区历史上有98座佛教寺院，如高座寺、新林寺、天界寺、天隆寺等。明代雨花台区佛寺有三分之一为“坟、寺、祠”合一。道教人物有东晋梅颐、鲍靓，明初道教领袖、长春派祖师刘渊然；伊斯兰教人物有刘智；明代有天主教传教士颜尔定、邬若望、张玛诺、林玛诺、罗文藻（首位中国籍主教），均葬于雨花台。

战略要地。雨花台区自古就是南京西南方向的战略要地，新亭垒、雨花台炮台、大胜关、三山矶、牛首山、将军山均为兵家必争之地。著名典故有三国归晋最后一战（东吴与西晋，发生地板桥及附近江面），刘宋时期新亭战役，南宋时期牛首山岳飞抗金战，明代朱元璋与陈友谅大城港战役，太平天国雨花台战役，抗日战争时期牛首山、菊花台、雨花台保卫战等。

送别怀旧之地。自东吴起，新亭、劳劳亭、雨花台逐步成为金陵文化地标，其他包括阴山矶、石子岗、梅冈、新林浦、板桥浦、西浦、白鹭洲、木末亭、松坞草堂等，吸引历代文人墨客，谢朓、梁武帝、范云、沈约、李白、杜甫、王安石、白居易、李贺、欧阳修、苏东坡、曹学佺、汤显祖、乾隆皇帝、郑板桥等，都在雨花留下足迹。至2019年收集清代以前有关雨花台区诗词歌赋1500余首。

传奇汇集之地。包括雨花台之天花乱坠，文学意象之新亭对泣，“张硕新林浦畔遇仙女”（杜兰香），“佛佑慧和断军刀”“罗儿守孝绝豺狼”“沙弥哭母长新林”“沙弥止风”，铁心桥传说，折柳送别，花神湖传说等。

山水人文之地。南有牛首山、马家山、观子山、刘家山、马鞍山、岱山、小山、常府山、三山、落星岗，东有郭家山、韩府山、三桥湿地公园。将军山，东北至西南有戚家山、土门冈、梅冈、雨花台、望江矶、邓府山、石子岗、玉环山、新亭垒（长山）、劳劳山、阴山矶。历史上有帝王园林4座，名人私家园林17座，知名亭阁楼台桥16处。

至2022年末，雨花台区有文物资源点61处，包括全国重点文物保护单位4处6个文物点、省文物保护单位6处、市文物保护单位24处，区文物保护单位10处，一般不可移动文物15处。文物资源点中有古遗址6处、古墓葬19处、古建筑13处、石窟寺及石刻7处、近代建筑15处、其他1处。有非物质文化遗产21项，被列入市级名录7项。被列入《南京红色印迹（1921—1949）》的红色资源点3处。

经济社会发展

【经济发展】 2022年，雨花台区实现软件业务收入2600亿元，集聚涉软企业3842家、软件从业人员34万人。新成立工业软件和元宇宙两大产业联盟，中国（南京）软件谷通过首批江苏省信创产业先导区验收。集聚智能化数字化技改项目企业24家、星级上云企业10家。9个市重大计划新开工项目全部开工，120个区人代会确定项目完成投资额378.4亿元。举办重点招商活动13场，荣耀软件、豪威集团华东总部等项目落户雨花。新签约亿元以上项目102个、投资总额720亿元。减税降费30亿元，为2271家小微企业和个体工商户减免租金9551万元。新增企业6221户，同比增长1.8%。举办促消费活动18场，打造消费场景79处，引进虎头局、哪吒等品牌首店35家。在全市率先争创科创金融改革试验区，双创示范基地建设和科技企业孵化器工作获省政府督查激励表扬。完成科技型中小企业市级入库2161家。累计培育制造业单项冠军企业3家、专精特新“小巨人”企业12家、专精特新中小企业33家，集聚“独角兽”“瞪羚”企业52家，玻纤院等5家企业获评市级工程研究中心。南京亚信信息安全技术有限公司、南京嘉环科技有限公司、南京联迪信息系统股份有限公司3家企业上市，拟上市培育库内企业超60家。新增国家级众创空间1家，市级及以上孵化器34家、众创空间36家。引育国家级重点人才6人，包揽全市科技创新创业领军人才2人。建成全省首个数字经济人力资源服务产业园和数字经济人才市场。搭建“及时雨”创贷平台，设立1亿元风险补偿资金池，入库企业2200余家。双创投资引导基金总规模80亿元，投资企业84家、资金19亿元。开展“百团进百万企业”系列宣讲。成功创建省“县级地区创新信用管理与服务试点区”和“知识产权建设示范区”。举办雨花数字人才节、全球软件开发者大会等双创活动156场。雨花台区双创示范基地建设工作四年三次获国务院督查激励。

【区域建设】 2022年，雨花台区加快推进城建项目建设213个。出让徐工A等3幅经营性用地、南京电子设备研究所等8幅产业用地，实施低效用地再开发73.33万平方米。推进宁马城际等征拆项目41个，完成拆迁面积61.8万平方米。基本建成马家店保障房，推进华润商务中心一期、雨花城市公园等项目。新建、改扩建岱山中路北延等城市道路46条，岱山东路北延、宁马高速大方互通、规二路（凤台南路—西城路）建成通车。推进滨江大道、126省道等跨区道路和地铁7号线、地铁10号线二期等轨道交通建设，智能化改造公交站台308处，秦淮新河以北区域站点800米覆盖率71.4%。完成雨花西路等10条道路街巷精细化整治，优化改造“小微堵点”17处。建设保障房59万平方米，竣工22.3万平方米，提供人才住房4742套，改造老旧小区、棚户区58万平方米，邓府山村、菊花小区获评省级宜居示范居住区。推广“智慧停车”系统，实现1365个停车泊位共享利用。运用“智慧工地”“智慧渣土”系统探索非现场执法机制，实现135个在建工地全流程监管、20个重点路段全天候管控。139条重点道路机扫率、39条重点背街小巷水洗率均为100%。创建省级垃圾分类达标小区27个，形成“点、站、中心”三级回收模式。

【绿色发展】 2022年，雨花台区污染防治成果显著，完成第二轮中央环保督察迎查。深入打好污染防治攻坚战，空气环境质量保持全市前列，PM2.5浓度均值24.7微克/立方米，同比下降6.2%。8个国考、省考、市考断面水质全部达标，建成南河等市级幸福河湖6条。启动新湖大道等雨污水管网新改建工程，建设污水提升泵站11个。通过国家级县域节水型社会达标建设省级验收，成立全省首家生态环境保护合规教育中心。关停散乱污企业49家。整治长江入河排污口231个，启动秦淮新河入河排污口治理。长江禁捕巡护队获评农业农村部“渔政协助巡护优秀队伍”，林长制工作获省政府督查激励表扬。打造全市首个快闪公园，景明佳园口袋公园获评省级“乐享园林”，岱山片区绿道获评全市“最美绿道”。全年新增绿化面积20万平方米，绿化覆盖率46.04%，公园绿地服务半径覆盖率92.92%。

【社会事业】 2022年，雨花台区推进民生实事项目12类91项。省妇幼保健院总部项目开工建设，雨花医院成功创建“二甲”医院，建成首批省级五级中医馆。启动区公卫中心改建工程，雨花经济开发区社区卫生服务中心建成运营。“新生儿出生”“诊所开办”一件事全程网办。南京市中华中学雨花校区启用，成立南京市第一中学雨花教育集团。新开办小学1所、幼儿园2所，义务教育优质均衡发展占比97%，省优质幼儿园占比95%。搭建“聚雨花·职未来”等就业平台，新增城镇就业2.1万人、大学生就业2.7万人。试点建成“云眸工程”就业培训智慧平台，开展政府补贴性职业技能培训1.2万人次。发放特殊困难群体生活救助金4563万元。获评全国智慧健康养老示范基地，齐修社区“三色码”助老服务模式获《焦点访谈》报道。“雨花满天”“诗意雨花”成为全国有影响的文化品牌，举办“遇见”街头音乐汇111场，软件产业发展原创话剧《芯时代》成功首演。新增全省“最美公共文化空间”3家，新改建全民健身路径34套、体育公园1处，新增体育场地近50万平方米。成立雨花台区应急管理综合行政执法大队，推进安全生产专项治理、百日攻坚等专项行动，排查整改各类风险隐患3.5万处，事故起数和死亡人数实现“双下降”。通过省“现代社区治理创新实验区”验收，锦华新城社区获评全国综合减灾示范社区。南京市公安局雨花台分局作为全市唯一代表，获“全国优秀公安局”称号。上线智慧调解平台，岱山“零距离”法律援助服务项目获省政府表彰。雨花台区获评“依法治省成绩突出单位”。试点开展“阳光惠民”工程项目线上监管。深化“放管服”改革，新设企业0.5个工作日办结，23个工作日领取施工许可，“不见面审批”和可网办事项比例为全市第一。上线“及时雨”政策直达和民声直达平台，惠及企业7000余家次、直达资金7亿元，接受并办结群众咨询意见1366件。组建雨花台区城市运行管理中心。打造“雨花E家·数字社区”，推进在线治理、公共服务与便民服务。

8月24日，“及时雨”民声、政策直达平台上线发布 （雨鉴 供图）

责任编辑 张 玄

中国（南京）软件谷

2023 YUHUATAI ALMANAC

China（Nanjing）Software Valley

综　述

【概　况】 作为南京中国软件名城的核心区、标志区，中国（南京）软件谷（以下简称软件谷）是全国首批、江苏唯一的国家软件和信息服务业示范基地、国家数字服务出口基地。软件谷坚持数字产业化和产业数字化方向，加快推动软件谷向数字谷迭代升级，全力建设“国内领先、国际一流”的中国软件名园。2022年，软件谷完成地区生产总值586.57亿元，同比增长1.6%；一般公共预算收入43.16亿元，同比增长13.9%（还原增值税留抵退税后）；一般公共预算收入38.18亿元，同比增长5.4%（还原增值税留抵退税前）。实际利用外资到账1.82亿美元，同比增长5.2%，外贸进出口总额227亿元，同比下降7.9%。实现软件业务收入2600亿元，同比增长4%。新增软件产业建筑面积68.53万平方米，总量1147.35万平方米；新增涉软企业350家，总数3842家；新增涉软从业人员2万人，总数34万人。全年引进各类项目185个，其中亿元以上签约项目43个，签约项目投资总额387亿元，实际使用内资额57.79亿元。入选国家级科技企业孵化器3家、国家级众创空间5家。累计签约落地新型研发机构24家，通过市级认定23家。净增高新技术企业154家，总数811家；新入选“独角兽”、培育“独角兽”、“瞪羚”企业22家，总数47家，位居全市前列。年内，商务部印发《南京市服务业扩大开放综合试点总体方案》，支持以软件谷为载体，打造具有国际影响力的数字化服务业集聚区；市政府印发《南京国家人工智能创新应用先导区建设实施方案》，支持软件谷重点发展人工智能基础软件，打造新一代人工智能产业核心区。浩鲸科技数字服务出口成果与数字金融城项目推进情况分别被中央电视台《朝闻天下》报道。云密城获批省级数字经济人力资源服务产业园。在南京新十年48张“新名片”公布名单中，软件谷“数字大道+软件大道”获评“产业地标新名片”。

表2　2022年软件谷新入选“独角兽”企业名录

序号	企业名称
1	浩鲸云计算科技股份有限公司

表3　2022年软件谷新入选培育“独角兽”企业名录

序号	企业名称
1	金证财富南京科技有限公司
2	南京壹证通信息科技有限公司
3	南京司凯奇汽车科技有限公司
4	江苏征途技术股份有限公司
5	南京沁恒微电子股份有限公司
6	傲拓科技股份有限公司

表4　2022年软件谷新入选“瞪羚”企业名录

序号	企业名称
1	南京飞翰网络科技有限公司
2	江苏展芯半导体技术有限公司
3	江苏多飞网络科技有限公司
4	南京中科创达软件科技有限公司
5	江苏健帆信息技术有限公司
6	南京飞搏智能交通技术有限公司
7	佳源科技股份有限公司
8	南京苏弘智能仓储设备有限公司
9	江苏初见信息科技有限公司
10	江苏谷德运维信息技术有限公司
11	江苏红网技术股份有限公司

续表4

序号	企业名称
12	南京浦上信息科技有限公司
13	南京翼辉信息技术有限公司
14	江苏铭之博信息科技有限公司
15	南京双元电气有限公司

（软件谷）

【中国软件名园创建工作座谈会在软件谷召开】 8月17日，中国软件名园创建工作座谈会在南京丰盛五季凯悦臻选酒店召开，来自湖南省、湖北省、山东省、四川省、广西壮族自治区等地区的工信主管部门负责人、全国重点园区及驻园企业、江苏省软件名园代表参加活动。会议解读《软件园区高质量发展报告》；湖南省、湖北省、山东省、四川省、广西壮族自治区等地区的工信主管部门代表结合工信部发布的《"十四五"软件和信息服务业发展规划》，围绕"地方工信主管部门推进软件产业发展、支持软件名园创建的政策举措"主题，依次作汇报交流与经验分享；软件谷、深圳高新技术产业促进中心、沈阳国际软件园、杭州东部软件园、重庆软件园、苏州工业园管委会等软件园区代表依次分享加快软件名园创建的思路与举措，并在园区运营、科技研发、成果共享、项目拓展、生态培育等方面开展深入交流。

【第五届中国核心技术创新发展峰会在软件谷举行】 11月23日，"2022第五届中国核心技术创新发展峰会暨翼辉生态合作论坛"在云密城举行。本届峰会以"培育工业基础软件生态、构筑现代产业数字基石"为主题，由雨花台区人民政府、软件谷管委会、翼辉信息技术有限公司、江苏省计算机学会、中国开源软件推进联盟等单位共同举办。会上签署信创人才战略合作协议、联合创新中心合作签约，软件谷工业软件产业联盟成立。该联盟将在软件谷管委会指导下，汇聚工业软件产业链上下游优势资源，构建工业软件技术创新体系，共同攻克关键技术"卡脖子"难题，培育良性发展生态，助力软件谷建立国内领先的工业软件产业生态集群。中国工程院院士倪光南等专家学者以及近百家工业软件和信息技术应用创新领域头部企业、高校院所、产业机构代表参加会议。

8月17日，中国软件名园创建工作座谈会在丰盛五季凯悦臻选酒店举行

（软件谷　供图）

【NJSD2022第八届全球软件大会在软件谷召开】 12月10—11日，NJSD2022第八届全球软件大会在南京丰盛五季凯悦臻选酒店召开。大会以"重识效能、自由开发"为主题，设置"技术创新与未来生产力""研发效能综合实践""Web 3.0与下一代互联网""边缘计算"4个主题论坛，举行专家演讲和主题分享20

余场，共同探讨“数字未来”。30位“重量级”软件技术专家汇聚软件谷，分享最前沿技术，线上线下参与软件工程师近5000人。（软件谷）

招商引资

【概　况】 2022年，软件谷在“2022中国南京金秋经贸洽谈会”“2022南京市文化产业资源共享会”“2022世界半导体大会暨南京国际半导体博览会”、首届上海国际消费电子技术展等重大招商活动平台上重点推介软件谷投资环境与产业特色。全年实现签约项目投资总额387亿元，实际使用内资额57.79亿元，实际利用外资1.82亿美元，引进荣耀软件研发总部、豪威集团华东总部、航天民芯华东研发中心等各类项目185个，其中亿元以上重大项目43个。

【江苏民芯科技有限公司落户】 3月18日，江苏民芯科技有限公司落户软件谷，是西安航天民芯科技有限公司在软件谷成立的全资子公司，实缴注册资本3000万元，办公地址位于汇智大厦，办公面积约2600平方米，计划投资3亿元在软件谷建设军品级芯片检测产线和核心模块生产、检测线，并整合上海、无锡研发中心的零散力量。西安航天民芯科技有限公司成立于2011年2月，是一家核心团队控股、国有企业参股的集成电路企业，专注于高性能数据转换器芯片、微控制器芯片、动力电池管理芯片、传感器及运算放大器等混合信号核心芯片等，获国家级专精特新“小巨人”企业和“独角兽”企业等称号。

【奥特酷智能科技（南京）有限公司落户】 4月6日，奥特酷智能科技（南京）有限公司落户软件谷，办公地址位于楚翘城，办公面积2074平方米，计划投资7亿元在软件谷设立奥特酷科技总部项目，作为研发中心和总部等。奥特酷智能科技（南京）有限公司成立于2018年3月，是专业从事规模化移动智能技术研发企业，专注于包括汽车中间件平台、EEA架构及AD/ADAS解决方案，协助OEM和Tier1完成从设计到生产的整个生命周期。研发的通用异构中间件计算平台，实现高层级智能驾驶产业突破，支撑整车电子电气架构的演化以及软件定义汽车的趋势，在该领域的研究打破国外技术的垄断，解决“卡脖子”技术工程。至年末，公司实现营业收入4680万元，纳税485万元，员工113人。

【南京先锋材料科技有限公司落户】 5月17日，南京先锋材料科技有限公司落户软件谷，办公地址位于芯创产业园，办公面积约1500平方米，计划投资10亿元在软件谷建立企业总部与研发中心，开拓新一代存储芯片、光存储等新材料应用方向，开发、销售PCM相变材料、OTS开关材料、光存储材料以及其他半导体材料。南京先锋材料科技有限公司成立于2002年，注册资本660万美元，主要研发和生产用于新型半导体记忆体芯片、薄膜太阳能电池、热电转换设备、光学存储和涂层等新兴技术领域材料产品。

【2022南京侨界招商引智项目签约仪式在软件谷举行】 6月15日，由南京市归国华侨联合会（以下简称南京市侨联）、雨花台区人

民政府、软件谷管委会主办的“凝侨智聚侨力·稳经济促发展”2022南京侨界招商引智项目签约仪式暨雨花推介会在云密城举行。仪式现场，南京市侨联牵线的6个项目集中签约，涉及人工智能、先进制造、生物医药等产业，项目总投资超50亿元，包含加拿大中国总商会与南京创新创业平台的合作项目、侨界企业的意向落地项目、侨企专属创新创业平台“侨智港”项目等；菲律宾侨团与南京拓攻（南京）机器人有限公司成功对接，达成意向采购和推广合作协议；南京市侨联聘请海外招商大使10位，分布于信息科技、数字经济、投资金融、生物医药等行业；加拿大中国总商会、江苏数动未来科技有限公司、加拿大白求恩医学基金会作人工智能、侨智港数动未来空间站、生物医药项目路演。来自美国、加拿大、德国、澳大利亚、日本等10个国家和地区的40余位知名侨领侨商、侨界科创企业代表和南京市侨联海外招商大使参加此次签约仪式。

【软件谷与荣耀公司在深圳举行合作签约仪式】 6月24日，软件谷与荣耀终端有限公司在深圳举行合作签约仪式，荣耀软件研发总部项目正式落户软件谷。该项目投资总额30亿元，是荣耀公司在南京设立的全资子公司，计划作为荣耀公司软件研发总部，通过搭建研发中心，开发新应用市场，致力于成为构建全场景、面向全渠道、服务全人群的全球标志性科技品牌，为客户打造一体化无缝体验。

【金洽会雨花台区专场活动】 9月6日，2022中国·南京金秋经贸洽谈会雨花台区专场活动“2022雨花台区数字经济发展大会”在南京丰盛五季凯悦臻选酒店举行。会上，软件谷签约重大项目11个，包括豪威集团华东总部项目、高空作业设备管理平台项目、奥特酷科技总部项目、库瀚信息科技项目等，项目总投资112.5亿元。在9月5日举行的2022中国·南京金秋经贸洽谈会开幕式上，软件谷先锋半导体材料项目作为雨花台区唯一签约项目，参加首批重大项目集中签约仪式，项目总投资20亿元。

【招商项目集中签约仪式】 11月18日，软件谷在云密城举办招商项目集中签约仪式。江苏恒润交通科技有限公司、南京美缇斯智能科技有限公司、南京厚华通信设备有限责任公司、南京和本机电设备科技有限公司、亿维特（南京）航空科技有限公司等16家企业分4个批次进行集中签约，项目总投资30亿元。

【软件谷企业参展软博会】 11月23—25日，2022中国（南京）国际软件产品和信息服务交易博览会在南京国际博览中心举行。浩鲸云计算科技股份有限公司、江苏润和软件股份有限公司、南京中科创达软件科技有限公司等近30家软件谷重点企业参展。本次软博会设线下展览和线上展览。线下展览，软件谷独立展台位于4号馆X03，30余家企业展台布局在5号馆与6号馆的名企名园馆、数字技术馆、工业软件馆，展示车道智能控制器、VR沉浸式元宇宙体验、小法机器人、汽车智能座舱软件平台、全栈云上平台化能力及数智工具、TRIZ创新研发平台和新一代智能操作机器人羚羊D200等高科技产品数十款。云上展厅“软件谷专区”设置“电子商务”“信息技术服

11月23—25日，软件谷在2022中国（南京）国际软件产品和信息服务交易博览会上设立的展区（软件谷　供图）

务”“云计算与大数据”“网络安全服务”等标签11个，“一键直达”展区。

【芯创产业园招商率100%】芯创产业园位于软件谷南园，是全国首批都市工业园之一。软件谷通过整体租赁运营的模式将园区打造成以集成电路产业为核心的专业化园区，主要引入芯片设计、测试、材料、工艺等集成电路领域的优质企业。至2022年末，园区引入胜科纳米（南京）有限公司、南京抒微智能科技有限公司等企业6家，园区招商面积1.2万平方米，招商率100%。（软件谷）

项目建设

【概　况】2022年，软件谷安排市重大项目18个，计划总投资296.28亿元，年度完成投资25.41亿元，投资完成率122.8%。安排区人代会项目34个，其中产业项目25个、城建项目9个，计划总投资326.6亿元，年度完成投资102.1亿元，投资完成率136.4%。

【市重大项目建设】2022年，软件谷安排市重大项目18个，包含实施类项目14个、前期类项目4个，均为产业项目，计划总投资296.28亿元，年度计划投资20.7亿元，实际完成投资25.41亿元，投资完成率122.8%。其中，省级重大项目八五一一所研发总部与电子信息创新基地成功竞得土地，开展总平方案设计；中兴三区、数字金融城项目建成；伟思医疗总部研发经济园、中兴南站5G+产业园、江苏讯动研发中心（百度首屏）、软件谷5G+产业园项目开工建设；浙大网新人工智能产业园项目主体封顶，进行幕墙施工。

【区人代会项目】2022年，软件谷承担区人代会项目34个，总投资326.6亿元，年度计划投资74.87亿元，年度完成投资102.1亿元，年度投资完成率136.4%。其中，八五一一所研发总部、运满满全国总部2个项目办理开工前期手续，伟思医疗总部研发经济园、江苏讯动研发中心（百度首屏）、中兴南站5G+产业园、软件谷5G+产业园等9个项目开工建设，佳源科技项目进行基础建设，雨花人工智能产业园、先锋信息、华至嘉科技等15个项目进行主体建设，亿嘉和特种机器人、南大数码、浙大网新人工智能产业园等5个项目主体封顶，数字金融城项目竣工，众能联合项目进行设备采购。

【伟思医疗总部研发经济园项目开工】 4月13日，伟思医疗总部研发经济园项目开工建设。该项目位于软件谷南园，东至宁丹路、南至硕果路、西至创举路、北至许家村路，项目占地面积2.4公顷，总建筑面积6.9万平方米，计划总投资约5亿元，项目建成后迁入全国营销服务、体验展示、会议及培训、研发测试、研发成果转化及组装配套等中心，成立伟思医疗总部研发基地，主要致力于康复医疗器械、医疗美容相关产品研发。至年末，项目进行地下室结构施工。

【软件谷5G+产业园开工】 6月27日，软件谷5G+产业园开工建设。该项目位于软件谷北园，东至中兴南站5G+产业园项目、南至农花河、西至运满满总部项目、北至丁墙路，占地面积2.7公顷，总建筑面积20.35万平方米，计划总投资14亿元，建成后用于科研设计办公及公共配套设施等。至年末，项目进行基础施工。

【中兴南站5G+产业园开工】 6月28日，中兴南站5G+产业园开工建设。该项目位于软件谷北园，东至软件谷5G+产业园项目、南至江苏讯动研发中心项目、西至茶花路、北至丁墙路，占地面积0.92公顷，总建筑面积7.6万平方米，计划总投资4亿元，建成后用于软件研发办公、研发展示及相关配套。至年末，项目进行基础施工。

【江苏讯动研发中心项目开工】 6月29日，江苏讯动研发中心开工建设。该项目位于软件谷北园，东至软件谷5G+产业园项目、南至农花河、西至茶花路、北至中兴南站5G+产业园项目，项目占地面积0.67公顷，总建筑面积5.4万平方米，计划总投资约5亿元，项目建成后用于信息系统技术研发办公、技术咨询及服务、大数据展示中心及相关配套设施。至年末，项目进行基础施工。

【南京东地中心项目开工】 7月4日，南京东地中心开工建设。该项目位于软件谷南园，东至规划道路、南至现状、西至现状、北至银杏路，项目占地面积0.6公顷，总建筑面积1.5万平方米，计划总投资约1.5亿元，项目建成后作为江苏东地地质科技有限公司、江苏东地建设基础工程有限公司总部办公大楼及研发使用，主要致力于土工、地质灾害处理与地基处理新技术、新工艺、新材料研发及相关产品研发。至年末，项目进行基础施工。

【中兴三区项目】 12月31日，中兴三区项目先行启动的11幢研发楼建成，正在办理竣工备案手续。该项目位于软件谷宁丹路以东、雨花台区与江宁区交界处以北、高铁编组站以南地块，东至韩府山南麓、南至将军山风景区道路、西至宁丹路、北至高铁编组站，2017年2月开工建设，由南京中兴新软件有限责任公司投资建设，计划总投资14.6亿元，占地面积17.53公顷，规划建设19幢研发楼及办公楼，项目投产后主要从事5G无线核心网、光电子、高端路由器、视能产品等核心技术研究，以及微电子重点实验室、质量检测中心运营。

【数字金融城项目】 至年末，数字金融城项目进行各专项验收，B栋于12月12日取得竣工备案证。该项目位于软件谷北园，东至华为路、南至宁双路、西至安德门大街、北至新华路，占地面积3.94公顷，总建筑面积24.13万平方米，总投资约16亿元，建设3组双塔楼，层高12~14层，地下3层，2019年10月31日开工建设。园区将以数字金融产业为主题，融合聚焦云计算、人工智能、区块链等行业细分领域龙头企业，并拟建设江苏投资人中心，以重大项目建设招引总部企业落地。12月6日，数字金融城项目推进情况被中央电视台《朝闻天下》报道。

（软件谷）

载体建设

【概　况】2022年，软件谷形成“6+2+X”产业发展体系，包括通信软件及运维服务产业集群，云计算大数据及信息安全产业集群，互联网产业集群，人工智能及智能终端产业集群，芯片设计、测试、封装产业集群，信创产业集群。同时加快布局工业软件、元宇宙2个新赛道，开辟未来网络、量子科技等新领域，推动数字技术应用向数字产品制造延伸拓展。年内，软件谷2家企业被认定为省级工程技术研究中心，15家企业被认定为市级工程研究中心，28家企业入选市级工程技术研究中心培育库，软件谷省级工程技术研究中心总数23家、市级工程技术研究中心总数80家。新增国家级众创空间备案1家、省级众创空间备案5家、市级众创空间备案1家，集聚各类众创空间总数25家，其中国家级6家、省级11家、市级7家。新增省级科技企业孵化器2家，集聚科技企业孵化器总数22家，其中国家级3家、省级7家、市级11家。

表5　2022年软件谷新增省级工程技术研究中心名录

序号	中心名称	依托单位名称
1	江苏省法律人工智能平台工程技术研究中心	南京擎盾信息科技有限公司
2	江苏省物联智控集成电路工程技术研究中心	南京沁恒微电子股份有限公司

表6　2022年软件谷新增市级工程技术研究中心名录

序号	中心名称	依托单位名称
1	南京市智能穿梭车及系统工程技术研究中心	江苏智库智能科技有限公司
2	南京市智能制造工程技术研究中心	南京维拓科技股份有限公司
3	南京市车联网工程技术研究中心	南京绛门信息科技股份有限公司
4	南京市高端电源管理芯片工程技术研究中心	江苏展芯半导体技术有限公司
5	南京市微波探测系统工程技术研究中心	南京雷电信息技术有限公司
6	南京市能源物联网平台工程技术研究中心	南京上古网络科技有限公司
7	南京市站房智慧运行工程技术研究中心	南京征途信息技术有限公司
8	南京市地方金融科技工程技术研究中心	江苏金农股份有限公司
9	南京市应急通讯工程技术研究中心	南京高达软件有限公司
10	南京市信息安全攻防工程技术研究中心	南京聚铭网络科技有限公司
11	南京市融合通信终端工程技术研究中心	南京汉隆科技有限公司
12	南京市分户式三恒系统工程技术研究中心	南京慧和建筑技术有限公司

续表6

序号	中心名称	依托单位名称
13	南京市大数据可视化工程技术研究中心	智器云南京信息科技有限公司
14	南京市金融大数据工程技术研究中心	江苏红网技术股份有限公司
15	南京市物联网智慧养老工程技术研究中心	南京迈特望科技股份有限公司

（软件谷）

【南京市智能制造工程技术研究中心】 4月，南京市智能制造工程技术研究中心被南京市科技局批准认定为市级工程技术研究中心。该中心依托南京维拓科技股份有限公司，是集智能研发、智能制造、工业云、智慧运维于一体的智能制造解决方案、工业互联网解决方案及制造业数字化转型赋能提供商。通过构建工业创新平台和实践解决方案，帮助制造企业变革设计、制造、运营与服务，实现企业数字化、智能化转型，利用人工智能技术与增强现实技术，构建智能互联世界，为离散制造业提供更具竞争力的智能制造解决方案。该中心位于雨花台区软件大道花神大厦，技术研发团队70人，其中中高级职称人员5人、PMP项目管理人员12人、PMI敏捷认证从业人员3人、公有云认证专家5人，拥有软件著作权69项，授权发明专利14项，实用新型专利22项。

【南京市车联网工程技术研究中心】 5月，南京市车联网工程技术研究中心被南京市科技局批准认定为市级工程技术研究中心。该中心依托南京绛门信息科技股份有限公司，立足物联网领域，旨在为智慧园区、智慧城市等领域提供从硬件采集、数据传感、数据处理、数据可视化应用的综合化物联网和车联网大数据处理平台。平台依托物联网、大数据、云计算、移动互联网技术，快捷地对数据进行准实时采集，并对采集到的数据进行流式计算与分析，将结果输出到实时数据库，后端应用进行分析与二次计算后，采用三维方式进行可视化展现，同时在应急上能将实物与三维可视界面联动，为车辆管理效率、公共区域安全、楼宇智能化管理等提供高效生产、管理渠道和手段。该中心位于安德门大街56号，有研发人员1100余人，拥有知识产权71项，其中软件著作权66项、授权发明专利5项，获高新技术企业、CMMI Ⅴ级、ITSS、ISO 27001信息安全管理体系、ISO 20000信息技术服务管理体系等资质认证。

【南京市物联网智慧养老工程技术研究中心】 5月，南京市物联网智慧养老工程技术研究中心被南京市科技局批准认定为市级工程技术研究中心。该中心依托南京迈特望科技股份有限公司，通过对老人活动、生活环境数据、生理特征参数及运动参数等多源数据的监测与采集，基于智慧养老场景的物联网PaaS平台实现多源异构数据的融合与同步。依据平台统计分析结果，采用高斯混合模型与四帧差法相结合方式，建立多源数据可视化智慧养老综合预警系统，打造个体化养老服务。该中心位于雨花台区软件大道11号花神大厦，有研发人员60人，包括软件需求设计工程师4人、开发工程师40人、软件测试工程师8人、研发辅助管理人员3人，拥有知识产权31项，其中授权发明专利1项。

【江苏省法律人工智能平台工程技术研究中心】 10月,江苏省法律人工智能平台工程技术研究中心被江苏省科技局批准认定为省级工程技术研究中心。该中心依托南京擎盾信息科技有限公司,采用云端模式,为各级公检法机构及企事业单位提供智能法律服务、舆情报告服务等,主导产品包括小法机器人、小法管家、风险评估系统、同案不同判系统、人民法院新闻宣传+诉讼服务融合传播平台、一站式舆情服务平台、人民法院“12368”智能诉讼服务平台、智能法律服务业务终端、交通警察规范执法智能辅助系统等。其中,小法机器人、小法管家、风险智能评估、全场景法律呼叫中心平台(人民法院“12368”智能诉讼服务平台)产品被应用于最高人民法院,小法机器人被应用于司法部。该中心位于安德门大街江苏科技金融大厦,有本科及以上研发人员133人,拥有知识产权574项,其中软件著作权67项、授权发明专利21项、外观设计专利5项、注册商标481项。

【江苏省物联智控集成电路工程技术研究中心】 10月,江苏省物联智控集成电路工程技术研究中心被江苏省科技局批准认定为省级工程技术研究中心。该中心依托南京沁恒微电子股份有限公司,立足集成电路设计领域,重点开展基于RISC-V指令集的多种自主架构和不同外设资源的处理器设计研究,开发应用于不同市场定位的物联智控MCU芯片。自研RISC-V处理器内核实现处理器内核自主可控,摆脱国外企业垄断,增强物联网产业发展核心竞争力。该中心位于宁双路18号,有研发人员103人,包括IC设计工程师29人、嵌入式硬件工程师42人、软件开发工程师15人、质量工程师7人、研发辅助管理人员6名,授权专利113项,其中发明专利62项。

【西安交通大学全球校友(南京)科技成果转化和创新创业服务平台】 至2022年末,西安交通大学全球校友(南京)科技成果转化和创新创业服务平台累计开展校地、校企互访6次,举办活动6场,引进校友企业4家,联合申请知识产权20件,完成成果转化转移2项,引进高层次人才3名,逐步成为西安交通大学校友企业在南京对外展示的重要窗口,有力推动校地、校企产学研深度合作和科技成果转化。该平台是软件谷管委会与南京一八九六科创服务有限公司(西安交通大学校友会授权的平台运营主体)于2021年7月共建,旨在发挥西安交通大学南京校友会及校友企业链接和整合各方资源优势,为软件谷在招商引资、招财引智、产学研合作等校地深度融合方面发挥推动促进作用。 (软件谷)

基础设施建设

【概　况】 2022年,软件谷城建计划排定项目14个,计划总投资25.5亿元,年度投资9.22亿元。其中,道路建设项目9个,道路建设总里程8.4千米,计划投资23.1亿元。年内,建成规二路(西城路至凤台南路段)、机场二通道北段一标段道路2条,总长度1.3千米;开工建设西春路拓宽改造、纵七路北延道路2条;续建机场二通道北段二标段等道路4条。办理荷塘纵二路、软件大道拓宽改造项目设计与前期手续。绕城北辅道(华为路—机场高速)路侧景观工程竣工开放,9.4万平方米荒地变成生态游园。

【纵七路北延建设工程开工】 1月20日，纵七路北延建设工程开工建设。道路南起华新路，北至数字大道，总长约560米，宽24米，规划等级标准为城市支路，设计时速30千米，计划总投资7700万元。

【绕城北辅道（华为路—机场高速）路侧景观工程竣工】 5月9日，绕城北辅道（华为路—机场高速）路侧景观工程竣工。该工程于2021年3月开工建设，北至凤信路，南至绕城公路，西起华为路，东至机场高速围合而成的绿地及文竹路河道两侧绿地，建设绿地总面积9.4万平方米，建设内容包含对既有绿地的提档升级、步行道的增设，以及道路的亮化、给排水、景观小品建设，总投资3623万元。

【西春路拓宽改造工程开工】 11月1日，西春路拓宽改造工程开工建设。道路北起软件大道，南至凤信路（与机场二通道南段相接），全长约1.4千米，道路红线宽60米，规划等级标准为城市快速路，设计时速80千米，计划总投资10.6亿元。

【规二路工程竣工通车】 11月5日，规二路（西城路至凤台南路段）竣工通车。道路于2020年11月开工建设，西起建邺区西城路，东至凤台南路，长约300米，道路红线宽度60米，规划等级标准为城市次干路，设计时速40千米，总投资0.5亿元。

【机场二通道北段一标段工程竣工】 11月7日，机场二通道北段一标段工程竣工。道路北起软件大道，南至林荫路，全长640米，完成投资3.5亿元。机场二通道北段工程北起软件大道，南至凤信路（与机场二通道南段相接），总长约1.4千米，道路红线宽60米，规划等级标准为城市快速路，设计时速80千米，计划总投资10.6亿元。

（软件谷）

营商环境优化

【概　况】 2022年，软件谷加强资本供给力，落实资本市场培育计划，完善拟上市企业培育库，推进企业挂牌上市。出台《关于鼓励和支持双创企业债权融资的实施意见》，为企业发展注入金融活水，惠及企业超百家，推动实现超4亿元债权融资。完善“智慧软件谷”平台服务功能，推动涉企服务上线上云，升级服务企业模式。设立软件谷经济网格服务中心，整合经济网格人员力量，深化“一个中心八大片区”服务体系，将软件谷56个园中园全部纳入网格服务，实时服务企业诉求，形成全方位、全天候24小时服务格局，织密服务企业“一张网”。开展“雨花数字人才节”“第七届‘i创杯’互联网创新创业大赛”等活动，吸引优质企业、人才到软件谷创业、就业，打造软件谷企业及软件从业人员归属感与幸福感，提升软件谷作为国家级双创基地的知名度、影响力与创造力。开展企业联系点服务，加强企业联系和服务工作，合力破解企业发展难题，促进企业高质量发展，提供全面助推企业发展的“店小二”营商服务。年内，软件谷新增上市企业4家，分别是南京联迪信息系统股份有限公司、亚信安全科技股份有限公司、嘉环科技股份有限公司、南京百家云科技有限公司，海内外上市企业总数14家，48家企业列入上市企业培育库，其中进入辅导（含报会）企业8家,计划3年内开展上市实质性运作企业20家。江苏满运软件科技有限公司跻身中国民营企业500强、民营服务业100强、江苏100强企业榜单,江苏展芯半导体技术有限公司等10家企业入选2022年度南京成长型企业50强。

【企业联系点服务开展】 2022年,软件谷以企业和人才需求为导向,打造软件谷管委会主任(副主任)、部长、副部长、部门工作人员四级服务机制,成立联系点制度领导小组,为挂钩联系龙头企业及重点企业提供各项服务。根据《关于建立软件谷企业联系点制度实施意见(试行)》,挂钩领导深入各联系点,广泛听取意见,掌握企业情况,针对企业经营管理中碰到的政策、用工、资金、审批等方面具体问题,通过现场办理、协调、会商等方式,协调解决企业问题与诉求,做好企业情况"调研员"、企业经营"服务员"、企业发展"联络员"、企业难题"破解员"服务,提供全面助推企业发展的"店小二"营商服务。

【招聘活动】 2022年,"智创未来——云端引才"软件谷2022春季校园招聘月、2022"We来+"人才服务活动发布会暨数字人才专场招聘会、"智创未来·汇聚英才"2022高校行系列招聘活动在软件谷举行,参加招聘企业200家,参聘人才1850人,达成就业意向450人。

【软件谷经济网格服务中心成立】 3月20日,软件谷经济网格服务中心成立。该中心按职责分为基础、专项、综合及其他四大项18件工作,主要面向软件谷提供采集维护信息与数据、收集企业诉求、完善服务体系、协助建设智慧平台、宣传政策及要求等基础性服务,抽调4名体制内干部任中心副主任,隶属于软件谷企业服务部。中心按地理位置将软件谷70平方千米区域56个园中园组建成8个片区,每个片区安排主管1名、服务专员若干名,下沉社区驻点办公,"零距离"做好企业服务,完成8个片区34个园区182栋楼宇企业服务专员信息挂牌。

【第十一届"中国软件杯"大学生软件设计大赛全国总决赛颁奖活动在软件谷举行】 8月16日,由工信部、教育部、江苏省人民政府共同主办的第十一届"中国软件杯"大学生软件设计大赛全国总决赛颁奖活动在雨花台区委党校举行。本届大赛历时1年,分A、B、C三组,设立赛项19个,31个省份5576支队伍参赛。经过初赛评审、总决赛评审、总决赛答辩,决出一等奖队伍21支、二等奖队伍98支、三等奖队伍240支。"WTUSM信七大队"团队(武汉大学)以一等奖第一名成绩摘得"中国软件杯"奖杯。活动现场颁发最佳地方组织奖14个、最佳学校组织奖60个、最佳指导教师奖21个、产教融合创新奖10个、企业突出贡献奖10个,并现场启动第十二届"中国软件杯"大学生软件设计大赛。

【2022第二届RISC-V中国峰会南京分会在软件谷举行】 8月23日,"2022第二届RISC-V中国峰会南京分会"在云密城举行,由江苏省计算机学会主办,软件谷管委会承办、南京沁恒微电子协办。峰会旨在共同探讨如何推动RISC-V在中国及全球的发展,云集国内近20位业界大咖以及数十家集成电路设计企业和操作系统厂家共同参与分享交流,包括国内知名的深圳市腾讯计算机系统有限公司、兆易创新科技集团股份有限公司、中移物联网有限公司、芯原微电子(上海)股份有限公司以及软件

谷集成电路产业联盟企业。会上开启第二届RISC-V MCU创新应用大赛。

【联迪信息“云敲钟”上市】 9月2日，南京联迪信息系统股份有限公司在科创城举行“云敲钟”上市仪式，在北京证券交易所正式挂牌上市，成为软件谷年度继亚信安全科技股份有限公司登陆科创板、嘉环科技股份有限公司登陆主板后的第3家上市企业，属软件谷首家北京证券交易所上市企业。南京联迪信息系统股份有限公司是一家综合软件开发与信息技术服务提供商，主要面向行业最终用户、大中型信息系统集成商，提供行业信息化解决方案、各类行业应用软件开发和信息技术服务、软件产品销售、计算机系统集成服务与培训服务。

【互联网产业链联盟主题沙龙举行】 9月29日，软件谷“红谷兴链季”主题活动之互联网产业链联盟主题沙龙暨纳新仪式在科创城举行。南京八点八数字科技有限公司、南京抒微智能科技有限公司、南京果酱文化发展有限公司、南京万生华态科技有限公司等7家企业加入互联网产业联盟，南京果酱文化发展有限公司成为互联网产业链党建联盟单位。该联盟将继续助力软件谷互联网企业培育、成长，集聚全国互联网产业优质资源，构建软件谷互联网产业生态体系，加速推动技术创新成果应用落地和产业化。

【2022雨花数字人才节举行】 11月24日，2022雨花数字人才节暨第三届软件谷1024程序员节开幕式在云密城举行。活动以HELLO SOFTWARE VALLEY——“程”风破浪 “码”动未来为主题，邀请知名数字经济专家、创新型企业家共聚一堂，探讨前瞻性话题。开幕式上，软件谷元宇宙产业联盟成立，首批联盟单位25家，涉及元宇宙产业系统工具、AI、动捕、区块链、数字孪生、教育、医疗、数字人、游戏、数字创意等技术领域及应用场景；软件谷元宇宙产业党建联盟同步成立。硅谷计算机科学家吴军、艾佳生活联合创始人潘定国等围绕“数智万物趋势下企业如何共享时代红利”等话题作主题分享，“2022年度雨花数字经济风云榜”现场揭榜。11月24—27日，2022雨花数字人才节举办期间，开展中国南京互联网+人工智能创新赋能高峰论坛、数字产业CTO联盟活动日、数字青年交友联谊会、数字经济特色产品市集、谷雨企业青年工作讲习所、谷雨双创学院以及雨花数字人才关爱日等系列活动6场，邀请重要嘉宾27人，吸引在线观看9.45亿人次，人民网、中新网、江苏卫视、《新华日报》、南京电视台、《南京日报》、交汇点、紫金山新闻等数十家主流媒体纷纷报道，全网阅读量突破10万人次。

（软件谷）

国家数字服务出口基地

【概　况】 2022年，软件谷作为全国首批、江苏唯一的国家数字服务出口基地，从数字贸易产业发展的政府端、需求端、供给端和生态端四个方面积极探索构建数字服务出口基地建设和发展的四维模型和创新发展路径。发布《软件谷国家数字服务出口基地发展行动方案（2022—2025年）》，与《江苏省推进数字贸易加快发展的若干措施》《南京市数字贸易发展行动方案（2022—2025年）》等省、市文件密切衔接，形成国内首个省、市、区三级数字贸易顶层设计联动体系，助力“软件谷”到“数字谷”的产业蝶变。对接江苏省商务厅，完成商务部、工信部、中央网信办三部委组织的国家数字服务出口基地复审，细致梳理基地获评2年来的产业发展情况、先行先试经验及基地建设情况发展成效，形成量化数据台账资料及基地发展自评报告。加入国家数字服务出口基地产业联盟，全国首批12家国家数字服务出口基地加强深入交流与合作，凝聚共识，形成合力。成功入选南京市建设数字贸易示范基地，成为全市入选的2家园区之一。至年末，基地有规模以上软件和信息技术服务业企业225家，软件和信息服务业年收入亿元以上企业64家，云密城和润和·创智中心入选第二批南京市数字经济产业园区。

【数字服务出口产业】 2022年，软件谷实现数字服务贸易总体量286亿元，同比增幅10.2%。其中，电信、计算机和信息服务出口额82.96亿元，同比增幅5.1%；离岸ITO执行额57亿元，同比增幅18.9%。数字服务出口占外贸出口的83.3%，利用现代信息技术完成交付或实现的服务出口占外贸出口的83.8%，提前完成商务部等三部委下达的目标任务。

【浩鲸科技数字服务出口成果被央视《朝闻天下》报道】 12月3日，浩鲸云计算科技股份有限公司数字服务出口成果被央视《朝闻天下》报道。浩鲸云计算科技股份有限公司是全球领先的数字化技术和服务提供商，致力于帮助全球客户实现向数字经济的跨越，为全球80多个国家和地区电信运营商、公共服务部门及其他行业客户提供优质的数字化转型解决方案及全栈数字产品和技术服务。公司加强在云计算、数据、人工智能方面的技术积累，发挥自身在复杂场景下系统构建的经验优势，汲取互联网领域技术和业务创新思维逻辑，为数字化转型提供先进的方法论、工具及行业经验，降低数字化技术使用门槛，加速行业数字化转型进程。在通信领域覆盖全球近150家主流电信运营商，服务超过8.5亿终端用户。 （软件谷）

雨花台高新区

【概　况】 2022年，根据《关于2022年度全市高新区（园）高质量发展主要指标监测情况通报》的8项指标中，雨花台高新区5项指标位居全市15个高新园区前列，分别是：企业研发投入占营业收入的9.83%，位列全市第一；高技术服务业营业收入846.78亿元，位列全市第一；规模以上工业和服务业企业增加值增幅25.9%，增幅位列全市第二，增加值336.4亿元位列全市第四；科技型中小企业总数1735家，位列全市第三；企业发明专利授权数861件，位列全市第三。至年末，高新技术企业申报533家，成功认定364家，其中净增高新技术企业154家，共有高新技术企业811家。签约落地新型研发机构总数26家，其中通过市级备案25家。新型研发机构孵化引进企业671家，新型研发机构孵化引进企业年度营业总收入19.42亿元。3家国家级科技企业孵化器被科技部火炬中心评价为2021年度国家级科技企业孵化器优秀（A类）。

【雨花台区科技成果转化中心】 12月28日，雨花台区科技成果转化中心被科技部火炬中心评为2021年度国家级科技企业孵化器优秀（A

类）等次。该中心2002年4月成立，位于蓝筹谷、天溯互联网+产业园及各外包园区，总面积6.66万平方米，是以促进科技成果转化、培养具有高成长性的高新技术企业和企业家为宗旨的科技创业服务机构，搭建物业管理、创业投资、创业培训辅导、技术研发、商务管理、创业活动等六大类13种技术服务公共平台，旨在为入驻企业提供“保姆式”一站服务。先后引进和培育南京文思海辉信息技术有限公司、江苏邦宁科技有限公司、南京南自信息技术有限公司、江苏华博实业集团有限公司、南京安讯科技有限责任公司等一批雨花台区本土优质高科技企业。

【南京科特科技企业孵化器】 12月28日，南京科特科技企业孵化器被科技部火炬中心评为2021年度国家级科技企业孵化器优秀（A类）等次。该载体2014年6月成立，位于雨花经济开发区凤华路18号，建有孵化载体6栋，总建筑面积5.8万平方米，是集成江苏省高新技术创业服务中心和软件谷优势搭建的双创载体。聚焦软件与信息服务业，为在孵企业提供全链条专业化创业服务，探索载体发展及运营模式。设立“科特创享站”一站式公共服务平台，构建涵盖基础经营、公共技术、科技金融、创业导师、政策申报、人才招聘、创业大赛等在内的全生命周期服务，形成专业孵化服务链条，满足企业各阶段发展需求。至年末，园区有江苏省专精特新中小企业1家，培育“独角兽”企业3家、“瞪羚”企业7家，上市企业12家，高新技术企业146家，科技型中小企业287家。

【南京市创业创新城科技企业孵化器】 12月28日，南京市创业创新城科技企业孵化器被科技部火炬中心评为2021年度国家级科技企业孵化器优秀（A类）等次。该载体2018年6月成立，位于软件谷西园核心区域，设有人才公寓、园区餐厅、篮球场、健身房、路演厅等公共服务配套设施，搭建4条由园区至市区地铁站的班车接驳路线，构筑涵盖工商财税、法律咨询、政策申报、人力资源、投融资等全链条式创业服务体系。至年末，园区有江苏省专精特新企业5家，江苏省民营科技企业21家，培育“独角兽”企业1家，“瞪羚”企业6家，高新技术企业74家，科技型中小企业174家，规模以上企业34家。

（软件谷）

江苏国家数字出版基地（南京园区）

【概 况】 2022年，江苏国家数字出版基地（南京园区）（以下简称数字出版基地）完成文化创意产业销售额22.09亿元，集聚国家级博士后工作站1个、省级博士后创新实践基地1个，汇聚省“双创”人才1人、省“双创”博士123人、市中青年拔尖人才3人、高层次创新创业人才25人，培育高新技术企业43家。入驻南京金梦都工贸实业有限责任公司、南京国睿信维软件有限公司、江苏欧帝电子科技有限公司等数字文化类企业16家。年内，组织3家企业参加“2022中国（南京）文化和科技融合成果展览交易会”。雨花经济开发区都市工业园被认定为“2022年市级都市工业示范园区”。

【南京俊东机电设备有限公司落户】 7月1日，南京俊东机电设备有限公司落户君融科技大厦，租赁办公面积1280.18平方米，是一家专业从事通信升降杆研制的高新技术民营企业，产品获授权发明专利2个、实用新型专利29个，主要包括电动和手动升降杆、液压升降塔和方舱升降机构、扩展机构、调平机构等，是国内较早从事军品的研发企业，服务于通信、消防、汽车改造、电力等行业。至年末，公司有员工88人，营业收入4908.5万元，实现纳税165.4万元。

【雨花经济开发区都市工业园被认定为“2022年市级都市工业示范园区”】 11月15日，南京市产业链推进领导小组办公室发布《关于认定2022年市级都市工业示范园区的通知》，雨花经济开发区都市工业园被认定为“2022年市级都市工业示范园区”，全市2家都市工业园区入选。雨花经济开发区都市工业园9号工坊位于龙藏大道9号，占地面积5.53公顷，总建筑面积5.5万平方米，是通过租赁南京舒曼钢琴制造有限公司载体，按照都市工业园区标准建设，以整体运营管理的方式打造的综合性新型都市工业载体，以高端制造装备、电子信息装配、新能源、新材料类产业为主项。园区按照智慧型都市工业园标准，配建疫情防控中心数据、智慧园区企业管理、智慧园区人员管理、智慧园区平安建设、智慧园区综合管理、智慧园区文化管理、智慧园区停车管理、智慧园区生活管理八大信息化系统。投资3500万元，配套建设人才公寓、食堂、羽毛球场、篮球场、超市等生活设施4100平方米。至年末，引进高端智能制造、智能装备企业10家，其中“瞪羚”企业1家、高新技术企业1家、工业规模以上企业4家，租赁面积4万平方米，年产值55662万元，税收1793万元。

【南京华成微波技术有限公司入驻】 11月18日，南京华成微波技术有限公司作为重点孵化成功的科技型企业，入驻都市工业园9号工坊，租赁办公面积3657.68平方米。作为国内为数不多的具备大型相控阵天线系统研发能力的民营企业，公司主要专注于先进相控阵体制天线的研发、生产、集成与测试，业务范围覆盖通信、电子对抗、气象及遥感遥测等领域，承接项目包括C/Ku频段大功率收发系统、S频段多通道天线阵面、Ka频段相控阵天线测试系统、数字阵列天线集成与测试及星载相控阵天线系统等，客户群体集中于军工院所。至年末，公司有员工68人，营业收入2746.03万元，实现纳税67.8万元。

（杨　琦）

特色园区

【楚翘城】 楚翘城位于软件谷北园，占地面积5.13公顷，建筑面积17.6万平方米，商业配套面积1.7万平方米，总投资10亿元。2022年，楚翘城新签约招商面积7458.31平方米、续签约租赁面积1.83万平方米，完成招商总面积2.58万平方米。入驻南京三六氪信息技术有限公司、北京黑马企服科技有限公司2家科技企业孵化器，入驻亿嘉和科技股份有限公司、新立讯科技股份有限公司、江苏泰治科技股份有限公司、智者四海（南京）技术有限公司、三星电子（中国）研发中心等企业165家，招商率95%。

【科创城（“互联网+”创星小镇）】 科创城（“互联网+”创星小镇）位于软件谷南园，占地面积14.47公顷，建筑面积61.8万平方米，总投资25亿元。至年末，一期完成招商总面积14.68万平方米（租赁+销售），招商率80.52%；二期完成招商总面积18.32万平方米（租赁+销售），招商率90.02%。至年末，园区入驻江苏省宁淮智能制造产业园投资发展有限公司、江苏海峡环保科技发展有限公司、能联天下（江苏）网络技术有限公司等企业101家，入驻企业总数近600家，总体入驻率超90%。

【云密城（软件谷“双创”服务中心）】 云密城位于软件谷北园，占地面积9.2公顷，建筑面积44万平方米。该项目由南京软件谷信息安全科技产业发展有限公司牵头，与软件谷内8家高成长型科技企业联合打造，采取“联合竞买土地、统一委托建设、集中托管物业、公共配套资源共享”模式打造专业化园区，属创新实践标志性园区。至年末，云密城自持楼宇可招商面积5.67万平方米，招商率97.45%。园区入驻企业总数超400家，涵盖涉软企业280家、高新技术企业75家、四上企业41家、科技中小型企业120家、“独角兽”企业1家、培育“独角兽”企业1家、“瞪羚”企业5家、上市公司5家。位于云密城一楼的软件谷“双创”服务中心承办、协办、支持各类活动133场，创新创业展示中心接待参观13场，线下场地被预约使用185次。年内，云密城获批省级数字经济人力资源服务产业园。

【创业创新城】 创业创新城位于软件谷西园，占地面积35.13公顷，建筑面积46.7万平方米，总投资60亿元，园区被评为国家级科技企业孵化器、南京市首批都市工业示范园区（市级）、南京市巾帼创业创新孵化示范基地。至年末，入驻企业总数574家，入驻率92%，办公总人数3128人。集聚江苏三维智能制造研究院、南京雷电信息技术有限公司等行业龙头高新技术企业。

【南京大数据产业基地】 南京大数据产业基地位于软件谷北园，占地面积6公顷，建筑面积8万平方米，总投资6亿元，是南京首个以大数据发展与应用为主题的产业园区。至年末，基地入驻大数据上下游关联企业超200家，集聚江苏芯云电子科技有限公司、南京聚铭网络科技有限公司、中戎天纬讯科技（江苏）有限公司、南京银石支付系统科技有限公司、南京航天数智科技有限公司等一批大数据产业链关键企业，加速基地发展。（软件谷）

入驻企业简介

【南京中兴金易数字科技有限公司】 南京中兴金易数字科技有限公司成立于2015年7月，注册资本7000万元，办公地址位于云密城，办公面积995.7平方米。公司以“大数据、云计算、人工智能”为主，专注帮助金融行业客户实现金融信创IT基础架构的云化转型和大数据平台建设，加以提升金融机构IT系统的开放性、灵活性与可靠性，使金融机构具备适合互联网时代业务和服务快速创新发展能力。公司将各类新型数据技术应用于各类金融行业实际场景中，提供应用设计与开发服务，帮助农业银行、中信银行、工商银行江苏分行等客户在数十个场景下完成大数据创新技术解决方案和落地。至2022年末，公司有办公人员约100人。

【南京和本机电设备科技有限公司】 南京和本机电设备科技有限公司成立于2014年，注册资本1957.5万元，办公地址位于软件大道21号，办公面积3358.22平方米。公司专注储能安全事业，是集研发、生产、销售、服务于一体的消防系统解决方案提供商，拥有消防设施工程设计乙级资质和消防设施工程专业承包贰级资质，获评国家科技中小型企业、创新型中小企业、2022年度中国储能产业最佳消防安全解决方案奖，是宁德时代储能消防系统定点单位。2022年，公司全年营业收入1.8亿元，纳税超800万元，拥有专利57项，其中发明专利11项。

【江苏展芯半导体技术有限公司】 江苏展芯半导体技术有限公司成立于2018年，注册资本1288万元，致力于军用集成电路的研发。公司办公地址位于软件谷云密城、科创城，总面积6552.33平方米。2022年，该公司实现主营业务收入约3.9亿元，纳税约6100万元，人员规模约300人。

【恒银云智科技有限公司】 恒银金融科技股份有限公司（股票代码：603106）成立于2004年，是集金融自助设备研发、生产、销售及服务于一体的金融科技型企业、高新技术企业和软件企业，是国内领先的智慧银行解决方案提供商。2021年2月，恒银金融科技股份有限公司在软件谷设立全资子公司恒银云智科技有限公司，注册资本金5000万元，办公地址位于软件谷金证科技园，办公面积637.92平方米，项目总投资超5亿元，在软件谷建设恒银科技南方总部、创新中心、信创产品研发适配基地和基于服务金融机构的电商平台运营总部。2022年，恒银云智科技有限公司被南京市发展和改革委员会认定为2022年度市级区域性总部企业，实现主营业务收入约2050万元，纳税约134万元。 （软件谷）

【南京国豪装饰安装工程股份有限公司】 南京国豪装饰安装工程股份有限公司于2000年落户雨花经济开发区，位于凤汇大道10号，占地面积1.33公顷，是全国建筑装饰行业百强企业，具有经建设部核定的建筑装修装饰工程专业承包一级，设计甲级，建筑幕墙工程专业承包一级，机电设备安装工程专业承包一级资质。先后获评“中国建筑装饰行业百强”“江苏装饰30年十大领军企业”“2019年度南京市瞪羚企业”称号。2022年，公司拥有技术人员300余名，营业收入24.12亿元，纳税5667万元。

【江苏欧帝电子科技有限公司】 江苏欧帝电子科技有限公司于2004年落户雨花经济开发区，位于凤集大道12-9号，占地面积3.07公顷，是集国内教育信息化研发、设计、生产、销售、经营于一体的行业龙头型企业。公司不断拓展海外市场和商用市场，为海内外超过30000家客户提供产品及服务。智慧教室互动黑板产品在国内市场占有率连续多年名列行业第一，应用于5000余所院校，打造智慧教育示范教室10万余个。2022年，公司有员工近1000人，营业收入4.29亿元，纳税423万元。 （杨　琦）

责任编辑　杨静珺

机关团体

2023 YUHUATAI ALMANAC

Government Agencies and Organizations

中国共产党南京市雨花台区委员会

·概　述·

【区委十二届五次全会】 8月11日，中国共产党南京市雨花台区第十二届委员会第五次全体会议在雨花台中学学术报告厅召开。全会总结2022年上半年工作，分析当前形势，部署2022年下半年任务。全会同意张连春代表区委常委会所作的以“打造新滨江　建设数字城　全面建设现代化典范城市创新名区”为主题的工作报告；肯定区委常委会2022年上半年工作。全会一致认为，全区上下坚决落实“疫情要防住、经济要稳住、发展要安全”重大要求，高效统筹疫情防控和经济社会发展，更好统筹发展和安全，各项事业取得新进展，经济发展迈上新台阶，数字转型开启新局面，改革创新催生新动能，城乡融合展现新面貌，民生福祉实现新提升，党的建设得到新加强。全会强调，区委科学研判、审慎决策，提出将“打造新滨江、建设数字城”作为雨花台区推动现代化建设、实现“全面创新、全域高新”的有效路径。全区各级各部门和广大党员干部都要以战略眼光、前瞻思维，正确认识新滨江、数字城建设的重要意义，增强“功成不必在我、建功必定有我”的使命担当，开拓进取、接续奋斗，努力绘就现代化典范城市创新名区的美丽画卷。全会明确，下半年是完成全年目标任务的关键期，也是重点难点工作的攻坚期，要突出产业带动，加快数字汇流，产业强链要再提质，项目引建要再提档，载体能级要再提优；坚持改革创新，推动要素畅流，以创新强动力，以改革增活力，以开放聚合力；提升功能品质，形成城市川流，提升空间辨识度，提升城乡美誉度，提升管理精细度；守护绿水青山，展现江河奔流，污染防治要抓攻坚、求长效，江河守护要抓治理、树品牌，绿色低碳要抓试点、做示范；保障民生幸福，汇聚服务暖流，拓宽富民增收渠道，织密社会保障网络，优化公共服务供给；统筹发展安全，争创治理一流，防疫情、见长效，强治理、保稳定，护安全、促发展，守底线、防风险。

【区委十二届六次全会】 12月8日，中国共产党南京市雨花台区第十二届委员会第六次全体会议在雨花台中学学术报告厅举行。全会总结2022年工作，分析当前形势，部署2023年任务。全会肯定区委常委会2022年工作。一致认为，全区上下全面落实“疫情要防住、经济要稳住、发展要安全”重大要求，以实际行动迎接中共二十大胜利召开，迅速兴起学习宣传贯彻中共二十大精神热潮；落实“三个坚定不移”要求，抓好常态化疫情防控；巩固经济回升向好势头，推动高质量发展行稳致远；全面深化改革创新，积蓄更多发展动能；促进城乡融合发展，打造现代化品质空间；用心用情保障和改善民生，增进民生福祉；更好统筹发展和安全，牢牢守住安全稳定底线；坚持以政治建设为统领，坚定不移推进全面从严治党，推动全区改革发展稳定和党的建设各项工作取得新进步。全会指出，学习宣传贯彻中共二十大精神是当前和今后一个时期的首要政治任务。全区上下要深刻领悟中共二十大报告中的重要思想、重要观点、重大战略、重大举措，自觉把思想统一到中共二十大精神上来，把力量凝聚到中共二十大确定的目标任务上来。全会强调，全区上下要准确把握习近平新时代中国特色社会主义思想的世界观和方法论，自觉做习近平新时代中国特色社会主义思想的坚定信仰者、忠实实践者，把党的创新理论转化为坚定理想、锤炼党性和指导实践、推动工作的强大力量。全会明确，在全面推进中国式现代化雨花新实践的新征程上，必须全面落实中共二十大精神，展示创新名区建设的标志性成果，以打造“滨江首岸”，锚定“数字首位”的目标，推动识势辨势与借势成势双管齐下，实现软件产业与都市工业双轮驱动，完善新滨江与数字城双核布局，加快全面创新与全域高新双向发力。围绕上述要求和目标，要坚持增量存量流量齐抓，展示现代化产业体系的标志性成果，以链式发展壮大数字经济，以项目落地支撑产业提质，以要素集聚提升园区品质；坚持高地高原高峰合筑，展示现代化动能转化的标志性成果，打造高能级创新平台，培育高成长创新企业，引进高水平创新人才；坚持颜值价值增值统一，展示现代化智慧城市的标志性成果，让城市空间更合理，让城市面貌更靓丽，让城市治理更精细；坚持生产生活生态并举，展示现代化和谐共生的标志性成果，落实污染防治之责，彰显生态宜居之美，探索低碳发展之路；坚持初心人心民心同向，展示现代化品质生活的标志性成果，稳定就业促增收，健全体系强保障，扩大供给优服务，繁荣文化聚合力；坚持安全安定安康共护，展示现代化高效治理的标志性成果，疫情防控慎终如始，安全发展一以贯之，维护稳定全力以赴。 （缪亦真）

表7　2022年雨花台区区委常委会会议一览表

会议期次	时 间	主要议题
第 1 次	1 月 11 日	传达省、市委部署中共二十大代表候选人推荐人选酝酿推荐工作会议精神；部署安排全区酝酿推荐工作
第 2 次	1 月 14 日	听取区人大常委会、区政府、区政协、区法院、区检察院党组 2021 年工作情况汇报；听取区纪委区监委 2021 年工作情况汇报；听取 2021 年全区公安工作情况汇报；研究雨花台区委履行全面从严治党主体责任报告；研究新一届区人大、政府、政协党组成员任命及团职军转干部安排
第 3 次	1 月 15 日	听取关于酝酿推荐中共二十大代表候选人推荐人选建议名单的汇报
第 4 次	1 月 29 日	传达学习习近平总书记在省部级主要领导干部学习贯彻党的十九届六中全会精神专题研讨班开班式上的重要讲话精神；传达学习十九届中央纪委六次全会、十四届省纪委二次全会、十五届市纪委二次全会精神；传达学习全国、全省、全市宣传部部长会议精神；研究 2021 年安全生产工作，布置 2022 年安全生产工作安排和节日期间应急值守工作；研究全区新冠肺炎疫情防控工作；研究部署雨花台区统筹发展和安全“大走访、大排查、大攻坚”行动；研究《雨花台区“十四五”应急管理规划》（讨论稿）；研究十二届区纪委二次全会工作报告
第 5 次	2 月 12 日	传达学习中央、省委、市委政法工作会议精神；传达学习《关于当前我市意识形态领域情况的通报》；研究板桥新城规划建设推进工作；研究《2022 年雨花台区城市建设计划》（讨论稿）；研究《中共南京市雨花台区委关于完善区委常委联系点制度的工作方案》（讨论稿）；研究 2021 年度全区综合考核情况，研究雨花台区 2021 年度综合性表彰奖励工作；研究干部相关工作

续表7

会议期次	时 间	主要议题
第 6 次	2 月 25 日	学习《历史虚无主义与苏联解体——对苏联亡党亡国 30 年的思考》(时长 100 分钟);传达学习习近平总书记重要文章《坚持走中国特色社会主义法治道路，更好推进中国特色社会主义法治体系建设》，传达学习中央、省委、市委巡视巡察工作精神;研究《区委平安雨花建设领导小组工作规则》(讨论稿)、《区委平安雨花建设领导小组办公室工作规则》(讨论稿)、《区委平安雨花建设领导小组专项工作协调小组组成方案》(讨论稿);研究《雨花台区规范民办义务教育发展实施方案》(讨论稿);研究修订《雨花台区双创投资引导基金管理暂行办法》(讨论稿);研究南京润雨清洁服务有限公司股权划转事宜;研究区人大常委会 2022 年工作要点与议题安排
第 7 次	3 月 8 日	听取关于荣耀终端有限公司成立全国软件研发总部项目的情况汇报
第 8 次	4 月 13 日	传达学习习近平总书记在全国“两会”期间重要讲话精神、中央全面深化改革委员会第二十四次会议精神;传达学习全国、省、市人代会精神，传达学习全国、省、市政协会议精神;传达学习全国、全省、全市组织部部长会议精神;研究《关于加强对“一把手”和领导班子监督的实施办法》(讨论稿);听取中央生态环境保护督察迎检工作与信访交办件领导包案机制汇报;研究《区委巡察工作五年规划(2022—2026 年)》(讨论稿);研究 2021 年南京市扛起“争当表率、争做示范、走在前列”三大光荣使命先进集体和先进个人推荐评选工作;研究 2021 年度区管正职干部考核评优工作
第 9 次	5 月 11 日	研究《区委深改委 2022 年工作要点》(讨论稿);学习贯彻习近平总书记近期重要讲话精神;传达学习中央和省、市委密码工作领导小组和保密委员会精神;传达学习习近平总书记关于安全生产的重要讲话重要指示批示精神;传达学习中央巡视办主任王鸿津在省市两级巡视巡察办主任培训班暨上下联动试点工作会议上的讲话精神;传达学习全国、省、市统战部部长会议精神;传达学习全省组织部门贯彻落实省委疫情防控决策部署电视电话会议精神;学习《中华人民共和国反有组织犯罪法》;传达市委办公厅、市政府办公厅《关于进一步加强新形势下党委政府值班工作的通知》文件精神，研究全区值班工作办法;研究《区委常委会成员、区政府领导班子成员，中国(南京)软件谷管委会、南站综管办主要领导 2022 年安全生产重点工作清单》(讨论稿);研究《雨花台区防汛抗旱工作意见》(讨论稿);研究《2022 年雨花台区推动长江经济带发展工作要点》(讨论稿);研究干部相关工作;通报市管领导干部年度考核结果
第 10 次	6 月 11 日	听取全区新冠肺炎疫情防控工作总体情况汇报;传达市委对台工作领导小组会议精神;传达习近平总书记关于精神文明建设重要论述和中央、省、市相关工作要求，调整区精神文明建设指导委员会组成人员名单，研究《关于深化拓展新时代文明实践中心建设的实施方案》(讨论稿)和《雨花台区 2022 年全国文明典范城市创建工作方案》(讨论稿);研究赛虹桥街道相关事宜;研究区人大常委会《关于加强国有资产管理情况监督的决定》(草案)，研究《区委关于新时代坚持和完善人民代表大会制度加强和改进人大工作的实施意见》(讨论稿)，研究区委人大工作会议方案;研究区政府党组成员调整等事宜
第 11 次	6 月 30 日	传达学习习近平总书记近期重要讲话精神;传达省、市委民族工作会议精神和省、市宗教工作会议精神，研究部署整治非法宗教活动、遏制宗教渗透蔓延专项工作;听取全区政法工作情况汇报,研究《关于深入贯彻落实〈中国共产党政法工作条例〉的实施意见》(讨论稿);听取今年上半年全区整治形式主义为基层减负工作情况汇报，研究《雨花台区关于贯彻落实〈市级层面整治形式主义为基层减负专项工作机制 2022 年工作要点〉的实施意见》(讨论稿);研究《党(工)委、党组意识形态工作责任制实施方案》(讨论稿);听取区委网信委 2021 年度工作情况汇报，研究《中共南京市雨花台区委网络安全和信息化委员会 2022 年工作要点》(讨论稿)、《雨花台区加强网络文明建设的实施方案》(讨论稿);研究《雨花台区“十四五”科技创新规划》(讨论稿);研究南京软件谷发展有限公司改革方案;研究撤销区财政局党组，设立区财政局(国资办)党委事宜;研究干部相关工作

续表7

会议期次	时 间	主要议题
第12次	7月14日	听取迎接中央、省、市关于规范公务员工资津贴补贴实施情况专项检查相关情况汇报；研究《雨花台区大规模奥密克戎疫情应对处置实施方案》（讨论稿）；听取区“三大行动”工作开展情况、全区特殊困难群体救助帮扶和妇女儿童权益保障问题专项排查整治行动工作、打击整治养老诈骗专项工作情况及7月份社会面风险隐患情况汇报；听取2022年上半年安全生产工作情况汇报，研究部署重点工作任务；研究2022年上半年全区意识形态工作；研究全区党内法规工作；研究区管干部处分相关事项
第13次	8月2日	听取全区文明城市创建工作情况汇报（汇报市对区二季度社会文明程度指数测评情况及国测有关情况）；听取雨花台区化解民生诉求突出问题专项巡察整改方案情况汇报；研究《关于推动党史学习教育常态化长效化的实施方案》（讨论稿）；研究《区委工作规则》（讨论稿）、《区委常委会议事决策规则》（讨论稿）、《区委关于进一步做好“三重一大”事项决策和监管的意见》（讨论稿）；听取2021年度雨花台区本级预算执行和其他财政收支情况的审计工作情况汇报；研究干部相关工作
第14次	8月10日	学习《习近平总书记关于选人用人及干部监督工作重要论述摘编》；学习贯彻习近平总书记关于统计工作重要论述，听取全区统计造假不收手不收敛问题专项纠治工作有关情况的汇报，研究全区《关于更加有效发挥统计监督职能作用的实施办法》（讨论稿）；研究区委十二届五次全会相关材料；听取2022年上半年公安工作专题汇报
第15次	8月18日	传达学习《关于当前我市意识形态领域情况的通报》；研究《雨花台区关于做好党的二十大网络安全保障工作的实施方案》（讨论稿）；研究《关于坚决清除张敬华流毒和恶劣影响着力营造风清气正良好政治生态的工作方案》（讨论稿）；研究《区委军民融合发展领导小组2022年工作计划》
第16次	8月26日	传达学习习近平总书记近期系列重要讲话精神；研究《2022年度雨花台区“全面创新、全域高新”推动高质量发展绩效评价考核实施方案》（讨论稿）；听取共青团南京市雨花台区第十四次代表大会筹备情况汇报；研究《雨花台区“十四五”教育发展规划》；研究区科创金融扶持资金政策相关文件；审议《雨花台区双创投资引导基金管理办法》（讨论稿）；研究《关于确定南京高速铁路有限责任公司雨花台区出资主体的方案》（讨论稿）；研究雨花房屋拆迁工程有限公司、雨花人力资源开发服务中心有限责任公司、南京雨创科技服务有限公司脱钩事项；传达学习中央和省、市审计工作会议精神，听取全区上半年审计工作和下半年工作任务；研究区政府、区政协党组有关组成人员调整事宜
第17次	9月16日	传达学习全国、全省信创工作部署会议相关精神，《密码强国建设纲要》相关精神；研究《雨花台区关于深入打好污染防治攻坚战实施意见》（讨论稿）；听取全区1—8月经济形势分析情况汇报；研究徐工地块社区服务中心及规划中学项目概算调整、龙翔片区规划小学及幼儿园项目立项调整事宜
第18次	9月30日	传达学习习近平总书记近期对安全生产工作的重要指示精神和全国安全生产电视电话会议精神、学习贯彻中共中央办公厅有关通报；传达市“两办”下发的《关于当前进一步落实党政机关带头过“紧日子”要求的十项措施》要求；传达省、市“两办”下发的《关于扎实做好2022年国庆节期间有关工作的通知》精神和市委办公厅下发的《关于从严落实值班工作要求的提醒函》要求；研究加强国有企业监督管理和区属国企负责人履职待遇讨论稿：《雨花台区国有资产监督管理办公室履行出资人职责事项清单》《雨花台区区属企业负责人履职待遇、业务支出管理实施办法》及《雨花台区区属国有企业负责人综合业绩考核及薪酬管理办法》和细则；研究《区重点国有企业资本金注入方案》（讨论稿）；研究《进一步规范融资平台公司公益性项目投融资行为的实施细则》（讨论稿）；研究《南京市雨花台区“十四五”城市建设规划》（讨论稿）；研究干部相关工作
第19次	10月27日	传达学习中央、省委统战工作会议精神，研究《关于贯彻〈中国共产党统一战线工作条例〉的实施方案》（讨论稿）；听取近期安全生产工作情况汇报；听取雨花台区残疾人联合会第七次代表大会筹备情况汇报；研究团职军转干部安置任职事宜

续表7

会议期次	时 间	主要议题
第20次	11月23	传达学习习近平总书记在陕西延安和河南安阳考察时的重要讲话精神、传达学习中央全面深化改革委员会第二十七次会议精神；传达学习贯彻《推进领导干部能上能下规定》和中央组织部专题培训班精神；听取雨花台区工会第八次代表大会筹备情况汇报，听取雨花台区妇女第十二次代表大会筹备情况汇报，听取雨花台区红十字会第八次会员代表大会筹备情况汇报，听取雨花台区科学技术协会第五次代表大会筹备情况汇报；研究《关于雨花台区2022年国民经济和社会发展计划部分调整方案（草案）的报告》（讨论稿），研究《关于雨花台区2022年财政预算调整方案（草案）的报告》（讨论稿）；听取2022年全区融资平台公司新增经营性债务情况汇报；研究南京雨花国资投资集团有限公司减持南京雨花新城发展有限公司注册资本金方案；研究《关于2021年度雨花台区预算执行和其他财政收支审计查出问题整改情况的报告》（讨论稿）；研究雨花医院创成市级重点专科奖励经费有关事项；研究2022年度选聘优秀社区党组织书记纳入事业编制人员管理年度实施方案；研究成立中共南京市雨花台区总商会委员会等2个委员会事宜；研究区政府党组成员调整事宜
第21次	12月3日	传达学习习近平总书记对做好安全生产工作作出的重要批示精神；学习贯彻省委十四届三次全会精神，研究区委十二届六次全会建议方案，听取《区委常委会工作报告》《区委常委会2022年度落实全面从严治党主体责任情况的报告》；研究《关于2021年度雨花台区预算执行和其他财政收支审计查出问题整改情况的报告》（讨论稿）；研究古雄街道金陵华兴实验小学立项调整事宜；研究雨花医院创成市级重点专科奖励经费有关事项；研究成立中共南京市雨花台区总商会委员会等2个委员会事宜；研究南京市第十七届人大代表候选人初步建议人选名单；研究区政府党组成员调整事宜
第22次	12月9日	研究确定2022年度选聘优秀社区党组织书记纳入事业编制人员管理正式人选名单
第23次	12月16日	传达学习习近平总书记近期重要讲话精神；传达学习市委十五届五次全会精神；传达省、市海外引才工作专题会议精神；听取区委党校工作情况汇报；听取区委党史工作情况汇报；审议政协南京市第十五届委员会委员（雨花台区）考核结果；研究江苏省第十四届人大代表候选人推荐人选；研究区政协党组书记任职事宜
第24次	12月26日	传达学习中央经济工作会议精神；听取区人大常委会党组、区政府党组、区政协党组、区法院党组、区检察院党组工作汇报；研究区政府工作报告、区法院工作报告和区检察院工作报告；研究《雨花台区2022年国民经济和社会发展目标完成情况和2023年预排情况》（讨论稿）、《雨花台区2022年重点民生实事推进情况及2023年民生实事候选项目编排情况》（讨论稿）、《雨花台区2023年市、区重大项目编制情况》（讨论稿）、《雨花台区2023年政府投资计划编制情况》（讨论稿）；研究《关于雨花台区2022年财政预算执行情况和2023年财政预算（草案）的报告》；研究《2023年雨花台区城市建设计划》（讨论稿）；研究2022年全区意识形态工作；研究《雨花台区共青团基层组织改革实施方案》（讨论稿）；研究《雨花台区农村人居环境长效管护运行机制实施方案》（讨论稿）；听取南京软件谷发展公司2023年度融资授信、资金使用计划情况汇报；听取区人大常委会、区政协常委会工作情况汇报；听取区人大十九届二次会议、区政协十届二次会议筹备情况汇报；研究“两会”各类建议名单

（缪亦真）

·中共二十大学习宣传·

【概　况】2022年，自中共二十大闭幕以来，雨花台区委把学习宣传贯彻中共二十大精神作为首要政治任务，在全区上下掀起学习宣传贯彻的热潮。区委理论学习中心组以辅导报告、交流学习心得、交流专题调研成果等形式学习中共二十大精神6次。区委中心组成员带头组建学习贯彻中共二十大精神区委宣讲团，开展专题宣讲200余场次。以“雨理同行”理论宣讲团的70余支特色宣讲队和1000余名宣讲员为依托，探索快板、白局、朗诵、红色情景剧等群众喜闻乐见的形式，开展中共二十大精神宣传宣讲活动300余场，覆盖党员群众3万人。针对青少年群体，发挥“英雄中队”作用，开展“学习二十大　争做好队员”主题中队会2000余场。针对辖区30万软件企业从业人员，用好“红谷讲坛”“谷雨双创学院”，量身定做“AI党建数字人”讲二十大知识、“红色方向盘”学习小组等学习形式。全年，围绕迎接、学习宣传中共二十大主题主线报道1380余篇。其中，《人民日报》头版《奋进新征程　建功新时代·非凡十年》栏目以雨花台区梅山钢铁公司升级5G全连接工厂为切入点，报道中国现代产业体系迈出坚实步伐；《新华日报》《南京日报》推出专版特刊18个；交汇点平台开设《幸福“雨”你同行》专栏，并推出系列报道9篇；“金陵微雨花”全媒体平台开设中共二十大主题专栏，推出《十年砥砺结硕果　阔步奋进新雨花》《崔圣菊：只要群众需要，能办的一定办》等系列新媒体报道近40篇；策划制作《探花之旅之花农变码农》《非凡10年》等视频类、海报类融媒产品9个，全网阅读量超300万次。（史　汶）

【区委常委会集体学习中共二十大精神】 10月27日，雨花台区委常委会召开扩大会议，传达学习中共二十大和二十届一中全会精神，部署安排全区学习宣传贯彻工作。会议提出学习宣传贯彻中共二十大精神是全区今后一个时期的首要政治任务。11月8日，区委理论学习中心组举行学习会，专题学习中共二十大精神。会上，区委理论学习中心组成员依次诵读中共二十大报告，原原本本、逐字逐句学习报告原文。部分常委同志结合思想和工作实际交流学习体会。会议最后强调，要全面准确深刻把握中共二十大精神的核心要义，进一步掀起学习宣传贯彻中共二十大精神的热潮，全力抓好中共二十大精神在雨花走深走实、落地见效。

【党员干部群众学习贯彻中共二十大精神】 中共二十大会议闭幕后，雨花台区党员干部群众深入学习贯彻中共二十大精神。11月2日，古雄街道党工委举行学习会。街道党工委书记李睿表示，古雄街道把学思践悟落实到“民心”上，奋力打造“最年轻”“最活力”“最宜居”的幸福新城。11月10日，软件谷企业江苏润和软件公司党委召开学习讨论会，深入学习中共二十大精神，党员们围绕“守正创新”主题，联系工作实际分享学习体会。11月14日，雨花街道南京南站区域党建联盟360主办的中共二十大精神“学说做”系列活动在丁墙社区拉开帷幕。丁墙社区党委书记杨华杰对辖区新就业群体党员开展宣讲，“宁小蜂”们现场结合自身从业经历分享学习感悟，共同布置“宁小蜂”驿站中共二十大精神“学习角”。雨花街道还推出“初心专送，使命必达”活动，“360红小蜂志愿服务队”成员为辖区老党员送上中共二十大精神“学习大礼包”，与老党员们共学、共读、共议，分享自己的思想感悟与学习成果。（雨　鉴）

【“学精神　强信念　跟党走”二十大精神宣讲暨“社区党史讲习所”雨花台区首批授牌活动】 12月1日，“学精神　强信念　跟党走”二十大精神宣讲暨“社区党史讲习所”雨花台区首批授牌活动在古雄社区家风家训教育馆举行。活动由市委党史工办指导，区委宣传部、区文明办、区委党史工办、古雄街道党工委、南京日报社及中国银行南京城南支行党总支联合主办，参与人数50人次。活动现场，学习贯彻中共二十大精神市委宣讲团成员、南京信息工程大学教授周显信作《奋进新征程的政治宣言和行动纲领》主旨宣讲；区委党史工办向古雄、新河、殷富和永盛4个社区授予“社区党史讲习所”牌匾；中国银行南京城南支行党总支联合市委党史工办向4个社区居民代表赠送《初心与使命》《南京红色印记》《软件之路》等图书，并与古雄街道党工委签署党建共建协议；古雄社区党员现场讲述雨花台区党史故事《我心目中的英雄——铃井》，朗诵诗歌《党的二十大之歌》。（江　昕）

12月1日，“学精神 强信念 跟党走”二十大精神宣讲暨“社区党史讲习所”雨花台区首批授牌活动在古雄社区家风家训教育馆举行

（古雄街道　供图）

·巡察工作·

【概　况】 2022年是十二届区委巡察工作的开局之年，区委巡察办出台《十二届雨花台区委巡察工作规划（2022—2026年）》，围绕深化政治巡察、实现高质量全覆盖、加强上下联动、深化贯通融合、强化整改落实和成果运用5个方面要求制定巡察工作任务。对接区委组织部、区委编办、区国资办等部门，梳理全区行政机构、事业单位、国有企业、基层社区等党组织设置情况，明确十二届区委巡察对象，做好巡察全覆盖。梳理总结十一届区委巡察整改总体情况，对巡察反馈满1年尚未整改到位的问题进行提醒督办。全年完成常规巡察2轮、专项巡察1轮；巡察反馈后，会同区纪委指导督促区农业农村局、区科技局等10家被巡单位党组织，制定整改工作方案、召开专题民主生活会，落实整改任务；针对巡察发现的普遍性、倾向性问题，向区委组织部、区财政局等部门移送专题报告12份，推动职能部门开展专项治理。

【区委第二轮巡察（常规巡察）】 3月2日，区委启动第二轮巡察工作。3月8日，安排3个巡察组分别进驻区教育局、城管局、行政审批局、市场监管局、人防办、残联6家单位，开展常规巡察；巡察组在关注本部门职能履行情况的同时，对区教育局下属雨花台中学初中部、区城管局下属南京润雨清洁服务有限公司、区市场监管局下辖7个分局开展延伸巡察；抽调2人参与市委第2巡察组对全区开展的化解民生诉求专项巡察协调对接工作；抽调包含巡察机构1名副组长在内的7人专项工作组赴六合区开展专项巡察，互相学习、促进业务工作。6月27日，该轮巡察工作结束。

【区委第三轮巡察（产业扶持政策落实情况专项巡察）】 8月4日，区委派出专项巡察组，对全区相关部门落实产业扶持政策情况进行专项巡察。专项巡察组着眼于“摸底数、防风险、查问题、促发展”的目标，重点关注全区产业扶持政策制定和资金使用背后的机制、责任和廉洁问题；11月4日、10日，分别召开巡察情况反馈大会，向被巡察单位反馈巡察意见；根据巡察移交线索，区纪委区监委立查立处，给予留置处理。该轮巡察发现问题20个、问题线索1条，并首次对全区扶持政策和涉及资金数量进行摸底，查找全区产业扶持政策“一网通办”“一卡办理”建设运行情况方面存在的问题。

【区委第四轮巡察（常规巡察）】 11月3日，区委启动第四轮常规巡察，派出4个巡察组对区委党校、区委编办、区档案馆、区机关事务管理服务中心、区征拆办、区总工会、区妇联、区红十字会8家单位开展巡察。各巡察组于11月9日进驻完毕，于次年1月16日结束驻点工作。巡察期间，由于专职副组长参与省、市巡视巡察工作，3名副组长为兼职抽调干部参与一线巡察，党性得到锻炼。本轮巡察发现问题159个、拟移交线索1条。 （徐培枝）

·组织工作·

【概　况】 2022年，雨花台区有基层党组织1032个，其中基层党委54个、党总支54个、党支部924个。年内，区委组织部在全区895个基层党组织和2万名党员中，酝酿推荐出席中共二十大代表，产生推荐人选7人，其中公安局雨花台分局西善桥派出所教导员兼福润社区民警崔圣菊被选为江苏省出席中共二十大代表。配合做好群团组织换届工作，推进中小学校党组织领导的校长负责制，推动新成立的“1+3”区属国企平台建设与党建工作同谋划、同部署、同落实。做好区人大、政府、政协班子换届全程风气监督，签订严肃换届纪律承诺书500余份，印发口袋书、提醒卡500余册。响应新冠肺炎疫情即时需要，启动挂钩支援应急处突机制，统筹调配市、区两级机关党员干部下沉社区超2万人次，集结396人组成封控管控、南站落地检等专项突击队，抽调812人次进驻隔离点、数据核查转码、交通卡口。成立督导考察组4个，采用专班跟进、嵌入督查等方式近距离考察干部实际表现。围绕系统培养、及时选用、真情关爱、激励约束4个方面细化举措，出台二级至四级调研员晋升原则，统筹用好职务职级“双通道”，落实事业单位管理岗位职员等级晋升制度。提拔重用35人，职级晋升33人，其中在新冠肺炎疫情防控一线激励23人。从21家单位优选30名90后年轻干部挂任社区副书记或见习副主任，参与疫情防控、信访稳定、抢险救灾等工作。及时更新全区困难党员信息库，常态化开展党内关爱工作。

至年末，全区有党员25061人，较上年净增785人。其中，预备党员398人，占党员总数的1.59%，较上年增加6人；少数民族党员239人，占党员总数0.95%；女党员9268人，较上年增加500人，占党员总数的36.98%。中国台湾省籍党员1人。35岁以下党员6011人，占党员总数的23.99%，比上年净增38人；具有大专以上学历党员16145人，占党员总数的64.42%；非公有制经济组织党员6951人，占党员总数的27.74%。全年新发展党员163人，其中女性党员90人、35岁以下党员7人、具有大专及以上学历党员151人。

【干部监督】 2022年，区委组织部落实全区处级以上领导干部个人有关事项集中填报，印发关爱提示册及填报辅导材料600余份,年度集中填报467人、重点核查26人、随机抽查48人,对漏报情形较重的2名干部予以谈话诫勉。完成全区35家单位、191名新提拔科级干部“一报告两评议”测评结果汇总反馈。开展选人用人集中检查,落实整改市委组织部反馈的共性问题20项、自查问题9项,完成15名领导干部社团兼职审批备案和5名党政领导干部经济责任审计,推进干部人事档案专项审核常态化、制度化。

【干部教育培训】 2022年,区委组织部联合全区干部教育培训工作领导小组成员单位,举办专门业务培训班11班次、914人次,举办行政事业单位新招录人员入职培训班。根据新冠肺炎疫情防控形势需要,线下举办集中医学观察场所点位长培训班3期,近3000人参加;线上组织疫情防控“宁学通”培训,近3000人参加。利用领导干部进高校专题培训、“公务员大讲堂”等平台,选送16名领导干部参加省、市级调训,22名区管及以上干部参加市委党校主体班次、369人次优秀科级及以上干部参加进高校在线专题培训,推动处级以上领导干部参加“江苏干部在线”网上学习。

【基层组织建设】 2022年,区委组织部落实全面从严治党责任制,制定《2022年度落实全面从严治党党委主体责任、纪委监督责任清单》《中共南京市雨花台区委党的建设工作领导小组2022年工作要点》。落实党建引领基层治理“强力工程”,建立周盘点、月调度、季小结工作机制。开展“村村到、户户进、人人访”,由37名区领导带头、区街社三级联动,走访群众60.5万人次,走访覆盖率100%。学习推广“仙林经验”,各街道(园区)制定学习清单740余条,涌现“红桥微家”“拉家常工作法”等好做法。开展“同城共筑”行动,编制“五张清单”270份,落实市委“共学攻坚6040”行动,全区8个“一社区一案例”入选60个市级重点项目。落实市委基层治理“1+2”文件要求,优化社区工作者职业体系建设,完成首批社工身份认定和定级747人,选聘6名优秀社区书记纳入事业编管理。落实社区党群服务中心“五常两聚”规范化建设,南京南站区域党建联盟360党群服务中心、赛虹桥街道长虹路社区党群服务中心、西善桥街道齐修社区党群服务中心3家党群服务中心入选市委组织部命名的南京市市首批“最暖党群服务中心”名单。建立安徽省凤阳县流动人员党(工)委等党组织,开展“组织找党员、党员找组织、党员联党员”的“双找一联”行动。制定《雨花台区两新组织“双有”目标提升计划实施方案》,提升“两新”组织“双有”比例,至年末,全区单建非公企业党组织20个、社会组织党组织3个。

【全域党建】 2022年,区委组织部以全区142个“书记项目”为抓手,做好全域党建工作。首次开展“信仰之光照亮奋斗之路”攻坚实践活动,全区26个党(工)委亮品牌、树形象,打造“红炬雨花”党建品牌矩阵,为“打造新滨江、建设数字城”汇聚红色力量。推进“党建引领保障房治理‘雨花模式’”攻坚提升重点项目,针对保障房治理薄弱点,制定区级实施意见,推动资源一沉到底,提升治理质效。实施党建兴链计划,开展“红谷兴链季”活动,开通“政企直通车”,推动省、市、区三级资源联动。探索数字版“枫桥经验”,走好网上群众路线,开发整合“及时雨”民声直达平

7月1日，雨花台区庆祝建党101周年暨基层党建工作推进会在区委党校会议中心召开（区委组织部 供图）

台、"雨花E家"数字社区等平台资源，配套健全源头治理机制，初步形成"云上花神""长虹路智慧社区""网上信访代理"等创新案例。实施新业态新就业群体党建"雨润新锋"工程，率先打造全市首家"宁小蜂"驿站，承办全市推进会，制定融入治理"雨花10条"。年内，"向善家长学校"入选全国"终身学习品牌项目"；齐修社区党建引领基层治理做法被《焦点访谈》报道，岱山法律援助工作站服务为民做法被《新闻联播》报道；定坊兴苑万园物业被省委组织部、省委非公有制企业和社会组织工作委员会、省住房和城乡建设厅党组、省住房和城乡建设行业委员会评为第二批党建引领物业管理服务工作省级示范点；殷富社区"红殷骑手"新就业群体融入基层治理案例获评《党员生活》杂志"首届新时代社区党建创新案例"一等奖。（吴越宇）

·宣传工作·

【概　况】2022年，雨花台区修改完善《党（工）委、党组意识形态工作责任制实施方案》。开展维护意识形态暨网络意识形态安全专项督导活动，定期召开意识形态暨网络意识形态工作会议及意识形态领域情况分析研判联席会议。区委中心组开展专题学习24次，配发理论学习书籍1200余册，中心组成员在《群众》杂志《新华日报》、"学习强国"江苏学习平台等省级主流媒体刊发《雨花台区建设数字政府的探索与实践》《用好红色资源　传承英烈精神》等调研文章20篇。承办2022南京文化产业资源共享会暨数字文化精品路演活动。争取省、市文化产业引导资金，南京硅基智能科技有限公司、南京功夫豆信息科技有限公司、江苏华博创意产业有限公司等6家数字文化企业获得市级文化产业发展专项资金160万元。做好区"两会"、区委十二届五次全会、"打造新滨江　建设数字城"、幸福三圈等宣传报道。区融媒体中心开设"奋进新征程　建功新时代""雨花幸福三圈"等专栏30个，及时、高效、准确反映全区重要内容、重点工作推进情况。新冠肺炎疫情防控期间，区融媒体中心各平台原创推送规模性核酸检测通告、科学防控举措、典型人物故事等400余条，转发最新权威防控政策、防护提醒等信息近1000条，回应回复网民留言咨询5万条。全年，涉雨花台区正面报道30万篇，其中人民网、新华网等央级媒体报道2800余篇，《新华日报》等省级媒体报道近5700篇；"金陵微雨花"双微平台发布信息1万篇（条），制作新媒体产品200余个，纪实类短视频《听，这些声音》《看，他们的眼睛》，被人民网微博、新华网视频号转发，阅读量超百万。

年内，区委宣传部被国家版权局评为2021年度查处重大侵权盗版案件有功单位；“陪伴青芽——困难职工家庭支持志愿服务项目”被省委宣传部、省文明办、省民政厅、省团委评为第六届江苏志愿服务展示交流会铜奖项目；区互联网行业党委被省互联网行业委员会评为省互联网行业党建工作先进单位；“雨理同行”理论宣讲团被评为全市基层理论宣讲先进集体。李梅家庭、崔永兵家庭被省文明办评为第三届江苏省文明家庭；张秀兰被省文明办评为“江苏好人”。

【理论宣讲】 2022年，雨花台区委开展中心组学习24次，配发理论学习书籍1200余册。坚持全区中心组学习巡学旁听制度，赴12家单位开展旁听巡学。邀请江苏润和软件股份有限公司党委书记周红卫、有抖音300万“粉丝”的正能量“网红”青年党员吴菲等参加“冬训优秀主讲人”视频录制，全区60余部优秀作品引领理论宣讲新风尚。冬训期间开展走访慰问、志愿服务等活动2000余场次，服务企业1200余家，服务党员群众5万人。做好“学习强国”南京学习平台推广使用工作，全区平均活跃度保持在70%以上。开展社科研究、咨询服务和学术交流等活动，积极申报省市社科资助项目、社科普及基地，完成区社科联换届工作。年内，区社科联被省社科联评为全省社科系统工作创新案例。

【新闻出版】 2022年，区委宣传部健全全区新闻出版（电影）行业属地月查月报机制，落实属地监管责任，与各企业负责人签订安全生产责任书、落实安全生产主体责任承诺书。对全区印刷发行、电影行业风险源开展全面分析梳理，建立一企一档，确保风险管理工作有实效，全年未发现新闻出版（电影）领域重大隐患，126条普通隐患均闭环整改。推动“扫黄打非”基层站点建设与新时代文明实践中心建设、社会综合治理、基层宣教工作融合发展，提升基层“扫黄打非”工作质量。加强版权保护工作，全年著作权作品登记数量1.2万件。年内，区报送的“上海某集成电路设计有限公司等侵犯软件著作权案”，被省版权局评为2021年度江苏省打击侵权盗版十大典型案件。

【全民阅读】 2022年，全区新增“小板凳读书角”“长虹路社区读书角”等针对性强、实用性高的公共阅读空间16处，涌现出“雨花街道少儿图书馆”等一批阅读空间新样板。举办春风行动、亲子共读等各类阅读活动800场，参与人数4万人次。以全程直播方式，举办“阅读新时代　逐梦新征程”2022年雨花台区全民阅读系列活动启动仪式，吸引42万人在线观看。制作《书香雨花——四季皆是读书天》公益宣传片，被“学习强国”南京学习平台、“南京发布”视频号等采用。

【意识形态】 2022年，雨花台区委修改完善《党（工）委、党组意识形态工作责任制实施方案》，加强全区意识形态工作主体责任。开展维护意识形态暨网络意识形态安全专项督导活动，对25家党（工）委开展风险排查，并对排查出的17个风险隐患、四类71个“跑冒滴漏”问题进行“清单式”管理。定期召开意识形态暨网络意识形态工作会议及意识形态领域情况分析研判联席会议，每季度上报《文化与意识形态安全领域形势分析研判报告》。开展意识形态领域“大走访、大排查、大攻坚”行动暨各类宣传文化阵地意识形态风险排查，形成《意识形态工作月报》12篇。

【区2022年全民阅读系列活动启动仪式】 4月22日，为迎接第二十七个“世界读书日”，“阅读新时代　逐梦新征程”2022年雨花台区全民阅读系列活动启动仪式在中国（南京）软件谷云密城举行。活动由南京市雨花台区全民阅读活动领导小组、中国（南京）软件谷软件产业党委主办，雨花台区全民阅读促进会承办。活动以现代快报+全程直播方式，吸引42万人在线观看。活动现场，播放“书香雨花　四季皆是读书天”雨花台区2022年全民阅读宣传片；区委常委、宣传部部长汪丹彦致辞；向软件谷软件企业代表赠书；发布“阅见雨花　云端共读”读书月活动并邀请公众参与；介绍全省第一家街道级全民阅读促进会——西善桥街道全民阅读促进会的筹备情况。 （史　汶）

4月22日，“阅读新时代　逐梦新征程”2022年雨花台区全民阅读系列活动启动仪式在中国（南京）软件谷云密城举行　（区委宣传部　供图）

【区“雨理同行”示范宣讲暨学习达人挑战赛决赛】 8月7日，“礼赞新时代　追梦复兴路”雨花台区“雨理同行”示范宣讲暨学习达人挑战赛决赛在紫麓雨花剧院举行。活动由雨花台区新时代文明实践志愿服务总队、区委宣传部、区文明办主办，“学习强国”南京学习平台、南京报业传媒集团周末报社承办。党史学习教育市委宣讲团成员、市委老干部局副局长、市委离退休干部工委专职副书记吴光祥以《历史是最好的老师》为题，结合南京百年党史作宣讲；区委党校调研科科长、雨花台区“雨理同行”宣讲团骨干宣讲员孙丽莎以《新时代 新作为 新篇章——花农成“码农”花田变“硅谷”》为题作宣讲。决赛分必答题、抢答题、风险题、加时赛题四个环节，经过角逐，区城市管理局选手王园园夺得“学习达人”冠军称号。

【新时代江苏道德模范与身边好人事迹巡演活动】 12月8日，由省委宣传部、省文明办组织的“道德的力量”——新时代江苏道德模范与身边好人事迹巡演活动在区新时代文明实践中心举行。该巡演以中共十八大以来涌现的道德模范、中国好人的事迹为素材，通过京剧、淮剧、昆剧等形式，展现赵亚夫、钱七虎、王爱东、周维忠、糜林、邱海波等11位道德模范和中国好人先进事迹。第七届全国道德模范提名奖获得者陈德风

等十余名雨花台区道德模范和身边典型代表观看巡演。（雨　鉴）

·统战工作·

【概　况】 2022年，中共南京市雨花台区委统战部（以下简称区委统战部）开展民企大走访活动，走访民营企业200余家。举办全区统一战线各领域主题教育培训班、统战微课堂，编制统战工作思维导图，制定统战工作制度汇编，推动统战工作走深走实。制定全区统一战线学习中共二十大精神工作计划，发动全区各统战领域开展中共二十大精神宣讲20余场。发挥“雨力同心”微信公众号窗口作用，发布内容170期、367篇，总阅读量18012人次。召开意识形态领域工作会议，联合有关部门、街道（园区）排查宗教领域意识形态风险，对排查出的5个问题即知即改。区委常委会研究统战工作4次，召开区委统一战线工作领导小组会议3次，召开区委民族宗教工作领导小组会议3次、专题会议3次，召开区委统战部理论学习中心组学习会议12次。出台《关于贯彻〈中国共产党统一战线工作条例〉的实施方案》《关于以铸牢中华民族共同体意识为主线推进全区民族工作高质量发展的实施办法》《关于坚持我国宗教中国化方向做好新时代党的宗教工作的实施办法》《雨花台区党外科级干部培育三年计划》，建立区海外统战工作协调机制。

【民营经济发展服务】 2022年，区委统战部开展民营企业大走访活动，编写涉企政策汇编，发放连心服务卡，收集意见建议30余条，解决和推进“场景应用”“首购首用”“建立跨境电商产业园”等建议。指导区工商联所属14家商会、区总商会8个分会开展会员走访活动80余次，走访企业200余家。指导各商会开展“互助营销”资源对接会50余场次，近800余家企业参加，推动签订意向合作协议90余份。走访在宁异地（行业）商会26家，涉及数字经济、人工智能、都市工业、互联网研发等新兴产业。联合区司法局等6家单位建立涉案企业合规第三方监督评估机制，护航“两个健康”（非公有制经济健康发展、非公有制经济人士健康成长）。推进各街道（园区）商会换届工作，围绕软件和信息服务业、智能制造领域的高新技术企业，吸收年轻民营经济人士加入商会，全年新发展会员83家。鼓励民营企业家参与第三次分配，参加“公益路演”“美丽乡村”建设。摸排区内5户特殊困难家庭并制作帮困视频，募集善款4.3万元。组织民营企业家500余人次参加新冠肺炎疫情防控志愿工作，累计捐款捐物200万元。筹集价值7万元的防疫物资支援陕西省丹凤县，助力苏陕（雨丹）协作。

【党外人士工作】 2022年，区委统战部走访调研区级机关各部门，了解党外干部人数，联合区委组织部出台《雨花台区党外科级干部培育三年计划》，召开党外科级干部培育联席会议，部署党外干部培养工作。走访调研各民主党派，助推实现党派之家全覆盖，协助民盟雨花台区总支完成4个支部换届工作。支持各民主党派开展“矢志不渝跟党走　携手奋进新时代”政治交接主题教育，支持党外知识分子开展“榜样引领前行　同心共向未来”主题教育。召开党外人士座谈会2次，通报有关会议精神，听取党外人士意见。调整充实党外特

5月12日，雨花台区党外科级干部培育工作联席会议召开

（区委统战部 供图）

约检察员9人。无党派人士程力提出的“设立扶持基金推动新型研发机构发展”提案，被区政府采纳并办理落实。

【民族宗教工作】 2022年，区委统战部走访少数民族流动人口70家次，发放随迁子女入学要求提示函，依法协调解决8名学龄儿童入学事宜。开展民族宗教领域行政检查40余次，组织宗教场所开展安全演练10余场次。推动基督教板桥聚会点异地重建工程和岱山教堂筹备设立，为宗教团体提供建设经费支持。引导宗教界开展慈善公益活动，各宗教活动场所募集善款11.2万元。联合区红十字会、区妇联对20名困境儿童开展助困活动。制定印发《关于以铸牢中华民族共同体意识为主线推进全区民族工作高质量发展的实施办法》《关于坚持我国宗教中国化方向做好新时代党的宗教工作的实施办法》等文件。雨花街道开展“铸牢中华民族共同体意识 全民同行健步走”和国家通用语言培训活动；赛虹桥街道开展老少同台庆“六一”文艺会演暨便民服务活动；古雄街道大方社区开展义卖帮扶山区活动；雨花经济开发区“石榴籽小学堂”举办民族团结进步创建系列活动。年内，赛虹桥街道长虹路社区和雨花经济开发区被省民宗委评为第三批省级“红石榴家园”称号。

【新的社会阶层人士工作】 2022年，区委统战部推进新会员发展，新增会员133人，全区新联会会员738人，推荐11名代表人士进入南京新的社会阶层人士联谊会，28人担任各级人大代表、政协委员。走访区、街道新联会会员单位12家，开展新阶层代表人士谈心交友活动54人次。开展“寻美中国 魅力雨花 喜迎二十大”活动，举办新阶层人士摄影图片展，参展图片82幅。新阶层代表人士徐新营、杨希羚2人受邀参加江苏省“寻美中国 寻美江苏 喜迎二十大”启动仪式。新阶层代表人士何伟受邀参加中央统战部赋予南京市新的社会阶层人士联谊组织建设课题调研座谈会。举办雨花台区新阶层人士“凝聚新力量 筑梦新时代”主题教育培训，新阶层代表人士40人参加。开展由社区、社工、社区志愿者、统战力量共同参与的“同心公益共同体”项目，助力基层社区治理，在定坊社区、小行社区举办便民服务、医疗义诊、高考志愿填报、心理咨询、法律援助、帮扶困境儿童等公益活动30余场。加强网络人士统战工作，召开新媒体骨干、网络代表人士座谈会，建立新媒体网络人士基本信息数据库。网络人士徐文利用微信公众号“板桥那些事”平台，推送板桥最新规划建设、民生资讯，帮助解决民生实事难事问题。网络人士吴菲用方言传播抗击新冠肺炎疫情正能量，创作网络防诈短视频，被市公安局聘为“网络安全宣传志愿者”，《胸怀中国梦，用心做“网红”》作品获区“冬训优秀主讲人”一等奖。年内，雨花台区“延陵荟公益”实践创新基地被省委统战部评为江苏省新的社会阶层人士统战工作实践创新示范基地；西善桥街道“向善　新英汇”实践创新项目被市委统战部评为南京市新的社会阶层人士统战工作实践创新重点项目。

【对台工作】 2022年，区委统战部走访调研艾德克斯电子（南京）有限公司等驻区台资企业16家，走访困难台属40户。举办“雨花台区两岸青创大讲堂活动”10场，解读惠台政策措施。落实《江苏省对台经济文化交流合作促进条例》，协助台胞办理交通卡、居住证、医保卡等证件。建立完善“三个一”（即“一名领导、一个问题、一套解决方案”）工作机制，召开台企台胞座谈会。依托“南京先生”等民间文化交流品牌宣传推介雨花，筹备拍摄《南京先生》电影。举办“月圆　情缘”——雨花台区台企台胞喜迎中秋联谊会、“一画一世界”两岸艺术家交流等活动。

【侨务工作】 2022年，区委统战部承办2022南京侨界招商引智项目签约仪式暨雨花推介会，来自美国等10个国家和地区的40余名侨领侨商参加，成功签约项目6个，总投资额50亿元。雨花台区海外联谊会主办“房地产企业雨花行”活动，吸引16家房地产企业、投资机构参加。举办以“悦读南京　走近郑和”为主题的“郑和文化周”雨花专场活动，南京市雨花外国语小学和文莱中华中学等150余名师生通过线上和线下共同参与。挖掘华兴史料，制作《百年华兴》侨务工作专题展板28块。实行“五必访”（困难必访、传统节日必访、生病住院必访、来宁探亲必访、家中发生大事必访）制度，慰问老归侨15人。年内，古雄街道古雄社区被省委统战部评为2022年度江苏省“‘三区’侨务工作支持单位”。

（张　潇）

·文明创建·

【概　况】 2022年，雨花台区加强组织调度，由区委和区政府主要负责人抓总，区委副书记、区委宣传部部长和政府分管副区长具体牵头，召开专题调度会30余场，区领导通过“四不两直”方式督促检查创建工作推进情况。落实问题整改，落实《2022年文明城市创建部门、街道（园区）任务清单》，聚焦居民小区、道路街巷、农贸市场、交通秩序、空中缆线5类专项整治，实现动态调度跟踪。针对实地考察、材料申报、问卷调查，分级分层组织开展培训60余场。做好督查考核，分类建立常态化推进、回头看督查工作机制，实现点位全覆盖。定期召开工作例会、测评点评工作会，固化创建工作提示清单，转发市级督查通报涉及该区20余期，下发区级全覆盖督查通报9期，涉及问题整改1000余条，整改率100%。在全区8个街道、56个社区的102个小区完成问卷调查1120份，形成数据分析。开展“文明有宁　携手同行”宣传宣讲活动96次，动员全区3万名少先队员开展“小手拉大手　争当文明小先锋”志愿服务活动。承办南京红色文化资源点寻访阅读行动第33站活动，配合做好烈士纪念日——江苏省暨南京市各界向雨花台烈士敬献花篮活动、2022年南京市新婚夫妇向革命烈士献花活动。全年，全区各部门、街道（园区）、社区开展主题宣传教育活动150余场，惠及群众4万人。

【志愿者活动】 2022年，雨花台区启动“文明实践新微火”，评选出全区示范文明实践点20个，搭建文明实践阵地网络。开展全区学雷锋日志愿服务集中活动，打造以“雨理同行”理论宣讲品牌为首的五大平台建设，深化与驻区高校三江学院马克思主义学院的结对共建，策划开展“礼赞新时代　追梦复兴路”等主题宣讲1000余场。结合文明城市创建、新冠肺炎疫情防控、暑托服务等工作，开展志愿服务5000余场，惠及群众60万人次，参与新冠肺炎疫情防控志愿者41万人次，并为1.6万名志愿者购买保险。（史　汶）

【“志愿服务新时代　雨花‘锋’范暖人心”志愿服务集中活动】 3月4日，“志愿服务新时代　雨花‘锋’范暖人心”志愿服务集中活动在虹悦城大拇指广场举行。该活动由市文明办指导，雨花台区新时代文明实践中心、雨花台区新时代文明实践志愿服务总队主办，区委宣传部、区文明办、区总工会、团区委、区妇联承办，赛虹桥街道新时代文明实践所、南京报业传媒集团周末报社协办。活动中，邀请84岁老人曲秀媛分享与雷锋的点点滴滴，并寄语青少年（20世纪六十年代，曲秀媛是营口建设小学的一名教师，在她的邀请下，雷锋首次担任校外辅导员）。随后，南京市雨花外国语小学“英雄中队”青少年表演原创情景剧《雷锋叔叔，我们想对您说》；获评2021年省、市“新时代好少年”的学生分享在志愿服务中的成长故事；12支区级部门志愿服务队及街道（园区）、社区志愿服务队现场提供理论宣讲、政策解读、科学科普、法律咨询、消防普及、民生信息发布等学雷锋志愿服务广场活动。（雨　鉴）

·政策研究·

【概　况】 2022年，雨花台区围绕产业发展、党的建设、社会治理、民生事业等专题开展调查研究，编发《雨花内参》《雨花微调研》30期。雨花台区委研究室聚焦数字经济发展，撰写《“两全两新”谋发展　数字赋能增动力》《数字政府建设聚汇数字“流”》等报告，在《南京调研》《南京微调研》《群众》杂志刊发。调研中国（南京）软件谷，形成《推动软件谷集成电路产业集群发展　助力南京打造集成电路产业高地》报告。聚焦民生实事、城市更新，梳理报送的《钢铁“锈带”变型生活“秀带”》《“三社联动”解锁“社区治理密码”》案例分别被省、市案例汇编收录。

【改革任务落实】 2022年，区委适时调整区委全面深化改革委员会委员及10个专项小组组长、成员，优化组织架构。建立年度改革任务推进机制，印发《区委深改委2022年工作要点》，明确11个领域40项改革任务，建立“一小组一重点”“一板块一特色”改革工作机制。完善区领导联系重点改革任务责任制，定期编发进展情况通报。跟进“一区一特色”改革任务，完成半年及全年第三方评估。召开全区深化改革工作推进会，专题部署试点争取等工作。

【改革专题调研】 2022年,区委全面深化改革委员会办公室面向全区征集改革创新案例,《聚焦融合发展 打造“三位一体”人才生态谷》等获评雨花台区2021年度改革创新十佳优秀案例,《打造“1+N+1”窗口服务暖招牌 扎实推进“综合柜员制”改革》等获评雨花台区2021年度改革创新十佳典型案例。聚焦数字经济、“幸福三圈”、健康医疗“保中保”等亮点工作,加强总结提炼,在《江苏改革简报》《改革参考》刊发改革经验文章2篇,在《南京改革》刊发改革经验文章8篇,其中《强化数字经济引领 赋能产业转型升级》获市领导批示;在新华社《要情动态》刊发分析报告《阳光展示有温度 投资监管有力度——南京雨花台区以“智慧审计”深化政府工程建设管理改革》。与新华社中国经济信息社江苏中心、市委全面深化改革委员会办公室联合开展主题党日及调研活动,形成调研文章《放大“双创”示范基地效应 打造数字经济产业标杆》,在《南京日报》思想理论专版整版刊发。

（朱屺涛）

·机构编制管理·

【概 况】 2022年,中共南京市雨花台区委机构编制委员会办公室(以下简称区委编办)深化街道集成改革,完善编制统筹、岗位激励等改革配套制度,优化街道数字治理指挥体系,指导雨花街道承担街道集成改革市级试点示范活动,雨花街道花神庙社区、南京南站区域党建联盟360在省委工作组开展《江苏省贯彻〈中国共产党机构编制工作条例〉实施办法》(以下简称《实施办法》)实施情况实地评估中获表扬。落实《关于规范开发区管理机构促进开发区创新发展的实施方案》,配合市委编办进行“开发园区管理运行机制回头看”调研,评估现有“管委会+平台公司”架构运行情况,推进软件谷与“两桥”一体运作,加速雨花数字城的建设发展。完善机构职能体系,调整优化机构设置和职能配备,加强国有企业党的领导和国有资产监管力量,增加区财政局(国资办)内设机构;做好校外教育培训监管工作,增设校外教育培训监管科,核增区教育局机关行政编制3人;按照“撤一建一”原则,设立雨花台区板桥新城开发建设管理办公室;推进雨花台区保障房片区管理办公室实体化运行;强化区级群团机关权益保障职能,制定区残联、红十字会“三定”规定。针对“12345”政务热线、信访案件受理的疑难复杂工单,通过法律法规、部门“三定”规定和区、街两级权力清单进行分析研判。设立区融媒体中心,核定全额拨款事业编制7名;核增区市场监管综合行政执法大队参照公务员法管理事业编制2名;撤销雨花台区人民广播电台,将原核定18名差额拨款事业编制整体转为全额拨款事业编制;核增区文化馆全额拨款事业编制8名、区图书馆全额拨款事业编制2名、区文物保护管理所全额拨款事业编制1名。开展2022年全区组织人事干部机构编制业务培训,并邀请省委编办政策法规处专家对《中国共产党机构编制工作条例》《江苏省贯彻〈中国共产党机构编制工作条例〉实施办法》进行权威解读。年内,区机构编制法治建设经验做法被江苏机构编制网刊载并在省委工作组开展《实施办法》实施情况实地评估中获肯定。执行《编委议事规则》及《编办工作细则》,落实《雨花台区机构编制请示报告制度暂行办法》,组织2021年度机构编制报告工作,重点调研教育、卫健等部门提出的启动新办中小学核编、加强社区卫生服务编制力量等意见建议，在此基础上形成全区年度机构编制报告。做细机构编制统计和实名制管理，跟进做好相关机构编制统计调查，加强统计数据分析，管好用活数据资源。加强编外人员管理，梳理区、街两级编外用人名单信息，排摸实际聘用情况。细化《关于进一步规范全区机关事业单位编外用人工作的意见》，明确全区机关事业单位编外人员范围，健全“进、管、考、出”管理制度。

【“街道吹哨、部门报到”工作机制】 2022年，区委编办印发《雨花台区关于推进“街道吹哨、部门报到”机制的实施细则》《关于持续深化“吹哨报到”工作机制全面提升基层社会治理质效的通知》，推行社区和网格“吹哨”，区、街职能部门“报到”，明确“吹哨”的情形和标准，落实职能部门“报到”责任，建立考核评价体系。依托“12345”平台打造“吹哨报到”系统，完善“吹哨报到”工作流程机制，按照“问题收集、分析研判、街社吹哨、平台受理、报到处置、评价监督、结果反馈”工作法，构建“吹哨报到”管理闭环，做到“线上吹哨、线下办理、网内监督、全程留痕”，实现区、街职能部门与社区、网格之间到底到边的“全链路”响应机制。推动热线工单、群众诉求转化为哨源线索，扩大“哨源库”，推进基层治理向解决群众需求深化，实现“民有所呼，我有所应”。年内，基层发起“吹哨”工单45件，城建、城管、卫健、生态环境等8个区级职能部门应哨报到，及时解决基层提出的问题。

【街道相对集中处罚权改革】 2022年，区委编办会同区司法局建立科学合理的街道综合行政执法案件考核和责任追究机制，通过执法数据月报、季度通报、街道综合执法案卷评查会健全行政执法监督制度。开展基层综合执法规范化建设专项行动，对全区7个街道综合行政执法局的职责任务、赋权事项、队伍建设、执法力度、办案质量等事项进行效能评估，科学研判赋权事项实施效果，研究解决实际问题。理顺雨花经济开发区范围内相对集中处罚权体制，推进铁心桥街道综合行政执法改革示范街道创建工作。

【行政执法改革】 2022年，区委编办实施应急管理综合行政执法改革，印发《南京市雨花台区应急管理综合执法改革实施方案》，设立区应急综合行政执法大队，核增事业编制10名，并制定“三定”规定。会同区司法局在区交通局、农业农村局、市场监管综合行政执法大队开展改革履职情况调研，重点围绕编制使用效益、执法规范化建设等内容，制定《雨花台区综合行政执法改革履职情况一览表》，设置调研指标十一大类40余项，了解改革过程中的堵点、痛点，并将调研结果作为优化编制资源配置的重要依据。落实省、市行政执法队伍事业编制锁定要求，梳理全区行政执法队伍情况，锁定9家行政执法队伍编制380名，确保执法队伍编制只减不增。

【权力清单动态管理】 2022年，区委编办研究制定《区级行政权力事项认领工作方案》，细化分解事项认领工作。召开权力事项认领工作布置会，进行权力清单管理业务知识培训；制定《行政权力事项认领操作手册》和《行政权力事项审核表格填写说明》，规范事项认领流程；依托江苏省政务服务平台，按照“应领尽领”的原则，组织全区26家部门对认领涉及的34个条线6169项行政权力事项逐条分析认领，结合法律立、改、废及机构改革部门职责变化情况，重点研判无法认领的权力事项，甄别原因；针对权力归属不明确的疑难事项，召开工作协调会，协调解决各类问题，确保梳理比对后的权力清单不漏项、不缺项、不错项。

【教育和卫健系统编制配置】 2022年，区委编办推动教育事业发展，加大中小学教职工编制统筹调剂力度，为新成立的南京市伴山路小学等4所学校调剂编制35名。理顺幼儿园经费拨款方式，将南京市雨花台区普德村幼儿园、南京市春蕾幼儿园经费渠道由自收自支调整为差额拨款。做好中小学校党组织领导的校长负责制领导职数核定工作，落实上级核定标准，核定领导职数40正121副（含党组织书记），并根据办学规模及党组织建设情况动态调整。根据教师需求实际，核定2022年教师招聘计划195人。印发《雨花台区教师调动与教师引进暂行办法》，规范教师流动与教师引进流程。完成中小学教职工编制达国标工作，制定《关于中小学教职工编制达国标及区级空编冻结方案》，冻结区级编制及空编85名，申请使用市级周转编制281名。坚持编制资源向卫生领域倾斜，保障新冠肺炎疫情防控相关工作。核增区妇保所事业编制3名，加强妇幼保健工作。围绕卫健系统招人难、用人难等问题，会同区卫健委完善管理体制、缓解编制瓶颈、实施有效监管，通过优化机构设置、盘活编制资源，强化体制保障。根据全区医务人员实际需求，在分析往年招聘计划执行情况的基础上，核定卫健系统2022年招聘计划100人。

【幼儿园教师备案制管理模式探索】 2022年，为破解全区幼儿园教师编制紧缺难题，促进学前教育事业健康发展，区委编办探索幼儿园教师备案制管理模式。通过数据分析、实地调研、学习交流等方式了解全区35家公办幼儿园教职工使用情况；会同区教育局、财政局、人社局系统研究备案制管理实施中的员额核定、岗位设置、经费保障及现有幼儿园编外教师与备案制衔接等问题，论证备案制管理的必要性和可行性；开展风险评估，探索适合全区的编制备案制管理路径，制定备案制员额核定方案及《南京市雨花台区幼儿园备案制教师管理办法（试行）》。

【事业单位登记管理和服务】 2022年，区委编办做好事业单位日常设立、变更、注销登记及统一社会信用代码申领、变更工作。推进事业单位法人异常名录清理，建立“监管抓总、主管督促、单位落实”的清理机制，逐一指导注销过程中的痛点堵点，规范事业单位日常管理。开展事业单位年度报告改革试点工作，印发《南京市雨花台区事业单位年度报告制度改革试点工作方案》，相关经验做法被机关赋码和事业单位登记管理网登载。开展事业单位信用等级评价工作，2021年度全区事业单位信用等级评价均为A。加强事前事中事后监管，在全区首次开展事业单位登记管理工作提醒，梳理相关注意事项，以服务促监管，做好2022年“双随机、一公开”抽查及迎查准备。落实江苏省赋码及事业单位登记管理系统上线运行工作，开展2021年事业单位年度报告工作并公示结果。全年，办理事业单位设立登记6家、变更20家，统一社会信用代码申领2家、变更11家。 （张师嘉）

·机关党建·

【概　况】2022年，区委区级机关工委有党委、（总）支部136个（其中机关党委2个、党总支6个），机关在职和离退休党员2007人。邀请省委网信办机关党（工）委与中国（南京）软件谷软件产业党委、雨花经济开发区党（工）委、区级机关工委开展“四方共建”，助力雨花台区主导产业发展。邀请5家省级机关党员先锋队到区开展“惠企先锋行”组团服务。在区级机关各基层党组织中开展“我们的奋斗者”推选活动，选树44名在奋力开创“强富美高”新雨花现代化建设新局面中围绕中心、建设队伍、服务群众的“领头雁”“追梦人”。利用“来　学习吧”小程序开展“一月一答题”活动。每月围绕习近平新时代中国特色社会主义思想的学习与运用、时事热点、党史教育、法制宣传等内容准备题库，组织机关党员干部答题学习。结合“三八”国际妇女节，开展“榜样互学习　巾帼绽芳华”三八国际劳动妇女节主题活动。观看雨花英烈周子昆女儿周民的专题访谈和“全国三八红旗手”、雨花台区西善桥派出所教导员崔圣菊的真实事迹。做好年度区级机关党员冬训工作，组织机关党员干部参加“冬训优秀主讲人”评选活动，推荐11家单位、19个作品参加评选，其中2个作品获二等奖、2个作品获三等奖、4个作品获优秀奖。组织机关党员干部观看红色话剧《长明》《红高粱家族》及《代号1921》。

年内，区委区级机关工委获全国第三届党建创新成果展示交流活动“十佳”案例银奖；获第一届“新时代全国机关基层党建新成就”“十佳作品入围奖”；获评江苏省“模范机关建设优秀案例”；被省委省级机关工委评为2021年度机关党建信息工作优秀单位；被市委市级机关工委评为2021年南京新风杂志宣传报道工作先进单位；被南京市无偿献血工作联席会议评为2021年度南京市无偿献血促进奖单位。

【“英雄支部”建设】2022年，区委区级机关工委围绕“夯实基层基础，建设模范机关”主题，落实《雨花台区级机关基层党组织“争先进位　评星晋级”考核评创工作实施意见（试行）》，巩固提升“英雄支部”创建工作。推选区纪委区监委机关支部委员会、区委政法委支部委员会、区财政局支部委员会、区人力资源和社会保障局机关支部委员会、区农业农村局机关支部委员会、区地方金融监督管理局支部委员会、区人民检察院第一支部委员会及区税务局第四支部委员会等8个基层党组织为南京市2021年度先进党支部。召开机关党组织组织委员专题培训会，开展“共学攻坚行动”工作交流，督促52个区级机关部门负责人及时跟踪推进部门创新项目。举行“致敬雨花英烈　奋进雨花有我”沉浸式党课暨“信仰之光照亮奋斗之路”攻坚实践活动启动仪式。联合区委组织部下发《关于做好区、谷机关单位党员干部下沉社区参与疫情防控相关工作的通知》，52个区级机关部门建立常态化挂钩联系社区制度。新冠肺炎疫情防控期间，安排机关党员干部全覆盖下沉社区参与疫情防控工作，社区报到人数1.5万人次。

【作风建设】2022年，区委区级机关工委召开区级层面“深化作风建设，优化营商环境”动员大会。制定下发2022年度机关作风建设工作意见，明确机关作风建设年度工作重点。定期帮带全区机关作风建设相对薄弱单位。围绕市作风建设领导小组办公室反馈的群众对全区机关作风建设提出的73条意见建议，开展机关作风建设“回头看”专项监督，对群众反馈意见建议逐条对账销号，确保整改工作落到实处。会同区行政审批局、税务局、住建局、交通局等相关进驻区政务服务中心窗口单位，召开专项工作推进会议，制定整改任务分解清单，优化服务流程，提高服务质量。邀请市作风办、市委巡察组、市作风监督员现场调研参观全区重要政务服务窗口、“组团”服务企业活动现场等，提升全区作风建设工作知晓度。推动区级机关部门与挂钩社区常态化沟通联系，召开结对共建工作推进会，深入社区实地帮建工作。

【群团建设】 2022年，区委区级机关工委组织机关各分工会集中换届，按照会员人数区分工会委员会换届和工会主席直选。组织区级机关跳绳比赛，来自44个部门的205名机关干部和24个团队参加比赛，7个团队和61名个人获奖。组织并参与区首届机关足球比赛，通过筛选，组建球队2支，聘请专业足球运动员担任教练。利用午休时间组织“‘机’动人心”手机摄影培训班，吸引90余名机关党员干部参加，并向全体机关党员干部征集手机摄影作品近200幅，在庆祝中国共产党成立101周年活动当天，组织“喜迎历史盛会二十大　记录展示奋进新雨花”手机摄影图片展。举办“奋‘泳’拼搏”游泳培训班2期，培训机关干部75人。针对新冠肺炎疫情防控期间涌现的抗疫先锋、感人事迹，评选出区级三八红旗手3人、区级最美家庭2户、区级巾帼岗位明星1人。

【“组团”服务】 1月14日，区委区级机关工委邀请省委网信办机关党（工）委与中国（南京）软件谷软件产业党委、雨花经济开发区党（工）委、区委区级机关工委开展“四方共建”，以“四共四促”为主要内容，发挥党建引领作用，共同助力区主导产业发展。3月4日，邀请省委网信办机关党委、省科技厅高新技术创业服务中心火炬计划管理与科技企业服务部第三党支部、省交通运输厅运输管理局党支部、省卫健委规划信息党支部、省市场监管局广告监管处党支部5家省级机关部门党组织“组团”到区，与中国（南京）软件谷软件产业党委结对共建，开展省级机关“惠企先锋行”活动，实现由“点对点”共建到“点对面”共建的提档升级。8月10日，区、中国（南京）软件谷30个机

1月14日，区级机关工委邀请省委网信办机关党（工）委与中国（南京）软件谷软件产业党委、雨花经济开发区党（工）委、区级机关工委开展“四方共建”

（区级机关工委　供图）

关部门为中国（南京）软件谷企业准备40余个服务项目，通过现场摆摊设点方式，开展政策咨询、业务办理及发展需求反馈等服务，150余家企业接收“点对点、面对面”服务。

【“共学攻坚”行动】 4月15日—5月31日，区委区级机关工委会同区委研究室、区委党建办，开展“共学攻坚”行动。由区委召开“共学攻坚”行动部署会，明确区委副书记和区委组织部部长共同领导，确保“一社区一案例”推进，实现57个区级机关部门与64个基层社区全覆盖无缝对接。邀请市级机关工委指导组深入社区现场指导，剖析当前社区治理中的难点、痛点、堵点，汇报“一社区一案例”的拟解题方案项目，推进“一社区一案例”走深、走实。安排57个机关党组织负责人分4批、32次到街道、社区，就如何“靶向基层、向下扎根、赋能基层”进行优化案例选题、实地调研和案例分析。行动期间，30余个省市机关部门、57个区级机关部门到街道、社区调研130余次，案例破题惠及群众1.2万人；形成街道层面案例9个、社区层面案例192个，明确重点案例街道层面8个、社区层面69个。年内，“红桥骑手”打通多元共治“最后一公里”、社区“微花园”探索老旧小区治理新路径等8个案例入选市首批60个“一社区一案例”重点培育项目名单。（王淑君）

【“致敬雨花英烈　奋进雨花有我”沉浸式党课暨“信仰之光照亮奋斗之路”攻坚实践活动启动仪式】 9月28日，“致敬雨花英烈　奋进雨花有我”沉浸式党课暨“信仰之光照亮奋斗之路”攻坚实践活动启动仪式在雨花台烈士陵园举行。活动现场，全区26位党（工）委书记分别展示区域党建“南京南站党建联盟360”、非公党建“雨花红谷”、商圈党建雨花“中心荟”、机关党建“英雄支部”、社会组织党建“红色导航”等品牌内核；雨花台烈士陵园分别向各街道（园区）、区级机关共10家党（工）委，授予雨花英烈事迹及精神实训站点旗帜。（雨　鉴）

·老干部工作·

【概　况】 2022年，中共南京市雨花台区委老干部局（以下简称区委老干部局）在开展“六有一提升”（有党的组织、有领导班子、有工作制度、有组织活动、有作用发挥、有工作保障，提升党组织的组织力）、“银发生辉””（引导广大离退休干部发挥独特优势，为党和人民的事业增添正能量）、“三有一落实”（有一条就医绿色通道、有一名家庭签约医生、有一套自付医疗费补助办法，落实好离休干部提高享受医疗待遇相关政策规定）、“素质提升”四项工程基础上，实施“六好”离退休干部示范党支部建设行动。至年末，雨花台区有机关、街道（园区）、社区单建离退休干部党支部53个，与在职党员合建党支部单设党小组106个。有离休干部和四套班子退休领导65人，其中离休干部24人（含异地安置3人），区四套班子退休领导41人。在离休干部中，参加抗日战争的4人，参加解放战争的20人，享受地市级两项和副省级医疗待遇1人，享受地市级两项和副省级标准报销医疗费待遇3人；2022年去世3人。年内，区委老干部局被省委老干部局、省委离退休干部工作委员会评为“全省老干部工作先进集体”；古雄街道大方社区被省委老干部局、省委离退休干部工作委员会评为“全省离退休干部‘六好’示范党支部”；雨花街道花神庙社区退休干部党支部被市委老干部局、市委离退休干部工作委员会评为全市示范支部。

【党组织建设】 2022年，区委老干部局深化“六有一提升”工程建设。批准成立区老年大学临时党支部；指导梅清苑社区建立“红船领航”党支部；设立花神庙社区“一方隶属，多重管理”退休干部党支部示范点；协助区税务局成立“雨税夕阳红”老党员工作室；举办全区离退休干部党支部书记培训班；印发《关于开展“六好”离退休干部党支部示范创建活动的实施方案》，开展示范创建活动。开展“迎接二十大、学习二十大、当好新征程银发先锋”主题党日活动。上报“赓续四十载荣光 走好新赶考之路”宣传项目“雨花少年法学院”和创新项目“优化‘五化五新’工作法，推进党建工作增实效”。

【政治待遇落实】 2022年，区委老干部局落实离退休干部听报告、阅文读报、参加重要会议和重大活动、情况通报会、走访慰问等制度。组织离退休干部党员观看网上专题报告会22场、中共二十大精神宣讲5场；为老干部订阅《银潮》《南京日报》《离退休干部党支部学习参考》及活动阅览室报刊杂志298份；组织老干部列席区“两会”、参加省委组织的中共二十大宣讲电视电话会议、参加区情通报会；开展为老干部“整岁生日送祝福、暑期高温送清凉、重阳中秋送关爱、新春佳节送祝福”慰问活动。

【生活待遇落实】 2022年，区委老干部局调研全区7家卫生服务中心的“三有一落实”工作。帮助全区20名离退休干部完成生活辅助设施、家庭紧急救助、基础设施改造三大类146项内容的家庭适老化改造。依托南京市居家养老服务管理系统，为全区离退休干部提供“助洁、助急、助餐、助聊”等6大项19小项点单式居家养老服务。开展家庭医生签约服务、居家养老服务、适老化改造工作1500人次。组织老干部健康体检，召开健康咨询会，更新健康档案信息并反馈给家庭医生。开展离退休干部生活待遇专项检查，做好离退休干部生活补贴增发工作。组织全区老干部工作联络员进行信息化平台和离休干部精准化服务培训。采取走访、电话联系、就医陪护等方式，掌握离退休干部身体、生活和家庭情况，完善离退休干部档案。

【“紫金银辉”作用发挥】 2022年，区委老

7月19日，“紫金银辉”志愿服务队“雨花英烈精神”讲解员在雨花台烈士纪念馆进行“讲英烈故事 传红色基因”主题宣讲 （区委老干部局 供图）

干部局依托“紫金银辉”作用发挥平台，在全区开展“银发生辉、银龄行动”，引导全区离退休干部参与“五进五助力”志愿服务602场次，服务群众3.2万人次。组织“紫金银辉”志愿服务队“雨花英烈精神”讲解员在雨花台烈士纪念馆开展“讲英烈故事 传红色基因”主题宣讲；围绕“老少心向党 喜迎二十大”主题，采用“‘三个一’（讲一个故事、明白一个道理、记住一句格言）暑期百场故事会”形式，开展党史、新中国史、改革开放史、社会主义发展史宣讲教育；组织“心连心文化宣送队”赴街道社区开展书法绘画、歌咏比赛、广场舞蹈、红歌教唱等文化活动。（井旭进）

·党校教育·

【概　况】2022年，区委党校下设职能科室5个，新招录教师1人，在岗教职工17人。全年承担省市机关、区部门、驻区重点企业和兄弟市县培训班次及保障107期，受训人数20276人，其中主体班次11期；开展基层理论宣讲67场次。年内，教师孙丽莎被市委宣传部评为全市基层理论宣讲先进个人、被区妇联评为“巾帼岗位明星”；谢军等3人入选“区八五普法讲师团”成员，刘立龙等4人入选区委宣讲团成员；区委党校被省水利厅评为江苏省节水型单位。

表8　2022年雨花台区委党校主体班次情况一览表

序号	时　间	班　　次	人数（人）	学制（天）
1	3月9—10日	2021—2022年度雨花台区商务系统党员冬训	43	2
2	4月11—16日	雨花台区2022年第一期发展对象培训班	131	6
3	5月17—19日	雨花台区政协委员履职能力提升培训班	15	3
4	6月20—21日	2022年度全区政法系统中层干警政治轮训班	41	2
5	6月28—30日	南京市城管局党务干部培训班	45	3
6	7月13—15日	古雄街道90后年轻干部培训班	34	3
7	7月20日	2022年领导干部安全生产专题培训班	64	1
8	7月28—29日	古雄街道90后年轻干部培训班（第二批）	33	2
9	8月25—26日	雨花台区教师发展中心思政教师培训班	115	2
10	11月22—24日	雨花台区2022年行政事业单位新招录人员入职培训班	73	3
11	11月23—25日	2022年度雨花台区社区党组织书记专题培训班	63	3

（张　曦）

【教育培训】2022年，区委党校结合全区改革创新项目和书记项目，编写《区委党校教学案例汇编》教材2本；开发“从初心和使命看‘雨花英烈’的革命精神”等专题课6门、“何以选择：从‘帝制祸首’到共产党员”等校本微课8门，其中“何以选择：从‘帝制祸首’到共产党员”“丁香花开”分获区“‘雨理同行’我是冬训主讲人”二等奖、优秀奖；联合区委组织部打造“忆往昔峥嵘岁月”“看今朝沧桑巨变”“展未来百舸争流”3大主题和重温红色印记之雨花台烈士陵园、重温艰苦创业之梅钢工业旅游区、加强基层治理之雨花街道翠竹园社区、加强生态治理之三山矶生态景观、数字经济之软件谷软件产业博览馆、两新集群之南京南站区域党建联盟360党群服务中心6条精品研学路线。制定《办学质量评估实施方案》,从坚持“党校姓党”根本原则、党校设置和领导体制、教学工作等十大类54个方面存在问题进行梳理,集体会商自评中发现的问题,完善相关规章制度6项,起草完成《办学质量评估自评报告》和评估佐证材料。制定《青年教师培养方案》,聘请省委党校、市委党校陈蔚、李立峰等名师进行“一对一”指导帮带,强化2名省委党校、市委党校系统“三个一批”人才培养对象教学科研能力的培养;指定本校骨干教师为新入职不满5年的青年教师的导师,发挥“传帮带”作用,提升青年教师独立开展教育培训、课题研究、撰写学术论文能力。

【科研调研】 2022年,区委党校承担研究课题24项,其中省委党校课题3项、省社科联课题1项、市委党校课题3项、与雨花街道等开展课题协作项目17项。《谋将来永远幸福》《软件谷专属网格治理实践与探索》《雨花英烈精神的生成逻辑:现实性、可能性和必然性》《新时代基层党组织发扬自我革命精神的四重维度》《“青研”微调研助力雨花基层治理现代化》《党的七大对当前纪律建设的贡献与启示》《支部建进小区的理论逻辑》7项研究成果在《学习时报》《金陵瞭望》等刊物发表,其中《新时代基层党组织弘扬自我革命精神的路径探析——以南京市雨花台区为例》入选第十一届江苏党的建设高层论坛,《社会主义核心价值观基层践行的渐进性思考——以南京市雨花台区为例》获省委党校中共二十大精神专项课题立项,《以人民为中心的高质量网格化治理——以南京市雨花台区孙家社区为例》入选市委党校《高质量发展教学案例选编》,《社区全要素智慧网格治理的路径探析》在《南京政法》发表;经验文章《感悟新思想,开启新征程》在《江苏党校报》校长论坛发表;《马家店社区“青年力量参与基层治理”》入选南京市“一社区一案例”重点培养项目;《以基层党组织“四力”建设引领社区治理现代化的实践路径研究》《用好红色资源 传承红色基因》分获南京市思想政治工作研究成果一等奖、优秀奖,《高质量网格化社区治理路径探析——以板桥街道孙家社区全要素智慧网格探索为例》获“雨花台区改革创新十佳优秀案例”;在《雨花内参》《雨花微调研》发表科研咨政成果《软件谷专属网格治理实践与探索》和《常态化疫情防控下社区“微治理”守护“大平安”的实践与思考》,并获市领导肯定。

【重大活动保障】 2022年,区委党校完成国家公祭日保障、迎接中组部考核雨花台干部学院、中国软件创新盛典暨第十一届“中国软件杯”大学生软件设计大赛颁奖典礼等国家级活动服务保障工作;为2022年全省新任职县(市、区)团委班子成员暨基层团干部培训、省直单位老干部工作人员业务拓展培训等省级部门培训提供保障服务;为市委专题研究部署迎接省委组织部、省委党校办学质量评估工作会议、南京市党建学会学习贯彻中共二十大精神座谈会、市公安局2022年度政工干部能力素质提升培训班、2022年南京市国防教育骨干暨中小学校长国防教育专题培训班等市级部门活动提供服务保障；完成区十九届人大一次会议和区政协十届一次会议、雨花台区庆祝中国共产党成立101周年暨基层党建工作推进会、区领导干部安全生产专题培训、首届“雨花台区最美退役军人”发布暨事迹宣讲会、区团代会、区残联、区总工会换届大会等区内重大活动服务保障工作。（张　曦）

【“共学攻坚”主题党日活动暨“强国复兴有我”社校企联合宣讲活动】 7月12日，“共学攻坚”主题党日活动暨“强国复兴有我”社校企联合宣讲活动在区委党校举办。活动由区委党校党支部、铁心桥街道马家店社区党总支联合主办。来自社区、党校、驻地企事业单位、社会组织的6名宣讲员，分别围绕“理想信仰”“党性作风”等作主题宣讲。其中，江苏电无忧电气技术服务有限公司刘梦婷从身边党员事迹中分享“成功不在于先天因素，而在于自身对工作的热爱和执着”的感悟；铁心桥社区卫生服务中心樊园园立足自身岗位，讲述行医、抗击新冠肺炎疫情过程中的所思、所想、所感；南京市雨花台区爱之光公益发展中心代贤伟分享青年奋斗心得；中国建筑一局(集团)有限公司江苏分公司郑美琪讲述公司党风廉政建设的实践路径；区委党校杨文君讲述丁香壮烈而凄美的故事；铁心桥街道马家店社区胡兵通过马家店社区发展变迁，号召广大青年立大志、明大德、成大才、担大任。（雨　鉴）

·党史工作·

【概　况】 2022年，中共南京市雨花台区委党史工作办公室（以下简称区委党史工办）推进《中国共产党南京市雨花台区地方史简记（1949—2021年）》出版相关工作。承办《南京党史》2022年第4期组稿、编辑工作。先后赴铁心桥街道、区住建局、区城管局、定坊社区、永盛社区等单位讲授“从‘花的海洋’到‘软件的世界’——雨花软件发展简史”专题党课10余场次。将梅钢厂史陈列馆暨钢铁博物馆群落作为全省第四批党史学习教育候选基地上报省委党史工办，将华兴村侨史陈列馆和梅钢厂史陈列馆暨钢铁博物馆群落作为南京市第六批党史学习教育候选基地上报市委党史工办，并通过市委党史工办对全区申报党史学习教育基地的现场核查。完成短视频《红色雨花——共青团路建设侧记》拍摄。完成《关于近郊红色文化遗址保护利用路径研究——以南京市雨花台区为例》专题研究报告。在古雄、新河、殷富、永盛4个社区成立社区党史讲习所。联合南京日报社、中国银行南京分行和古雄街道，在全市党史系统中率先开展基层社区中共二十大精神宣讲、知识竞答、文艺会演活动，相关活动被《南京日报》和“学习强国”江苏学习平台报道。

【《中国共产党南京市雨花台区地方史简记（1949—2021年）》】 2022年12月，《中国共产党南京市雨花台区地方史简记（1949—2021）》出版发行。该书从不同侧面展现1949—2021年间中国共产党领导雨花台区人民进行革命、建设、改革开放和率先基本实现现代化的光辉历程。全书分为建立雨花新政权、探索雨花新道路、开创雨花新局面、奋进雨花新时代四章，共23节，约8万字。由区委党史工办牵头组织编写。

【党史宣传教育】 2022年，区委党史工办先后赴铁心桥街道、区住建局、区城管局、定坊社区、永盛社区等单位讲授《从“花的海洋”到“软件的世界”——雨花软件发展简史》专题党课10余场次。区委党史工办主任陈明太参加新华书店“书香南京下午茶——王挺工作室”访谈节目，与读者互动交流，讲述雨花台区软件产业发展背后的感人故事。联合板桥街道等单位举办“奋进新征程　共圆红桥梦——‘强国复兴有我’主题宣传教育暨第二届‘一矶一会’”群众文化法治宣教活动。

【党史资政研究】 2022年，区委党史办完成《关于近郊红色文化遗址保护利用路径研究——以南京市雨花台区为例》专题调研报告撰写，全文约1.2万字，作为研讨材料参加南京市党组织成立100周年学术研讨会。协办《南京党史》2022年第4期的组稿、编辑工作，其中雨花党史专刊部分分为“贯彻全市党史工作会议精神”“红色雨花”“极美雨花”三栏，栏目内含《走进红色梅钢　传承革命精神》《全面落实党史工作规划　推动党史工作高质量发展》《看雨花十年“华丽蜕变”》等9篇文章。创作并出版长篇报告文学《软件之路》，全书31万字，获全省党史优秀著作类三等奖和第五届江苏省报告文学奖。创作短篇报告文学《向数字“高峰”迈进——软件谷创建中国软件名园纪实》，全文1.8万字，被省委宣传部编入《向未来报告》大型报告文学集。撰写的《雨花发展研究报告》获南京市第十六次哲学社会科学优秀成果三等奖。

【《红色雨花——共青团路建设侧记》】 10月，区委党史工办完成《红色雨花——共青团路建设侧记》视频拍摄。视频时长约5分钟，主要介绍共青团路修筑的历史背景、主要过程和时代意义。（江　昕）

·关心下一代工作·

【概　况】 2022年，南京市雨花台区关心下一代工作委员会（以下简称区关工委）以“党建带关建”机制为保障，做好政治建设、主题教育、法制教育、校外辅导站建设、“网上关工委”建设、媒体宣传等工作。围绕“老少心向党　喜迎二十大”主题开展宣讲活动。围绕“党的光辉照我心　童心喜迎二十大”主题开展征文、给烈士写信、祭英烈及“穿越时空的对话”“国旗下的演讲”等活动。开展第四届“关爱明天　普法先行”——青少年普法教育活动。至年末，8个街道（园区）设有关工委组织机构、63个社区设有关工站；区委政法委、区教育局、公安局雨花台分局、区法院、区检察院、区市场监管局设有系统关工委，其中公安局雨花台分局下设派出所关工站9个、禁毒关工站1个。设有民营关工委12家。全区有从事关心下一代工作的“五老”志愿者895人。年内，区关工委表演的情景故事剧《再读〈红岩〉接续奋斗》获市关工委系统老少同台展演二等奖；梅山街道梅清苑校外辅导站科技创客志愿服务入选长三角科技志愿服务联盟公布的“2022年度长三角优秀科技志愿服务”项目名单。

【主题教育系列活动】 2022年，区关工委按照“线上线下两线并行、区街社三级共推”的工作方法，累计开展主题教育活动815场次，受益学生17.4万人次。其中赛虹桥街道关工委举办“喜迎党的二十大　强国复兴有我”演讲活动，梅山街道关工委举办“喜迎二十大　书香进万家”“扣好人生第一粒扣子——疫情期间儿童心理健康教育”“‘船’递红色梦想　争做时代新人”等主题活动,雨花街道关工委举办“诵英烈诗词　做强国少年”“传承红色基因　勇担时代重任”“八一心向党　强国我担当”等演讲活动。围绕“党的光辉照我心　童心喜迎二十大”主题开展征文、给烈士写信、祭英烈及“穿越时空的对话”“国旗下的演讲”等活动。依托市“党史国史教育基地”网络地图,组织“五老”志愿者带领青少年开展“请党放心　强国有我”线下走进雨花台烈士陵园、寻访雨花文化古脉等活动。在全区青少年中开展“每周一本小人书”荐读活动,推送伟人传记200本。联合区文明办、教育局、文旅局等部门,在全区青少年中开展“为中华崛起而读书——在‘世界文学之都’中徜徉　在缤纷雨花中品味书香”主题活动,开展线上推荐图书、视频推送投票评优及线下“迎二十大　说访思悟”“走读雨花名胜　感受雨花魅力”“展千载雨花　传万世经典”古诗文展演暨“读雨花　颂发展　老少喜迎二十大”会演、主题征文评优编册等系列活动,其中通过线上视频推送投票评优活动中,入围网络投票作品28件,阅读量40867人次,参与投票人数16739人,投票25391张。开设线上“文都印象”——《书香沁雨花》《走读雨花》2个栏目6期,征集主题征文280篇,获奖作品81篇。联合区文旅局开展“文博之夏”线上浏览、线下参观教育基地活动27场次。各街道(园区)关工委打造品牌阅读活动,其中开发区关工委打造“国学六个一”教育品牌,板桥街道关工委构建“小小梦想家　遨游蓝天梦”科技小阵地,雨花街道关工委构建“种下一个梦想　收获一抹绿色”主题教育实践品牌,赛虹桥街道关工委打造“书香赛虹——老少同绘华夏春　携手一起向未来”品牌。

【少年法学院建设】 2022年,区关工委坚持“德法同行”,完善少年法学院管理和运行机制。联合区政法系统关工委召开“少年法学院教学工作会议”,参加培训人员40人。出台《2022年少年法学院法治教学纲要》《2022年少年法学院课堂教学课程表》《2022年少年法学院视频教学课程表》。为“五老育人法律服务中心”筹集青少年法治宣传经费5万元,用于聘请专家、视频制作、课程奖励。开展网吧义务监督。通过“2022年度助学计划”“筑梦未来　爱心助学”“冰凌花”助学等活动,助学人数234人。

7月23日,雨花外国语小学南站校区开展“寻访曲奶奶　聆听雷锋故事”活动
（区关工委　供图）

【校外辅导站建设】 2022年,区关工委落实“一街一品牌”“一站一特色”工作要求,形成“红色主打、科技布阵、特色鲜明”的校外教育辅导站总体布局。全年开

展活动756次,受众学生8.3万人次。将5月份固定为全区校外教育辅导站内涵建设“提升月”,培训各级关工委秘书长68人。组织“特色站”评选工作,给予9个辅导站每站2万元的建设扶持资金。组织“逐梦未来 强国有我”第14届中小学生科技创新作品竞赛活动和第8届“放飞科技梦 一起向未来”电子报竞赛活动,开展“走进科技馆 放飞科技梦”市第七届城区中小学生科技夏令营活动,参与“四个一”(一件科技小发明、小制作;一篇小科技论文;一篇科技读物读后感;一副科幻绘画)活动作品1068幅。至年末,累计建成省级先进校外教育辅导站1个、区级品控辅导站16个,全区21个辅导站形成科技项目稳固、组织活动经常、辅导队伍稳定的科技特色。

【思想道德讲师团】 2022年,雨花台区关心下一代思想道德讲师团成员开展宣讲125场次,制作课件及微课视频20篇。编印《2022年暑期百场故事会》250本;邀请市思想道德教育讲师团成员班海滨为雨花台中学高中学生作《气与钢的较量——为革命英雄主义精神点赞》抗美援朝精神宣讲;邀请区关心下一代思想道德讲师团成员王文斌作纪念中国共产主义青年团成立100周年、弘扬“五四”精神的党课宣讲。至年末,全区有关心下一代思想道德讲师团28人、街道(园区)讲师团成员79人。

【“网上关工委”建设】 2022年,区关工委修订《雨花台区关心下一代工作宣传报道工作奖励办法》,宣传“五老”典型人物事迹、全区喜迎二十大及关心下一代主题活动情况,鼓励向省、市网刊投稿。全年向省“少年网”投稿36篇,采用22篇;向市“金金网”投稿1030篇,采用894篇;向“南京市关工委”微信公众号投稿75篇,采用65篇;在“雨花台区关工委”公众号发布稿件459篇。 (井旭进)

南京市雨花台区人民代表大会

·概 述·

【概 况】 2022年,雨花台区人民代表大会及其常务委员会召开常委会会议7次、主任会议11次,听取和审议“一府一委两院”相关工作报告30项,开展执法检查1次,作出决议决定10项,形成审议意见书14份,依法任免国家机关工作人员40人次。协助区委召开人大工作会议,出台《中共雨花台区委员会关于加强和改进新时代人大工作的实施意见》。响应区委号召,组织人大机关干部73人次参与社区新冠肺炎疫情值守、协助核酸检测、电话流调、健康码转码工作。出台《雨花台区人大常委会关于加强国有资产管理情况监督的决定》《雨花台区人大常委会关于政府投资项目监督办法(试行)》。围绕年度重点议题和群众关心热点,组织人员深入一线开展调研,形成调研报告16篇。围绕民生实事重点项目推进、长江大保护、代表履职风采等开展专题宣传,83篇稿件被《人民代表报》《人民与权力》《金陵瞭望》《南京人大》等国家和省、市级媒体采用,在人大“一网双微”和“雨花人大”App等平台发布区、街道(园区)人大工作信息862篇,编发《雨花人大》会刊6期。

年内,撰写的《统筹融合一体协同促进区域数字经济加快发展的对策研究——以南京市雨花台区“建设数字城”的探索实践为例》获全省人大优秀调研成果三等奖。

【区第十九届人大一次会议】 1月5—7日，雨花台区第十九届人民代表大会第一次会议在区委党校会议中心举行。大会听取和审议区政府工作报告；审查和批准2021年国民经济和社会发展计划执行情况与2022年国民经济和社会发展计划（草案）的报告，批准2022年国民经济和社会发展计划；审查和批准2021年财政预算执行情况和2022年财政预算（草案）的报告，批准2022年财政预算；听取和审议区人大常委会、区法院和区检察院工作报告；票决2022年度重点民生实事项目；选举产生区第十九届人大常委会主任、副主任、委员，区政府区长、副区长，区监察委员会主任，区法院院长，区检察院检察长；通过区第十九届人民代表大会各专门委员会主任委员、副主任委员、委员人选名单。

表9　2022年雨花台区第十九届人大常委会会议一览表

会议期次	时　间	主要议题
第1次	2月18日	审议人事任免案；研究有关辞职事项
第2次	3月29日	听取和审议区政府关于2021年环境状况和环境保护目标完成情况的报告；审议人事任免案
第3次	5月31日	传达学习省委人大工作会议精神；听取和审议区法院关于审判辅助人员队伍建设情况的报告；听取和审议区检察院关于虚假诉讼检察工作情况的报告；听取和审议《中华人民共和国长江保护法》执法检查情况的报告；审议区人大常委会关于加强国有资产管理情况监督的决定（草案）；组织部分驻区市人大代表向区人大常委会报告履职情况；审议人事任免案
第4次	7月28日	听取和审议区政府关于2022年上半年工作情况的报告；审议区政府关于2022年国民经济和社会发展计划上半年执行情况的报告；审查和批准区2022年国民经济和社会发展计划部分调整方案（草案）；审议区政府关于2022年财政预算上半年执行情况的报告；审查和批准区政府2022年省转贷新增地方债券安排及预算调整方案（草案）和2022年地方债券限额（草案）；听取和审议区政府关于2021年财政预算执行和其他财政收支情况的审计工作报告；审查和批准区2021年财政决算（草案）；听取和审议行政事业性国有资产和软件谷发展公司资产运行管理情况的报告；审查和批准区人大常委会关于加强国有资产管理情况监督的决定（草案）
第5次	9月28日	听取和审议区政府关于代表建议办理工作情况的报告；听取和审议区政府关于人居环境整治工作情况的报告；听取和审议区政府关于“及时雨”政策直达和财政专项资金直达平台建设及使用成效情况的报告；听取和审议政府财政专项资金（民生类）使用绩效情况报告并开展专题询问
第6次	11月29日	审查和批准区政府2022年国民经济和社会发展计划调整方案（草案）；审查和批准区政府2022年财政预算调整方案（草案）；听取和审议区政府关于审计问题整改情况的报告；听取和审议区监察委员会关于开展民生领域专项监督工作情况的报告；听取和审议区政府关于新冠肺炎疫情防控和《中华人民共和国传染病防治法》实施情况报告审议意见书落实情况的报告，并进行满意度测评；审议和通过关于召开区第十九届人民代表大会第二次会议的决定；审议和通过《雨花台区人民代表大会常务委员会议事规则》（修订草案）；审议和通过《区人大常委会关于加强政府投资项目监督实施办法》；审议和通过《雨花台区人民代表大会常务委员会人事任免实施办法》（修订草案）；审议人事任免案

续表9

会议期次	时　间	主要议题
第7次	12月27日	初审区政府关于2022年国民经济和社会发展计划完成情况及2023年目标编制情况的报告；初审区政府关于2022年财政预算执行情况及2023年预算（草案）编制情况的报告；听取和审议区政府关于2022年全区重点民生实事项目办理情况和2023年重点民生实事候选项目情况的报告并开展满意度测评；讨论区人大常委会工作报告（草案）；听取区第十九届人民代表大会第二次会议筹备工作情况的报告；听取全区规范性文件备案审查情况的报告；研究有关区人大代表辞职相关事项；审议关于个别代表的代表资格的报告；讨论区第十九届人民代表大会第二次会议各项建议名单

（江　峰）

表10　2022年雨花台区第十九届人大常委会主任会议一览表

会议期次	时　间	主要议题
第1次	2月18日	讨论研究区人大常委会2022年度工作要点；讨论研究2022年街道、开发区人大工作例会议题安排；初审人事任免案和有关辞职事项
第2次	3月29日	听取区政府关于完善公共文化服务体系、深化实施全民健身战略落实情况的报告；研究制订关于开展《中华人民共和国长江保护法》执法检查的方案；研究确定2022年区人大常委会领导重点督办代表建议条目；研究制订区人大常委会街道（开发区）2022年度人大工作考核办法；初审人事任免案
第3次	4月27日	听取区政府关于贯彻执行《中华人民共和国长江保护法》情况的报告；听取关于调整《南京市红色文化资源保护和利用条例》执法检查工作安排情况的报告；视察三桥湿地公园和雨花台区长江禁渔联动执法中心
第4次	5月30日	传达学习省委人大工作会议精神；听取区政府关于雨花智慧岸线助力长江十年禁渔工作情况的报告；初审区人大常委会关于加强国有资产管理情况监督的决定；初审人事任免案；视察区法院安全保卫工作和观摩司法警察实战演练
第5次	6月27日	视察《中华人民共和国残疾人权益保障法》《江苏省残疾人权益保障条例》实施情况和区文化设施建设情况；听取区政府关于红色文化资源保护开发和利用情况的工作报告
第6次	7月26日	初审区政府关于2022年国民经济和社会发展计划上半年执行情况的报告；初审区政府关于2022年财政预算上半年执行情况的报告；初审区政府关于2021年财政预算执行情况和其他财政收支情况的审计工作报告；初审区政府关于2021年财政决算的报告；初审区2022年省转贷新增地方债券安排及区本级预算调整方案（草案）和2022年地方债券限额（草案）
第7次	8月30日	视察全区招商引资工作情况和人居环境整治工作；听取全区招商引资工作报告；听取有关单位关于办理2022年区人大常委会领导重点督办代表建议工作情况的汇报；研究关于区人大常委会任命的国家机关工作人员向区人大常委会报告履职情况的实施方案
第8次	9月27日	视察江苏省红石榴家园创建示范点、全区智慧司法（矫正）中心工作开展情况和公安局雨花台分局反通信网络诈骗工作开展情况；听取区政府关于民族团结进步创建工作情况的报告；初审人事任免案

续表10

会议期次	时　间	主要议题
第9次	10月28日	视察全区重大项目推进情况；听取全区重大项目推进情况报告；听取区政府关于推进安全生产专项整治“三年大灶”行动情况的报告；初审区人大常委会关于加强政府投资项目监督实施办法
第10次	11月28日	初审区政府2022年国民经济和社会发展计划调整方案（草案）；初审区政府2022年财政预算调整方案（草案）；初审区政府关于审计问题整改情况的报告；初审关于召开区第十九届人民代表大会第二次会议的决定（草案）；初审《雨花台区人民代表大会常务委员会议事规则》（修订草案）；研究确定优秀代表建议；初审《雨花台区人民代表大会常务委员会人事任免实施办法》（修订草案）；初审人事任免案
第11次	12月27日	预审区政府关于2022年国民经济和社会发展计划完成情况及2023年目标制定情况的报告；预审区政府关于2022年财政预算执行情况及2023年预算（草案）编制情况的报告；讨论区人大常委会工作报告（草案）；研究区人大代表辞职相关事项

（江　峰）

【民生实事项目】 2022年，区第十九届人大一次会议票决出年度民生实事重点项目10件44项。区人大常委会坚持常态化抓好民生实事票决制工作，对票决选出的民生实事重点项目开展跟踪监督；组织对区政府民生类财政专项资金使用绩效情况开展专题询问，促进民生类专项资金预算精准、及时拨付、足额落实；对2019年以来的40件166项民生实事重点项目进行“回头看”，建立民生实事重点项目成效追踪机制，召开项目回头看工作会议，联合有关部门开展“民生下午茶暨民生工作回头看”活动，组织代表实地视察在建项目，跟踪了解项目后续管理维护情况，督促及时整改存在的问题，实现民生实事项目惠民常态化。

·重要工作·

【视察调研】 2022年，区人大常委会组织各项视察活动并听取相关工作报告，先后视察三桥湿地公园和雨花台区长江禁渔联动执法中心、区法院安全保卫工作和司法警察实战演练情况、《中华人民共和国残疾人权益保障法》《江苏省残疾人权益保障条例》实施情况、区文化设施建设情况、全区招商引资工作情况、人居环境整治工作开展情况、江苏省红石榴家园创建示范点和全区智慧司法（矫正）中心工作开展情况、公安局雨花台分局反通信网络诈骗工作开展情况及全区重大项目推进情况。

【监督工作】 2022年，区人大常委会组织7名区人大代表持“代表证”旁听区法院公开审理的一起房屋租赁纠纷案件；制订关于开展《中华人民共和国长江保护法》执法检查的方案；听取区政府关于贯彻执行《中华人民共和国长江保护法》情况的报告；听取关于调整《南京市红色文化资源保护和利用条例》执法检查工作安排情况的报告；组织西善桥街道18名区人大代表旁听区法院电信网络诈骗案件的公开庭审；听取和审议区法院关于审判辅助人员队伍建设情况的报告、区检察院关于虚假诉讼检察工作情况的报告及《中华人民共和国长江保护法》执法检查情况的报告；视察《中华人民共和国残疾人权益保障法》《江苏省残疾人权益保障条例》实施情况和区文化设施建设情况;视察全区智慧司法(矫正)中心工作开展情况和区公安分局反通信网络诈骗工作开展情况;听取和审议区政府关于新冠肺炎疫情防控和《中华人民共和国传染病防治法》实施情况报告审议意见书落实情况的报告,并进行满意度测评。

表11　2022年雨花台区第十九届人大常委会监督工作情况一览表

时　间	监督内容
3月29日	听取区政府关于完善公共文化服务体系、深化实施全民健身战略落实情况的报告；研究制订关于开展《中华人民共和国长江保护法》执法检查的方案；研究确定2022年区人大常委会领导重点督办代表建议条目；听取和审议区政府关于2021年环境状况和环境保护目标完成情况的报告
4月27日	听取区政府关于贯彻执行《中华人民共和国长江保护法》情况的报告；听取关于调整《南京市红色文化资源保护和利用条例》执法检查工作安排情况的报告；视察三桥湿地公园和雨花台区长江禁渔联动执法中心
5月30日	听取区政府关于雨花智慧岸线助力长江十年禁渔工作情况的报告；视察区法院安全保卫工作和观摩司法警察实战演练
5月31日	听取和审议区法院关于审判辅助人员队伍建设情况的报告；听取和审议区检察院关于虚假诉讼检察工作情况的报告；听取和审议《中华人民共和国长江保护法》执法检查情况的报告；审议区人大常委会关于加强国有资产管理情况监督的决定（草案）；组织部分驻区市人大代表向区人大常委会报告履职情况（书面）
6月27日	视察《中华人民共和国残疾人权益保障法》《江苏省残疾人权益保障条例》实施情况和区文化设施建设情况；听取区政府关于红色文化资源保护开发和利用情况的工作报告
7月28日	听取和审议区政府关于2022年上半年工作情况的报告；审议区政府关于2022年国民经济和社会发展计划上半年执行情况的报告（书面）；审查和批准区2022年国民经济和社会发展计划部分调整方案（草案）；审议区政府关于2022年财政预算上半年执行情况的报告（书面）；审查和批准区政府2022年省转贷新增地方债券安排及预算调整方案（草案）和2022年地方债券限额（草案）；听取和审议区政府关于2021年财政预算执行和其他财政收支情况的审计工作报告；审查和批准区2021年财政决算（草案）；听取和审议行政事业性国有资产和软件谷发展公司资产运行管理情况的报告；审查和批准区人大常委会关于加强国有资产管理情况监督的决定（草案）
8月30日	视察全区招商引资工作情况和人居环境整治工作；听取全区招商引资工作报告；听取有关单位关于办理2022年区人大常委会领导重点督办代表建议工作情况的汇报；研究关于区人大常委会任命的国家机关工作人员向区人大常委会报告履职情况的实施方案
9月27日	视察江苏省红石榴家园创建示范点、全区智慧司法（矫正）中心工作开展情况和公安局雨花台分局反通信网络诈骗工作开展情况；听取区政府关于民族团结进步创建工作情况的报告
9月28日	听取和审议区政府关于代表建议办理工作情况的报告；听取和审议区政府关于人居环境整治工作情况的报告；听取和审议区政府关于“及时雨”政策直达和财政专项资金直达平台建设及使用成效情况的报告；听取和审议政府财政专项资金（民生类）使用绩效情况报告并开展专题询问
10月28日	视察全区重大项目推进情况并听取相关报告；听取区政府关于推进安全生产专项整治“三年大灶”行动情况的报告
11月29日	审查和批准区政府2022年国民经济和社会发展计划调整方案（草案）；审查和批准区政府2022年财政预算调整方案（草案）；听取和审议区政府关于审计问题整改情况的报告；听取和审议区监察委员会关于开展民生领域专项监督工作情况的报告；听取和审议区政府关于新冠肺炎疫情防控和《中华人民共和国传染病防治法》实施情况报告审议意见书落实情况的报告，并进行满意度测评；审议和通过《雨花台区人民代表大会常务委员会议事规则》（修订草案）；审议和通过《区人大常委会关于加强政府投资项目监督实施办法》；审议和通过《雨花台区人民代表大会常务委员会人事任免实施办法》（修订草案）

续表11

时　间	监督内容
12月27日	初审区政府关于2022年国民经济和社会发展计划完成情况及2023年目标编制情况的报告；初审区政府关于2022年财政预算执行情况及2023年预算（草案）编制情况的报告；听取和审议区政府关于2022年全区重点民生实事项目办理情况和2023年重点民生实事候选项目情况的报告并开展满意度测评；听取全区规范性文件备案审查情况的报告

（江　峰）

【代表工作】2022年，区人大常委会开展集中代表接待选民活动，协调区政府及相关部门办理选民意见59条，各街道、开发区办理选民意见163条，确保所有意见建议形成办理闭环；强化人大代表“双联系”工作，由区人大常委会班子成员重点走访新任委员、区人大常委会组成人员定期走访人大代表、代表定期联系选民，以基层立法联系点、社会建设社区观察点及各街道代表之家、社区代表联络室为联系平台，加强代表与群众的双向沟通互动；在“雨花人大”App的“选民建议”栏目在线征集群众意见建议，选区代表在线给予答复，在“代表在线网议”栏目就人居环境整治、长江保护法贯彻实施等区人大常委会会议议题开展网络议事，收集意见建议300余条，相关网议情况纳入审议意见书并反馈至相关部门；推广代表在线“云接待”模式，通过线上+线下结合，推动人大代表履职活动向“云端”延伸。

【建议办理】2022年，区人大常委会交办、督办区十九届人大一次会议提出的代表建议159件，督促承办单位落实“办前听取代表意见、办中邀请代表参与、办后提供代表评价”的工作要求，引导代表全过程参与建议办理，实时掌握办理情况。在规定期限内，159件建议全部办结，收到代表意见反馈179件，满意率和基本满意率100%。其中，“关于加快推进区公共卫生服务中心建设”“加快推进全区老旧小区加装电梯工作”“对辖区独居老人进行关爱守护”“进一步加大项目推进力度”“开展丁树路环境综合整治”5件重点督办建议得到妥善解决。通过推荐，评选出优秀代表建议16条，并在代表履职学习会上进行表彰。（江　峰）

南京市雨花台区人民政府

·概　述·

【人大建议和政协提案办理】2022年，雨花台区利用“区长信箱”平台，专项督查涉及面广、影响大、情况复杂的问题，按照“快交办、快督办、快反馈”要求，加大办理力度，推动各条块规范答复。专项督办重点建议提案，加强代表委员与相关单位之间的沟通协调，确保建议提案妥善解决。加快建议提案网上办理系统建设。全年办理区长信箱425件，承办省市建议提案11件，承办区人大建议159件，承办区政协提案221件。

【专项督查】2022年，针对新冠肺炎疫情防控工作，雨花台区制定督导计划123期，编制督查通报、简报、日报172期。开展公共场所电子测温仪（门）加装督查、进口商品疫情防控督查、中高风险地区行程史人员管控情况督查、60岁以上老人疫苗接种等专项督查。围绕国务院、省、市督查组下发的问题清单，推进问题落实整改，补齐新冠肺炎疫情防控工作短板。（林　悦）

表12　2022年雨花台区人民政府常务会议一览表

会议期次	时　间	主要议题
第1次	1月22日	传达学习《关于更加有效发挥统计监督职能作用的意见》；审议《雨花台区“十四五”应急管理规划》（送审稿）；研究新冠肺炎疫情防控工作；听取规范行政执法工作有关情况汇报；研究信访工作；研究全区根治拖欠农民工工资工作；审议《雨花台区第二轮突出生态环境问题排查清单及迎接省专项督察方案》（送审稿）；研究生态环境工作；研究徐工片区规划初中项目、龙翔启动区居住社区中心项目委托建筑大师设计有关事宜
第2次	2月17日	研究林长制工作及审议《南京市松材线虫病疫情防控五年攻坚行动实施方案（2021—2025年）》（送审稿）；听取2022年全区征兵工作情况汇报；审议《雨花台区规范民办义务教育发展实施方案》（送审稿）；听取有关《雨花台区双创投资引导基金管理暂行办法》修订情况汇报；听取地铁建设（雨花台区段）有关情况汇报；研究南京润雨清洁服务有限公司股权划转有关事宜；听取智慧雨花建设有关情况汇报
第3次	3月7日	审议《2022年雨花台区深入打好污染防治攻坚战目标任务》（送审稿）；听取荣耀终端有限公司成立全国软件研发总项目的情况汇报
第4次	4月27日	县区财政运行暨地方财经秩序专项整治工作专题传达学习和布置落实；审议《雨花台区关于深化提升“安全生产专项整治三年行动”的实施意见》（送审稿）；审议《区政府领导班子成员，软件谷管委会、南站综管办主要领导2022年安全生产重点工作清单》（送审稿）；研究智慧雨花“一网统管”平台建设工作；审议《雨花台区防汛抗旱工作意见》（送审稿）；听取全区债务管理工作的情况汇报
第5次	5月20日	学习解读《信访工作条例》重点内容并听取全区“信访突出问题攻坚化解年”行动推进情况汇报；听取全区自建房等既有建筑安全隐患再排查再整治工作情况汇报；审议《雨花台区新建建筑审批及安全监管意见》（送审稿）；听取第二轮中央生态环境保护督察工作和长江大保护综合执法工作的情况汇报；审议《雨花台区区属国有企业改革方案》（送审稿）；审议《南京市雨花台区“十四五”科技创新规划》（送审稿）；审议《2022年雨花台区义务教育阶段招生入学工作实施办法》（送审稿）；审议《雨花台区“阳光惠民”工程项目线上监管试点工作方案》（送审稿）；研究赛虹桥街道借款事宜
第6次	6月27日	审议《雨花台区法治政府建设实施方案（2021—2025年）》（送审稿）；听取全区经济运行“双过半”情况汇报；审议《雨花台区产业用地高质量利用土地供应联合会审办法》（送审稿）；审议《雨花台区大规模奥密克戎疫情应对处置实施方案》（送审稿）；审议《南京软件谷发展有限公司改革方案》（送审稿）；听取谷发展公司拟注册PPN、公司债、项目贷款及流贷授信情况汇报

续表12

会议期次	时　间	主要议题
第7次	7月22日	听取雨花台区“放管服”改革工作情况汇报；审议《关于雨花台区2021年财政决算（草案）的报告》（送审稿）、《关于雨花台区2022年上半年财政预算执行情况的报告》（送审稿）、《关于雨花台区2022年上半年省转贷新增地方政府债券安排及区本级预算调整初步方案（草案）和地方政府债务限额情况的报告》（送审稿）；审议《关于雨花台区2022年上半年国民经济和社会发展计划执行情况及下半年国民经济和社会发展计划安排的报告》（送审稿）、《关于雨花台区2022年国民经济和社会发展计划部分调整方案（草案）的报告》；审议雨花台区《关于更加有效发挥统计监督职能作用的实施办法》（送审稿）；听取雨花台区关于开展统计造假不收手不收敛问题专项纠治工作情况汇报；审议《雨花台区“十四五”教育发展规划》（送审稿）；审议《关于2021年度雨花台区本级预算执行和其他财政收支情况的审计工作报告》（送审稿）；听取雨花台区汽车消费补贴方案编制情况汇报
第8次	8月19日	审议《南京市雨花台区“十四五”城市建设规划》（送审稿）；审议《2022年度雨花台区“全面创新、全域高新”推动高质量发展绩效评价考核实施方案》（送审稿）；审议《雨花台区建设科创金融改革实验区总体方案》（送审稿）；审议《雨花台区建设科创金融改革实验区总体方案》（送审稿）；审议《雨花台区科创金融扶持资金政策实施办法》（送审稿）及其《实施细则》（送审稿）；审议《雨花台区双创投资引导基金管理办法》（送审稿）；研究雨花房屋拆迁工程有限公司、雨花人力资源开发服务中心有限责任公司、南京雨创科技服务有限公司脱钩事项；审议《关于确定南京高速铁路有限责任公司雨花台区出资主体的方案》（送审稿）
第9次	9月2日	审议《雨花台区关于深入打好污染防治攻坚战实施意见》（送审稿）；审议《雨花台区关于科学绿化的实施意见》（送审稿）；审议《2022金秋经贸洽谈会雨花台区筹备工作方案》（送审稿）；研究徐工地块社区服务中心及规划中学项目概算调整、龙翔片区规划小学及幼儿园项目立项调整相关事宜
第10次	9月28日	研究加强国有企业监督管理和区属国企负责人履职待遇（审议《雨花台区国有资产监督管理办公室履行出资人职责事项清单》（送审稿）、《雨花台区区属企业负责人履职待遇、业务支出管理实施办法》（送审稿）、《雨花台区区属国有企业负责人综合业绩考核及薪酬管理办法》（送审稿）和细则）；审议《进一步规范融资平台公司公益性项目投融资行为的实施细则》（送审稿）；审议《关于区重点国有企业资本金注入方案》（送审稿）；听取关于深圳豪威集团华东总部暨苏粤半导体显示国际创新产业基地项目的情况汇报；研究博盛德智能科技项目用地出让相关事宜；研究区政府2022年重大行政决策事项目录事宜
第11次	10月29日	审议《关于公布雨花台区行政许可事项清单的通知》（送审稿）；研究申请雨花医院创成市级重点专科奖励经费相关事宜
第12次	11月19日	审议《关于雨花台区2022年财政预算调整方案（草案）的报告》（送审稿）；听取关于2022年区融资平台公司新增经营性债务情况的汇报；审议《关于雨花台区2022年国民经济和社会发展计划部分调整方案（草案）的报告》（送审稿）；审议《关于2021年度雨花台区预算执行和其他财政收支审计查出问题整改情况的报告》（送审稿）；审议《关于南京雨花国资投资集团有限公司减持南京雨花新城发展有限公司注册资本金方案》（送审稿）；研究古雄街道金陵华兴实验小学立项调整事宜；听取关于2022年南京软博会参展工作筹备情况的汇报

续表12

会议期次	时　间	主要议题
第13次	12月19日	审议《雨花台区2022年国民经济和社会发展目标完成情况和2023年预排情况》（送审稿）；审议《雨花台区2023年市、区重大项目编制情况》（送审稿）和《2023年雨花台区政府投资计划编制情况》（送审稿）；审议《雨花台区2022年重点民生实事推进情况及2023年民生实事候选项目编排情况》（送审稿）；审议《关于雨花台区2022年财政预算执行情况和2023年财政预算（草案）的报告》（送审稿）；审议《2023年雨花台区城市建设计划》（送审稿）；审议《雨花台区农村人居环境长效管护运行机制实施方案》（送审稿）；听取关于谷发展公司2023年度融资授信、资金使用计划情况的汇报
第14次	12月24日	审议2022年《雨花台区政府工作报告》（送审稿）

（林　悦）

·政务服务·

【概　况】2022年，雨花台区政务大厅受理并办结审批服务事项10.4万件，综合满意率100%。8个街道（园区）便民服务中心办结公共服务事项2.4万件，综合满意率99.8%。全区办理“12345”工单20余万件，综合满意率98%。新冠肺炎疫情防控期间，组织45批近340人次投身一线防疫工作。牵头“区群众诉求回应组”，办结疫情类工单6.3万件。在全市率先建成“及时雨”民声直达平台，建成“一件事一次办”集成服务平台，上线“新生儿出生”和“诊所开办”一件事，做到全程网办、一次办结、全区覆盖。办结全市首个分段验收项目。深化“政银合作”，实现服务网点全区覆盖。率先打造“歇业”制度，助力企业“停机保号”。在全市率先建立“无明确主管部门培训机构退费问题快速处置机制”。在主城区率先上线企业档案自助查询服务。

年内，南京市雨花台区行政审批局（以下简称区行政审批局）被市委、市政府授予2021年南京市扛起“争当表率、争做示范、走在前列”三大光荣使命先进集体称号；“及时雨”政务服务获评2022年南京市政务服务效能提升“十佳”典型案例；“深化行政审批制度改革和政务服务‘宁满意’‘一网通办’”获市政府办公厅督查激励；“雨花台区以数字化转型推动‘放管服’改革”案例获数字政府“公共服务创新奖”。

【“放管服”改革】2022年，区行政审批局在全市率先建成“一件事一次办”集成服务平台，上架江苏政务服务网，新生儿出生、诊所开办、企业歇业“一件事”上线运行，诊所开办“一件事”办结时间压缩83.3%，新生儿出生“一件事”在“苏服办”App开通专区，最快半小时内办结。深挖新生儿出生“一件事”应用场景，将服务对象从南京户籍向非南京籍常住人群拓展。新增外卖、KTV、高端咖啡、医养结合机构、娱乐场所和餐饮6个行业“一业一证”，全区19个行业实现“一证准营”，最快5个工作日办好，为群众减少跑腿90余次，减少材料提交百余份，办理时限压缩近70%。完善“1+8+N”审管衔接机制，增强审管信息交互平台数据分析功能，新增“特种设备”事项模块，为市场监管、住建、审计等9个部门推送5.9万条审批数据。制发区（谷）部门电子印章57个、街道（园区）电子印章13个，实现网办125个相关事项可调用电子证照25种，全年累计调用电子证照4.8万次。推广“苏服码”应用，在区街政务大厅可扫码取号，窗口、自助一体机刷码办事，实现6类证照在线获取、免于提交，235个事项自助办理。组织28个区级监管部门使用省“互联网+监管”平台，实现327项监管事项“应领尽领”，清单100%编制。按照“四级N同”工作要求，认领和编制行政权力事项1488项、公共服务事项463项，实时动态调整办事指南。建成“24小时自助服务区”11个，实现133项高频服务事项自助查询办理。在区政务大厅和8个银行网点配备证照自助打印一体机，实现营业执照“全市通取”。规范评价处置机制，实现政务服务“好差评”全区覆盖，完成“差评”整改督办36件次，回访满意率100%。全年，全区线上办结新生儿出生“一件事”1233件，其中非南京籍新生儿60件；办理诊所开办“一件事”5件。报送的《雨花台区调研政务服务“跨省通办”存在的问题及建议》内容被国务院办公厅采用。

【行政审批】 2022年，区行政审批局办理企业登记27271件，同比增长6.7%，新增企业6238户，同比下降6.7%，总数4.02万户。受理社会事业类审批事项1562件，同比增长3.3%，现场勘验154户。办理建筑工程施工许可行政审批73件，办理施工许可告知承诺项目41个。万科G04地块从拿地到出证用时33个工作日，压缩时间52.9%；2022G43地块从拿地到出证用时23个工作日，压缩时间67.14%。六大类权力事项不见面办理事项比例提升至99.7%，可网办事项比率99.8%。构建“1+N”（大厅+银行专区）“政银合作”服务网络，实现13家银行24个网点企业开办六个环节一站式服务和0.5日常态化服务，服务网点全区覆盖，办结案例651个。在主城区率先上线企业档案自助查询服务，远程指导企业在线查档934户，查询档案20万页，打印档案6万页。在全市率先推行“歇业”制度，为部分处于危机阶段的困难企业提供“缓冲带”，办理“歇业”企业3家，其中1家在新冠肺炎疫情缓解后及时办理复业。推进诊所开办、公共场所卫生许可证办理等31个高频审批事项网上办理，开展医疗机构、出版物零售等“远程勘验”，办理医疗机构许可、出版物零售等不见面审批事项95件。实施简易注销，畅通市场主体退出渠道，简易注销2073户，占注销总数的68.15%。

【“12345”政务热线】 2022年，区行政审批局制定全区“12345”政务热线工作绩效考

8月6日，区行政审批局联合区税务局开展“政银合作双赢共进 助企纾困惠企发展”活动
（区行政审批局　供图）

评细则,建立“先解决问题再说”工作机制、疑难工单快速处置机制和“屡办不成”诉求事项提示机制,贯彻日报、周报、双月简报制度。组织现场协调会8次、工单协调会13次。牵头“区群众诉求回应组”,实行24小时值班值守,办结新冠肺炎疫情类工单6.3万余件,满意率95.72%,解决率92.26%。办理紧急诉求1500余件、国务院“互联网+督查”工单401件。搭建“街道吹哨、部门报到”平台,构建到底到边的“全链路”响应机制,实现45个区级部门与8个街道(园区)、64个社区之间的无缝对接、快速响应。在全市率先建立“无明确主管部门培训机构退费问题快速处置机制”,处理校外教育、职业培训机构退费问题113件,办结时间缩短24.91%。全年,全区办理“12345”工单20万件,综合满意率98%。

【代办服务】 2022年,区行政审批局优化联合验收流程,办理竣工验收备案证32个,其中联合验收17个。办结全市首个分段验收项目,为板桥市场群G1项目施行分段验收。施工许可告知承诺率60%,NO.2022G43地块实现拿地到出证用时23个工作日,刷新工程建设项目审批全市最快速度。建立重大项目用地供地审批绿色通道,实现工业用地项目“拿地即开工”常态化。全周期精准代办市级重大项目和区级重点项目120个,其中市级重大项目21个。

【企业电子档案自助查询功能上线】 3月15日,雨花台区政务服务中心上线企业电子档案自助查询功能。区行政审批局聚焦企业档案查询的难点、堵点问题,对接办事企业,征询对电子档案自助查询的意见和建议;对接南京市市场监督管理局,学习档案自助查询功能的政策执行领悟、流程要领;对接网站系统支持方,掌握技术端的平台对接、身份认证、权限划分、线上操作演练。上线“24小时×365天”全天候自助查询服务,打通企业登记全生命周期线上服务的“最后一公里”,降低企业开展合作、投融资、上市、贷款等经营成本。

【新生儿出生“一件事”办理】 5月12日,雨花台区召开新生儿出生“一件事”工作推进会,推动新生儿出生“一件事”一次办、网上办从试点变成全区覆盖。是日,雨花台区铁心桥派出所办证大厅里,市民施先生携带相关材料,登录新生儿出生“一件事一次办”集成服务平台,为刚出生的宝宝办理新生儿落户、参加社会和医疗保险、制领社保卡、缴纳参保费用4个事项,不到半小时便全部办结,标志着新生儿出生“一件事”一次办、网上办从试点变成全区覆盖。2021年12月17日,区行政审批局开发上线新生儿出生“一件事”集成服务平台,在古雄、铁心桥、板桥3个街道先行试点。年内,组织全区办件人员开展业务培训,推动试点外的5个街道、7个派出所配齐设备,全部上线运行,新生儿家长只需在辖区派出所新生儿出生“一件事”专窗在线填写一张申请表,一次性提交申报材料,即可办结“出生这件事”。

【“诊所开办一件事”上线“一件事一次办”平台】 7月13日,“诊所开办一件事”上线南京市雨花台区政务服务“一件事一次办”平台。该平台与江苏政务服务网和南京市一体化政务服务平台的数据互联互通,申办人不仅可以线上一次性填报材料,通过快递领取证书，实现“零次跑”，还可以实时掌控新开办诊所的办理进度。通过将诊所开办涉及的诊所备案或执业登记、医师护士注册、消防备案、环保备案、店招标牌登记备案等政务服务事项整合为“诊所开办一件事”，实现全流程联办、不见面审批。

【“及时雨”民声直达平台、政策直达平台双上线发布会】 8月24日，雨花台区召开“及时雨”民声直达平台、“及时雨”政策直达平台双上线发布会。该平台提供“雨花及时雨民声直达平台”App、“我的南京”App、“雨花E家数字社区”“金陵微雨花”“雨花政务服务”微信公众号、“雨花及时雨民声直达平台”小程序6个登录渠道，包含投诉咨询、建言献策、进度查询、服务评价四大功能模块。在投诉咨询模块，可实时提交个人诉求，进行咨询投诉；在建言献策模块，可参与雨花台区发起的“我为雨花献一策”征集活动；在进度查询模块，可查看跟踪个人工单办理进度、诉求响应进度；在服务评价模块，可对相关部门的服务效能、办理结果给予星级评价。平台严格落实“接诉即办”机制，工作人员实时对工单进行分类、甄别、处理、派发、流转，做到“倾听心声、服务民生”。全年，平台办结工单1431件，其中投诉咨询1013件，建言献策418件，满意率99.32%。年内，“及时雨”政策直达平台建设获评2021年南京市优化营商环境“二十佳”创新优秀案例。

【全市首个“分段竣工验收”项目办结】 10月19日，区行政审批局办结全市首个“分段竣工验收”项目。9月1日，市建委下发《关于印发〈关于进一步明确房屋建筑工程分段竣工验收的指导意见〉的通知》。当月，板桥市场群G1地块项目负责人向区行政审批局反映，该项目交付日期临近，部分地下车库尚未完工，已建成的车库也能够满足计划交付的住宅业主的车位使用。区行政审批局迅速落实建筑工程分段竣工验收指导意见，对该项目整体情况进行全面评估，结合项目实际情况，协同区质监站对板桥市场群G1地块项目地下车库开展分段联合验收工作。9月20日，区行政审批局协同规划部门与质监站进行现场踏勘。10月19日，该项目在取得消防分段验收资格和质量监督报告后，取得竣工验收备案证。

（刘凤杰）

·政务信息化·

【概 况】 2022年，雨花台区完成智慧雨花数字底座项目建设。启动“一网统管”项目，建成区级指挥调度平台并通过市级验收。完成区级机关十楼会议室改造项目，将区级机关十楼会议室改造成具备大屏显示及控制、召开视频会议和数字会议的场所。利用可视化视频指挥系统，完成视频会议保障378场。上线覆盖全区和满足信创要求的OA系统，并增加数字会议系统。会同各街道（园区）完成全区60个社区的边界信息采集，调整街道边界信息8处、社区边界信息52处，新增边界信息1处。全年归集区级和市级数据近1.85亿条、整合全区视频资源4830路；转载、发布要闻动态类信息1200余条，主动公开政府信息1500条。

【智慧雨花数字底座建成】 6月，雨花台区大数据管理局完成数字底座项目建设。新建云平台、扩充存储平台，具备提供4692VCPU、

13559GB内存、云块存储5278TB、文件存储260TB服务的能力；提供云服务器237台，政务云平台集成纯国产化ARM架构平台，面向全区提供国产化云存储、云计算、操作系统；骨干链路带宽提升到40G，8个街道链路带宽提升至10G；部署山石防毒墙、漏扫、日志审计、数据库审计等设备，保障全区网络安全。

【“一网统管”建设】 2月，雨花台区启动“一网统管”项目。召开政府常务会、区长专题会10余次，确定并实施“一网统管”项目方案；坚持“实战管用”原则，以整合部门业务数据为重要抓手，建设集“城市体征、事件汇聚、城市之眼和城市运行分中心”于一体的指挥调度平台，为辅助政府决策、统筹调度部门协作提供支撑，形成具有雨花特色的“一网统管”。根据市政府考核要求，建成区级指挥调度平台，并于12月中旬通过市级验收。

【区政府门户网站管理】 2022年，雨花台区人民政府做好网站信息发布和专题专栏维护，转载、发布要闻动态类信息1200余条，主动公开政府信息1500余条；做好上级政府门户网站内容共建，被市政府门户网站采用工作动态信息60余条；宣传全区重要政策和活动，同步报道“区谷融合发力塑‘两全两新’ 政企携手纾困谋‘发展新局’——区谷机关部门组团服务软件谷企业系列活动”。

【政务网络安全管理】 2022年，雨花台区建立健全网络安全管理制度，推动网络安全防护能力建设，做好重大活动、会议和节日期间网络安全保障工作；发挥区政府门户网站重要阵地作用，及时做好中央、国务院重要信息的同步转发，做到上下联动发声；运用人防和技防手段，加大区政府门户网站检测频次和力度，形成网站检测常态化机制，全年网站信息内容积极向上，符合主旋律要求。 （李雨欣）

·信访工作·

【概　况】 2022年，雨花台区受理群众来信、来访总量2635批3787人次，其中来信1898件，同比件次下降3.01%，来访737批次1889人次，同比批次上升56.5%、人次上升5.8%。做好新冠肺炎疫情防控和信访业务办理，贯彻学习《信访工作条例》，以开展重复信访治理专项行动为抓手，推进信访突出问题攻坚化解等行动。板桥街道“‘红桥骑手’打通多元治理‘最后一公里’”和西善桥街道福润社区“拓宽诉求反映渠道　借力志愿服务前置解矛盾”2个创新案例被列为全市首批60个“一社区一案例”重点培育项目。针对市委第二巡察组对全区开展的化解民生诉求突出问题专项巡察，反馈巡察意见，牵头整改具体问题13项17个，制定整改措施45项，修订《雨花台区信访工作联席会议工作规则》等制度5项。全年纯案办理标准化达标率100%，信访事项标准化验证通过率100%；信访部门及时受理率100%，责任单位及时受理率100%，按期办结率100%，责任单位满意率98.48%，责任单位参评率80.49%；重复信访件同比下降15.63%，网上信访一次性化解率94.41%；人民网“地方领导留言板”收到群众留言246条，及时回复率100%，办结率100%，满意率85.53%，满意率位列全市前列。

年内，雨花台区被市信访联席办评为2021年度省市信访工作先进区；雨花街道人民来访接待中心被省政府信访局评为全省信访系统2021年度“人民满意窗口”建设质量提升工程示范单位；赛虹桥街道社会综合治理指挥中心和板桥街道社会综合治理指挥中心被市信访联席办评为全市信访系统先进集体。

【重复信访治理专项行动和“信访突出问题攻坚化解年”行动】 雨花台区为期三年的重复信访治理化解专项工作于2020年9月开始。2022年，区委常委会、区政府常务会议2次专题听取重复信访治理专项行动汇报，按照“区委领导包联系点、区政府领导包线，街道和部门主要负责人包重点、热点、难点案件”的包保机制，对第二批交办的“国治件”“省攻坚件”全部落实区领导包案，坚持包案领导到基层一线开展下访接访，坚持一线会商、协同发力，做到“四包三亲自”，由“指挥办”到“亲自做”，抓实抓细分管领域矛盾化解全过程。制订《雨花台区“信访突出问题攻坚化解年”行动实施方案》和《关于落实区党政领导“包保”工作机制的通知》，成立业务指导组到责任单位进行业务指导，推动重点难点案件有效化解。至年末，中央信访联席办交办的第一批重复信访事项80件，责任单位化解稳定率100%，国家局审核化解稳定率100%；第二批交办的重复信访事项51件，责任单位化解稳定率100%，国家局审核化解稳定率100%；省信访联席办线上线下交办的重点信访事项16件，报结化解率100%。

【《信访工作条例》学习与宣传】 2月25日，中共中央、国务院印发《信访工作条例》，5月1日起施行。区信访局组织全区信访干部开展专题学习，通读全部条款，加强对比、前后对照，对新增内容进行针对性学习；利用微信公众号和网站等媒介，推送《信访工作条例》解读相关内容，提高《信访工作条例》知晓率；依托接访大厅、法治宣传栏等场所开展宣传，悬挂横幅40余条、发放宣传册1500余份；区信访局党支部联合省信访局机关党委党支部和板桥街道殷富社区党委开展以“喜迎二十大　永远跟党走”为主题的《信访工作条例》宣传和初心公益便民服务进社区活动，发放信访宣传资料250余册，接受群众咨询105人次，征集建议20余条；邀请市信访局局长滕涛就《信访工作条例》重点内容在区委理论中心组学习会上进行专题辅导。

（芦　明）

·民族宗教事务·

【概　况】 2022年，雨花台区常住人口中有少数民族33个、常住人口6527人；流动人口中有少数民族43个、流动人口4795人。宗教活动场所10个（佛教2个、基督教8个），其中省四星级标准4个、省三星级标准3个。年内，区委、区政府制定印发《关于以铸牢中华民族共同体意识为主线推进全区民族工作高质量发展的实施办法》《关于坚持我国宗教中国化方向做好新时代党的宗教工作的实施办法》，区委召开民族工作会议暨全区宗教工作会议，区委民族宗教工作领导小组召开5次专题会议。南京市雨花台区民族宗教事务局（以下简称区民宗局）走访少数民族流动人口70家次，开展民族宗教领域行政检查40余次。开展基督教和佛教中国化指数测评。开展“宪法宣传周”活动，通过张挂宣传横幅和海报、大屏播放宣传短片和场所负责人宣讲等方式，在宗教领域营造尊崇宪法、学习宪法、遵守宪法、维护宪法、运用宪法的氛围。推动基督教板桥聚会点异地重建和岱山教堂筹备设立，提供宗教团体建设经费支持，鼓励各宗教活动场所选送综合素质高的年轻信徒骨干到宗教院校学习深造。

【民族团结进步创建工作】 2022年，区民宗局以铸牢中华民族共同体意识为主线，推进民族团结进步创建工作。在雨花街道开展“铸牢中华民族共同体意识全民同行健步走”，参加人数30余人；举办国家通用语言培训活动，培训人数50余人；在赛虹桥街道举办老少同台庆“六一”文艺会演暨便民服务活动，辖区少儿文艺团体、群众文化团队、公益社会组织及辖区居民300余人参与现场活动；在古雄街道大方社区开展“情满大山”爱心义卖活动，帮扶云南省昭通市彝良县山区学生；在雨花经济开发区“石榴籽小学堂”举办民族团结进步创建系列活动，辖区少年儿童200余人参加。年内，赛虹桥街道长虹路社区和雨花经济开发区“红石榴家园”被江苏省民宗委评为第三批省级“红石榴家园”。

【宗教活动场所安全检查】 2022年，区民宗局排查全区宗教领域活动场所自建房情况，开展演练10余场次，参加人员超300人次；联合区应急、住建、消防、疾控等部门对全区宗教活动场所和在建场所开展联合安全检查4次，聘请第三方消防、电气专家对全区宗教活动场所进行专业安全检查20家次，对所有发现的安全隐患均做到立行立改。

【公益慈善活动】 2022年，区民宗局引导宗教界以“天使爱心”项目和“宗教慈善周”等活动为载体，开展慈善公益活动。联合区红十字会、区妇联对西善桥街道齐修社区20名困境儿童开展助困活动。全年，各宗教活动场所募集善款11.2万元。 （夏　耀）

·外　事·

【概　况】 2022年，雨花台区做好区内7家优质企业办理APEC商务旅行卡审核工作，优化外国人来华邀请线上线下服务，优化“快捷通道”办批流程，帮助企业解难纾困，为企业“走出去”“请进来”提供高效便捷服务。向区内境外企业及海外机构宣传推广“引客南京”专业市场调研项目。参加“极美南京”国际交流点参评，成立雨花台区外语志愿者服务队，参与南京国际语言环境“啄木鸟行动”。履行“外防输入”职责，及时掌握最新国家和省、市涉外政策及海外新冠肺炎疫情动态情况，实时跟进对接省市外事工作部署，配合协调各部门做好入境航班隔离任务承接、集中隔离医学观察点重要外籍人士服务保障等工作。

【区外资企业交流会】 7月12日，雨花台区外事办公室联合区商务局、区投资促进局、中国（南京）软件谷等部门举办全区外资企业交流会，介绍最新外资政策，面对面了解、解决企业发展诉求。交流会上，南京大学产业经济学教授巫强从当前国家引进外资的基本情况、新冠肺炎疫情对外资企业的影响、新发展格局下对外资企业提出的新要求及后新冠肺炎疫情时代外资企业的机遇与挑战四个角度分享观点；南京安居防护科技有限公司工程师祁海燕就“国务院安全生产十五条措施”进行系统化讲解；国家外汇管理局江苏省分局项目资本处副处长傅进、南京市商务局外资管理处处长胡滨、毕马威华振高级经理黄海涛等政企领导、专家，与参会企业互动，针对外资企业上市、融资、发债及进口设备采购业务等领域进行交流、指导；区商务局局长蔡一菁就全区安全生产重点工作事项作宣讲。

（林　悦）

·侨　务·

【概　况】 2022年，雨花台区有在册归侨15人（老归侨原侨居国主要为越南、马来西亚、印尼、泰国、新加坡、柬埔寨，老归侨年龄均超60岁），其中企业退休归侨9人；华侨42人，常住侨眷247人，留学人员2645人；侨资企业82家。全年发放困难归侨生活补助0.96万元、企业退休归侨生活补助2.16万元。雨花台区归国华侨联合会承办2022南京侨界招商引智项目签约仪式暨雨花推介会，来自美国等10个国家和地区的40余名知名侨领侨商、侨界科创企业代表和南京市归国华侨联合会海外招商大使参会。由雨花台区海外联谊会主办的“房地产企业雨花行”活动，吸引16家房地产企业、投资机构参加。举办“喜迎二十大　奋进新征程”——海归人才进雨花活动。挖掘华兴史料，制作《百年华兴》侨务工作专题展板28块。举办以“悦读南京　走近郑和”为主题的“郑和文化周”雨花专场活动。

【雨花欧美同学会】 2022年，南京雨花欧美同学会（雨花留学人员联谊会）会员会议在汪海大厦召开，学习讨论《习总书记给南京大学留学归国青年学者的回信》；举办“喜迎二十大　奋进新征程”——海归人才进雨花活动，归国留学人员代表30余人参加，先后参观华兴村侨史陈列馆、古雄街道家风家训馆等。

【“郑和文化周”雨花专场活动】 7月27日，以“悦读南京　走近郑和”为主题的“郑和文化周”雨花专场活动在浡泥国王墓历史陈列馆举行。该活动由区侨办主办，南京市雨花外国语小学和文莱中华中学近150名师生通过线上和线下方式共同参与。南京市雨花外国语小学执行校长石莉以《一所追随童性的快乐学校》为题进行演讲分享；侨史专家朱向东以“中国文莱友好源远

7月27日，以“悦读南京　走近郑和”为主题的“郑和文化周”雨花专场活动在浡泥国王墓历史陈列馆举行　（区侨办　供图）

流长”为题进行授课；参会人员参观了浡泥国王墓景区、中国文莱友谊馆和浡泥国王墓历史陈列馆。

【“房地产企业雨花行”活动】 8月25日，“房地产企业雨花行”活动在明发大酒店会议厅举办。该活动由南京市海外联谊会、南京市侨商投资企业协会指导，雨花台区海外联谊会主办，南京市海外联谊会地产金融委员会协办，16家房地产企业、投资机构参加。中国香港平安集团有限公司董事长、南京市海外联谊会副会长、南京市侨商投资企业协会会长黄金城主持活动。座谈会上，仲量联行资深董事、战略顾问部总监王萌以城市发展为主题作《长三角城市群视角的城市发展解读》专题讲座，上海闲猫资产管理有限公司创始人梁晓芹围绕资产管理作《产业集群人才公寓经营模式探讨》专题讲座；绿城中国控股有限公司、华润置地有限公司等房地产企业及南通中南谷投资管理有限公司、清科创业控股有限公司、江苏中图空间信息科技有限公司等机构负责人，围绕“盘活存量资产　推动城市更新　促进产城融合”主题作交流发言。（周　翔）

·对台工作·

【概　况】 2022年，南京市雨花台区台湾事务办公室（以下简称区台办）调研艾德克斯电子（南京）有限公司等驻区台资企业16家，解答难题20余人次。走访困难台属40户，发放慰问金2.4万元。为台胞协调办理交通卡6张、居住证8人、医保卡4人。组织人员参加省台办台湾青年座谈会、市台办第五期基层涉台工作培训。赴南京市浦口区台湾事务办公室、南京市江宁区台湾事务办公室创新创业基地参观、学习交流。举办“月圆　情缘”——雨花台区台企台胞喜迎中秋联谊会等活动。依托“南京先生”宣传推介雨花台区，筹备拍摄电影《南京先生》。举办“一画一世界”两岸艺术家交流活动。依托“K1亲子文化街区”平台，举办雨花台区两岸青创大讲堂活动10场，解读惠台政策措施，线上+线下1000人次参加。开展创业实战对话活动4场。建立完善“三个一”（即“一名领导、一个问题、一套解决方案”）工作机制，召开台企台胞座谈会。驻区台资企业艾德克斯电子（南京）有限公司累计捐赠善款200万元，获区光彩事业特殊贡献奖。

6月1日，“艾德克斯—景明佳园博爱帮扶基金”启动仪式在景明佳园社区党群服务中心举办
（区台办　供图）

【台湾艺术及创业菁英考察交流】 3月8日，台湾山痴堂艺术经纪服务总监李政天率台湾艺术及创业菁英一行12人在雨花台区考察交流。活动由市台办主办，区台办承办，中华两岸交流协会（中国台湾）江苏代表处、K1亲子文教街区协办。活动中，区台办向K1亲子文教街区颁发南京（雨花）台湾青年创业基地铜牌；K1亲子文教街区总经理钱振汉向来访者介绍园区招商环境及相关政策；台湾艺术及创业菁英一行向西善桥街道、区台办赠送由梁晓声亲笔签名的《人世间》丛书，和由中国专家学者协会理事、中国书画篆刻研究会理事陈大志创作的字画作品；台湾同胞刘仲宇展示两岸交流协会的基本情况及原创的文创短视频，并邀请台湾艺术及创业菁英落户雨花台区投资创业，并向来访者赠送代表“两岸一家亲”寓意的瓷器礼盒。

【“一画一世界”两岸艺术家交流活动】 7月16—31日，“一画一世界”两岸艺术家交流活动在西善桥街道嘉业社区初见知旅共同体举行，台湾水墨写生艺术家詹丽芳举办个人画展。活动在区台办指导下，由南京四两穹苍文化发展有限公司和K1亲子文教街区主办，西善桥街道影视文旅中心协办，台北山痴画会、南京潮流星秀多媒体科技给予支持。该画展以“金碧河山　彩墨大地”为主题，展出“多彩中国”“宝岛春色”“天长地久”等作品33幅；活动现场同步发行数字藏品，举办港澳台美协台湾分会南京办事处落地揭牌仪式。

（李国辉）

中国人民政治协商会议南京市雨花台区委员会

·概　述·

【概　况】 2022年，政协南京市雨花台区第十届委员会由29个界别231名委员组成，下设专门委员会6个。全年召开全体会议集体协商1次，组织常委会会议专题协商2次，举办有主席会议成员、区委区政府领导参与的重点协商6次。编报社情民意信息72篇，被上级政协采用47篇。年内，在铁心桥街道新河社区雨花商量广场举办“中流砥柱　中国共产党抗战文献展”，结合雨花台区特有红色基因，打造全省首个党史常态化教育基地——南京民间抗日战争博物馆。通过优化完善“六步议事法”，提升雨花台区政协吴先斌委员工作室、雨花台区政协程力委员工作室建设水平。将“有事好商量”协商议事室建设、年度开展协商议事活动情况纳入全区对街道（园区）党建考核。发挥政协专门协商机构作用，搭建党委政府联系群众桥梁，通过专题协商、对口协商、界别协商、提案办理协商等形式，监督政协协商成果落实。至年末，围绕物业管理、环境改造提升、服务新就业群体、社区治理等基层群众重点诉求开展协商议事活动144场次，参与人数1372人次，其中各级政协委员239人次。

【区政协十届委员会一次会议】 1月5—6日，政协南京市雨花台区第十届委员会第一次会议在区委党校会议中心举行。来自全区各条战线和社会各界的政协委员214人参会。会议审议通过区政协主席于茂高代表区政协第九届委员会常务委员会所作的工作报告和区政协副主席杨洋作的关于提案工作情况报告。区委书记戴华杰出席会议并讲话。区政协第九届委员会履职五年期间,委员提交提案1130件,经审查立案992件,获采纳或实施835件,列入工作计划逐步解决119件,委员反馈满意和基本满意率100%。

表13　2022年政协雨花台区第十届委员会常务委员会会议一览表

会议期次	时　间	主要议题
第1次	2月25日	传达学习习近平总书记重要讲话精神;集体学习《区政协常委会议议事规则》;通报区政协领导工作分工;协商通过各专委会、政协工委、界别组等相关人事事项;审议通过《区政协2022年工作要点,常委会议、主席会议协商议题安排》(审议稿);审议通过《区政协关于评选表彰先进集体和委员先进个人的意见》(审议稿);审议通过《区政协委员履职考核办法(试行)》(审议稿);通报区政协十届一次会议提案审查立案情况报告
第2次	6月9日	传达学习习近平总书记重要讲话精神;听取板桥新城开发建设工作推进情况通报;听取板桥新城规划建设和行动计划初步成果通报;协商讨论;板桥新城开发建设指挥部领导讲话;区政协主席于茂高讲话
第3次	7月29日	传达学习习近平总书记重要讲话精神;学习贯彻《中国共产党政治协商工作条例》;学习贯彻《关于加强和改进新时代市县政协工作的意见》;听取区政府关于2022年上半年全区经济社会发展情况通报;听取区政府关于区政协十届一次会议以来提案办理情况的通报;总结区政协2022年上半年工作,部署下半年任务
第4次	9月28日	传达学习习近平总书记重要讲话精神;听取中国(南京)软件谷产业发展部关于数字经济发展情况的通报;区政协委员工作委员会汇报调研情况;中国(南京)软件谷管委会副主任黄敖齐讲话;协商讨论;区政协领导讲话
第5次	12月27日	传达学习贯彻区委十二届六次全会精神;审议区政协十届二次会议议程、日程(草案)等有关事项;审议区政协十届委员会常务委员会工作报告(审议稿);审议区政协十届委员会常务委员会关于十届一次会议以来提案工作情况的报告(审议稿);协商确定常委会工作报告和提案工作报告的报告人;审议通过十届一次会议以来优秀提案名单;审议通过2022年度受表扬的先进集体和委员先进个人名单;协商通过有关人事事项;协商讨论有关选举事项;协商讨论《中国人民政治协商会议南京市雨花台区委员会协商工作规则》(审议稿);协商讨论贯彻落实中共二十大精神修订完善区政协相关议事规则工作制度情况;区政协常委述职

(李全新)

表14　2022年政协雨花台区第十届委员会主席会议一览表

会议期次	时　间	主要议题
第1次	2月24日	集体学习《区政协主席会议议事规则》;协商讨论《区政协2022年工作要点,常委会议、主席会议协商议题安排》(讨论稿);批准通过区政协2022年各专委会、政协工委、界别组活动计划(审议稿);协商提出各专委会、政协工委、界别组等相关人事事项;协商讨论《区政协关于评选表彰先进集体和委员先进个人的意见》(讨论稿);审议通过区政协十届一次会议提案审查立案情况报告;研究确定区政协十届一次常委会议召开的相关事项
第2次	3月31日	听取区检察院工作情况的通报;听取全区社区矫正工作情况的通报;区政协社会法制和民族宗教委员会汇报调研情况;协商讨论;区政协主席于茂高讲话

续表14

会议期次	时　间	主要议题
第3次	4月26日	听取区住建局关于全区物业管理工作情况的通报；区政府副区长赵道铧讲话；听取区政协人资环和城市建设委员会汇报调研情况；协商讨论；区政协主席于茂高讲话；研究确定区政协十届二次常委会议召开的有关事项
第4次	6月25日	听取区人社局关于全区人力资源和社会保障工作情况的通报；区政府副区长吕晨讲话；区政协经济科技和农业农村委员会汇报调研情况；协商讨论；提案督办；区政协主席于茂高讲话；研究确定区政协十届三次常委会议召开的有关事项
第5次	8月31日	听取区大数据管理局、行政审批局、应急管理局关于“智慧雨花”建设推进情况的通报；区委常委、区政府副区长蓝波讲话；区政协经济科技和农业农村委员会汇报调研情况；协商讨论；区政协领导讲话；研究确定区政协十届四次常委会议召开的有关事项
第6次	10月27日	听取医疗保障分局关于全区医疗保障工作情况的通报；雨花医院通报执行医用耗材集中采购情况；区政府副区长郜叶红讲话；协商讨论；区政协领导讲话
第7次	11月29日	听取区投资促进局关于全区招商工作情况的通报；区政府副区长郑婕讲话；协商讨论；区政协领导讲话
第8次	12月21日	协商讨论区政协十届二次会议筹备工作方案；协商讨论《区政协十届委员会常务委员会工作报告》(讨论稿)；协商讨论《区政协十届委员会常务委员会关于十届一次会议以来提案工作情况的报告》(讨论稿)；协商区政协常委会工作报告、提案工作报告的报告人；研究确定大会发言名单；协商讨论关于表扬2022年度区政协先进集体和委员先进个人、优秀提案的建议名单；协商讨论有关人事事项；协商通过十届二次会议的相关事项；协商讨论贯彻落实中共二十大精神修订完善区政协相关议事规则工作制度情况；区政协各专门委员会、各街道政协工委（片组）向主席会议汇报年度工作；协商确定区政协十届五次常委会议召开的时间、议程等事项

（李全新）

·协商议政·

【概　况】2022年，区政协以高质量发展为协商议政主题，深入调研，务实建言，推动专门协商机构“专”出特色、“专”出质量、“专”出水平。召开“加快板桥新城发展，全面建设标志性现代化滨江新主城”专题议政性常委会会议，形成《关于高标准打造雨花新滨江的建议案》报送区委，提出的“数字江河、人民之环”建设设想获区委主要领导肯定。聚焦“建设数字城”建言献策，召开十届四次常委会会议暨“打造数字经济核心区，推动软件谷向数字谷转型跃升”专题议政会，围绕中国（南京）软件谷发展，特别是针对放大中国（南京）软件谷溢出效应、带动全区数字城建设方面开展协商议政，区政协根据协商情况，整理会议纪要，完善调研报告，汇编会议材料，形成协商成果，报送区委区政府和中国（南京）软件谷领导供决策参考。

【民主监督】2022年，区政协对全区生态保护工作开展协商式民主监督，组织委员视察三山矶生态公园和板桥生态园，建议结合滨江优势和特色，挖掘和梳理其历史、生态、人文、产业等，通过整治与保护生态环境，丰富区域内文化内涵，提升生活质量。为助推全区教育资源均衡发展，组织委员参观中国（南京）软件谷小学“双减”活动开展情况及龙翔初中项目建设情况，召开座谈会，建议建设全区教育资源短缺生成动态预警，提升集团化办学水平，优化资源提升高品质，均衡推进教育新发展。

【提案办理】 2022年，区政协围绕新滨江建设深入调研，形成“关于高质量推进板桥新城片区开发建设的建议”提案7件；将全面建设新滨江作为年度专题议政性常委会议题，开展专题调研，形成相关建议案报送区委；起草《关于加强板桥新城中部组团建设管理 提升南京滨江开发水平的建议》，提交市政协十五届一次全会。区政协十届一次会议期间，收到提案306件，并案19件，立案217件，未立案70件。至年末，所有提案均办复完毕，委员反馈满意和基本满意率100%。

【社情民意信息】 2022年，区政协注重发挥政协社情民意信息“直通车”作用，反映事关改革发展和民生事业的普遍性、典型性问题，编报《社情民意信息》72篇，被上级政协采用47篇，其中《推进我市绿色金融高质量发展的相关建议》等10篇信息获市领导批示，《普惠小微贷款供需两端亟需进一步匹配》等2篇信息被全国政协《每日社情》采用。年内，区政协被市政协评为2021—2022年度反映社情民意信息工作优秀集体。

【委（片）组工作】 2022年，区政协党组扩大会议专题研究“一委一标杆”“一组一特色”工作3次，听取各委（片）组工作推进情况汇报，研究提升工作思路与路径。各委（片）组以开展“一委一标杆”“一组一特色”为依托，推动“政协智库”“招商顾问团”“法治宣讲团”“提案督办月”等项目开展，通过化压力为动力、以实干增实力，促进各专委会、街道政协工委和界别组对标找差、全面创优、追赶超越，形成《雨花文史》《学习参考》《打造新滨江 建设数字城》论文集等成果。开展“书香政协 悦读雨花”委员读书活动，先后投入220万元在铁心桥街道新河社区建设“悦读广场”、在区图书馆设立200平方米的政协“悦读书房”、在委员工作室设立读书角并添置图书。按照线上与线下相协同原则，成立区政协机关读书群1个、“专委会+界别”委员联合读书群6个、街道委员活动小组读书群8个。以“推荐一本好书、重温一段党史故事、分享一篇心得体会”方式，组织读书分享交流活动39场，参加人数1158人次。（李全新）

中共南京市雨花台区纪律检查委员会 南京市雨花台区监察委员会

·概 述·

【概 况】 2022年，雨花台区推进数字监督，融入政府投资智慧集成管理平台，做到政府投资和工程建设全覆盖、全过程、全透明、可溯源。建立全市首家以企业合规为主题的企业廉洁教育基地，开通“雨花廉韵”微信公众号，启动雨花台区公职人员廉洁教育基地建设，组织拍摄《甘被“围猎”必将作茧自缚》警示教育片。中共南京市雨花台区纪律检查委员会（以下简称区纪委）、南京市雨花台区监察委员会（以下简称区监委）协助区委制定《关于加强对“一把手”和领导班子监督的实施办法》，强化对履行管党治党政治责任、贯彻执行民主集中制、依规依法履职用权、廉洁自律等情况的监督。向本级人大常委会报告民生领域专项监督工作,办理区人大常委会对区监委专项工作报告的审议意见。处置问题线索496件,立案查处违纪违法案件149件、同比增长14.6%,给予党纪政务处分123人、采取留置措施9人、涉嫌犯罪移送检察机关4人,挽回经济损失1.8亿元。向案发单位或主管部门提出纪检监察建议14件。运用“四种形态”(指经常开展批评和自我批评、约谈函询,让“红红脸、出出汗”成为常态;党纪轻处分、组织调整成为违纪处理的大多数;党纪重处分、重大职责调整的成为少数;严重违纪、涉嫌违法立案审查的成为极少数)批评教育帮助和处理641人次,适用“三项机制”(鼓励激励机制、容错纠错机制、能上能下机制)30人次,为8名党员干部不实举报予以澄清正名。强化节假日的节点提醒与监督检查,严查“四风”(形式主义、官僚主义、享乐主义和奢靡之风)问题。结合实际选好“小切口”,查处“群众身边不正之风和腐败问题”43件53人。建成江苏省大数据查询研判中心南京雨花台分中心。抽调520余人次做好下沉社区春节值班、隔离酒店值守保障等工作。

【体制机制改革】 2022年,区纪委区监委向本级人大常委会报告民生领域专项监督工作,办理区人大常委会对区监委专项工作报告的审议意见。深化纪审联动协作监督,会商会办审计移交问题线索16件,立案查处2件2人,运用“第一种形态”处理12件12人。用好“室组地”联动,凝聚纪检监察室、派驻纪检监察组、地方纪委监委合力,完善合理分工、协作配合联合办案机制,运用“室组地”联动立案查处4件4人。以“监督一点通”在基层试点运行为契机,从社区遴选监察员,畅通信息报送渠道,开展监督活动,收集并及时上报群众反映意见和违纪违法线索,规范基层小微权力运行。

【区纪委十二届二次全会】 1月29日,中国共产党南京市雨花台区第十二届纪律检查委员会第二次全体会议在区级机关大楼会议室举行。区纪委委员出席会议16人,列席会议71人。区委常委、区纪委书记、区监委主任毛光明主持会议。全会学习领会习近平总书记在十九届中央纪委第六次全体会议上的重要讲话精神,传达贯彻十九届中央纪委第六次全体会议、十四届省纪委第二次全体会议、十五届市纪委第二次全体会议精神;审议通过毛光明代表区纪委常委会所作的《为建设廉洁江苏贡献雨花力量　以实际行动迎接党的二十大胜利召开》工作报告。

·专责监督·

【政治监督】 2022年,区纪委区监委开展新冠肺炎疫情防控专项监督,因时因势调整监督重点,聚焦重点人群“应检尽检”、60岁以上人群“应接尽接”、黄码转码、场所码“应扫尽扫”等重点环节责任落实,问责党组织1个、给予党纪政务处分13人。重视中央环保督察问题线索核查,针对下交将军山风景区开山毁绿违规建设等问题,立案查处2人,给予批评教育等“第一种形态”处理7人。深化安全生产专项监督,立案查处履职不力问题3件3人,运用“第一种形态”处理6件6人,推动纠治隐患、防范风险。开展融资平台和地方债务专项监督,监督推动防范化解地方政府债务风险,按序时计划注销平台公司1

家，推动完成债务化解任务，政府债务率处于绿区。

【民生监督】 2022年，区纪委区监委结合实际选好“小切口”，查处“群众身边不正之风和腐败问题”43件53人。开展停车收费专项监督，立案查处36件36人。开展工程建设领域挂证取酬专项治理，通过大数据锁定党员和监察对象存在的挂证问题，立案查处31件31人。开展特殊群体帮扶保障专项监督，核实困境儿童、低保重残人员未及时享受生活补贴等问题，立案查处6件12人，追回残疾儿童定点康复机构超额申请经费并上缴财政。对校园食品安全、幼儿园建设等情况开展监督，督促区教育局取消一家公司在区内各学校的配餐资格，调整一名学校食堂主要负责人，监督区教育局推动翡翠尚居小区幼儿园建成并开园。

【日常监督】 2022年，区纪委区监委通过重大事项请示报告、提出意见建议、协助区委制定两个责任清单、开展年度述职评议等方式，推动主体责任和监督责任贯通协同、一贯到底。协助区委制定关于加强对“一把手”和领导班子监督的实施办法，强化对履行管党治党政治责任、贯彻执行民主集中制、依规依法履职用权、廉洁自律等情况的监督，约谈各级各部门“一把手”、领导班子成员及重点岗位人员234人次，回复党风廉政意见62批次2254人次，提出否定或暂缓性意见6人次。做好来信来访来电网络举报受理，受理信访举报101件，信访转立案35件35人。推进数字监督，融入政府投资智慧集成管理平台，做到政府投资和工程建设全覆盖、全过程、全透明、可溯源。跟进监督省妇幼保健院总部项目，确保项目建设顺利开展。

·正风肃纪·

【腐败案件查办】 2022年，区纪委区监委处置问题线索496件，立案查处违纪违法案件149件，同比增长14.6%，给予党纪政务处分123人，采取留置措施9人，涉嫌犯罪移送检察机关4人，挽回经济损失1.8亿元。完成上级监委交办的留置案件毛某某案、徐某某案、卞某案办理。针对查办案件、日常监督、巡视巡察反馈或巡察中发现的突出问题，向案发单位或主管部门提出纪检监察建议14件，督促案发单位查补制度漏洞。运用“四种形态”批评教育和处理641人次，第一至第四种形态分别占比79.6%、15.9%、1.9%、2.6%。问责履职不力、责任落实不到位党组织4个，问责党员领导干部、监察对象54人。落实“三个区分开来”（即把干部在推进改革中因缺乏经验、先行先试出现的失误和错误，同明知故犯的违纪违法行为区分开来；把上级尚无明确限制的探索性试验中的失误和错误，同上级明令禁止后依然我行我素的违纪违法行为区分开来；把为推动发展的无意过失，同为谋取私利的违纪违法行为区分开来）要求，适用“三项机制”30人次，及时为8名党员干部不实举报予以澄清正名。

【廉政文化建设】 2022年，区纪委区监委建立全市首家以企业合规为主题的企业廉洁教育基地，构建亲清政商关系，推动“受贿行贿一起查”向“受贿行贿一起防”延伸。开通“雨花廉韵”微信公众号，启动雨花台区公职人员廉洁教育基地建设。拍摄《甘被“围猎”必将作茧自缚》警示教育片，协助区委召开全区领导干部警示教育大会，以案明纪、以案释法、以案为鉴。开展同级同类警示教育，组织党员干部旁听区内典型案件庭审，“零距离”感受纪法威严。

【“四风”纠治】2022年，区纪委区监委紧盯“四风”新表现新动向开展监督检查，查处享乐主义、奢靡之风问题8件11人，查处形式主义、官僚主义问题21件39人。选取板桥街道作为全区基层监测点，与17个社区建立常态化联系，通过一线调研、发放问卷等方式了解情况，指导街道（园区）、社区梳理社工职责边界，强化节假日节点提醒与监督检查，拧紧党员干部警醒链条，通报典型案例49批次50人。围绕学习培训、调研考察领域借机公款旅游的问题，开展专项监督，立案查处3件7人。（杜艳玲）

民主党派·工商联

·民主党派·

【概　况】2022年，雨花台区设民主党派基层委员会3个、总支3个、综合支部1个；有民主党派成员602人，其中民革雨花台区总支党员103人、民盟雨花台区总支盟员114人、民建雨花台区基层委员会会员127人、民进雨花台区总支会员114人、农工党雨花台区总支党员58人、致公党雨花台区综合支部党员23人、九三学社南京市雨花基层委会员社员63人。雨花台区党外知识分子联谊会有理事58人，所有理事完成无党派人士身份认定。全区有人大代表230人，其中党外人士36人，占比15.7%；人大常委会组成人员32人，党外人士6人，占比18.8%；区政协第十届委员会委员230人，党外人士140人，占比60.87%；政协常委35人，党外人士24人，占比68.57%。

年内，各民主党派开展“矢志不渝跟党走　携手奋进新时代”政治交接主题教育，党外知识分子开展“榜样引领前行　同心共向未来”主题教育，学习习近平总书记关于多党合作的重要论述。

【民革雨花台区总支】2022年，民革雨花台区总支党员103人，其中政协委员13人。组织支部党员在民革江苏省中山博爱之家参加视频会议“矢志不渝跟党走　携手奋进新时代”政治交接主题教育动员会。组织支部党员赴浙江省台州市大陈岛参观学习，与民革台州市椒江区委员会党员就“垦荒精神不老　革命精神永存”理论进行交流。民革雨花综合二支部组织党员赴大陈岛开展“矢志不渝跟党走　携手奋进新时代”政治教育主题教育现场学教活动。撰写提案、议案、建议等16篇，其中支部党员王男撰写的《加快构建数字经济　铸就“数字名城”硬实力》调研报告被区政协采用；支部党员颜昌孝撰写的《全面提升群测群防能力是地质灾害防治的有效途径》社情民意获中国国民党革命委员会中央委员会采用。支部党员张金红在第五个“中国医师节”表彰大会上获雨花台区“群众身边的好医生”称号。

【民盟雨花台区总支】2022年，民盟雨花台区总支有盟员114人。完成雨花台中学支部、科技支部、民盟雨花综合一支部、民盟雨花综合二支部换届工作。雨花台中学支部、中华中专支部、民盟雨花综合二支部等向民盟南京市委递交新闻宣传稿件4篇。参与完成民盟南京市委《历史的记忆——他们眼中的民盟》编写工作。民盟雨花台区总支副主委郑军撰写的《强化公共服务供给体系 助推全区城市软实力提升》《优化南京南站周边地面交通网络 凸显高铁车站的交通枢纽地位》《高质量推进我区慢行交通系统规划建设的建议》提案被区政协选为大会发言提案。民盟雨花综合二支部盟员王红波参与南京民盟重点工作"口述历史"纪录拍摄,完成第二批采访拍摄工作,参与制作完成《口述历史》宣传推介片。雨花台区中学教师董健开设公开课,教师王明飞带领学生到宁燕外来工子弟学校进行图书捐赠。年内,郑军入选2022年度江苏省交通运输行业"高层次领军人才培养计划"第二层次培养对象;崔世秀荣获2022年江苏省"十佳优秀资产评估师"称号;渠颖慧获2022年江苏省职业学校文明风采"优秀指导教师"称号;蒋寅凡获2022年南京市学科教学带头人、区教育信息化先进个人、省科技模型大赛优秀辅导员,撰写的《精准指导 让"小课题"带来"大成长"》论文在江苏省教研室组织的第33届江苏省"科学教育与青少年综合素质提高"学术论文活动案例征集评审活动中获论文一等奖。

【民建雨花台区基层委员会】 2022年,民建雨花台区基层委员会有会员127人,新发展会员18人,其中省政协委员1人、省人大代表1人、市政协委员2人、雨花台区政协委员5人、秦淮区政协委员1人,民建江苏省委经济委员会委员1人、民建南京市委副主委1人、专委会委员5人。民建雨花台区二支部联合民建南京市委理论研究委员会,开展"矢志不渝跟党走 携手奋进新时代"政治交接主题教育。会员陆全撰写的《写给义无反顾奔赴的青春——观北京冬奥会有感》被民建江苏省委网站刊登。举办第十期"叁陆玖 思享汇"活动,围绕主题"传承优良传统 同心携手前行"开展"矢志不渝跟党走 携手奋进新时代"政治交接主题教育;举办以"坚守人民信念 赓续革命精神"为主题的"叁陆玖 思享汇"红色历史宣讲课;开展以"话百年统战历史 走文化自信之路"为主题的"叁陆玖 思享汇"活动。组织会员参与到新冠肺炎疫情一线防控工作,累计向区红十字会、慈善总会捐款39.5万元。

【民进雨花台区总支】 2022年,民进雨花台区总支有会员114人。在区政协会议上,会员提交提案信息22篇,郑庆亚所作的《关于打造雨花数字电商产业基地的建议》报告在大会上交流;围绕区委、区政府中心工作建言献策,参与政党协商和专题协商,加强社情民意信息工作,年内17篇会员信息被省、市、区各级采用。召开总支扩大会议,学习习近平总书记在中央统战工作会议上的重要讲话,传达省、市统战工作会议精神。开展"同心彩虹 爱心筑梦"主题活动。组织会员到梅山老年公寓慰问老人2次。

【农工党雨花台区基层委员会】 2022年,农工党雨花台区基层委员会有党员58人。组织党员参与农工党南京市委员会组织的"庆祝中共二十大胜利召开""农工讲坛"等主题活动,参与党员175人次。组织党员观看中共二十大现场直播和《中国农工民主党中央关于认真学习宣传贯彻中共二十大精神的决议》等学习活动,参与党员111人次。选派骨干党员参加履职培训6人次。党员缪云的书法作品“人生　跬步联”入选“汲美金陵　翰墨同心——2022南京统一战线喜迎中共二十大书画展”。报送市、区信息建议17篇，党员戴国强提交的关于“建议进一步健全完善退役军人就业创业服务保障体系”等9篇信息被农工党南京市委会采纳（其中经济支部1篇、医务支部2篇、综合支部6篇）。戴国强被推选为区检察院特约检察员，刘金良被推选为南京市人民检察院听证员。刘金良、唐金华、韩涛、孙立波、邵安琪当选雨花台区第十届政协委员，提交政协建议6篇。党员孙立波、邵安琪参加“携手共植同心林　聚力开启新征程”义务植树主题活动。党员赵丽赴青海省西宁市大通县开展对口帮扶工作。党员韩涛参与联合国儿童基金会助学活动9次，参加中国青少年发展基金希望工程助学11次。全区58名农工党党员参与新冠肺炎疫情防控工作，其中一线抗疫医护人员21人，下沉社区及小区防控等志愿者工作20余人。经济支部分别向农工党雨花台区基层委员会医卫支部和铁心桥街道捐赠口罩2万个、矿泉水6箱等。

【致公党雨花台区综合支部】 2022年，致公党雨花台区综合支部有党员23人。开展“矢志不渝跟党走　携手奋进新时代”政治交接主题教育。致公党党员单位区税务局与景明佳园建立长期结对帮扶关系，在春节、“六一”儿童节期间向社区弱势群体、困难儿童分别捐赠帮扶资金1万元。组织党员和党员企业向区红十字会、雨花台区商圈党群便民服务驿站等公益性项目捐赠资金20万元。在新冠肺炎疫情防控期间，组织7名机关干部配合基层做好疫情防控宣传、协助开展核酸检测、维护现场秩序、人员信息排查、驻守隔离酒店、地铁进站验码等志愿工作。报送调研报告2篇、社情民意7篇、“两会”提案建议10件。党员韩芳撰写的《新〈法律援助法〉实施中的痛点研究》调研报告被致公党江苏省委会调研立项采用。党员张臻提交《做好春耕备耕指导》《切实加强生物风险防范　落实农兽药企业安全生产主体责任》社情民意，并撰写《精准发力守牢禁渔成效　积小胜大推进水岸同治》调研报告。年内，张臻被评为区政协先进委员；蒋蓉连续第三年考核优秀并获三等功；周艳入选南京市百名优秀文化人才及国际传播类文化人才；杨世飞被评为南京市“最具影响力的留学人才”；张力培获南京市律师协会涉外业务优秀奖；毛霖被评为江苏省科技企业家，其所管理的企业被认定为中国产学研合作创新示范企业、南京市优秀民营企业等；傅涛入选科技部“双创”人才，其企业被中国信息协会评为最具成长力企业奖；张迎乔被致公党江苏省委员会评为“强富美高”新江苏建设做贡献先进个人。

【九三学社南京市雨花台区基层委员会】 2022年，九三学社南京市雨花台区基层委员下设南京玻璃纤维设计研究院支社、雨花台区支社、雨花台区软件谷支社3个支社，有社员63人。召开“矢志不渝跟党走　携手奋进新时代”政治交接主题教育动员部署会。组织全体社员参加线上学习九三学社中央青年骨干系列培训。南京玻璃纤维设计研究院支社组织社员赴溧水红色李巷参观学习。雨花台区支社申报2022年九三学社南京市委会课题2项，分别为《关于共享单车规范化管理的建议》《检察机关延伸服务半径推进市域社会治理现代化的路径探析》。雨花台区软件谷支社报送集体调研文章《关于推进全面创新建设数字名城的几点建议》1篇。社员尚晓强、李进、吴善超、刘江提交调研报告、建议、提案和社情民意6篇。李进提交个人调研文章3篇、报送关于雨花教育发展的文史材料7篇。

【党外知识分子联谊会】 2022年,雨花台区党外知识分子联谊会有理事58人。召开座谈会,动员部署无党派人士、党外知识分子"榜样引领前行　同心共向未来"主题教育;组织无党派人士参加"携手共植同心林　奋力开启新征程"义务植树活动;组织无党派人士到溧水红色李巷接受红色教育;在省社会主义学院组织无党派士人参加主题教育培训;组织杨敏娟、余良、颜开红3名无党派人士参加市委统战部无党派人士培训班;雨花台区党外知识分子联谊会副会长王春华所管理的企业江苏沁恒股份有限公司与景明佳园社区开展特困学龄儿童家庭结对,签订定向帮扶协议,发放资助金,一对一定向帮扶。（季连华）

·工商联·

【概　况】 2022年,南京市雨花台区工商业联合会(以下简称区工商联)落实《2020—2022年全国"五好"县级工商联建设工作实施方案》《关于促进工商联所属商会改革和发展的实施意见》,完善"五好"县级工商联建设,推进商会改革创新,服务"两个健康"(非公有制经济健康发展、非公有制经济人士健康成长)。开展民营经济代表人士理想信念教育,引导民营企业家履行社会责任。按照"四好"(政治引领好、队伍建设好、服务发展好、自律规范好)商会建设标准,培育和发展先进商会组织。优化营商环境,建立完善涉案企业合规第三方监督评估机制和区协调劳动关系三方机制。结合"民营企业服务月"行动,开展"进百企、送服务、纾企困"大走访。召开区工商联第六届一次、二次主席(会长)会议,调整4名领导班子成员,执委以上班子成员122人。

年内,区工商联被省工商联评为2022年度全省民营企业调查点工作先进单位;被《中华工商时报》评为2022年度江苏省"构筑民营经济舆论阵地"先进单位。铁心商会被全国工商联认定为2021—2022年度全国"四好"商会,雨花经济开发区商会、古雄街道商会被省工商联认定为2021—2022年度江苏省级"四好"商会。雨花街道商会撰写的《关于开展雨花街道民营经济发展热点难点问题的调研工作报告》获2021—2022年度市工商联优秀调研成果二等奖。

【民营经济代表人士理想信念教育】 2022年,区工商联采用"理论培训"与"实地观摩"相结合形式,开展民营企业家坚定理想信念的教育引导。委托江苏省社会主义学院,聘请专家学者开设非公经济代表人士教育培训班,组织民营企业代表人士30人赴溧水红色李巷、茅山新四军纪念馆缅怀革命先烈;组织民营经济代表人士20人观看"喜庆二十大　永远跟党走"党课宣讲,邀请开国将军王必成之子、对越自卫反击战英雄王晓峰讲述王必成将军的革命生涯和革命事迹。

【民营企业服务】 2022年,区工商联联合市工商联、区检察院开设企业合规教育课堂;与律师事务所签订法律援助协议,保障企业合法权益;加强企业主导的校企合作,构建企业"引、用、育、留"人才工作体系;搭接资源平台,发挥区总商会8个分会及所属街道8个商会优势，开展区内资源共享，定期举办广告节、座谈会及对接会；开展“送政策　听心声”民营企业大走访活动，推动企业所需“场景应用”“首购首用”“建立跨境电商产业园”等落地雨花台区。全年派遣助企干部走访200余人次，走访企业109家，发放惠企政策宣传册300余份，发布惠企政策信息30余条，集中开展政策宣讲5次，参与企业150余家。

【对口帮扶】 2022年，区工商联鼓励民营企业家参与第三次分配，组织民营企业家赴陕西省丹凤县考察2次，签署帮扶协议5份，企村对口支援脱困金额6万元；摸排区内特殊困难家庭5户并制作帮困视频，募集善款4.3万元；组织民营企业家500余人次参加疫情防控志愿工作，累计捐款捐物200万元；筹集价值7万元的新冠肺炎疫情防控物资支援陕西省丹凤县，助力雨丹协作；开展消费帮扶活动，会员企业江苏户传科技有限公司与江苏省淮安市洪泽区签订企村结对协议，累计消费帮扶金额600万元；邀请青海省大通县、陕西省丹凤县、江苏省淮安市洪泽区40名家庭困难学生，到南京参加“因为南京　相伴成长”系列公益研学活动。 （张　雷）

群众团体

·雨花台区总工会·

【概　况】 2022年，雨花台区有基层工会组织577家，其中单独基层工会531家、联合基层工会46家，已建工会用人单位有职工66373人、工会会员64960人，职工入会率97.9%。全年，南京市雨花台区总工会（以下简称区总工会）推进职工宣传思想文化建设，梅山街道总工会、雨花街道总工会分获南京市职工宣传思想文化创新项目先进单位二等奖、三等奖。联合区委宣传部、区文明办开展2022年“雨花台区文明职工”选树活动，评选出陈玥屹等“雨花台区十佳文明职工”10人、刘学艳等“雨花台区文明职工”20人。开展“网聚职工正能量争做中国好网民”主题活动，4篇新闻报道分别被人民论坛网、“学习强国”南京学习平台、《江苏工人报》刊载，“南京雨花e工会”发表原创信息90篇。

开展“建功‘十四五’　建设新雨花”“大众创业　万众创新”等主题比武竞赛活动，开展职工业务技能培训2场次，举办比武竞赛活动4场次，参与职工1500余人。举办2022年度南京市职工职业（行业）技能大赛花卉盆景技能竞赛；省妇幼保健院总部项目成功申报市重大工程项目劳动赛；承办全省货运新业态驾驶员安全行车劳动竞赛，该竞赛是全国首个省级层面货运新业态驾驶员竞赛活动。

组织“劳模工匠进校园　思政教师进企业”活动7场次，发动各级工会讲好劳模故事、劳动故事、典型故事。推进“工人先锋号”“五一劳动奖状”“五一劳动奖章”“劳模创新工作室”等创建评选活动。江苏润和软件股份有限公司被省总工会授予“江苏省五一劳动奖状”；南京乐我家政服务有限公司综合服务班被省总工会授予“江苏省工人先锋号”；南京数字出版基地发展投资有限公司被市总工会授予“南京市五一劳动奖状”；江苏新视云科技股份有限公司财务管理部、赛虹桥街道办事处党政综合部、雨花台区疾病预防控制中心急传控制科被市总工会授予“南京市工人先锋号”;陈峰劳模创新工作室被市总工会评为“南京市劳模创新工作室”。张浩被省总工会授予“江苏省五一劳动奖章”;戴忠前、王进、朱长根被市总工会授予“南京市五一劳动奖章”。

成立区工会劳动领域维护政治安全工作专班,建立责任落实机制等8项工作机制。建立信息员队伍,强化劳动关系纠纷矛盾和职工队伍稳定风险防范和化解。推动街道(园区)、开发区企业及“八大群体”及新就业形态劳动者建会入会,成立运满满货运物流工会。全年新增独立建会企业20余家。

年内,江苏满运软件科技有限公司被省委组织部、省总工会评为“三创争两提升”活动省级示范单位;南京软件谷物业管理有限公司工会委员会等2家单位被市总工会评为“南京市模范职工之家”,南京安平公司工会煤焦作业区工会小组等4个集体被市总工会评为“南京市模范职工小家”,邹晶晶、张世勇被市总工会评为“南京市优秀工会工作者”;南京固延制药设备有限公司等10家企业(行业)被市总工会评为“2021年度南京市集体协商质效评估三星级企业(行业)”;梅山街道总工会被市总工会评为“在全市困难职工解困脱困工作中做出优异成绩的集体”;区总工会经费审查委员会获南京市总工会直属工会2021年度经审工作规范化建设特等奖单位称号、2021年度优秀审计项目奖;区总工会获南京市首届职工短视频微电影大赛优秀组织奖。

【产业工人队伍建设改革】 2022年,区总工会推进工会改革创新,推进产业工人队伍建设改革工作。构建“协同推进平台”“建功立业平台”“人才成长平台”3个平台。开展“建功‘十四五’ 建设新雨花”比武竞赛活动,联合南京市职工技术培训中心承办的信息通信网络运行管理员技能竞赛项目成为南京市一级竞赛圈项目。实施党建引领工程,突出“雨花红谷”非公党建品牌引领,开展“党建红心”引领“软件匠心”行动。开展非公企业“三创争两提升”示范单位创建活动,江苏满运软件科技有限公司被省委组织部、省总工会评为“三创争两提升”省级示范单位,区总工会列入省社会组织助力产改试点单位。健全区、街道(园区)产改试点单位数据库,组织60家四级试点企业实施产改。

【职工权益维护】 2022年,区总工会开展“进千企访万名职工”活动,推动175家用人单位开展平等集体协商。组织“雨工法援团”律师驻点区劳动人事争议联合调处中心值班112次,接待职工来访559人次,解答劳动合同、工资、社会保险等劳动争议热点类咨询347件。参与区根治拖欠农民工工资工作领导小组办公室联合办公,接待来访民工242批次1268人次。开展“关爱职工行动”,组织15批482人参加“康养金陵 乡村振兴”一线职工疗休养。互助互济参保会员12032人次,理赔397人次,赔偿金额89.19万元。组织新就业劳动者群体“八送”服务、“夏送清凉”活动,走访慰问一线岗位医务工作者、新就业形态劳动者3120人次,发放慰问品、慰问金40万元,为300名新就业形态劳动者免费赠送总价值1.5万元的互助互济保障。帮扶慰问困难职工415人次,帮扶金额20.87万元。帮助9人次大病、意外致困职工家庭获宁工爱心救助基金会救助款6.5万元，帮助3名特困职工子女申请助学金1.1万元。为9名职工办理发放创业小额贷款225万元。联合区妇幼保健所为5826名女职工开展免费“两癌”筛查活动。联合梅山街道举办“公益暑托班”，助力解决职工子女暑期“看护难”问题。建成一批市级挂牌职工服务站点，雨花街道总工会爱心驿站、赛虹桥街道邓府山社区爱心驿站被市总工会评为2022年南京工会“爱心驿站”，能仁里社区爱心母婴室被市总工会评为“四星爱心母婴室”，上怡新村社区爱心母婴室被评为“三星爱心母婴室”，雨花建设发展有限公司爱心母婴室等4家爱心母婴室被评为“基础爱心母婴室”，区妇幼保健所等4家女职工康乃馨服务站获评市级“女职工康乃馨服务站”。

【志愿服务和助企纾困】 2022年，区总工会加强职工志愿服务组织建设，开展“优秀职工志愿者”培育选树工作。组织各级工会干部同心抗疫，招募“工会蓝”志愿者参与街道社区疫情防控近300人次。实施免申即享小微企业工会经费全额返还政策，全年返还小微企业工会经费220.67万元，涉及小微企业171家（547家次）。开展“工会暖心服务”行动，组织“送法到企业”“律师服务面对面”活动，为受疫情影响较大、经营发展困难的小微企业开展法律服务。

【区总工会七届女职工委员会六次全体会议】 3月3日，区总工会召开第七届女职工委员会第六次全委（扩大）会议暨女职工工作业务培训会，区总工会女工委委员及各中间层次女工委主任、工会社工等30余人参加会议。会议听取区总工会女职工委员会七届六次全委会工作报告；总结全区工会2021年女职工工作开展情况，对2022年女职工工作重点任务作出部署；邀请区总工会集体协商专职指导员讲授“如何规范签订女职工权益保护专项集体合同”课程；组织与会人员实地参观学习江苏斑马软件有限公司公司下属社会组织——南京市风声职业培训学校女职工培训项目，体验女职工培训项目实践课程。

【花卉盆景技能竞赛】 11月19日，2022年度南京市职工职业（行业）技能大赛花卉盆景技能竞赛在花神湖畔开幕，33名园林绿化从业者参加技能竞赛。本次技能大赛由市总工会、市人力资源和社会保障局、共青团市委主办，区总工会、区农业农村局、市园林行业协会、南京滨尚园林工程有限公司联合承办。大赛评选出“南京市技术能手”称号1人、“南京

11月19日，2022年度南京市职工职业（行业）技能大赛花卉盆景技能竞赛在花神湖畔举行

（区总工会　供图）

市五一创新能手”称号3人、“南京市青年岗位能手”称号1人。

【区工会第八次代表大会】 11月30日，区工会第八次代表大会在区委党校举行。大会听取和审议卞艳艳代表区总工会第七届委员会所作的《扛起新使命　当好主力军　凝心聚力为“打造新滨江，建设数字城，全面建设现代化典范城市创新名区”而努力奋斗》工作报告；听取和审议庄捷代表区总工会第七届经费审查委员会和女职工委员会所作的工作报告；选举产生区总工会第八届委员会、经费审查委员会、女职工委员会。（王　杉）

·共青团雨花台区委员会·

【概　况】 2022年，共青团南京市雨花台区委员会（以下简称团区委）辖基层团（工）委30个、团委19个、团总支30个、团支部677个，团员14615人。全区各级团组织围绕学习贯彻习近平总书记在庆祝中国共产主义青年团成立100周年大会上的重要讲话精神、中共二十大精神，召开专题学习会113场。组建“小雨点青年讲师团”“红领巾宣讲员”2支宣讲队伍，开展“党史宣讲大篷车”“青春礼赞新时代　青年追梦复兴路”等主题宣讲活动137场，覆盖青少年4万人。召开共青团雨花台区第十四次代表大会。实施“青春文明先锋”工程，助力文明典范城市创建；开展共青团“统一行动日”活动63期，参与青年5000余人次。开展少先队员“十二个一”系列活动，参与人数超3.5万人次。组织青年志愿者参与核酸检测录入、秩序维护、大数据核查等工作，新冠肺炎疫情防控期间上岗人数7000余人次，服务时长5万小时。开展“小小心愿环游记”活动，向418名雨花台区和100名陕西省商洛市丹凤县的困境青少年赠送羽绒服、书包等“心愿礼包”。实施“梦想改造+”关爱计划，全年完成梦想小屋改造换新10户，累计完成梦想小屋改造41户。做好学生团员的发展、教育、管理工作，发展新团员671人。出台《雨花台区共青团基层组织改革实施方案》，启动县域共青团基层组织改革工作。实施“双百共建”工程，全区8个街道（园区）团工委与南京航空航天大学、三江学院2所高校16个院系的团组织开展结对共建。

年内，江苏润和软件有限公司团委被共青团中央评为全国五四红旗团委，黄小乐获全国优秀共青团干部称号；在团省委组织的江苏省级“两红两优”荣誉评选表彰中，雨花经济开发区团工委获评江苏省五四红旗团委，区人民检察院团支部获评江苏省五四红旗团支部（团总支），王秋月、江小伟获江苏省优秀共青团干部称号，南京中华中等专业学校2018级软件技术专业学生丁宇获江苏省优秀共青团员称号；张浩、曹大睿2名青年获第六届南京青年五四奖章。

【区“梦想小屋”交付仪式暨圆梦“微心愿”活动】 1月24日，雨花台区举行“梦想小屋”交付仪式暨圆梦“微心愿”活动。团市委、雨花台区、赛虹桥街道相关单位负责人及爱心单位、志愿者、受助青少年代表参加活动。活动现场举行2021年度雨花台区“梦想小屋”突出贡献奖、志愿服务奖颁奖仪式，向青少年代表赠送微心愿礼包活动，南京云想沃客管理咨询（集团）有限公司代表分享与“梦想改造+”关爱计划的故事。在辖区20余家爱心企事业单位和社会各界爱心人士的帮助下，2021年度雨花台团区委完成31户困境青少年“梦想小屋”改造。

【区学习贯彻习近平总书记在庆祝中国共产主义青年团成立100周年大会上的重要讲话精神座谈会】 5月16日，雨花台区召开学习贯彻习近平总书记在庆祝中国共产主义青年团成立100周年大会上的重要讲话精神座谈会。会议由区委常委、组织部部长时丹主持。座谈会上，宣读2021年度获得省级以上表彰荣誉的先进集体、先进个人名单；团区委主要负责人围绕学习贯彻习近平总书记重要讲话精神进行汇报发言；创业创新青年代表张浩、技能工匠青年代表宁显海、青年突击队代表田兴颖、新冠肺炎疫情防控医护代表陈思平、社区一线青年代表马青等5人结合本职工作交流感悟与收获。

【谷雨企业青年工作讲习所启动仪式】 7月25日，“谷雨生花芳满园”2022年谷雨双创学院开学典礼暨谷雨企业青年工作讲习所启动仪式在中国（南京）软件谷云密城举办。该活动由雨花台区人民政府、中国（南京）软件谷管委会、雨花台高新区管委会主办，区委组织部、团区委、软件谷科技创新部承办。现场发布2021年度双创发展报告，启动南京市首个围绕企业青年思想引领的讲习所——谷雨企业青年工作讲习所。谷雨企业青年工作讲习所是以青年企业家为主体的赋能、成长、交流平台，旨在帮助青年企业家开阔视野、拓展思维、提升能力。

【团区委第十四次代表大会】 9月8日，共青团南京市雨花台区第十四次代表大会召开。来自全区各条战线、各个行业的138名团代表出席大会。区委书记、中国（南京）软件谷党工委书记张连春，团市委书记荣飞出席会议并分别讲话。会上，团区委书记李进进代表共青团南京市雨花台区第十三届委员会向大会作题为“逐梦青春心向党　砥砺奋进新征程　为加快建设全面创新全域高新新雨花汇聚磅礴青春力量”的工作报告；总结2017—2022年全区共青团工作，研究部署2022—2027年全区共青团工作；选举产生共青团南京市雨花台区第十四届委员会委员、候补委员30人，常委13人。

9月8日，中国共产主义青年团南京市雨花台区第十四次代表大会召开

（团区委　供图）

【区青年工作联席会议第三次全体会议暨县域共青团基层组织改革工作专题会】 12月2日，雨花台区青年工作联席会议第三次全体会议暨县域共青团基层组织改革工作专题会召

开。区委副书记陆瑞峰出席会议并讲话，区政府副区长部叶红主持会议。区青年工作联席会议成员单位分管负责人、各街道（园区）、各相关单位分管负责人参加会议。团区委副书记虞舒海汇报区青年工作联席会议第二次全体会议以来的工作情况，传达上级县域共青团基层组织改革的要求，就全区共青团基层组织改革实施工作作说明；审议《雨花台区共青团基层组织改革实施方案》（讨论稿）；区教育局、区人社局、铁心桥街道、中国（南京）软件谷科技创新部代表进行交流发言。（袁　可）

·雨花台区妇女联合会·

【概　况】 2022年，雨花台区落实《雨花台区“十四五”妇女发展规划》《雨花台区“十四五”儿童发展规划》，制定全区妇女儿童发展规划目标责任分解体系。“春风行动”期间，举办线上线下专场招聘会16场次，提供岗位2000余个，吸引2200余名女性参与，现场达成初步就业意向310余人。南京市雨花台区妇女联合会（以下简称区妇联）辅导中国（南京）软件谷创新创业服务中心、西安交通大学全球校友（南京）协同创新中心2家企业参与申报江苏省女大学生创业就业实践基地申报工作。争取区内各职能部门参与女企业家协会会员日活动，组织区女企业家协会与栖霞区女企业家协会交流活动。青海省西宁市大通县突发山洪泥石流灾害后，联合区女企业家协会向协会成员单位发起援助倡议，10余名女企业家参与并捐赠物资80万元。完善巾帼志愿服务联盟机制，成立巾帼宣讲团，开展“奋进新征程　建功新时代”等宣讲活动20余场。联合区文明办举办“我们的节日　家风耀中华”系列活动5期。邀请辖区中国好人、各级“最美家庭”“最美婆媳”“巾帼奋斗者”、优秀志愿者等身边典型，分享工作生活中的感动瞬间、讲述老百姓自己的家风故事。举办“跟党奋进新征程　巾帼建功新时代”“最美宁姐回娘家”主题宣讲——雨花“阅女人”专场活动、“榜样的力量”倾听三八红旗手奋斗故事——雨花“阅女人”专场活动2场。全年，公众号“南京雨花妇联”发布信息386条。在“学习强国”学习平台、《中国妇女报》等市级以上媒体发表信息33篇。

年内，江苏斑马软件技术有限公司妇联被全国妇联评为全国巾帼建功先进集体；公益众创空间被省妇联评为省级“巾帼文明岗”；铁心桥街道民生保障部等6家单位被市妇联评为市“巾帼文明岗”；南京软件谷创业创新城管理服务有限公司、中国（南京）软件谷管理委员会创新创业服务中心2家企业获市级巾帼示范基地称号。李文华被省妇联评为省“巾帼建功标兵”；单亚丽等6人被市妇联评为市“巾帼岗位明星”；高莉萍被省妇女儿童福利基金会评为2021年度江苏妇女儿童慈善“先进工作者”。

【家庭建设】 2022年，区妇联深入寻找最美家庭活动，评选出区“最美家庭”50户，其中李蓉家庭获评全国“最美家庭”，徐孝成家庭获评省“五好家庭”，崔永兵家庭获评省“文明家庭”，丁咏梅、张为良家庭获评省“书香家庭”，徐静、袁治荣家庭获评省“最美家庭”，崔永兵、蒋秀如等9户家庭获评市“最美家庭”。联合区教育局开展中小学联合家访试点，成立由心理咨询师、律师、教育

5月27日,"我们的节日 家风耀中华"——"凝聚家力量 浓浓端午情"家风文化宣传活动在板桥街道板桥社区举办 (区妇联 供图)

专家、社区妇联主席、妇联执委等组成的联合家访专家团队,安排心理咨询师和教育专家为雨花台中学2名学生开展心理咨询上门服务。新增花神庙、玻纤院、西善花苑、绿洲、新林5个社区为省级家庭教育指导服务示范社区,金叶花园社区获评南京市"三全"社区家庭教育支持行动优秀示范社区,实现"三全"社区家庭教育工作街道全覆盖。开设"父母微课堂"微信专栏,推送"宁姐137空中课堂"、儿童生命安全教育等线上课程、短视频40余期,组织区、街道、社区三级妇联干部参加市妇联"三全"社区建设培训4次,参与人数200余人次。推进3个社区"宁姐月嫂"家政服务社区工作站试点建设,开展宣传活动8场次,调研12场次、走访居民45户,为家庭提供家政服务983次。作为区妇联组团服务群众项目,参与"两在两同"进街道送服务等活动12场,开展公益培训3场,提供公益家政服务20次。

【维权帮扶】 2022年,区妇联举办"送法进万家 家教伴成长"家庭学法线上竞赛3期,50户家庭成员获竞赛一、二、三等奖和特别奖。公众号"南京雨花妇联"设立"家庭学法"专栏,宣传普及相关法律知识19期,家庭教育"一法一条例"系列微课7堂。挖掘推荐平安家庭建设活动典型,董春玉、贾舒被市妇联评为市最美平安巾帼志愿者,肖芳芳、陈梅燕被市妇联评为市最美家事调解员,陈翠萍、陈钱顺、高金明、张东淼4户家庭被市妇联评为市平安家庭示范户。开展"大走访、大排查、大攻坚"行动,上报问题线索1例,处置完成市妇联上传的全区问题线索2例;参与危机线索干预1例,协助申请法律援助3例,评选出市平安家庭创建活动典型8个。为19户家庭建立动态"一人一档",上报2户家庭加入省儿基会"一户一策"微关爱计划。与公安局雨花台分局、区法院、区司法局等部门协作,办理市转及本级妇女维权信访39起,配合区法院做好家事案件庭前调解2起,办结"12345"工单2件。印发《雨花台区加强特殊困难妇女儿童群体保障和关爱工作的实施意见》,统筹"天使爱心""花神助学""乐家助学""苏银助困""雨爱助学"等爱心资源,帮扶困难家庭学生77人,发放助学金、学习生活用品28.7万元。走访慰问全区单亲贫困母亲56人,发放慰问金3.66万元。争取市"兆兰儿童爱心小屋"项目资源,成立兆兰春蕾班2个,发放助学金3.4万元、"宁姐暖心包"25个。设立"雨爱基金",由区女企业家协会认领，帮扶全区困难初中学生完成学业，年内投入首批资金3.9万元。

【妇儿实事项目落实】 2022年，雨花台区落实《雨花台区“十四五”妇女发展规划》《雨花台区“十四五”儿童发展规划》，制定全区妇女儿童发展规划目标责任分解体系。确立2021—2022年度区政府妇儿工委实事项目，制定《雨花台区2022年妇女儿童及家庭公益社工服务项目管理暂行办法》，规范公益社工服务项目运作。设立“性别平等　你我同行”性别平等教育区项目，推进儿童友好社区建设。加强新业态群体组织和工作覆盖，在物业等行业成立妇联组织，在有条件的“宁小蜂”驿站建立妇女微家。新增南站社区党建联盟360妇联、板桥新城物业公司妇联等妇联组织16家。新成立妇女微家16个，成立首个女骑手妇女微家，“齐心苑”骑手妇女微家被推送参与全省新领域“最美妇女微家”寻访活动。年内，雨花街道农花社区、古雄街道古雄社区获评首批南京市儿童友好社区；家在板桥妇女微家、仁之采妇女微家、怡爱童行妇女微家、“微善+”商圈联盟微家获评市级示范妇女微家，王维、杨音、姜正丽、尚凤霞、李梦婷获评优秀微家主人。

【区家庭心理健康服务中心成立】 7月6日，雨花台区家庭心理健康服务中心挂牌成立。该中心是江苏省妇联系统与南京市妇联系统首家区级挂牌的家庭心理健康服务中心。该中心以“YU心相伴　携手同行”家庭心理健康关爱服务项目为抓手，开展驻点心理咨询服务、设立心理咨询服务热线、宣传普及心理健康知识、为特殊困难妇女儿童及家庭提供个案服务。至年末，实施家庭心理健康关爱服务项目，举办家庭心理健康专题大课堂24期，开展家庭心理健康关爱志愿者讲座2期，受益家庭300余户。

【区妇女第十二次代表大会】 12月10日，南京市雨花台区妇女第十二次代表大会在雨花台区中学学术报告厅举行。区委书记、中国（南京）软件谷党工委书记张连春，市妇联主席、党组书记吴曦出席会议并分别讲话。区妇联主席、党组书记张晓慧主持大会开幕式。中国（南京）软件谷党政办、各街道（园区）和系统党工委分管领导，区政府妇儿工委成员单位分管领导，区妇女第十二次代表大会正式代表及特邀代表等130余人参加大会。会议播放区妇联2017—2022年工作专题片，张晓慧代表区妇联第十一届执委会向大会作题为“巾帼心向党　建功新时代　为奋力谱写中国式现代化南京新实践的雨花篇

12月10日，南京市雨花台区妇女第十二次代表大会在雨花台中学学术报告厅举行
（区妇联　供图）

章贡献巾帼力量”的工作报告；总结2017—2022年全区妇联工作，研究部署2022—2027年全区妇联工作，选举产生区妇联第十二届执行委员会。

【新领域妇联组织建设】 2022年，区妇联以“缤纷雨花 星光熠熠”新领域组织建设项目为抓手，做好区新领域妇联组织、妇女微家、执委工作站、女性社会组织等优秀工作品牌的宣传和推广。首次举办妇联工作创新实践优秀案例征集评选，入册宣传优秀案例19家，现场展示优秀组织10家；确定“她公益”微项目5个，从品牌建设、参与社会治理、开展服务等方面，加强新领域妇联组织建设、业务能力提升和品牌服务创新，实现新领域妇联工作及组织“双覆盖”。 （池宁琳）

·雨花台区科学技术协会·

【概 况】 2022年，南京市雨花台区科学技术协会（以下简称区科协）推进组织和制度建设，召开第五次代表大会，编制完成《雨花台区全民科学素质行动规划纲要实施方案（2021—2025年）》；在“全国科技工作者日”“全国科技周”“全国科普日”等重要时间节点开展群众性主题科普活动，开展“智慧助老”“科普报告进校园”“机关科协大讲堂”等专项行动；推进科普阵地建设、基层科普人才队伍建设和科普信息化建设；为企业技术创新服务，帮助企业申报科普项目。

【区科协第五次代表大会】 12月9日，区科协在区级机关会议室召开第五次代表大会，正式代表、特邀代表和列席代表80人参加大会。会议听取和审议区科协第四届委员会工作报告，审议和通过《雨花台区科学技术协会实施〈中国科学技术协会章程〉细则》（修改草案），选举产生雨花台区科协第五届委员会，票选委员35人、常委21人。

【群众性科普活动】 2022年，在“全国科技工作者日”“全国科技周”“全国科普日”等重要时间节点开展群众性主题科普活动55场，惠及群众近万人。其中，在5月举行的全国科技活动周暨第三十四届科普宣传周期间，全区围绕“走进科技 你我同行”主题开展科普活动23场。组织区域内9家科普教育基地参与青少年“科普游”活动打卡，累计惠及青少年约600余人、群众近3000人，发放科普宣传品2000余份。在9月举行的“2022年全国科普日”宣传周期间，全区围绕“喜迎二十大 科普向未来”主题开展科普活动32场，发放科普宣传品约300份，张贴科普主题海报80余套，惠及社区居民、青少年、科技工作者及科技志愿者约1000人。

【科普专项行动】 2022年，区科协针对老人、青少年、机关干部等重点人群开展科普服务。举办以健康养生讲座、预防网络诈骗、智能手机操作培训、应急救护、生活小常识等为主题的智慧助老科普活动23场次。联合江苏省科学传播中心、江苏省老科技工作者协会、江宁区科学技术协会举办首届江苏省老年人智能手机运用大赛，新华社现场云、百度、哔哩哔哩、虎牙、苏科家园等10余家网络平台全程直播，超130万网友观看比赛。开展青少年暑期系列科普活动17场次，惠及青少年400余人。联合省、市科协开展“科普大篷车”进社区活动；联合区关心下一代工作委员会分别围绕“格斗机器人的科技魅力”“感受陶艺魅力传承非遗文化”主题,举办“科技夏令营”活动;结对雨花经济开发区科协开展“暑托班”服务。

【科普阵地建设】 2022年,全区建成梅岭、古遗井社区基层社区科普画廊2个,区科协向8个街道(园区)科普图书角赠送图书136册;新增省级科普教育基地1个——梅钢工业文化旅游区、市级科普教育基地1个——南京睿诚华智科技有限公司,其中梅钢工业文化旅游区是全区首家以“工业”为主题的科普教育示范基地;成立南京正泽科技股份有限公司企业科协,企业有科技工作者112人。

【基层科普人才队伍建设】 2022年,区科协组织50余人次参加省、市、区线上、线下科普能力培训;组织梅钢工业文化旅游区科普教育基地和汉火科技有限公司参加南京市科普讲解大赛,分获三等奖和优秀奖;全区有科技志愿组织2个、注册科技志愿者630人,发布科技志愿服务活动47场、科技志愿服务品牌项目6个。年内,“梅清苑社区校外辅导站科技创客志愿服务”项目被长三角科技志愿服务联盟评为2022年度长三角优秀科技志愿服务先进项目。

【科普信息化建设】 2022年,区科协运用新媒体数字科普平台获取和传播科学知识。全年注册科普中国信息员2328人,传播分享科普信息16万篇(条),月活度保持在4000人左右;76台社区科普大屏流动发布信息800条,惠及群众3万人次;“雨花科普”微信公众号发布微信150条,阅读总人数近3000人次。

【企业技术创新服务】 2022年,区科协牵线搭桥实施南京市“金桥工程”项目4个;在2022年度南京市“讲思想、比贡献”活动中立项5个,获评优秀项目2个;成立雨花经济开发区海智特色基地,组织南京海智在线——雨花经济开发区优质科创项目国际推广活动1场;联合市科协、南京睿悦信息技术有限公司举办第三届元宇宙创新应用国际大赛;组织南京司凯奇汽车科技有限公司等3家企业参加第六届“赢在南京鼎梦杯”双创大赛,均获优秀奖。年内,南京汉火科技有限公司王宇获2022年“科创江苏”企业创新达人;南京睿悦信息技术有限公司的“南京(雨花)信息技术应用创新之VR/AR产业链强链补链行动”项目,成功申报2022年“科创江苏”专项行动计划项目。 (孙小中　段雅雯)

·雨花台区青年联合会·

【概　况】 2022年,雨花台区青年联合会第四届委员会设主席1人,副主席5人,有委员146人;设置科学技术界别,经济界别,金融商务界别,法律界别,教文卫体媒界别,工、农、技能人才和新兴领域青年界别,社会组织和社会中介、民族宗教港澳台海外界别7个界别。

【区青联第四届常委会三次全体会议】 12月30日,雨花台区召开青联第四届常委会第三次全体会议。会议审议通过,增补虞舒海为雨花台区青年联合会第四届委员会席位委员、常委,李进进为雨花台区青年联合会主席,虞舒海为雨花台区青年联合会副主席。区青联第四届常委会全体委员,各界别主任、副主任,青联秘书长参加会议。 (袁　可)

·雨花台区文学艺术联合会·

【概　况】 2022年,雨花台区文学艺术界联合会(以下简称区文联)设有作家协会、摄影协会、戏曲协会、音舞协会、书画协会、民间艺术家协会、诗歌(朗诵)协会和葫芦丝陶笛协会,有会员56人;全区基层文联11个,其中街道文联7个、社区文联2个、企业文联1个、教育文联1个;基层专业文艺队伍56支。深入街道社区组织“仲夏夜纳凉晚会暨南京市百场公益广场行文艺演出”7场次。组织第二届“雨您相约　幸福花开”金秋文化艺术节舞蹈、声乐、器乐和综合颁奖4个专场活动,来自全区基层近60支文艺团队、3000余名文艺爱好者参加。组织“翰墨传情　笔墨书福——雨花台区干部书法班线上展”“书道迎春——闻娜书法工作室三期学员线上作品汇展”等线上优秀作品展,入展作品36幅。投入资金50万元建成沉浸式艺术鉴赏空间。原创表演唱《快乐向前方》获江苏省五星工程奖,并被省文旅厅推荐参加第十九届全国群星奖初赛。以参加南京市第十三届少儿艺术团队大赛为契机,创作少儿舞蹈《小小雨花石》、表演唱《拥抱春天》、情景剧《南京古城唱童谣》、曲艺《遇见最好的自己》、现代舞《送你一朵小红花》等节目7个。孔繁勋创作出版《花雨慰忠魂》诗集,以一百首诗歌讴歌一百位雨花英烈,这在红色题材创作中是首次。

【《软件之路》作品研讨会】 1月22日,《软件之路》作品研讨会在区图书馆举行。研讨会由区委宣传部、区委党史办、区文旅局、区文联、江苏省报告文学学会主办。省、市、区相关作家、记者、编辑、文学爱好者近30人参加。汪政、张茂龙、陈德民、杜立明、孔繁勋、邹雷、何开文、左中甫、王峰等知名作家和媒体人代表作研讨发言。《软件之路》是江苏省首部以软件产业发展为主题的长篇纪实文学作品;全景式反映雨花台区(软件谷)软件产业发展历程,是雨花台区首部市作协资助签约作品;有8章、31万字;偏重于叙说相关人物的创新创业故事,由两个层面的群体人物故事组成。

【《大望》作品研讨会】 7月15日,作家李凤群长篇小说《大望》作品研讨会在区文联举行。研讨会由区委宣传部主办,区文联、区图书馆承办。省作协书记处书记、副主席鲁敏,省作协副主席、省文艺评论家协会主席汪政,区相关部门领导及新闻记者26人参加。研讨会上,分别播放中央电视台介绍《大望》的视频新闻和花城出版社社长、《花城》杂志主编张懿介绍作品出版情况的视频;李凤群向区图书馆赠送作品《大望》;批评家韩松刚、何同彬等交流发言。李凤群系中国作协会员、区作协会员,先后在《人民文学》《收获》《当代》《北京文学》等杂志发表《大江》《大野》《大望》《大风》等长篇小说。年内,长篇小说《大望》获中共中央宣传部2021年度“中国好书”奖;李凤群被评为2021年中国作协“深入生活　扎根人民”主题实践先进个人。

【区作协换届选举会员代表大会】 11月16日,雨花台区作家协会换届选举会员代表大会在区政府机关大楼举行。区委宣传部四级调研员汪长江、区委党史工办主任陈明太、区教育局副局长李进、区纪委原党风廉政室主任王宏启、文史专家朱向东、区文旅局三级调研员孔繁勋及会员代表参加。会议由孔繁勋主持。大会上，王宏启作上一届雨花台区作家协会工作总结报告；陈明太宣读雨花台区作家协会章程；选举产生新一届作协主席、副主席和秘书长、副秘书长及理事人选47人；李进宣读作家协会理事会建议名单。（孔繁勋）

·雨花台区法学会·

【概　况】 2022年，南京市雨花台区法学会（以下简称区法学会）设会长1人、常务副会长1人、副会长13人（不含常务副会长），有会员226人。组织法学会会员学习习近平总书记重要讲话精神，确保法学会开展活动始终把坚持党的领导、维护党的权威、拥护党的决策放在首位。落实中国法学会《关于意识形态工作责任制实施细则》和省法学会《关于进一步落实意识形态工作责任制　切实加强阵地管理的通知》，在组织参加课题研究、论文征集、论坛研讨等方面严把审核关。筹备五年一届的换届选举工作，召开区法学会第二次会员代表大会。向市法学会报送全区工作动态和信息，及时汇报工作、交流经验。年内，相关宣传区法学会和青少年法治工作稿件被《现代快报》、交汇点和《民主与法制》等报道。

【课题研究】 2022年，区法学会举办“行政处罚权在基层”“反有组织犯罪法”“青少年法治与基层治理”等法治论坛，邀请南京大学等院校著名学者和相关法学专家为区域发展献计献策；围绕全区热点难点问题，在创新“少年法学院”模式、探索青少年法治教育新形式、推进企业合规监管服务体系建设等方面建立课题，积极参与、主动跟踪、共同研讨；组织动员全区法学法律工作者参加各级法学会组织的研究课题征集、招标应标及自选课题研究等工作，对中标课题研究给予支持。全年，面向全区征集法学研究课题选题建议，收到选题建议21个，经过筛选和论证立项5个。

【青少年法治教育】 2022年，区法学会联合区司法局开展“百名法学家百场报告会”法治宣讲和“青年普法志愿者法治文化基层行”活动；邀请专家学者对法治热点和敏感事件开展权威解读；组织青年法学法律志愿者深入基层，开展“六进”活动，宣传法律知识，弘扬法治文化；参与《中华人民共和国民法典》宣讲、反电信欺诈宣传及“4·15”全民国家安全教育日、“6·26”国际禁毒日、“12·4”国家宪法日等普法宣传，通过主题宣讲、全媒体宣传、张贴海报等形式，开展系列宣传教育活动；开展优秀教学课件评比活动，精选特色鲜明的作品作为提升青少年法治意识的教材。

（端木宁南）

·雨花台区红十字会·

【概　况】 2022年，雨花台区红十字会（以下简称区红十字会）落实《南京市雨花台红十字会改革实施方案》，按照“强三性、去四化”目标要求完成区红十字会换届工作。推动基层组织向企业、社区延伸，在铁心社区建立全市首个商圈红十字会。启动春江社区“志友之家”建设，完善春江社区“博爱家园”配套设施。规范会员、志愿者发展、教育、管理，新增团体会员1家，至年末有中国红十字注册志愿者458人，建有红十字志愿者队伍21支，全年围绕新冠肺炎疫情防控、人道救助、无偿捐献、红十字知识宣传等开展志愿服务活动120余场次。成立一支由18名红十字师资组成的区级红十字应急救援志愿服务队，制定应急救援演练方案，利用“南京南站区域党建联盟360”应急救护培训基地的地理优势，围绕防地震、防火灾、防水灾等课题开展应急救援演练8场次。落实“千人导师”培训计划，举办专题师资培训班2期，新增应急救护师资80人。成立雨花“中心荟”商圈“宁小蜂”应急救援先锋队，在铁心社区、春江社区成立应急救护培训基地，深入学校、社区、机关、企事业单位及新就业群体开展救护培训96期，完成初级救护员培训813人，普及培训5000人，CPR+AED持证培训9683人，投放AED（自动体外除颤仪）50台。筹集救助资金231.22万元，开展“爱心义卖”“博爱送万家”“博爱助学”等活动32场次，通过搭建爱心平台、签订“结对共建”“结队帮扶”协议等方式改善困难群体境况，发放救助资金240.6万元，惠及困难家庭1904户。在“5·8”世界红十字日、“世界急救日”期间，组织“南京雨花救在身边”、“5·8”人道公益日众筹、“博爱校园行”、“为困境儿童筹集爱心”等众筹活动，筹集项目资金24.2万元。做好对口帮扶，为陕西省丹凤县筹集帮扶资金19万元。开展“三献”普及宣传30余场次，组织36名红十字志愿者及696名区、街道（园区）机关干部献血18.89万毫升，新增无偿献血志愿者120人、遗体器官捐献志愿者26人，完成造血干细胞采样入库60人。通过抖音、公众号、小视频等宣传先进人物和典型事迹，开展主题宣传活动36场次，制作抖音及小视频21条，在中国红十字会总会、省红十字会、市红十字会网站等报道101篇，在《江苏先锋》《南京日报》《紫金山》等报刊报道11篇，在“学习强国”江苏学习平台报道4篇。

年内，铁心桥街道春江社区被中国红十字会评为全国红十字模范单位；区红十字会被市红十字会评为红十字工作优秀单位和博爱家园工作、景区救护站建设工作、志愿服务工作、遗体和人体器官捐献工作、艾滋病预防教育工作先进单位；区红十字会被南京市无偿献血工作联系会议评为无偿献血工作先进集体。

【区红十字会第八次会员代表大会】 11月26日，区红十字会第八次会员代表大会在区级机关八楼会议室召开。会议审议通过《雨花台区红十字会第七届理事会工作报告》；选举产生区红十字会第八届理事会和第二届监事会，聘请区委书记张连春和区委副书记、区长李方毅为区红十字会名誉会长；总结2017—2022年区红十字工作，研究部署2022—2027年区红十字工作。区四套班子主要领导，市红十字会主要领导，各街道（园区）、相关部门分管负责人及区红十字会代表86人参加会议。

【雨花“中心荟”商圈红十字会成立暨第一次代表大会】 6月24日，南京市雨花台区雨花“中心荟”商圈红十字会成立暨第一次代表大会在铁心社区二楼会议室召开。大会选举产生雨花“中心荟”商圈红十字会第一届理事会,选举王孝春为雨花“中心荟”商圈红十字会第一届理事会会长;审议通过常务理事11人,产生会长、副会长、秘书长人选。市红十字会党组成员、副会长叶军,区红十字会党组书记、常务副会长陈维炜,驻地企业及相关单位会员代表、红十字志愿者代表35人参加会议。

【应急救援演练】 3月5日,区红十字应急救援志愿服务队在“南京南站区域党建联盟360”应急救护培训基地进行建队以来首次应急救援演练活动。活动内容以模拟地震现场为背景,纳入搭建帐篷、VANYAR消杀机器人作业、心肺复苏和AED的组合操作、止血包扎固定搬运、清理现场、回收物料等科目;18名应急救援志愿者参与演练活动。全年开展应急救援演练活动8场次。

【CPR+AED师资培训】 7月19—22日,区红十字会开展CPR+AED师资培训班。培训班共2期,每期为期2天,每期参训人员40人;内容包括心肺复苏术、自动体外除颤器使用方法、气道异物梗阻处理技术课程3项。来自街道(园区)、社区的80名参培人员完成全部课时,并通过考核取得区级CPR+AED师资证书。

【无偿捐献】 因受新冠肺炎疫情影响,市血液库存告急,4月3日,区红十字会组织区红十字应急救援队、红十字青年志愿队、红十字巾帼志愿队3支队伍参与“同心战‘役’共克时艰”无偿献血活动,36名志愿者成功献血7500毫升;7月27日和8月2日,分别组织区、街道机关干部参加无偿献血活动,现场进行无偿捐献宣传、招募无偿献血及造血干细胞捐献志愿者,900余人自愿参加献血,696人成功献血18.89万毫升。全年,全区开展“三献”宣传活动30余场,发放宣传资料2万余份;新增无偿献血志愿者120人、遗体器官捐献志愿者26人,完成造血干细胞采样入库60人。

【红十字志愿服务】 2022年,区红十字会开展红十字志愿者招募活动,完成中国红十字志愿者平台注册458人,建有红十字志愿者队伍21支;新冠肺炎疫情防控期间,组织工作人员参加疫情隔离点后勤保障、封控区、高速路口卡口疫情防控7人次,安排志愿者参与铁心社区、尹西社区、翠竹园社区核酸检测扫码、现场秩序维护、疫情流调等志愿服务200余人次,累计服务时间2000余小时。全年围绕疫情防控、人道救助、无偿捐献、便民服务、红十字知识宣传等开展志愿服务活动120余场次。

(王续平)

责任编辑 陈佳佳

雨花台年鉴

2023 YUHUATAI ALMANAC

法治·军事

2023 YUHUATAI ALMANAC

Rule of Law & Military Affairs

法　治

·政法委与综治·

【概　况】2022年，中共南京市雨花台区委政法委（以下简称区委政法委）以统筹发展和安全“大走访、大排查、大攻坚”行动为抓手，以完成市域社会治理现代化创建为目标，以全面推动新时代政法工作高质量发展为主攻方向，围绕区委提出的“两全两新”新雨花建设目标，牵头开展“三大行动”、打击整治养老诈骗专项行动、特殊困难群体救助帮扶和妇女儿童权益保障问题排查整治专项行动、整顿基层社会治理短板弱项行动与校外培训机构风险处置行动，为中共二十大胜利召开创造安全稳定的政治社会环境，平安雨花、法治雨花和过硬队伍建设等各项工作平稳有序开展。

政治安全和社会稳定维护。联合南京大学、江苏省社科院专家开展“国家治理视野下的信访法律问题研究”课题调研；围绕“4·15”全民国家安全教育日，开展覆盖广泛的宣传教育；建立“一案一册”机制，协调责任单位做好风险源头防控、排查梳理、纠纷化解和应急处置；完成中共二十大、北京冬奥会、全国“两会”等节点安保任务。

平安“雨花”建设推进。抓好《中华人民共和国反有组织犯罪法》的宣传贯彻，开展各类法律知识讲座56次；推进四大重点行业领域专项整治，办理市扫黑办交办的12337平台线索3条；抓好“三书一函”*跟踪问效，制发“三书一函”7份。加强社会治安重点地区整治，确定2个地区、1个方面突出治安问题为年度整治重点，各类重点地区可防性案件得到有效控制；推动新一代智能安防小区工程建设，营造良好社会治安环境；制定《提升群众安全感和满意度的实施方案》，组织实施平安护民十项工作举措。全链条打击电信诈骗犯罪，全年抓获电信诈骗犯罪嫌疑人410人，查处10人以上犯罪团伙5个，捣毁“跑分”团伙4个；常态化开展扫黑除恶，全年破获九类涉黑恶案件45起，抓获犯罪嫌疑人145人。

社会治理基层基础夯实。推进市域社会治理现代化试点工作，41个成员单位完成74项创建任务；6个部门、4个街道完成12项特色项目创新课题。印发《雨花台区深入推进“精网微格”工程建立微网格治理机制工作方案》，构建“街镇—社区（村）—网格—微网格—户”工作体系；完成8个街道（园

7月8日，区委政法委在赛虹桥街道赛虹桥社区举办“政法力量进社区　红色网格解民忧”政法网格员认领服务项目启动仪式　（区委政法委　供图）

区)、60个社区的2779个微网格划分,配备微网格员2782人,志愿者2782人;建立网格员骨干轮训机制,开展优秀网格员评选;鼓励老党员、老干部和乡贤等参与治安巡逻、法治宣传、调解矛盾。

政法改革不断深化。牵头区委编办等9家单位,实施20项改革任务,推进企业合规试点,组织实施法治为民十件实事,开展“法润雨花2022春风行动”“百名法官进企业”“小微企业法律服务月”等活动,推进民事诉讼繁简分流制度改革,持续打造家事审判“希望树”品牌,推进街道综合行政执法改革,加快智慧矫正中心建设,举办“行政处罚权在基层”法治论坛,召开区法学会第二次会员代表大会。征集到法学研究课题选题建议21条,经筛选和论证立项课题5条。

年内,区委政法委被中国关工委、中央政法委、司法部、团中央、中国法学会联合表彰为全国青少年普法教育先进集体。

★**链接** “三书一函”指《监察建议书》《司法建议书》《检察建议书》《公安机关提示(建议)函》,是以法治思维推动社会治理的有效手段。

【中共二十大安保任务】 2022年,雨花台区成立中共二十大安保工作领导小组和工作专班,研究制定《关于依法处理信访活动违法犯罪行为的实施办法(试行)》,化解涉稳重点矛盾16件。中共二十大期间区域社会安全稳定,未发生重大敏感事件。

【国家安全宣传教育】 2022年,区委政法委以“4·15”全民国家安全教育日为契机,拓展平台载体宣传途径,协调区教育局组织学校开展“4·15”有奖征文,动员中小学生创新国家安全宣传作品,征集到征文150余篇、手抄报250余份,评选表彰出28篇征文和28份手抄报,并汇编成册。

【“三官两师”进社区工作机制】 2022年,雨花台区“三官两师”*进社区工作模式在全区推广。区委政法委结合区域特点、社区需求、工作基础等方面因素,印发《雨花台区深入推进“三官两师”进社区的实施方案》,建立工作运行、条块联动、常态工作和激励保障等四项机制。通过群众出题、社区领题、“三官两师”破题,邀请上级政法机关评题的工作机制,夯实基层治理基础。该工作机制被《法治日报》报道,被市委政法委评选为“全市政法系统从严管党治警创新示范制度”。

★**链接** “三官两师”即法官、检察官、警官、律师和心理咨询师。

【政法调研宣传】 2022年,区委政法委贯彻落实区委主要领导“一部门一课题”要求,组织开展区委政法委机关“大调研”活动,形成《关于运用网格化机制整合资源促进基层治理提质增效的思考和建议》上报区委,形成《对电信网络诈骗犯罪相关问题的调研思考》等2份调研报告上报市委政法委,雨花台区专属网格建设等亮点工作被《江苏法治报》《南京政法》等刊物报道。

【区委政法工作会议】 2月17日,区委政法工作会议在区级机关会议室召开。会议落实中央、省委、市委政法工作会议和区委十二届三次全会部署要求,研究部署全区政法工作。会议强调,守牢政治安全和社会稳定两条底线,为全区经济社会发展保驾护航;推动政法改革创新,推进全区政法工作高质量发展,释放政法改革效能;巩固深化拓展成果,打造过硬政法队伍,强化政治建警,持续加强监督,不断改进作风。区委政法委、区法院、区检察院、公安分局、区司法局、区信访局等部门主要负责人,区委办、区政府办分管负责人,各街道(园区)政法委员、社会治理综合指挥中心主任等100余人参会。

【政法系统政治督察】 5月16—17日,区委政法委对区法院刑事审判庭、公安分局安德门警务工作服务站开展政治督察。重点聚焦学习贯彻习近平新时代中国特色社会主义思想,落实习近平总书记对政法工作的重要指示批示,贯彻《中国共产党政法工作条例》,围绕加强党的建设、落实重大决策部署、巩固深化政法队伍教育整顿成果、推进全面从严管党治警、贯彻总体国家安全观、落实政法领域意识形态工作责任制6个方面,采取听取汇报、问卷调查、民主测评、个别谈话、查阅资料等方式,对被督察单位进行政治体检。

【政法系统中层干警政治轮训班】 6月20—21日,2022年度全区政法系统中层干警政治轮训班在区委党校举办。区委政法委邀请省委党校、市委党校教授及市委政法委、区检察院等单位专家,对参训人员进行《中国共产党政法工作条例》、习近平法治思想解读,就如何弘扬伟大建党精神等内容进行专业培训;组织参训人员观看国家安全和保密法视频,在西善桥派出所、铁心桥法庭、知识产权检察服务中心、公共法律服务中心开展实景教学。区法院、区检察院、公安分局、区司法局中青年正副科职干警42人参加培训。

【区委书记为全区政法队伍讲授专题党课】 7月5日,全区政法队伍建设专题党课在区级机关八楼会议室召开。区委书记张连春以“巩固教育整顿成果　锻造过硬政法铁军　以高质量政法业绩迎接党的二十大胜利召开”为主题讲授专题党课。张连春在专题党课中提出三点要求:提升政治引领力,在践行“两个确立”做到“两个维护”中进一步坚持党对政法工作的绝对领导;提升科学统筹力,在聚焦主责主业增强能力本领中进一步履职尽责,彰显政治担当;提升初心践行力,在巩固深化成果、凝聚工作合力中,进一步淬炼打造过硬政法队伍。全区政法干警100余人参加。

【扫黑除恶斗争领导小组(扩大)会议】 7月13日,雨花台区扫黑除恶斗争领导小组(扩大)会议在区级机关会议室召开,贯彻落实中央和省、市、区委部署要求,研究部署全区扫黑除恶斗争重点工作,推动常态化扫黑除恶斗争向纵深发展。会议强调,要正视问题,进一步提高政治站位;要突出重点,进一步扩大斗争成果;要压实责任,进一步确保斗争取得实效。区扫黑除恶领导小组成员单位10人参会。

【政法英模先进事迹宣讲会】 8月9日,雨花台区政法英模事迹宣讲会在区级机关会议室召开。崔圣菊、米玲、曹娟、王声、郭莉莉5名区先进个人宣讲先进事迹,南京市公安局雨花台分局代表宣讲先进集体事迹。区政法系统单位50余人参会。

【政法队伍建设廉政教育报告暨警示教育大会】 8月9日，雨花台区政法队伍建设廉政教育报告暨警示教育大会在区级机关会议室召开，会议强调，加强政法干部队伍建设是当前反腐败斗争新形势的必然要求，是加强政法队伍政治建设的应有之义，是“全面创新、全域高新”新雨花建设的客观需要，要准确把握政法队伍建设面临的问题挑战，深入剖析存在问题的思想根源，勇于“刮骨疗毒”。区政法系统单位50余人参会。

8月9日，雨花台区政法英模先进事迹宣讲会在区级机关会议室召开

（区委政法委　供图）

【网格化工作业务培训班】 9月16日，2022年度雨花台区网格化工作业务培训班在区委党校举办。全区60个社区、2个筹备办的网格员和8个街道（园区）网格化工作联络员计70人参加培训。

【全区政法系统中共二十大精神宣讲报告会】 11月9日，区委政法委在区级机关会议室召开全体（扩大）会议，传达学习贯彻中共二十大精神，研究安排全区政法系统学习宣传贯彻工作，研究部署政法重点工作。会议强调，按照“五个牢牢把握”重要指引，学习贯彻中共二十大精神，深刻领悟“两个确立”，增强“四个意识”、坚定“四个自信”、做到“两个维护”，维护国家政治安全和社会大局稳定，增强人民群众获得感、幸福感、安全感；深入挖掘先进典型事迹，增强政法队伍英模先进典型的选树与学习宣传，邀请中共二十大代表向全区政法干警宣讲中共二十大精神；充分发挥好职能作用，维护稳定，服务大局；抓好各单位队伍建设，公正司法、廉洁执法。区政法系统相关单位主要负责人参会。

（林智祁）

·法治政府建设·

【概　况】 2022年，雨花台区抓好法治雨花“一规划两方案”*落实，召开全面依法治区委员会会议2次，牵头组织实施2022年法治为民十件实事，推进落实党建考核中法治建设内容；印发《法治雨花建设规划（2021—2025年）重要举措分工方案》，制发《雨花台区2022年法治政府建设工作计划》。建立司法行政部门主导，政府相关部门、政府法律顾问、专家学者等共同参与的行政规范性文件合法性审查机制，审核政府各类文件30余件，审核政府信息公开申请答复书15件。推进行政复议规范化建设，强化行政复议纠错功能，纠错案件3起。在江苏省法治政府建设督察工作中，雨花台区法治建设工作获得省委全面依法治省委员会办公室高度评价。年内，区司法局被江苏省委全面依法治省委员会办公室评为2021年度依法治区工作成绩突出单位。

★链接　法治雨花“一规划两方案”指《法治雨花建设规划（2021—2025年）》《雨花台区法治政府建设实施方案（2021—2025年）》《雨花台区法治社会建设实施方案（2021—2025年）》。

【街道综合执法规范化】2022年，区委全面依法治区委员会办公室印发《雨花台区开展基层综合执法规范化建设专项行动工作方案》，成立工作专班，组织实施基层综合执法规范化建设专项行动。依据《雨花台区街道综合执法赋权事项实施情况评估工作方案》，区委全面依法治区委员会办公室会同区委编办、区行政审批局，对各街道赋权事项实施情况开展评估，确认街道执法主体资格，以区政府名义明确赋予街道行使行政处罚事项清单，制定街道综合行政执法“三项制度”*、指导街道制定《重大行政执法决定法制审核委员会工作规程》，并确定重大行政执法决定法制审核目录，制定《街道综合行政执法管理规定（试行）》，搭建街道综合执法基础框架。邀请专家专题讲授《重大行政决策暂行条例》和《江苏省行政程序条例》；组织街道综合行政执法人员轮训和行政执法辅助人员集训600人次，实景排演《我执法、你纠错》情景剧，为484名考试合格人员办理工作证。

★链接　行政执法“三项制度”是指执法全过程记录制度、执行重大执法决定法制审核制度、行政执法公示制度。

【行政执法监督】2022年，区司法局开展民族宗教领域专项执法现场监督工作，对各行政执法机关落实行政执法“三项制度”（行政执法公示制度、执法全过程记录制度、重大执法决定法制审核制度）情况进行评查，为全区702名行政执法人员换发全国统一行政执法证，完成84份重大行政执法决定的备案审查，提出备案审查意见110条。审核“12345”热线提请不予受理工单3248条，为行政审批局界定工单受理单位40余次。开展街道综合行政执法案卷评查工作3次，印发通报2份，抽查街道执法案卷100余卷。参加市司法局组织开展的街道行政执法专项案卷评查和年度案卷评查工作，被南京市依法行政领导小组办公室评为2022年度全市行政执法案卷评查先进单位。

【行政复议】2022年，区司法局推进行政复议规范化建设。公开行政复议机构名称及联系方式、受理条件等。规范案件审理，行政复议申请率、按期结案率、听证率均为100%。强化行政复议纠错功能，直接纠错案件3起，发出行政复议建议书1份。加强行政复议信息化建设，建设科技听证室、调解室等行政复议业务用房。创新行政复议体制机制，加大调解、和解适用力度，发挥制度功能，促进行政争议实质化解，全年审结各类行政复议案件85件（含结转15件），以调解、和解方式结案的行政复议案件48件，调解和解率56.47%，较上年增长33%。

【行政诉讼】2022年，区司法局履行组织、协调、指导和监督全区行政应诉工作职能，研判分析法律关系，全年代理政府行政诉讼案件102件。落实出庭应诉ABC角制度，做好行政应诉案件介绍分析，提高实质性解决行政争议成功率。在全市两级法院开庭审理的以雨花台区政府为被告的行政诉讼案件中，行政机关负责人出庭应诉率100%。行政应诉案件原告撤诉4件，争议化解率达13.3%。

【政府法律顾问工作】 2022年，区司法局组建新一届政府法律顾问，聘请薛济民等16名法学专家和律师担任法律顾问委员，特聘区内代表性数字法治服务企业高管为顾问，为政府数字法治特别是智慧执法、司法工作提供意见建设。通过专项委托、专题授课等形式，发挥法律顾问在推进依法行政、建设法治政府工作中的重要作用。

【合法性审查工作】 2022年，雨花台区建立司法行政部门主导，政府相关部门、政府法律顾问、专家学者等共同参与的行政规范性文件合法性审查机制，全年审查政府合同196份，提出意见建议1020条；审核政府各类文件30余件，审核政府信息公开申请答复书15件；压缩江苏省妇幼保健院总部项目相关合同审核时限，审核该项目招标文件8份，提出意见65条。

（徐子萱）

·公　安·

【概　况】 2022年，南京市公安局雨花台分局（以下简称公安分局）下辖雨花台、共青团路、赛虹桥、铁心桥、西善桥、板桥、梅山、雨花经济开发区、岱善和陵园10个派出所。110公安接警平台接报警情25.5万起，其中涉嫌违法犯罪警情5.6%、求助服务类警情61.97%、其他类警情32.43%。年内，公安分局围绕中共二十大安保维稳主题主线，推进夏季治安打击整治“百日行动”和“苏安行动”“宁安行动”“宁安会战”等系列专项行动，排查整治各类安全隐患1017个；注重电信诈骗源头治理，联合银行、运营商网点行业主管部门开展行业管理漏洞问题专项督导；破获九类涉黑恶案件45起，抓获犯罪嫌疑人145人。年内，公安分局被公安部授予全国优秀公安局称号，民警崔圣菊作为省公安系统唯一代表出席中共二十大。

年内，南京市公安局交通管理局第八大队（以下简称交警八大队）加强事故预防“减量控大”、交通秩序联动共治、法治交管规范保障等实施力度，实现城市交通治理高质量提升。创新机制，坚持“勤务跟着路况走、岗点随着

5月25日，南京市公安局雨花台分局在全国公安系统英雄模范立功集体表彰大会上获“全国优秀公安局”称号。图为分局部分干警合影

（公安分局　供图）

问题设、路面就是主战场”总体目标，点上开展棋盘式布警，覆盖全区31个重点路口，一类岗实行7×12小时常态值守；线上推行摩托化巡防，辐射管理8条重点路段，警情平均到达时间缩短26%。建强信号配时工作，实现全区403个路口分级管控、14条绿波带动态调控，试点行人过街按钮和感应信号灯。会同教育部门研究“一校一策”交通组织优化措施，优化10所学校周边交通组织和信号配时。结合雨花台区道路交通安全形势，开展“宁安会战”系列交通执法行动，全年查处各类交通违法18万起。道路死亡人数同比下降11.8%，未发生死亡3人及以上道路交通事故。

（胡媛媛　唐　杨）

【安保工作】 2022年，公安分局完成中共二十大以及冬奥会、省“两会”、市“两会”、上海“进博会”等重大会议时间节点安保任务，确保重要节日安全稳定。在此期间，查破1起制作、销售涉政违禁书籍案件，系近3年来全市唯一全链条打击成功案例；推进公安夏季治安打击整治“百日行动”，“苏安”“宁安”“宁治”等系列专项行动，累计清查场所单位1.3万次，发现整改各类安全隐患1017个；开展全警“亮灯”行动，将全区划分为6个车巡区、10个步巡区，重大警情到场均时在4.7分钟内。

【刑事打击】 2022年，雨花台区刑事发案3441起，破获1538起，破案率44.70%。抓获各类犯罪嫌疑人2015人；逮捕300人，同比上升9.49%；提起公诉463人，同比下降40.64%；追回网上在逃犯罪嫌疑人108人。集中攻坚大案要案，下达行动指令230份，抓获嫌疑人571人、公诉427人，战果转化率75%。其中，现行命案、抢夺和抢劫、性侵及社会关注的敏感案件破案率100%。梳理、侦破19年前“雨麓苑”、21年前“西营村”两起命案积案。打击侵财违法犯罪案件，开展电动车、电瓶和路边店盗窃等阶段性高发类案专项打击，移诉盗窃电动车电瓶惯犯12人，捣毁广西河池籍职业入室盗窃惯犯团伙，串并本市案件26起，缴获黄金等赃物超20万元。破获“5·18”销售有毒有害食品案件，抓获全链条生产、销售劣质减肥药犯罪嫌疑人27人。侦办重点现行涉黑恶案件，破获九类涉黑恶案件45起，抓获犯罪嫌疑人145人。整治、打击电信诈骗，开展为期10个月的“登门行动”，对辖区内21.5万户78.8万人进行反诈宣讲，劝阻潜在受骗群众4人，避免财产损失56万元；抓获电信诈骗嫌疑人410人，打掉10人以上团伙5个，捣毁“跑分”团伙4个。

【执法规范整改】 2022年，公安分局围绕市公安局规范警务攻坚提升行动部署，抓住法制体制改革契机，开展3期“排雷”专项行动整治执法办案突出问题，排查整改各类执法问题117个，相关工作经验被省公安厅《法制简报》刊登。推行警情质效剖析会制度，突出违法犯罪类重点警情专项整治，抢抓市公安局改革机遇，全力推进案件受理中心（室）建设和规范化运行，并通过量化考核指标、完善考核细则，激发法制员源头监督能力。

【公安服务提升】 2022年，公安分局树立“以人民为中心”发展理念，把服务发展作为“第一要务”、群众满意作为“第一标准”，接处警满意度、窗口服务满意度均位居全市首位。年内，结合“宁满意”工程，启动政务服务2.0升级工作，梳理归集200多项个人及对公业务事项，优化政务服务集成体系建设。开展流动服务“上门办”，服务企业园区12家、校园10所、社区5个，累计服务群众5400人次，办理各类事项7500余件。坚持特殊群体优办，为行动不便的老年人、残疾人等特殊群体提供全流程跟踪式服务32次。

【人口管理】 2022年，公安分局为科技人才、退役军人、在宁务工积分落户等人员办理户籍登记5659人；办理身份证8543人次。办理出入境证件2628人次，其中，中国公民出国护照办理1045人次、港澳签注1583人次；边境证办理570人次。推行流动人口常态化治理机制，注销流动人口1.3万人、登记流动人口1万余人。

【社会动员宣传】 2022年，公安分局多维打造新媒体宣传矩阵，放大“南京雨花公安微警务”微信公众号品牌效应，制作主题推文36篇，吸引关注用户22万人，其中《你好，警礼服！》《青春在抗“疫”中绽放》《孩子们！护航中高考，雨花公安准备好了！》等多篇推文被公安部官方头条号等媒体转发。中共二十大代表崔圣菊相关宣传报道被中央电视台社会与法频道、新闻频道，《人民公安报》《新华日报》等重要媒体多次报道。20余篇稿件在国家级媒体上刊登，600余篇稿件被省、市级媒体刊发。

【现代警务改革】 2022年，交警八大队完成大队综合情报指挥室升级改造，建立“情指勤督舆”（情报、指挥、勤务、督导、舆情）一体化指挥调度体系，实现资源共享、线索联查、协同处置，全年巡查发现处置警情1000余起。根据《南京市主城区大队交通勤务管理工作实施方案》，突出“屯警路面、动中备勤”，推行战时、一级、二级、三级、周末、夜间等多形态勤务模式，实行岗段长、路巡长、片区长包干责任制。实施点上棋盘式布警，雨花西路与雨花南路交叉口、安德门大街与软件大道交叉口2个重点路口每天12个小时常态值守。推行“铁骑队伍”勤务模式，20名铁骑队员，辐射管理8条重点路段，人均每日巡逻40千米、查纠违30余起。

【交通安保监管】 2022年，交警八大队统筹抓好各项交通安保任务，全年257天实行高等级勤务，33个高峰、平峰岗常态值守，2个到宁查验点24小时查控，2个夜查整治点由交警、城管等部门协同管治，市、区两会期间道路交通保持安全稳定，涉疫转运、高考安保等323

6月，交警八大队铁骑中队围绕校园周边道路强化巡逻管理，确保高考期间交通安全
（交警八大队 供图）

次交通安保、交通警卫任务圆满完成，节假日大流量以及冰雪、大雾恶劣天气的交通处置到位。开展“宁安会战”系列行动，查处各类交通违法18万起。围绕重点货运通道、施工片区，严查渣土车、混凝土搅拌车等工程运输车，严处闯红灯、闯禁区、超速超载等违法行为，查处工程运输车违法2000余起。围绕重点商贸区、餐饮聚集区、飙车易发地区，开展大规模集中夜查行动，全力打击酒醉驾、轰鸣疾驶、非法改装等突出违法行为，查处酒驾醉驾224起，查扣改装车45辆。

【交通秩序治理】 2022年，交警八大队深化全国文明典范城市创建工作，加强文明交通常态长效治理和显性交通违法整治警示，实施电动自行车生产、销售、上牌、上路综合治理，营造“挂牌上路、戴盔骑行”社会风尚，采取人脸识别及号牌视频识别、RFID射频采集、路口监控远程执法、无人机抓拍、铁骑巡线追处、鹰眼布控高违车辆等6项治理举措，实现违法抓拍、大屏曝光、短信提醒、上门追处等闭环管理模式，全年查处电动自行车违法7万余起、月均非现场抓拍700余起。开展交通秩序管理“金点子”征集活动，整治快速内环交通拥堵，保障惠民大道综合改造，序时推进15处交通组织优化，排查常发性交通堵点10处，制定“一点一策”治理方案10个，有效治理堵点乱点8处，其中软件大道至华为路北口增加潮汐车道后通行效率提升20%~30%，花神大道（数字大道至宏运大道段）丁字路口改十字路口后高峰通行效率提高70%。

【合成化交管服务】 2022年，交警八大队日均派驻10余名警力在2处公路通道查验点，累计检查车辆202万辆次、人员242万人次。综合服务窗口办理车驾管业务1.6万起、违法处理业务4万余起；指挥室接处警6.8万起，协查车辆3500余辆次。

【企业车辆安全监管】 2022年，交警八大队升级重点车辆主动干预、“智慧渣土”、输入性重点车辆风险防控等监管平台，做强大队综合情报指挥室。全年排查走访五大类107家重点企业，约谈问题企业22次，发放隐患整改通知44张，停运企业11家次、车辆80余辆，行政处罚31家企业计6.20万元，查缉2000余辆高危车辆，中共二十大安保期间查获非法运输煤气车辆，重大安全隐患得到及时消除。

【信号灯配时优化】 2022年，交警八大队将信号灯配时优化作为重点民生实事和“我为群众办实事”典型项目，全区78处主次干道、景区、商圈重点路口实行7套配时方案，403个路口实现分级管控、14条绿波带实现动态调控，行人过街按钮和感应信号灯实施试点运行。新冠肺炎疫情防控期间，动态调整全区424个信号灯路口平峰运行周期。联合教育部门联合下发《中小学、幼儿园“一校一策”接送学交通治理工作指引》，实施错时停车、限时通行、彩色标线，解决“双减”带来的接送学交通叠加难题，全年对20所学校交通组织、信号配时、交通设施等进行优化，10所学校落实交通“一校一策”专项治理。

【执法办案】 2022年，交警八大队常态化运作大队执法管理委员会，打造执法办案中心，在大队增设违法处理中队，建强专职、兼职法制员队伍，办理非交通肇事刑事案件立案105

起、移送起诉104起,以南京市公安局直属分局名义办理行政拘留案件14起。加强事故处理能力建设,“警保联动”巡逻车参与接处警,月均接处警300余起,协调道路交通事故社会救助基金垫付医疗、丧葬等费用320万元,破获人伤交通肇事逃逸案件45起。

【宣传引导】 2022年,交警八大队建立涉警舆情监测处置工作机制,每日上报舆情动态,每周汇集反馈回复,每月出具舆情分析报告,全程跟进处置过程,化舆情危机为交管工作提升契机;持续开展精准宣传社区行活动,对高违法、多事故人员开展“敲门行动”,对高违法群众上门入户教育,前置工地建设交通安全宣传阵地,开展“百团进百万企业千万员工”专题宣讲活动60家次,利用直播平台每周对“两客一危”驾驶员开展教育30场次,教育交通运输从业人员1905人次;发布道路施工宣传信息20余次。 (唐 杨)

·检 察·

【概 况】 2022年,雨花台区人民检察院(以下简称区检察院)受理审查逮捕案件115件186人,批准逮捕153人;受理审查起诉案件617件942人,提起公诉659人。不捕33人,不诉125人,诉前羁押率16.71%。办理民事行政案件150件,公益诉讼案件138件,控告申诉案件34件。制发各类检察建议292件,其中社会治理类检察建议47件,回复采纳率100%。向区人大常委会专题报告虚假诉讼检察监督工作情况,邀请人大代表和政协委员、特约检察员等走进检察机关视察调研、参加检察活动40余人次,邀请人民监督员开展“促规范,提质量”案件质量评查活动,公开接受监督。依法推进检务公开,公开各类信息和法律文书等970件,提供各类阅卷服务287件次。全年为各类刑事案件被害人挽回损失2158万元。

年内,区检察院落实最高人民检察院“质量建设年”工作要求,推进检察队伍专业化、职业化建设,所办案件入选最高人民检察院典型案例3件,入选江苏省人民检察院参考性案例、新闻发布会案例、典型案例6件。1项课题成果获全国检察机关案件管理理论征文活动优秀奖。区检察院获得全国检察宣传先进单位、全国查处重大侵权盗版案件有功单位、全省检察机关扫黑除恶先进集体、南京市先进基层检察院等20余项表彰;区检察院团支部获评江苏省五四红旗团支部;干警40余人次分别获全省扫黄打非先进个人、全市检察机关优秀办案检察官、先进个人等称号。

【社会安全稳定】 2022年,区检察院打击敌对势力在意识形态领域的渗透颠覆等犯罪活动,依法提起公诉4件7人。学习贯彻《中华人民共和国反有组织犯罪法》,优化扫黑除恶工作组织体系和运行机制,坚持和完善涉黑恶案件提前介入引导侦查机制及相关办案流程,保障扫黑除恶工作常态化运行。妥善办理重大责任事故案,提起公诉2件2人,及时向相关企业制发社会治理类检察建议,督促其整改漏洞隐患,守牢安全生产底线。

【群众财产安全】 2022年,区检察院针对涉众型金融诈骗、电信网络诈骗等多发侵财类犯罪,坚持严惩罪犯和追赃挽损两手抓,提起公诉33件66人,追缴违法所得110万余元。办理利用某货运平台漏洞诈骗案,借助互联网大数据开展追赃挽损,退赃人数比例88.7%,退赃金额比例86.3%,该案被评为全省检察机关追赃挽损典型案例。在全省首次通过“声纹鉴定”作为定罪证据办理跨境电信网络诈骗案件,公诉3件17人。全年为各类刑事案件被害人挽回损失2158万元,向法院移交扣押款1960万余元。

【职务犯罪打击】 2022年,区检察院完善监检衔接工作机制,审查起诉监委移送的职务犯罪4件4人。办理国家监委指定的毛某行贿案,同步追缴现金、股票、房产等违法所得,价值1亿余元。严厉打击贪贿犯罪中的洗钱犯罪,及时移送、督促立案2件2人。针对职务犯罪涉财产执行情况开展专项检查,监督18名被执行人将245万元罚金刑全部履行完毕,其中15名被执行人将责令退赔、上缴赃款赃物约2172万元全部履行完毕。

【刑事监督】 2022年,区检察院协助区委政法委出台《关于加强区委政法委执法监督与检察机关法律监督衔接工作的意见(试行)》。与公安分局联合成立侦查监督与协作配合工作领导小组及办公室,实现刑事大要案件提前介入引导侦查全覆盖和检察监督全流程。全年追捕犯罪嫌疑人10人,追诉犯罪嫌疑人21人,监督立案38件,监督撤案57件。先后列席法院审判委员会5次,围绕重大疑难案件定性、量刑等事项发表意见。履行认罪认罚从宽主导责任,适用认罪认罚程序审结案件547件762人,适用率88.71%。推进量刑建议精准化,提出确定刑量刑建议人数占起诉人数的85.97%,法院采纳率100%。

【民事行政检察】 2022年,区检察院受理民事检察案件136件。加强民事执行活动监督,提出执行检察建议62件,采纳62件。民事支持起诉受理55件,支持起诉54件,采纳54件。综合运用检察建议、纠正违法意见、提请抗诉等措施开展民事虚假诉讼专项整治,2件再审检察建议被审判机关采纳,公安机关根据移送的线索以虚假诉讼罪立案侦查1件,案涉金额达1402万元。开展行政检察监督依法护航民生民利专项工作,与雨花台生态环境局、区市场监督管理局、区城市管理局、区人力资源和社会保障局等行政机关建立信息共享和联席会议机制,采取监督纠正、促进和解等方式,实现行政争议实质性化解5件。

【公益诉讼检察】 2022年,区检察院履行“公共利益代表”职责,聚焦生产安全、食药安全、交通安全、文物保护和生态环境保护等领域,提起公诉123件125人。发出公益诉讼检察建议80件,相关单位采纳率100%。提倡恢复性司法理念,引导涉环境违法犯罪企业推行补种复绿、增殖放流、缴纳修复费用等补救性举措,实现打击犯罪与生态修复有效对接。联合区财政局、生态环境局会签《生态损害公益赔偿金管理办法》,年内收到的70余万元赔偿金均被有效监管,确保专款专用。

【市域社会治理】 2022年,区检察院与能仁里社区共建“检爱仁心”工作站,通过个案调解、法治宣传、党团共建等方法,助力社区提升治理水平。推进“网格+公益诉讼”观察员工作制度,从社区矫正人员中选聘4名公益诉讼志愿者，协助检察机关发现、收集、梳理公益受损线索，帮助特殊人群培养社会责任感，全年报送线索50余条。与公安分局会签《关于进一步加强寄递违禁品犯罪案件线索登记移送工作细则》，强化快递行业管理。打击扰乱税收管理秩序犯罪，办理公安部挂牌、江苏省涉案金额最高的骗取出口退税案，查实价税计82.72亿余元，实际退税并造成税款损失8.19亿余元，依法提起公诉3件4人。

【基层矛盾化解】 2022年，区检察院推进检察社会公开听证中心建设，举行公开听证36次，听证案件息诉罢访率100%，一案入选最高检察院简易公开听证典型案例。常态化落实群众信访“件件有回复”，接待群众来信来访164件次。落实院领导包案制度，院领导包案办理首次信访中的立案监督、刑事申诉等重大复杂案件，一起36年积案实现息诉罢访。在区委政法委、财政局等支持下，先后对被欠薪民工、未成年人等救助78人次83万余元。

【企业合规教育】 2022年，企业合规基地累计接待企业38家2500余人次，通过观看专题展板、举行合规讲座、开展合规听证等，强化企业人员守法合规经营理念。开展预防侵犯公民个人信息法律风险专题家装行业合规培训，推动行业达成合规共识，制定行业自律规范。联合区财政局、司法局和税务局等6家单位会签《涉案企业合规第三方监督评估机制管理委员会工作规则（试行）》和《涉案企业合规第三方监督评估机制专业人员选任管理办法（试行）》。组建由律师、审计师、会计师等专业人员构成的第三方监督团队，规范合规案件办理流程，提升专业性、实效性。出台《关于涉案企业合规教育培训内部协作机制（试行）》，畅通涉企合规案件办理内部流程。以行政合规推动行政争议化解，与区生态环境局联合成立全省首家生态环境保护合规教育中心。年内，区检察院办理的一起合规案件被评为江苏省法律服务保障民营企业经济高质量发展典型案例。

【知识产权保护】 2022年，区检察院联合中国（南京）软件谷管委会设立知识产权检察服务中心，为辖区内高新企业提供“一站式”和“一体化”综合性法律服务保障，先后开展优化营商环境、创新发展与权利保护等主题普法活动10余次，接待企业参观交流27次。通过创新海量芯片抽样鉴定、源代码提取保存鉴定，运用刑事公诉证据支持民事起诉维权等司法办案举措，办理全省首例侵犯芯片著作权刑事案件，该案入选最高人民检

6月2日，区检察院与区生态环境局联合成立的全省首家生态环境保护合规教育中心揭牌仪式在雨花经济开发区三鸿路6号举行 （区检察院 供图）

察院保护知识产权服务保障创新驱动发展典型案例。

【妇女儿童保护】 2022年，区检察院组织开展2017—2022年侵害妇女儿童线索专项清理排查，与公安、法院、妇联等单位完善案件通报、联席会议等工作机制。对1名被遗弃的患有精神疾病妇女开展保护帮扶工作，支持社区提起特别程序诉讼，实现监护权变更并妥善进行救治。严厉打击侵害未成年人犯罪，提起公诉9件10人。落实强制报告制度，实现全区中小学和幼儿园《关于落实侵害未成年人案件强制报告制度责任承诺书》全覆盖。努力提升青少年法治教育工作标准化水平，成立法治教学教研组，改进“运满满”未成年人观护帮教基地硬件设施，开展“检护未来”青少年法治教育夏令营等系列活动，提高青少年自我保护意识，促进平安校园建设。

【养老诈骗专项行动整治】 2022年，区检察院根据《南京市打击整治养老诈骗专项行动整治组工作方案》，成立领导小组，由检察长任组长并建立工作专班，主动联合街道、区金融局等单位开展专场宣传工作4次，营造浓厚反诈氛围。办理系列涉养老非法吸收公众存款案件，推动公安机关深挖细查，年内办结该系列案件10件26人，累计追赃挽损130万余元。

（刘玉涵）

·法　院·

【概　况】 2022年，雨花台区人民法院（以下简称区法院）受理各类案件17324件，同比上升16.35%；审执结14827件，同比上升16.83%；员额法官人均结案401件，同比增加16.91%，平均审理天数66.26天，较上年减少9.63天。其中，1件知识产权案件入选中国法院50件典型知识产权案件和江苏省法律服务保障民营经济高质量发展典型案例，1件案例入选《中国法院2022年度案例》，4件案件分别入选南京法院十大优秀案件、南京法院金融审判十大典型案例、南京法院劳动人事争议十大典型案例、南京法院消费者权益保护十大典型案例。雨花台区民商事案件繁简分流改革、“优化法治化营商环境执行年”“1+4”专项行动、家事审判改革等工作经验被最高法院、省法院肯定、推广，民商事案件繁简分流改革经验被《人民法院报》《江苏法治报》等媒体宣传报道。2篇调研文章分别获评最高人民法院第三届人民法庭高质量发展论坛优秀奖、第八届“天大·中国司法论坛”理论研讨会优秀奖，1篇论文获江苏省法学会破产法学研究会青年优秀论文奖，1项课题被南京市法院评为优秀调研课题。年内，区法院被国家版权局评为2021年度查处重大侵权盗版案件有功单位，铁心桥人民法庭获南京市三八红旗集体称号。

【刑事案件审判】 2022年，区法院审结一审刑事案件514件，同比下降4.99%，判处罪犯674人。其中，审结危险驾驶罪案件112件，同比上升25.84%；审结盗窃罪案件65件，同比下降32.29%；审结掩饰、隐瞒犯罪所得、犯罪所得收益罪案件54件，同比上升68.75%；审结诈骗罪案件52件，同比下降38.10%；审结帮助信息网络犯罪活动罪案件30件，同比上升114.29%；审结走私、贩卖、运输、制造毒品罪案件16件，同比持平；审结其他刑事案件185件。严厉打击传销行为，依法审理以风水为名的传销案，挽回经济损失近1000万元。开展扫黑除恶斗争，审结涉“套路贷”黑恶势力案件3件，判处罪犯3人。推进“黑财清底”工作，财产刑执行到位1107.53万元。聚焦重点行业领域乱象整治，发出司法建议3份。加强虚假诉讼防范，对涉嫌存在虚假诉讼和违法犯罪线索的17件案件，及时移送公安机关处理。开展打击整治养老诈骗专项行动，依法审理“药王茶”系列案件，判处7件16人。坚持宽严相济刑事政策，对主动退赃退赔的适用非监禁刑，对不愿退赃退赔的坚决打击，为群众挽回经济损失超1000万元。打击危害经济社会秩序违法行为，妥善审理公安部督办的“7·9”苹果手机出口退税案，挽回国家税收损失近4000万元。依法惩治腐败犯罪，公开审理“红通”人员钱某单位行贿案，追缴违法所得2508.8万元。

【民商事案件审判】 2022年，区法院关注“双减”政策，与区专班配合协调，引导家长通过诉讼解决教培纠纷，减轻因教培纠纷引发的维稳压力。综合运用示范诉讼、以判促调等方式，妥善化解涉绿地控股集团有限公司、国能瀚威集团有限公司等群体性房屋买卖案件，保障购房者合法权益。贯彻实施《中华人民共和国民法典》，准确适用监护制度，撤销精神残疾女孩“不合格”父亲的监护资格案，为相关部门履行社会监护职责提供司法实践样本。全年审结各类民商事案件10097件，同比上升23.72%。其中，审结各类合同纠纷案件6653件，同比上升26.51%；审结劳动争议案件1014件，同比上升69.57%；审结民间借贷纠纷案件752件，同比下降7.84%；审结婚姻家庭、继承案件483件，同比上升2.55%；审结机动车交通事故责任纠纷案件430件，同比上升20.11%；审结其他类民商事案件765件。

【知识产权案件审判】 2022年，区法院加强实施知识产权保护，依法严惩知识产权犯罪，扩大“国芯公司反向破解芯片”案例的知识产权保护效应，为知识产权发展营造良好法治环境。审结“茅台”酒、“库尔勒”香梨等商标被侵权案件，依法保护驰名商标。加强知识产权保护宣传，成立软件谷知识产权保护网格云享法庭，解决中小微企业知识产权保护法治需求问题。发挥知识产权专门审判作用，服务推动创新名区建设，全年审结知识产权案件258件。2022年，“国芯公司反向破解芯片”案例★入选2021年中国法院50件典型知识产权案例、江苏省法律服务保障民营经济高质量发展典型案例、2021年江苏法院十大知识产权案件、南京法院法治护航数字经济发展十大典型案例，区法院作为该案件的一审法院，被国家版权局评为2021年度查处重大侵权盗版案件有功单位。

★链接 “国芯公司反向破解芯片”案例：2021年，区法院审理的一起国产高端芯片遭盗版案中，原告南京沁恒微电子股份有限公司（以下简称沁恒公司）拥有2011年上市的CH340芯片的全部知识产权，而被告单位上海国芯集成电路设计有限公司（以下简称国芯公司）经理许某、员工陶某，在未获得沁恒公司授权许可的情况下，从市场上购买正版CH340芯片，反向破解后抄袭制造假冒芯片对外销售。2016年9月至2019年12月，国芯公司销售侵犯沁恒公司著作权芯片超830万个，牟取非法利益超730万元。经审理，区法院以侵犯著作权罪扣押在案侵权产品，对国芯公司及许某、陶某判处罚金、有期徒刑。

【案件执行】 2022年，区法院办结执行案件4925件，同比上升25.73%，执行到位9.7亿元。完善执行财产网拍机制，提高财产变现效率和价值，网拍成交1.68亿元，成交率98.26%。实施集中执行、执行会战22场，执行到位257.56万元。开展“优化法治化营商环境执行年”“1+4”专项行动，限制高消费1623人，限制出境5人，司法拘留11人，向公安机关移送“拒执罪”线索4件。

【法治化营商环境优化】 2022年，区法院制定《关于为雨花台区数字经济发展提供有力法治保障的实施意见》，研判可能发生的数字法律问题，服务保障辖区数字经济发展和专精特新企业成长。参与网络生态治理，妥善审理网络平台纠纷1272起，帮助平台优化交易运营方式，盘活数字交易资源。创建“1+9”街道园区服务菜单，搭建沟通协调议事平台，保障尤家凹地区、地铁十号线共青团路站等重点工程。开展“百名法官进企业”“百名企业家进法院”活动，走访辖区企业37家，邀请企业代表座谈85人次，听取企业司法需求，帮助企业提升依法经营意识和风险防范能力。维护民营企业合法权益，慎重采取查封、扣押、冻结措施，防止因采取保全措施让企业陷入无法生产经营的状态，全年及时解除保全标的17.5亿元。

【基层网格治理】 2022年，区法院创新社会治理平台，扩大“网格上的法庭”品牌建设成果，通过信息化手段，在板桥街道、中国（南京）软件谷、红太阳装饰城等区域升级打造6个“网格云享法庭”。借助网格员力量，利用“网格云享法庭”，实现线上送达、线上纠纷化解、线上法官指导、线上开庭、线上普法宣教，推动形成“一体多维、两元融合”的诉源治理新格局。建设“调解e线”线上程序，发挥其“24小时政法网格员”作用，实现纠纷预警、分流、调解、司法确认、进展跟踪、结果反馈、法官指导等全流程在线办理，让群众、企业身边的法律问题能够在线得到解决。落实“谁执法谁普法”工作责任制，开展“普法宣传进社区”“法润童心，普法护成长”“12·4”国家宪法日普法宣传等多元普法活动，让法律知识变成“家常话”，帮助群众提升法律意识。

【诉讼服务体系】 2022年，区法院完成“家门口式”诉讼服务整体建设，完善跨域诉讼服务、在线诉讼服务、集中送达服务、12368热线、律师服务平台、涉老年人等特殊群体诉讼服务。研发“联系法官”程序，为当事人、律师与法官沟通联系搭建“绿色通道”。升级网上诉讼服务平台，为当事人提供多元解纷、自助立案、在线庭审、智能答疑等全天候、“不打烊”诉讼服务，全年受理网上立案申请7068件，网上开庭、调解5167次。

【信访风险化解】 2022年，区法院实现智慧赋能信访工作，自主研发“一访通”信访办理e平台，构建办理透明、回复快速、解决高效的信访工作格局。建立矛盾纠纷靠前排查、审委会专题研判、信访案件跟踪督办、信访矛盾分类办理四项机制，实现研究解决信访问题“事不过周”，及早及小控制信访矛盾。年内，通过院长接访、院长信箱、信访督办等渠道汇总的

230件涉诉信访问题全部得到有效处理，信访事项接访即化解率57.83%，其余信访事项均形成解决方案和跟踪机制；执行案访比降至2.99‰，位居全市法院前列；实质性化解一批5年以上信访积案，工作经验被省法院推广。

【速裁机制改革】 2022年，区法院整合审判资源，构建9个简易案件快审团队，为简易案件审理提速。9名快审法官办结案件5698件，简易案件平均办理周期41.31天，案件平均审理天数比上年缩短13.01天。压实院庭长审判监督管理职责，由院领导带头办理快审团队无法办理的疑难复杂案件，院领导人均办理案件112件。强化裁判标准统一，发挥审判委员会、专业法官会议作用，集体“会诊”重大疑难案件，召开审判委员会和专业法官会议123次，制定审判工作指引13期。强化办案责任落实，邀请人大代表、专家学者参与案件评查，对357件长期未结、二审改判、重大信访案件逐案评查，发现问题及时纠正，办案质量稳步提升。

【家事治理改革】 2022年，区法院放大“希望树”家事审判工作品牌效应，创设“婚姻家庭辅导书院”，推动形成“党委主导、部门协作、家长参与、学校组织、社会支持”的婚姻和家庭教育辅导工作格局。选聘家事调查官参与家事案件审理，与专业心理咨询机构合作，建立家事案件心理疏导常态化机制。开展“银发护苗”结对共建，邀请省法院退休法官参与涉少案件特邀调解、青少年法治教育和权益保护工作。与省法官学院共同创建弘扬中华优秀传统文化青少年法治宣传教育实践基地，开展典型案例植入、法治夏令营、法治情景剧展演等沉浸式法治教育。家事审判工作经验在全国家事法学论坛上交流，并被最高人民法院肯定推广。

【个体工商户“类个人破产”案入选全省法院“类个人破产”优秀案例】 9月，区法院裁定终结首例“类个人破产”案例。该案申请人为雨花台区登记的个体工商户，其餐饮店共涉10起劳动争议执行案件，总标的额11万余元。餐饮店实际经营者自述因受新冠肺炎疫情影响，经营不善，严重亏损，导致员工工资多月无法发放，但愿意尽力偿还债务，希望给予一定期限筹措资金，故向法院申请经济重生。经审查，区法院于9月主持召开债权人会议，促成案涉餐饮店与各债权人达成债务分期清偿和解计划，餐饮店经营者按照和解计划向债权人偿付40%的债务，剩余债务于12月31日前给付完毕。年内，该案例获评全省法院“类个人破产”优秀案例，其典型意义在于确立了个体工商户是类个人破产程序适格的申请主体。

【“风水师”传销案】 12月，区法院审结李某“风水师”组织、领导传销案。该案自2019年12月开始，被告人李某以山东佳运升文化传媒有限公司和山东加运升文化交流有限公司的名义，打着传播易经、风水学等传统文化的幌子，以传播“元法七维”为名，在网上直播授课、线下开办讲座，实为拉人头、骗取“加入会费”的传销组织。该“风水师”诈骗传销组织以提供讲座服务为名要求参加者缴纳费用获得加入资格，并按照一定顺序组成层级，直接以发展人员的数量作为计酬、返利依据，引诱参加者继续发展他人参加，用后加入者的钱财支付给先加入者，通过发展下线牟利，骗取财物，扰乱社会经济秩序。区法院依法对李某等12人以组织、领导传销活动罪判处有期徒刑并处罚金；扣押并冻结违法所得，上缴国库。

【“药王茶”系列案件】 2022年，区法院审结药王茶系列案件。该案件系一批非法吸收公众存款案件。自2016年4月至2017年8月，刘某、张某、胡某等人以江苏草根中医文化发展有限公司南京雨花分公司名义，未经有关部门批准，借售药王茶等产品之名，通过发放宣传单、组织产品投资推介会、口口相传、组建微信群等形式向社会公开宣传，承诺投资者高额返利，向社会公众吸收资金并发展了姚某、齐某等下线，非法吸收公众存款数额2.8亿元，集资参与人以老年人为主。区法院依法对姚某等12人以非法吸收公众存款罪判处有期徒刑并处罚金；责令各被告人在各自造成的损失数额范围内连带退赔集资参与人的经济损失。该系列案件分别于年内9月、10月、11月多次裁结。

【撤销“不合格”父亲监护资格案】 4月，区法院审结撤销陈某“不合格”父亲监护资格案。该案中，30岁的陈小某于9岁时被评定为精神残疾三级，其母亲已离世，父亲陈某作为法定监护人与其共同生活。陈某有饮酒习惯，经常对陈小某不管不顾，还出售与陈小某共同居住的位于外地的房屋，用以偿还个人借款后不知所踪，使得陈小某处于无人看管、到处流浪的危险状态。为避免陈小某遭受危险，住所地派出所将其送至当地收容站，并联系其户口所属的雨花街道丁墙社区居委会照管。丁墙社区居委会接手后将陈小某送至医院治疗，并对陈小某日后的安置、生活、医疗等做出安排。2021年11月，丁墙社区居委会向区法院申请撤销陈某监护人资格，指定丁墙社区居委会为陈小某监护人，区检察院出庭支持起诉。根据《中华人民共和国民法典》相关规定，区法院依法判决撤销陈某监护资格，指定丁墙社区居委会为陈小某的监护人。

（张曦予）

·司法行政·

【概　况】 2022年，雨花台区司法行政系统下辖街道（园区）人民调解委员会8个，社区人民调解委员会60个。区法律援助中心办理民事案件753件，万人受援率12.3%，援助对象涉及农民工、妇女、未成年人、残疾人、经济困难等人群，挽回受援人经济损失1560万元。接听解答12348咨询电话7410通，接待来访来电咨询1848人次。落实省政府民生实事项目建设，完成省民生实事中新增4个法律援助工作站、新增659名“法律明白人”任务。雨花台区法治宣传教育领导小组办公室开展各类法治宣传教育活动691场次、覆盖人数24万人次，微博、微信推送各类法律知识2386条，发放各类法治宣传品6万余份。区司法局开展街道综合行政执法案卷评查工作3次，抽查街道执法案卷100余卷，审核“12345”热线提请不予受理工单3248条，为行政审批局依法界定工单受理单位40余次。区司法局代理政府行政诉讼案件102件，办结行政复议案件85件，直接纠错案件3件。审查政府合同196份，提出意见建议1020条。雨花台紫金公证处全年办理各类公证8000余件。年内，区司法局被江苏省委全面依法治省委员会办公室评为2021年度依法治区工作成绩突出单位，赛虹桥司法所被江苏省司法厅评为2021年度省级优秀司法所。岱山法律援助工作站被江苏省政府授予第六届“江苏慈善奖”——最具影响力慈善项目。

【安置帮教与社区矫正】 2022年，全区在册安置帮教人员632人，后续照管人员42人，必接人员7人，必送人员10人，必接必送完成率100%。区社区矫正管理局在册社区矫正对象306人。全年接收社区矫正对象277人，解除矫正231人，办理适用前调查和假释前调查评估372例。

【律师工作】 2022年，全区有法律服务机构70家，其中律师事务所50家，公职律师管理办公室17家，公司律师事务部3家。全区有律师1193人，其中执业律师1167人，公职律师18人，公司律师8人。律师事务所为1866家企业担任法律顾问，参与公益法律服务1197件，全区律师事务所办理各类案件19577件。

【依法治区】 2022年，雨花台区召开全面依法治区委员会会议2次，印发《区委全面依法治区委员会办公室关于2022年度学习宣传研究阐释习近平法治思想工作计划》，购置《习近平法治思想纲要》在全区范围内发放，将学习贯彻习近平法治思想纳入年度工作要点及工作计划中。对照《南京市党政主要负责人履行推进法治建设第一责任人职责情况列入年终述职内容工作细则》，部署推进述职述责述廉述法工作。全区8个街道（园区）64个社区“援法议事”活动开展覆盖率100%，形成实践成果53个，省级典范1个。西善桥街道因永盛社区“援法议事”活动被市委依法治市办推荐为省委依法治省办典范评选单位。“小永援法议事客厅”被“学习强国”学习平台、《新华日报》《南京日报》等多家主流媒体报道。

【多元解纷工作机制】 2022年，通过诉调对接成功调处纠纷1328件。开展诉源治理，拓展调解渠道，丰富调解样式，区司法局以区人民调解工作室为试点打造智慧调解平台，将“诉”与“调”紧密结合，线上线下结合，通过网上提供调解申请、即时法律咨询，查看办理进度，提供证据材料服务。针对不能即时兑现的人民调解协议，与法院对接，规范便捷地通过智慧调解平台申请司法确认，提高矛盾调处率和解决率。深化公调对接机制，通过公调对接成功调解涉警纠纷802件。稳妥合法开展访调，成功调处涉访纠纷161件。联合区妇联推进家事纠纷规范化建设，化解涉家事纠纷115件。为外来务工人员调处矛盾，成功化解劳资纠纷240件。与交警八大队开展交调对接，成功调处涉交通事故纠纷560件。与区发展和改革委员会推进价格争议调解，开展法律咨询267人次，成功调处涉价格争议纠纷5件。与区卫生健康委员会开展医患纠纷化解，成功调处涉医患纠纷15件。

【岱山法律援助工作站】 9月，雨花台区岱山法律援助工作站被省政府授予第六届“江苏慈善奖”——最具影响力慈善项目；中央电视台《新闻联播》播出《升级法律服务为依法治国提供法治保障》，重点报道岱山法律援助工作站服务为民的有关事迹。岱山法律援助工作站地处南京市面积最大的保障房项目岱山保障房片区。该工作站围绕“应援尽援、应援优援”工作思路，为岱山保障房片区的弱势群体和困难群众提供“零距离”法律援助服务，初步形成法律援助“雨花岱山模式”。工作站全年接待法律咨询1581人次，办理法律援助案件30件。

【公证法律服务】 2022年，南京市雨花台区紫金公证处（以下简称紫金公证处）办理公证业务8274件，同比增加29%，公证收费595万元，同比增加6%。年内，紫金公证处主动拓展线上公证业务，在司法辅助、知识产权保护、社区治理、智慧型公证业务等方面探索，自主开发“青桐智盒”系列智慧公证产品。响应助企纾困政策，为受新冠肺炎疫情影响的35家企业减免公证费用11.6万元，主动走进园区14次，服务企业48家，为园区企业免费提供公证方案综合设计16次。

【“八五”普法规划落实】 2022年，雨花台区落实普法责任制，提升公民法治素养，提高普法工作针对性和实效性。遴选20名法学专家和法律实务工作者组成区“八五”普法讲师团。组织全区领导干部学习《中华人民共和国反有组织犯罪法》《中华人民共和国民法典》，引导领导干部带头学好法律，维护法律权威。联合辖区42所中小学，开展国家安全、《中华人民共和国民法典》、家庭教育、未成年人保护等专项主题教育活动。突出微信公众号普法阵地引领作用，推出“小雨”“小花”IP普法大使主演的“小雨普法记”系列动漫、“笋芽”青少年法治营、“莲之韵”群众普法艺术团等普法品牌演出，制作《中华人民共和国反有组织犯罪法》《中华人民共和国消防法》《中华人民共和国未成年人保护法》和“家事”等内容普法微视频、微动漫4期。全区1315名法律明白人参与基层普法和依法治理各项工作。区司法局1件法治创建案例被司法部案例库收录。

【惠企法律服务】 2022年，雨花台区加强惠企法律服务特色品牌创建，立足中国（南京）软件谷科技企业，深化“万所联万会”机制，借助小微企业法律服务月、公共法律服务进园区等契机，为园区科技企业详解合同纠纷、侵权责任等法律问题，提高企业法律风险防控能力。遴选50名企业法律明白人，定期开展培训，提示法律风险，提高企业管理者法治观念。开展“产业赋能行业·法治护航发展”专项服务活动，贴合小微企业法律服务需求，提高企业依法经营能力，为近200家中小企业提供法律建

7月28日，雨花台区在铁心桥法庭开展“笋芽”青少年法治营活动

（区司法局　供图）

议。组织基层法律服务工作者成立“法治体检”服务团，为中小企业进行“法治体检”，为企业审查各类合同、规章制度40余份，出具书面法律意见书5份，疏导化解涉企风险和矛盾纠纷6起，为企业避免和挽回经济损失约100万元。

【智慧司法（社区矫正）中心项目】 12月，雨花台区智慧司法（矫正）中心在软件大道172号建成，项目建筑面积约710平方米，该中心由原有的“公共法律服务中心”与“社区矫正中心”整合和重新规划，并进行了基础环境升级改造，深化智慧化应用，配备完善相关智能化设备。主要建设内容包括信息化系统改造及相关配套改造等。建成后的智慧（司法）矫正中心实现雨花台区“公共法律服务、社区矫正工作规范化、标准化、智能化”和“数据一体化、管理智能化、互联移动化、指挥可视化”。

（徐子萱）

·仲　裁·

【概　况】 2022年，南京市雨花台区劳动人事争议仲裁院接待来访来电咨询4000余人次，受理劳动人事争议仲裁申请886件，涉及标的额2600余万元，案件调撤率84.5%，仲裁终结率77.4%。12333专家调解平台办结案件347起，其中调解成功案件213件，调解率61.4%。雨花台区软件信息行业劳动人事争议联合调处中心推出线上智慧化调解仲裁系统，推行不见面、可触式数字维权服务，全年累计处理涉软案件269件，调解时限提升30%，被南京市人力资源和社会保障局评定为第二批南京市金牌劳动人事争议调解组织。

【整治欠薪工作】 2022年，雨花台区发挥“根治欠薪工作领导小组”牵头作用，对258家用人单位进行“双随机、一公开”检查，书面审查单位6770家，为629名建筑工地工人追讨薪酬622.15万元；加大在建施工项目督查力度，检查在建施工企业1500家次，送达监察建议书12份；强化源头预防，在施工项目中设立劳资纠纷联合调处中心，全区17个在建项目成立调处中心。全年处置欠薪线索809条，办结欠薪案件1596件。

【雨花台区软件信息行业劳动人事争议联合调处中心】 2022年，雨花台区建立软件信息行业劳动人事争议联合调处中心。该中心通过坚持雨花台区、中国（南京）软件谷联动，引导辖区软件科技类劳动纠纷案件“就地开庭、就地调解、就地结案”，把矛盾化解在源头。该中心投入运行后，在软件谷云密城成功审理1起解除劳动关系纠纷案件，庭审过程中，当事人双方围绕争议焦点展开辩论，仲裁员围绕双方争议焦点问题向劳动者和用人单位讲解法律法规，经过仲裁员反复沟通和多轮协调，最终成功调解。

【和谐劳动关系创建】 2022年，区人力资源和劳动保障局开展助企纾困“人社政策直通车”宣传活动，牵头开展1期助企纾困人社政策线下培训+线上培训活动，分别对全区企业解读涉新冠肺炎疫情工资支付、小微企业社保补贴、企业岗前培训补贴等政策，助力企业应对新冠肺炎疫情，化解劳动纠纷。指导相关街道开展上报推荐市级和谐劳动关系企业，11家企业获评南京市和谐劳动关系示范企业，1家企业获批2022年度江苏省优秀劳动关系和谐企业。

（高千雅）

军　事

·人民武装·

【概　况】2022年，南京市雨花台区人武部（以下简称区人武部）贯彻习近平强军思想，围绕警备区党委和区委、区政府决策部署，加强思想政治建设，深化党管武装，依法从严治军。聚焦主业练兵备战，加强基层民兵队伍和民兵训练基地建设；开展征兵宣传，探索量化积分审批定兵新办法，高标准完成兵役征集任务；加强干部、骨干队伍建设，夯实基层规范建设基础。

【思想政治建设】2022年，区人武部系统开展中共二十大学习贯彻工作，在军官、文职人员、职工、专武干部和基干民兵5支队伍中，开展"党的二十大精神大家谈"讨论，投入10万元制作中共二十大精神宣传读本、设计党史时间轴、廉政文化墙和宣传标语灯箱等，提升营区政治文化建设格局；在民兵党员中开展"听党话、跟党走暨弘扬英烈精神，争做时代先锋""学党史　守初心　庆百年"等主题实践；制定下发《2022年雨花台区全民国防教育工作要点》，邀请专家为区四套班子领导进行国防教育授课，联合区退役军人事务局推进"双拥·国防"文化宣传长廊暨双拥国防教育主题公园（三期）建设；组织干部、新兵代表到南京晓庄学院参加优秀退役女兵先进事迹报告会；拟写的50余篇新闻报道在《中国民兵》和"学习强国"学习平台等媒体刊发，其中《工种即兵种　岗位即战位——江苏省南京市雨花台区民兵铁路护路连起步就是高抬腿》文章在《中国国防报》头版刊登。

【兵役征集】2022年，区人武部宣传发动以挂钩高校为重点、以辖区街道为辅助，依托门户网站、广播电视、微信平台等媒体，滚动播放"强军报国　江苏有我"征兵宣传片，制作、悬挂横幅标语200余条。探索量化积分审批定兵新办法，高标准完成男兵、女兵、直招军士、定向培养军士生征集任务，征集兵源大专以上学历比例100%，其中在读院校生19%。"五率"（报名率、上站率、合格率、择选率、退兵率）指标排名全市前列。"巾帼展英姿　使命永传承"征兵宣传活动先后被国防部网站、江苏电视台等10余家军地媒体报道。

【民兵编组】2022年，区人武部聚焦动员潜力向动员能力转化运用，走访辖区多家企业单位，拓展企业为新编兵单位，推动国防潜力向动员实力、"双应"（应急应战）能力转化；对照《雨花台区2022年度民兵结构和建设布局调整方案》，先后6次组织专武干部召开任务部署会和业务培训会，对接南京市公安局雨花分局、雨花台区卫生健康委员会和雨花台区人力资源和社会保障局等相关单位，组织民兵政审体检和民兵技能考核，完成基干民兵、普通民兵编组任务；先后投入100余万元用于购买民兵应急物资装备器材，确保民兵队伍随时拉得出，用得上。

【规范化建设】2022年，雨花台区按照警备区基层建设两年规划要求，全面搞建设、扎实打基础、反复抓落实；坚持把专职人民武装干部（以下简称专武干部）纳入组织、人社和人武部门统一管理考核，区人武部调整配备4名编制体制内专武干事，优化专武干部队伍结构，激发专武干部工作热情，推动武装工作健康有序发展；制定下发《关于开展基层民兵营（连）部建设达标“清零”活动的通知》《关于规范村（社区）民兵营（连）长选拔任用程序的通知》，遴选2个社区民兵营（连）部作为示范点，规范基层“两室一家”的基本设施和软件资料建设，至年末，全区基层民兵营（连）部规范化建设全部达标“清零”。

【优秀退役女兵先进事迹报告会】 3月4日，区人武部联合南京晓庄学院，在南京晓庄学院方山校区开展“巾帼展英姿，使命永传承”优秀退役女兵先进事迹报告会。活动邀请三江学院、南京晓庄学院退役女兵进行现场表彰，并颁发荣誉证书。其中5名优秀退役女兵代表上台作事迹汇报。来自南京警备区，雨花台区政府、区人武部有关领导，全区各街道、开发区、挂钩院校等单位的60余名干部、预定新兵代表参加报告会。 （张晓天）

3月4日，雨花台区优秀退役女兵先进事迹报告会在南京晓庄学院举行

（区人武部 供图）

·人民防空·

【概 况】 2022年，南京市雨花台区人民防空办公室（以下简称区人防办）聚焦实战训练，完善人防组织指挥体系建设，明确战时人民防空指挥部编成及职责，开展有针对性的培训与演练，提高人防应战核心能力；修订2022年度本级人民防空袭方案、制定街道、社区防空袭预案，细化各项行动方案和保障方案；采集重要经济目标数据，修订完善各重要经济目标防空预案；开展防空警报设施普查、维护和故障排除，合理设置新增警报器，区域内防空警报鸣放成功率100%；开展人防工程安全隐患排查和年检备案工作，人防工程完好率100%；筛选第三方单位制作应急救援包摇号软件，发放免费人防应急包2000个。开展指挥所隐患全面排查和维保，按期上报地下空间开发利用目标数据；连续第11年开放雨花山人防工程服务人民纳凉；组织开展社区居民防灾减灾演练、“9·18”防空警报试鸣日活动等，活动信息被省市广播电视台、省市人防微信公众号等主流媒体宣传报道。

【人防工程建设管理】 2022年，区人防办落实全区安全生产工作会议精神，对全区人防工程加强安全管理。每逢重要节日和重大活动向各人防工程维管单位发放安全提示函和安全生产工作部署文件通知，传达上级关于安全生产工作指示精神，宣传安全法规常识，部署做好人防工程安全管控工作。区人防办在锦华新城组织部分人防工程维护管理单位，开展人防工程维护管理暨安全培训。年内完成人防工程安全隐患排查和年检备案工作，雨花台区人防工程管理所配合市人防办对雨花台区人防工程进行抽查，认真处理更新维管数据，并将巡检记录通过App及时上报。辖区内人防工程备案率99%，人防工程完好率90%。

【早期人防工程普查】 2022年，雨花台区落实江苏省人民防空办公室《关于开展早期人防工程普查工作的通知》，结合区域内人防系统安全生产大检查活动，委托第三方专业机构（江苏省建筑工程质量检测中心有限公司），在全市率先完成辖区1985年底前修建的早期人防工程的普查及上报。

【人防行政审批服务】 2022年，区人防办根据新冠肺炎疫情防控需求，采取“不见面”服务方式，开展人防行政审批服务。落实“放管服”改革要求，通过工作群为建设单位发放人防行政审批流程、政策法规等宣讲辅导资料。通过数据流转的方式，帮助各建设平台、代办公司及相关项目建设单位对接市人防办审批处，为项目结建行政许可、易地建设行政许可和易地建设费缴纳提供桥梁纽带服务，并做好解疑答惑、材料把关和协助工作。

【社区人防宣传阵地建设】 2022年，为改善基层社区人防宣传条件，区人防办拨付雨花街道普德村社区、铁心桥街道翠岭银河社区、板桥街道孙家社区、梅山街道梅清苑社区28万元“人防进社区”资金支持。拨付梅清苑社区人防体验馆（区级教育馆）专项维护费5万元，用于体验馆的设施维护、修理和补充。

【人防指挥通信演练】 2022年，区人防办在铁心桥街道春江社区、万科金色里程小区组织开展防灾减灾疏散演练，并邀请蓝豹救援队演示消防灭火、传授急救自救技能。加强指挥通信建设，完成新装警报器选址安装任务，并对辖区内警报设施进行维护保养，警报器完好率100%；完成九一八事变、国家公祭日等重要节日的警报鸣放任务，鸣放成功率100%。

【人防宣传教育】 2022年，区人防办开展人防“五进”（进机关、企业、学校、社区、媒体）活动，向机关、人防工程维管单位派发人防宣传单超千份；结合全市防空警报试鸣日，在区级机关大厅电子显示屏播放人民防空警报识别和应对宣传视频，普及人民防空法和人防设施基础知识。9月16日，区人防办联合梅山街道梅清苑社区开展“居安思危，警钟长鸣，众志成城，共筑人防”主题教育活动，通过发放人防宣传单、观看宣传微视频、互动竞答、参观人防体验馆等形式，为社区居民普及人防知识，讲解自救互救技能，参与主题活动50余人，社区受益群众2000余人。（钟　斌）

·退役军人事务·

【概　况】 2022年，雨花台区退役军人事务工作围绕贯彻中共二十大精神，加强组织建设，以党建促进各项工作高质量开展。区退役军人事务系统为入伍新兵开展政策宣讲并办理拥军卡；协调随军子女入学，妥善安置随军家属；为立功受奖官兵家属上门送喜报2次；开展首届

"雨花台区最美退役军人"推选和事迹宣讲活动；开展退役军人及其他优抚对象优待证办理工作；筹集资金109万元，对全区重点优抚对象、农村籍老兵、老烈士子女、未享受定期补助的烈士家属、企业退休"两参"人员、无军籍职工、军休干部进行春节慰问；为享受国家抚恤的优抚对象发放各类补助，向无军籍职工发放2018—2022年改革性补贴，向无军籍职工发放工资。雨花台区第七次被省委、省政府、省军区评为江苏省双拥模范区；"党建引领聚合力，军地共建促创建"书记项目获评区优秀书记项目；南京市雨花台区退役军人事务局（以下简称区退役军人事务局）代表队在市级系统比武竞赛中获优秀团体三等奖，1人获个人赛优秀奖；江苏智高机器人科技有限公司和新航线教育培训学校2个创业团队在第三届"戎创金陵"退役军人创业创新大赛"传统产业及生活服务业"赛道分获一、二等奖，区退役军人事务局连续三年获"戎创金陵"退役军人创业创新大赛"优秀组织奖"。

【省级双拥模范区创建】 2022年，雨花台区省级双拥模范区创建工作由区委、区政府领导动员和部署，各双拥成员单位及街道齐心协力，共同协调和解决双拥工作中存在的问题，全区双拥工作呈现出整体推进、协调发展、齐抓共管、全面提升的良好态势。区退役军人事务局秉承雨花台区双拥优良传统，军地合力，军民同心，创建工作通过市退役军人事务局检查、江苏省各市交叉互评、省退役军人事务厅抽查，雨花台区连续第七年获得省委、省政府、省军区授予的"省级双拥模范区"称号。

【双拥优抚】 2022年，区退役军人事务局在春节和"八一"期间慰问驻区部队，慰问物资近80万元；为春、秋两季两批入伍新兵分别开展政策宣讲、办理拥军卡、建立微信群；协调解决随军子女入学，安置随军家属；为立功受奖官兵家属上门送喜报2人次。在花神大道东侧建立1万平方米区级双拥广场，在8个街道园区建立大型双拥宣传广告牌，通过宣传橱窗、标语、大型广告牌、雕塑等，宣传双拥共建成果。向享受国家抚恤的优抚对象发放各类补助；发放义务兵家庭优待金、慰问金、大学生奖励金；发放预备消防战士家庭优待金；安排重点优抚对象参加疗养。

【安置与就业】 2022年，区退役军人事务局按照精准安置对象、精编安置计划、开展适应培训、实行阳光安置等程序，以公开、公平、公正排名选岗的方式完成辖区转业军官及符合政府安置条件的退役士兵的安置工作，实现部队、用人单位及安置对象"三满意"。年内，雨花台区补充遴选1家补贴性教育承训机构，指导雨花台区开办2022年度全市退役军人创业培训班；协助退役军人复学申请教育资助，补贴各类教育培训费用59万元。接收并组织自主就业士兵开展为期5天的适应性培训1期，发放一次性自主就业补助金835.4万元；举办2场线下和1场线上退役军人专场招聘会；组织并引导辖区创办企业的退役军人参加市级创业大赛，2个创业团队分别获得一、二等奖，区退役军人事务局连续三年获"戎创金陵"退役军人创业创新大赛"优秀组织奖"。

【服务保障体系】 2022年，区退役军人事务局围绕工作所需、岗位必需、履职急需，开展业务知识培训，确保弄懂吃透各项有关政策规定，让每个人都成为熟悉业务的行家里手。在全市常态化退役军人服务系统第三方满意度测评中，常态化联系走访工作在全市各区中排名第一;“光荣人家”牌发放比例在全市各区中排名第一(并列)。

【优待证发放】 2022年,区退役军人事务局根据退役军人事务部优待证发放相关文件精神,配齐配强工作专班,推进优待证申领发放工作。5月初,优待证试点申领启动,各街道开设优待证专窗,固定具体工作人员,采取社区预约通知、街道办理的方式,陆续为辖区内的退役军人办理优待证申领。5月17日,区退役军人事务局制作宣传海报,详细说明政策要求、具体办理流程及预约方式,公布预约电话及地址,并通过区政府网站及“雨花双拥”微信公众号公布申领公告,全区优待证申领工作正式开展。至年末,完成全区任务指标的99%。

【区退役军人法律援助工作站揭牌仪式】 5月11日,区退役军人事务局与区司法局在区退役军人事务局联合举办区退役军人法律援助工作站揭牌仪式。该站设立后,由区司法局定期安排法律援助工作人员为退役军人提供免费法律咨询、代拟法律文书、受理法律援助申请、开展法律援助宣传等服务。区法律援助中心以该站设立为契机,加强与退役军人事务局联动协作,为辖区退役军人提供优质法律服务,维护退役军人合法权益。

【首届退役军人无人机飞控师特色培训班】 6月16日,江苏省首届退役军人无人机飞控师特色培训班在南京市雨花台区莲花湖新航线教育培训学校开班。该培训班由江苏省退役军人事务厅、南京市退役军人事务局主办,雨花台区承办,省、市退役军人学员2个班次47人参训。

【“最美退役军人”推选】 7月,2022年“八一”建军节前夕,雨花台区启动首届“雨花台区最美退役军人”推选,由区委退役军人事务工作领导小组办公室、区精神文明建设指导委员会办公室主办,经过单位推选、民主推荐、复查,评选出在全区经济社会建设各个领域取得明显成就、做出突出贡献的优秀退役军人30人。8月1日在区委党校举行事迹宣讲大会,南京市退役军人事务局、雨花台区四套班子、中国(南京)软件谷主要领导等出席并为雨花台区首届“最美退役军人”及提名人员颁奖,最美退役军人代表上台宣讲,会议推荐3人参加老兵宣讲实践活动。翌日,在竹影路5号文化大厦一楼开展为期2周的事迹展示,通过30块展板介绍每个最美退役军人的优秀事迹,褒扬、宣传优秀退役军人的“最美”风采。

(李述良)

7月12日,雨花台区在区委区级机关工委举办退役军人及优抚对象优待证首发仪式 (区退役军人事务局 供图)

责任编辑 王守玲

科技创新

2023 YUHUATAI ALMANAC

Scientific and Technologyical Innovation

综　述

【概　况】2022年，雨花台区以数字经济为引领，聚焦“全面创新、全域高新”目标定位，落实“打造新滨江、建设数字城”战略部署，创新名区建设质量取得显著提升。规上数字经济核心产业营收占比超30%，主导产业软件和信息产业引擎作用持续发力，集聚涉软企业3700余家、软件从业人员33万人，全年实现软件业务收入2600亿元，占全市比重超35%。全年兑现科技专项奖补资金近3亿元，新增5家企业入选南京市科技企业上市培育库，在库企业累计31家。借助南京市申报国家级“科创金融改革试验区”契机，在全市率先争创“科创金融改革试验区”，双创示范基地建设和科技企业孵化器工作获省政府督查激励表扬。完成科技型中小企业市级入库2161家，高新技术企业总数超千家。培育制造业单项冠军企业3家、专精特新“小巨人”★企业12家、专精特新中小企业33家。集聚“独角兽”“瞪羚”企业52家。3家企业（亚信安全科技股份有限公司、嘉环科技股份有限公司、南京联迪信息系统股份有限公司）成功上市，拟上市培育库内企业超60家。新增国家级众创空间1家、省级众创空间5家，市级及以上众创空间累计36家；新增省级孵化器2家，市级及以上孵化器累计34家。建设科学家集聚区，引育国家级重点人才6人，全市2名科技创新创业领军人才落户雨花台区。谷雨双创学院118名双创人才入营开训。建成全省首个数字经济人力资源服务产业园和数字经济人才市场。出台“1+2+N”★科创金融政策体系，搭建“及时雨”创贷平台，设立1亿元风险补偿资金池，入库企业2200余家，为企业发展强化金融支撑。双创投资引导基金总规模超80亿元，投资84家企业19亿元。深化“放管服”改革，“政银合作”新设企业0.5个工作日办结，“不见面审批”和可网办事项比例为全市第一。创建省“知识产权建设示范区”。举办雨花数字人才节、全球软件开发者大会等双创活动156场。

★链接　专精特新“小巨人”企业：指具有“专业化、精细化、特色化、新颖化”特征的中小企业。

★链接　“1+2+N”：“1”是《建设科创金融改革实验区总体方案》，“2”是《科创金融扶持资金政策实施办法（试行）》及《实施细则》，“N”为后期陆续出台的各类扶持政策。

（雨　鉴）

表15　2022年雨花台区软件及信息服务业科技创新情况统计表

内　容	2022年	备　注
新增涉软企业数（家）	350	—
新增涉软从业人员（人）	20000	—
新增软件产业建筑面积（万平方米）	68.53	—
软件业务收入（亿元）	2600	—
信息传输、计算机服务和软件业增加值（亿元）	431.06	占地区生产总值41.4%
新认定高新技术企业（家）	441	—

续表15

内　　容	2022年	备　　注
新增科技创业孵化面积（万平方米）	0.751	—
专利授权量（件）	4294	—
发明专利授权量（件）	1521	—

（区统计局）

【科技项目申报】 2022年，雨花台区申报产学研合作项目2项，引导支持企业申报江苏省科技成果转化专项资金项目8项、重点研发计划项目（产业前瞻与关键技术）27项、生命健康科技专项1项、科学技术提名奖5项，南京市科技副总项目28项；申报技术先进型服务企业5家；申报省研发型企业4家；申报市科技服务骨干机构培育库1家；14家单位申报市级重大科技专项，3家进入现场考察环节；博智安全科技股份有限公司、诚迈科技（南京）股份有限公司和嘉环科技股份有限公司参与创新联合体备案；零壹人工智能科技研究院（南京）有限公司、南京东奇智能制造研究院有限公司和南京曦光信息科技研究院有限公司参与申报2022年南京市新型研发机构联合技术攻关项目，南京东奇智能制造研究院有限公司“基于区域工业互联网平台的工控系统安全策略研究与产业化”项目成功立项，获奖励资金240万元；15家载体申报“创新支撑计划科技型创业企业孵育”项目，获资金370万元。在2022年南京市国际联合研发项目中，6家单位申报技术研发类项目，1家企业申报技术服务类项目，其中5家单位获市级支持经费170万元，2家单位立项省级国际合作项目，获经费补助230万元。

【科研院所安全】 2022年，雨花台区调整安全工作领导小组，聚焦重点人、重点领域、重点场所，开展安全生产宣传引导教育。充分利用微信、QQ等平台发布宣传安全标语20余条，下沉企业调研宣传20余次，入户宣传30余人次。深入南京水利水文自动化研究所、中国电子科技集团公司第十四研究所等重点场所进行全面排查整治，了解各类危化品、消防安全管理情况，督促企业严格落实安全生产主体责任，防范重大事故发生。

【科技类校外培训机构】 2022年，雨花台区根据《省委办公厅、省政府办公厅印发〈关于进一步减轻义务教育阶段学生作业负担和校外

4月26日，区科技局在南京玻璃纤维研究设计院检查危化品实验室

（区科技局　供图）

培训负担实施方案〉的通知》,加强科技类校外培训机构监管。联合属地街道,对科技类校外培训机构开展专项检查。全面推进资质重审工作,依据《南京市科技类校外培训机构准入指引(试行)》(以下简称《指引》)文件精神,对《指引》发布前已登记设立的科技类校外培训机构,开展资质重新申请和报批工作。区内科技类校外培训机构准入登记实行属地管理,由区科技局负责准入登记,并建立科技培训机构目录库,构建"审批—整治—监管"闭环管理机制。宣传省、市相关文件精神,督促科技培训机构对照标准开展自查自纠和问题整改,12家机构对照《指引》开展自查自纠并上交整改报告,1家机构提交重新申报材料,推进机构重新审批工作。（黄　桢）

【国际科技交流与合作】 2022年,雨花台区建设中俄(南京)创新合作服务中心、南京市海外协同创新中心(莫斯科州)、南京市海外协同创新中心(爱尔兰)、软件谷中欧创新中心,常态化开展各类交流活动30余场,对接国际项目20余个,助力提升软件谷的国际化合作水平。与斯科尔科沃创新中心、俄罗斯高等政治经济学院亚洲加速器、MTS AI等国际创新机构达成战略合作意向,完成南京工业大学中俄合作项目——洛达实验室安全物联网项目落地,推动Trivium、BD Lab两个俄罗斯项目注册落地。链接中俄企业技术需求,依托各类机构为软件谷内企业链接俄方资源。年内,南京东奇智能制造研究院与俄方签署联合研发协议,共研全自动智能挤奶机器人;软件谷中欧创新中心在乌兹别克斯坦首都塔什干设立驻地项目沟通组,协助乌方对接国内相关技术团队,共同推进智慧城市项目建设。引育俄方高层次人才,新增俄罗斯工程院外籍院士1名、俄罗斯科学院外籍院士1名。（沙云云）

【软件谷3家企业入选中国产业数字化百强榜】 11月16日,"第九届中国产业数字化大会"在南京举行,《2022中国产业数字化发展报告》和"2022中国产业数字化百强榜"等同时发布。软件谷满帮集团有限公司、江苏蜂云供应链管理有限公司、众能联合数字技术有限公司3家企业上榜,其中满帮集团有限公司跻身百强榜前十强,排名第六。

【中国硅酸盐学会玻璃纤维分会学术年会】 7月27—29日,由南京玻璃纤维研究设计院承办的2022中国硅酸盐学会玻璃纤维分会学术年会暨全国玻璃纤维专业情报信息网第42届年会在雨花台区金峰汇金陵酒店召开,该年会围绕"碳达峰、碳中和目标愿景下,玻纤行业面临的新机遇、新挑战"主题,采用"线上+线下"双线同步・网络直播模式,聚焦玻璃纤维的发展趋势、技术研究、创新应用等关键问题,邀请研究院所、玻纤行业上下游专家及知名企业进行专题报告研讨,共同探讨各项实施路径和举措,助力玻璃纤维行业在双碳背景下乘势而为、紧抓机遇,推动中国玻璃纤维行业碳达峰、碳中和工作顺利实施。玻璃纤维及复合材料行业上下游企业420余名现场代表与近400名线上代表参加。（雨　鉴）

创新创业载体

【概　况】 2022年,雨花台区抓实孵化载体建设，科技载体质效进一步提升，在科技企业孵化器运行方面成效明显，获省政府办公厅督查激励通报。雨花台区新增国家级众创空间1家，备案省级众创空间5家；升级省级孵化器2家。在孵企业年度全口径税收9.75亿元，同比增长56.75%。3家企业（佳源科技股份有限公司、南京硅基智能科技有限公司、南京希音电子商务有限公司）的技术中心入选省工信厅公布的2022年省级企业技术中心拟认定名单，19家企业入选省级工程技术研究中心项目名单。企业博智安全科技股份有限公司入选国家工业信息安全发展研究中心发布的2022年度国家工业信息安全漏洞库（CICSVD）成员单位名单。

【新型研发机构】 2022年，南京东奇智能制造研究院有限公司立项联合技术攻关项目，获市级奖励资金240万元；南京曦光信息科技研究院有限公司等5家企业立项国际联合研发项目，获市级支持经费170万元；浩鲸云计算科技股份有限公司等2家企业立项省级国际合作项目，获省级经费补助230万元。全年雨花台区市级新型研发机构总数23家。

【工程技术研究中心】 2022年，雨花台区32家企业申报市级工程技术研究中心项目，其中19家企业入选。11家企业申报省级工程技术研究中心，通过认定2家。年内，新增市级以上工程技术研究中心21家，其中省级2家、市级19家；总数135家，其中国家级1家、省级35家、市级99家。 （黄　桢）

表16　2022年雨花台区新增省市级工程技术研究中心认定名单一览表

序号	中心名称	依托单位	类别
1	江苏省法律人工智能平台工程技术研究中心	南京擎盾信息科技有限公司	省级
2	江苏省物联智控集成电路工程技术研究中心	南京沁恒微电子股份有限公司	省级
3	南京市智能物流装备工程技术研究中心	南京华瑞德物流装备有限公司	市级
4	南京市智能穿梭车及系统工程技术研究中心	江苏智库智能科技有限公司	市级
5	南京市智能制造工程技术研究中心	南京维拓科技股份有限公司	市级
6	南京市车联网工程技术研究中心	南京缔门信息科技股份有限公司	市级
7	南京市火灾智能化防控工程技术研究中心	钟星建设集团有限公司	市级
8	南京市高端电源管理芯片工程技术研究中心	江苏展芯半导体技术有限公司	市级
9	南京市微波探测系统工程技术研究中心	南京雷电信息技术有限公司	市级
10	南京市能源物联网平台工程技术研究中心	南京上古网络科技有限公司	市级
11	南京市站房智慧运行工程技术研究中心	南京征途信息技术有限公司	市级
12	南京市地方金融科技工程技术研究中心	江苏金农股份有限公司	市级
13	南京市综合能源应用工程技术研究中心	南京电力设计研究院有限公司	市级
14	南京市应急通讯工程技术研究中心	南京高达软件有限公司	市级
15	南京市信息安全攻防工程技术研究中心	南京聚铭网络科技有限公司	市级
16	南京市融合通信终端工程技术研究中心	南京汉隆科技有限公司	市级

续表16

序号	中心名称	依托单位	类别
17	南京市分户式三恒系统工程技术研究中心	南京慧和建筑技术有限公司	市级
18	南京市大数据可视化工程技术研究中心	智器云南京信息科技有限公司	市级
19	南京市金融大数据工程技术研究中心	江苏红网技术股份有限公司	市级
20	南京市北斗工程技术研究中心	江苏泰达机电设备有限责任公司	市级
21	南京市物联网智慧养老工程技术研究中心	南京迈特望科技股份有限公司	市级

（黄　桢）

【科技企业孵化器】 2022年，雨花台区新增省级孵化器2家，新增省级孵化器数量在全市第二（并列）。在2021年度国家级科技企业孵化器绩效评价中，4家孵化器获A类，1家获B类评价；在2021年度省级科技企业孵化器绩效评价中，6家孵化器获A类，6家获B类评价，获得良好以上（A类和B类）评价总数占全市第三，主城区第一；在2021年度南京市科技企业孵化器绩效评价中，4家孵化器获A类，1家获B类评价。至年末，全区有市级及以上孵化器总数34家，其中国家级5家、省级10家、市级19家。

【众创空间】 2022年，雨花台区新增国家级众创空间1家、省级众创空间5家，新增省级众创空间数居全市第二。在2021年度南京市众创空间绩效评价中，4家众创空间获A类，9家获B类评价。至年末，全区有市级及以上众创空间总数36家，其中国家级8家，省级15家，市级13家。

【海外协同创新中心建设】 7月底，中国（南京）软件谷管委会与俄罗斯奇点国际全球技术创新中心签署海外协同创新中心共建协议，在国内与海外设立工作站点，派驻负责专员，11月该中心举办“走进南京”系列网络研讨会，定向从人工智能、通信和航空航天等相关领域招募项目150多个。中俄（南京）创新合作服务中心开展2022中俄（南京）创新合作服务中心跨境战略合作伙伴签约仪式暨中俄跨境项目路演，线下邀请斯科尔科沃创新中心，线上路演展示10个国际项目，增加合作交流。推进国际（国别）科技合作平台中俄创新合作服务中心建设，集聚莫斯科国立大学、俄罗斯科学院等科研资源和实验室管理技术，引进洛达实验室安全物联网项目。（黄　桢）

【齿科全流程数字化服务云平台初步完成建设】 6月，铖联科技公司初步完成齿科全流程数字化服务云平台建设。该项目综合运用云计算、AI智能算法、分布式存储等智能技术，实现从原材料采购、出入库管理、订单管理、产品设计、3D打印数字化制造、生产能力管理、物流管理、设备管理、运维管理等各业务环节数据的集成、分析和挖掘，提高分布式制造的自动化、数字化、智能化水平，实现义齿行业全流程数字化，将传统义齿制造方式人力成本降低50%、产能提高2倍、生产效率提高4倍，产品合格率99.2%。将原先需要2周完成的治疗时间缩短至2天，减少复诊，提高诊疗效果。同时，公司在德国、加拿大、意大利、美国、巴基斯坦、越南、印度等国家的海外云工厂持续落地，数字化制造基地30个，覆盖全球主要国家和地区20余个。新建齿科3D打印柔性产线10条，通过云平台每天可生产活动支架8000个、金属牙冠8万颗，服务全球义齿工厂超1500家。

【"基于云平台的义齿全流程制作"入选工信部首批增材制造典型应用场景】 8月，铖联科技公司"基于云平台的义齿全流程制作"项目入选工信部首批增材制造典型应用场景。铖联科技公司开发多激光任务量实时平衡技术，将激光平均等待时间降低至1秒，显著提升成形效率；缺陷检测及智能修复方法保障齿科3D打印成形件性能的一致性；研制的500℃全域超高温预热装置，有效减少打印件的变形，提高成形精度；匀流风场控制技术，将风场不均匀度降低至15%以下，保障成形环境的稳定性。开发基于离散网格曲面建模的口腔修复个性化AI智能设计算法，设计效率提升30%。《基于云平台的义齿全流程制作》项目被应用于江苏省口腔医院、南京市口腔医院的口腔数字化诊疗，实现义齿加工标准化水平和质量稳定性，降低返工率，提高医生诊疗效率，为患者提供全面、精准的口腔医疗服务，打破国际垄断。

（成　宁）

【零壹人工智能科技研究院（南京）有限公司】 零壹人工智能科技研究院（南京）有限公司成立于2020年4月30日，为零壹人工智能科技研究院的运营公司，注册资金1000万元，位于中国（南京）软件谷云密城园区。2021年1月，通过市级新型研发机构认定，同年签约运营南京市海外协同创新中心。零壹人工智能科技研究院专注于数字医疗、三维智能、机器人+医疗、物联网+医疗、AI+翻译、AI+语音识别、器官芯片等研究方向。至2022年末，孵化引进企业累计55家；获得股权融资企业2家；培育国家高新技术企业3家。年内，科技型中小企业入库7家。零壹人工智能科技研究院（南京）有限公司获国家高新技术企业称号；获南京市新型研发机构绩效评价优秀奖等。

【南京中禹智慧水利研究院有限公司】 南京中禹智慧水利研究院有限公司成立于2018年10月10日，为南京中禹智慧水利研究院的运营公司，注册资金1742.16万元，位于中国（南京）软件谷云密城园区。2019年5月，通过市级新型研发机构认定。南京中禹智慧水利研究院专注于物联网、大数据、人工智能、水利模型、数字孪生等高新技术与水利工作的深入融合。至2022年末，孵化引进企业累计20家；培育国家高新技术企业6家；年内，科技型中小企业入库7家。南京中禹智慧水利研究院有限公司"江苏省数字孪生水利智能中枢平台"项目，入选工信部信息技术应用创新解决方案，同时获得工信部"典型解决方案""应用示范单项"以及"网络人气TOP30"3项奖。

【南京东奇智能制造研究院有限公司】 南京东奇智能制造研究院有限公司成立于2019年1月18日，为南京东奇智能制造研究院的运营公司，注册资金1000万元，位于中国（南京）软件谷云密城园区，2019年6月通过市级新型研发机构认定。南京东奇智能制造研究院依托东南大学生物电子学国家重点实验室、复杂工程系统测量与控制教育部重点实验室，以传感技术、智能控制、智能系统、人工智能为主要研究方向。至2022年末,孵化引进企业累计36家;培育国家高新技术企业6家;年内,科技型中小企业入库15家。南京东奇智能制造研究院有限公司连续第三年获得新型研发机构市绩效评价优秀奖;累计承担5项市级以上课题。

【南京紫金山人工智能研究院有限公司】 南京紫金山人工智能研究院有限公司成立于2020年12月31日,为南京紫金山人工智能研究院运营公司,注册资金800万元,位于中国(南京)软件谷金证园区,2021年8月,通过市级新型研发机构认定。南京紫金山人工智能研究院采用“产业+资本+技术”三轴驱动新研构架,以人工智能、数字孪生为主要研究方向。至2022年末,孵化引进企业累计26家;培育国家高新技术企业1家;年内,科技型中小企业入库4家。南京紫金山人工智能研究院有限公司成功申报国家高新技术企业,累计获得省级以上项目3项,其中国家级项目2项。

(沙云云)

创新创业人才

【概　况】 2022年,雨花台区累计集聚、培养市级以上创新创业人才627人,其中国家级人才30人、省级人才92人、市级人才505人。中国(南京)软件谷(以下简称软件谷)全年新入选高层次创新创业人才区级33人,国家重点人才计划6人,总量居主城第一,全市2名国家科技创新创业领军人才落户软件谷。创新生态不断优化,围绕企业不同成长阶段,谷雨双创学院分层开设“谷雨培训营”“谷雨成长营”“谷雨加速营”等培训课程,118名双创人才入营开训。针对不同发展阶段的创新创业人才构建不同维度培育体系;发布2022谷雨双创学院培育计划,13家培育机构、超1200家企业报名,聚焦种子期、初创期、成长期不同生命周期企业的发展需求,在发展规划、市场对接、产品研发、资本对接、企业管理等方面提供指导和帮助,培育更多高成长性科创企业,助力软件谷企业加速成长;持续推进“谷雨模式”,精准帮扶中小微科创企业做大做强,迈向“高成长”。

【UP系列活动】 2022年,UP系列活动包括UP创业学院和UP创业故事汇。软件谷累计举办UP创业学院培训活动21期,聘请嘉宾24人,总参与人数13694人次;采访并发布UP创业故事汇20篇。

【谷雨双创学院】 2022年,由区委、区政府和软件谷管委会联合打造的谷雨双创学院,针对不同发展阶段的创新创业人才开设谷雨培训营、谷雨成长营、谷雨加速营,打造双创人才的引进端口、服务入口、评价窗口、培育平台。年内,通过遴选征集118位企业学员,谷雨双创学院帮助10家企业对接投资机构,1家企业获得Pre-A轮融资、1家企业获得投资意向。谷雨成长营帮助6家企业获评2022年南京市培育独角兽、1家企业获第七届i创杯互联网创新创业大赛一等奖、1家企业同同济大学达成战略合作。2家企业入选2022世界人工智能大会AI商业落地100强;谷雨加速营帮助4家企业对接PNP平台大企业。

(沙云云)

【海外科技人才】 2022年,雨花台区以“外籍人才眼中最具吸引力的中国城市”评选工作为导向，深入企业调研海外人才到华工作“幸福体验度”。通过对“十三五”期间入选创新型企业家培育计划的企业开展走访、座谈、问卷调查等方式，摸清科技创业政策对入选企业发展的帮扶情况。借助海外协同创新中心平台举办相关国际活动，对接有到宁发展意向的科研人才3名、就业人才2名、创业人才1名。动员创新型企业参加第20届中国国际人才交流大会网上大会，设立海外项目专项资金。全年为企业争取人才项目专项资金500余万元，成功申报各类海外人才项目17个，其中国家级海外专家人才项目立项2个，省级海外专家人才项目立项1个。国家重点人才工程科技创新创业领军人才项目入选2项，囊括全市全部入选项目。（黄　桢）

【人才队伍建设】 2022年，区委组织部坚持党管人才，强化政治引领，成立区委人才工作领导小组，实施党委联系服务专家制度，推荐优秀人才担任各级“两代表一委员”。组织人才学习贯彻中共二十大精神，开展谷雨青年人才讲习所、创新型企业家走访座谈等系列“爱国奋斗奉献”主题活动。实施重点人才工程，优化完善市场和绩效、产业与创新导向的区级人才评价体系。搭建“区部门、街道（园区）、社区”多级引才工作专班，国家重点人才工程入选6人，其中A类入选4人、B类入选2人。突出人才发展生态建设，持续升级打造“谷雨双创学院”培育品牌，举办紫金山英才周分会场活动首届雨花数字人才节。（吴越宇）

【第五届青年大学生创新创业大赛】 8月5日，第五届“贤聚金陵　梦汇雨花”青年大学生创新创业大赛决赛暨颁奖仪式在云密城举行。该活动由市人力资源和社会保障局指导，区人力资源和社会保障局、软件谷科技创新部及团区委共同主办。南京大学、东南大学、武汉理工大学等全国50余所知名高校的国内人才，加州大学、宾夕法尼亚大学等海外留学生团队参赛。吸引海内外参赛项目259个，涵盖信息技术服务、软件及人工智能、云计算与大数据、物联网、生物科学等高科技创新领域，其中科技型项目占比超80%。16个项目晋级区决赛，现场亮分公示形式决出一等奖1名、二等奖3名、三等奖6名，其中“高性价比激光雷达研发与产业化”项目夺得桂冠，部分项目获得千万级融资。（雨　鉴）

11月24日，首届雨花数字人才节开幕式在云密城举行

（区委组织部　供图）

科研成果

【概　况】 2022年，雨花台区技术合同成交额完成123.08亿元，同比增长18.92%，年内4个

项目立项省科技成果转化专项资金项目。建成1家省级工程技术联合实验室，市级以上工程技术研究中心总数135家。建设南京市新型研发机构23家，新型研发机构及孵化引进企业年度营收26.75亿元。众能联合数字技术有限公司研发的高空作业平台“传送”火炬手点燃鸟巢外分火炬台，完成北京冬奥会分火炬台点火仪式保障任务。中国电子科技集团公司第十四研究所研发的“灵犀手”产品入选2021“科创中国”先导技术榜单。中新赛克科技有限责任公司获评南京市市长质量奖（组织）提名奖。南京维拓科技股份有限公司“垂直行业工业互联网平台解决方案”入选第四届全球工业互联网大会发布的2022年工业互联网融合创新百家行业应用优秀案例。南京玻璃纤维研究设计院技术攻关取得新突破，多种关键材料成功助力中国空间站筑梦苍穹，助力中国C919大飞机复材测试，获国家航天局、中国商用飞机有限责任公司致信感谢；3个项目入围全国建材行业重大科技攻关“揭榜挂帅”项目；入选全国“十大产业百家企业深化产业工人队伍建设改革专项行动企业”；获批2022年度国家知识产权优势企业；获“中国技术市场协会金桥奖突出贡献集体奖”“国家优秀勘察设计奖”“首届江苏省科技创新发展奖”等奖项9项。

【省科技成果转化专项资金项目】 2022年，雨花台区有4个项目成功立项省科技成果转化专项资金项目，其中战略产品重大创新（A类）项目3项，成果转化关键技术专题创新（B类）项目1项，全市3个A类项目均落在雨花台区。

（黄　桢）

表17　2022年雨花台区立项省科技成果转化专项资金项目一览表

项目所属类别	项目名称	申报单位	技术依托单位	知识产权情况	申请省拨资金（万元）	其中拨款资助（万元）	项目计划实施期经济效益
B类	基于国产化硬件的工业互联网安全运营平台研发及产业化	南京中新赛克科技有限责任公司（高企）	南京理工大学	授权专利56项（其中发明专利42项），软件著作权160项	1000	1000	项目结束时，累计实现目标产品销售收入20400万元，上缴各项税金3163.42万元，利润4460.94万元
A类	基于区块链的工控安全可信管理平台研发及产业化	博智安全科技股份有限公司（高企）	东南大学	发明专利109项（其中29项已授权），软件著作权280项	3000	3000	累计销售收入：2亿元；利润总额：4500万元；缴税总额：1600万元
A类	工业控制处理器与工控系统研发及产业化	傲拓科技股份有限公司（高企）	苏州国芯科技股份有限公司、南通大学	专利33件，3件发明、21件实用新型、9件外观；40项软件著作权	3000	3000	销售收入2亿元，利润4000万元，税收2000万元，创造工作岗位20个

续表17

项目所属类别	项目名称	申报单位	技术依托单位	知识产权情况	申请省拨资金（万元）	其中拨款资助（万元）	项目计划实施期经济效益
A 类	智能化手术导航定位系统研发及产业化	南京佗道医疗科技有限公司	江苏省人民医院（南京医科大学第一附属医院）	已授权专利 22 件，其中发明专利 14 项，软件著作权 2 项，注册商标 6 件；已受理发明专利 15 项、PCT 专利 3 项	3000	3000	预计实现销售收入 4 亿元，利润 4000 万元，缴税额 6000 万元

（黄　桢）

【南京佗道医疗科技有限公司科研成果】2022年，南京佗道医疗科技有限公司与江苏省人民医院（南京医科大学第一附属医院）合作的智能化手术导航定位系统研发及产业化项目，立项江苏省科技成果转化专项资金项目。南京佗道医疗科技有限公司（简称“佗道医疗”）专注于手术机器人的设计、研发及应用落地，致力于为全科室医疗用户提供机器人解决方案，以科技创新赋能智慧医疗行业发展。基于数据算法、人工智能、精密智控等前沿核心科技，佗道医疗精研手术机器人核心技术平台，战略布局骨科、腔镜、经皮穿刺、经自然腔道和医学影像设备五大手术机器人赛道，深耕多元化科室及术式应用，手术机器人产品管线已覆盖骨科、普外科、妇科、泌尿科、呼吸科、影像科等科室。（黄　桢）

【中国电科集团十四所科研成果】 2月21日，中国电子科技集团公司第十四研究所研发的“灵犀手”*产品入选2021“科创中国”先导技术榜单。“灵犀手”是一款穿戴式人工智能上假肢辅助康复训练设备，上臂截肢残障人佩戴使用“灵犀手”后，通过佩戴在手臂上的肌电手环，可收集人脑发给手臂的动作指令，利用生物信息处理算法，准确解读并驱动“灵犀手”臂完成动作指令，帮助残障人士解决日常吃饭、穿衣、喝水等基本需求。中国电子科技集团公司第十四研究所人脑机实验室研发的“灵犀手”产品已通过多项国际检测，申请并受理IEC世界标准1项，立项民政部行业标准1项，并成功入围2021世界人工智能大会最高奖项——SAIL奖（Super AI Leader，卓越人工智能引领者）TOP30榜单。

★链接　“灵犀手”的研发得益于一项雷达技术，该技术已迭代到第四代，其原理是将人的动作抽象成信号处理过程，主要包括脑指令破译、动作信号提纯传输及机械手准确实现3个部分，融合意念控制、人工智能、生物交叉等前沿技术。其中核心技术是信号处理算法，解决微弱肌电信号在线检测和特征提取的难题，最新一代“灵犀手”经集成温度和压力传感器，可以实现触觉与热觉信息的双向反馈。不仅可以辅助失去上肢的残疾人重新拥有生活自理能力，也可以应用在远程工业操控、虚拟控制等场景中。（雨　鉴）

【南京玻纤院获“首届江苏省标准创新贡献奖”奖项】 4月12日，江苏省市场监督管理局发布《关于首届江苏省标准创新贡献奖的表彰决定》，对在全省经济社会发展中发挥重要作用的标准项目和在国际国内标准化工作中作出显著成绩的单位、个人进行表彰。南京玻璃纤维研究设计院有限公司（以下简称“南京玻纤院”）获首届江苏省标准创新贡献奖组织奖，其主导完成的国际标准ISO 20310：2018《建筑装置及工业设备用绝热材料—硅酸铝棉制品—规范》获项目奖（一等奖）。（俞　晓）

【中新赛克科技有限责任公司获市长提名奖】 4月28日，2021年度南京市市长质量奖名单公布，中新赛克科技有限责任公司（简称中新赛克）获评市长质量奖（组织）提名奖。中新赛克是国家规划布局内重点软件企业、国家高新技术企业、江苏省生产性服务业领军企业，获得CMMI5级认证，是省工信厅认定的江苏省软件企业技术中心。中新赛克秉承十多年的数据通信技术软硬件基础，致力于通信网络和信息网络的智能管理和安全防护、企业的商业智能，是国内网络数据可视化行业的龙头企业。（雨　鉴）

6月29日，区知识产权局到南京中新赛克科技有限责任公司推进数字经济行业发展　（区市场监督管理局　供图）

【南京东奇智能制造研究院有限公司科研项目获奖】 10月，南京东奇智能制造研究院有限公司与博智安全科技股份有限公司合作的“基于区域工业互联网平台的工控系统安全策略研究与产业化”项目，入选南京市“新型研发机构联合技术攻关”项目。该项目主要针对工业控制系统的现场系统安全，尤其是可编程逻辑控制器及其附属控制系统的安全开展研究，为工控现场系统提供安全评估模型、安全测试平台、在线式实时监控和离线式安全检测等安全分析与防护手段，解决传统IT安全技术未覆盖的工控特色安全难题。

【南京中禹智慧水利研究院有限公司科研成果获奖】 12月，南京中禹智慧水利研究院有限公司研究的“基于信创的江苏省数字孪生水利智能中枢”“全国产轻量化安全逻辑控制器”“面向水污染事件应对的数字孪生深圳河湾流域知识平台”3项成果入选水利部“数字孪生流域建设先行先试应用案例推荐名录”优秀应用案例；“洪水预报与风险调度互馈的水库防洪决策关键技术及应用”研究成果获得中国大坝工程学会科技进步一等奖（省部级奖项）；“江苏省数字孪生水利智能中枢平台”入选工信部信息技术应用创新解决方案，同时入选工信部“典型解决方案”“应用示范单项”以及“网络人

气TOP30"。（沙云云）

【NCL-M150入选江苏省首台（套）重大装备】 12月，铖联科技公司自主研发的齿科专用SLM高端装备（NCL-M150）被江苏省工业和信息化厅认定为江苏省首台（套）重大装备。NCL-M150突破增材制造口腔修复领域多项关键技术，如结构变形预测与补偿、缺陷分布与性能预测、云端驱动智能装备、智能监测、多源数据融合设计等关键技术，通过操作手套、过渡舱、备份传感器等技术，实现金属粉末和惰性气体等不安全要素与操作人员的无接触以及防爆等功能，将设备安全等级提升至国际先进水平，该产品全部实现国产化。（成　宁）

【知识产权密集型产品】 12月13日，南京正驰科技发展有限公司、艾德克斯电子（南京）有限公司、南京华士电子科技有限公司、南京泰晟科技实业有限公司4家企业产品获得南京市首批专精特新类企业知识产权密集型产品认定。（佘国庆）

表18　2022年雨花台区获南京市首批专精特新企业知识产权密集型产品一览表

企业名称	产品名称	产业领域
南京正驰科技发展有限公司	X射线智能安检设备	先进轨道装备、基础制造工艺及装备
艾德克斯电子（南京）有限公司	可编程测试电源系统	电工仪器仪表制造业
南京华士电子科技有限公司	直线电机车辆牵引系统	先进轨道交通装备
南京泰晟科技实业有限公司	商用车安全辅助驾驶智慧管控系统	智能网联汽车

（佘国庆）

【工业互联网融合创新百家行业应用优秀案例】 7月28日，南京维拓科技股份有限公司"垂直行业工业互联网平台解决方案"入选第四届全球工业互联网大会发布的2022年工业互联网融合创新百家行业应用优秀案例。维拓科技股份有限公司助力工业互联网行业融合应用，推动产业转型升级，通过服务垂直行业的大中小客户打造行业级工业互联网平台，提供智能工厂服务。平台承载各个功能的App，能满足行业内各类企业数字化改造需求。（雨　鉴）

高新技术产业

【概　况】 2022年，雨花台区按照"产业专业集聚、关联功能集中、区域联动发展"原则，动态调整高新技术企业、科小培育库，充分盘活科技型中小微企业资源，促进新一代数字通信、数字孪生、区块链、浪子信息等未来产业发展。注重科技企业梯队培育、链式发展，区域"初创企业—科技型中小企业—高新技术企业入库培育企业—高新技术企业"培育链条日趋完善；强化高新技术企业培育模式创新，实现高新技术企业申报认定率68%。区内11家企业申报省创新型领军企业，成功入选3家。申报技术先进型服务企业5家，全部通过。浩鲸云计算科技股份有限公司入选省商务厅公布的新一批省级数字商务企业名单。满帮集团有限公司等3家驻区企业入选2022中国产业数字化百强榜。佳源科技股份有限公司等6家驻区企业入选国家级专精特新“小巨人”企业。

【高新技术企业培育】2022年，雨花台区完善“3+3+N”辅导机制，通过开展“3轮全面辅导+3轮精准指导”，落实“N项保障措施+分档分级靶向服务”，推荐691家企业申报高新技术企业，经市区科技局、税务局、财政局3部门会审后，推荐650家企业参加省级评选。通过认定441家，高新技术企业总数1003家，同比增长21.43%，成为全市主城区首个突破千家的区域。

【科技型中小企业培育】2022年，雨花台区完善科技型中小企业培育库，在库企业2100余家。成功备案江苏省民营科技企业100家；全年完成科技型中小企业市级入库2161家，同比增长25.57%。

（黄　桢）

【通信软件及运维服务产业集群】2022年，中国（南京）软件谷（以下称软件谷）形成以华为软件技术有限公司、中兴软件有限责任公司、三星电子（中国）研发中心、嘉环科技股份有限公司、维沃移动通信有限公司、中邮建技术有限公司、凯睿星通信息科技（南京）股份有限公司等为龙头的通信软件及运维服务产业集群。至年末，集聚企业1520家，产业建筑面积超395万平方米，从业人员13.6万人，核心业务收入1282亿元。成为国内规模最大、集聚度最高、占据行业主导地位的通信软件产业基地。

【云计算大数据及信息安全产业集群】2022年，软件谷形成以浩鲸云计算科技有限公司、南京中新赛克科技有限责任公司、南京中软国际信息技术有限公司、亚信安全科技股份有限公司、博智安全科技股份有限公司、南京伟思医疗科技股份有限公司、江苏新视云科技股份有限公司、南京森根科技股份有限公司等为引领的云计算大数据及信息安全产业集群，至年末，集聚企业832家，产业建筑面积263万平方米，从业人员6.2万人，业务收入超362亿元。其中，软件谷大数据产业基地被江苏省认定为省级大数据重点园区。

12月2日，区科技局走访伟思医疗科技股份有限公司。图中器械为该公司研制的康复机器人X-walk系列产品，用于协助截瘫患者等术后或其他运动功能障碍患者进行康复训练和恢复步行能力等　（区科技局　供图）

【互联网产业集群】2022年，软件谷形成以江苏满运软件科技有限公司、众能联合数字技术有限公司、南京希音电子商务有限公司、南京青麦供应链有限公司、南京网觉软件有限公司、江苏斑马软件技术有限公司、南京蓝鲸人网络科技有限公司等为支柱的“互联网+”产业集群。至年末，集聚相关企业912家，产业建筑面积271万平方米，从业人员超7.9万人，核心业务收入约575亿元。

【人工智能及智能终端产业集群】 2022年，软件谷形成以诚迈科技（南京）股份有限公司、亿嘉和科技股份有限公司、南京硅基智能科技有限公司、南京睿悦信息技术有限公司、南京中科创达软件科技有限公司、南京创维信息技术研究院有限公司、南京华捷艾米软件科技有限公司等为核心的人工智能及智能终端产业集群。至年末，集聚相关企业388家，产业建筑面积超48万平方米，从业人员超3.6万人，核心业务收入约96亿元。

【芯片设计、测试、封装产业集群】 2022年，软件谷形成以中兴光电子技术有限公司、南京沁恒微电子股份有限公司、江苏芯云电子科技有限公司、佳源科技股份有限公司等为代表的芯片设计、测试、封装产业集群。至年末，集聚企业33家，产业建筑面积104万平方米，从业人员约1.4万人，核心业务收入215亿元。其中，中兴光电子技术有限公司由中兴通讯100%控股，是中兴通讯在光电子领域的拓展平台；江苏泰治科技股份有限公司是国内极少数具有全面、自主知识产权研发能力的企业，在国内芯片封测企业软件服务领域占主导地位。

【信创产业集群】 2021年11月，软件谷获批创建江苏省首批信创先导区。通过软件谷信创先导区的建设，软件谷信创发展方向进一步聚焦，从党政信创逐步向交通、能源、城建、教育等行业信创拓展。江苏航天七零六信息科技有限公司、江苏润和软件股份有限公司、南京翼辉信息技术有限公司、亿嘉和科技股份有限公司、南京开江科技有限公司等一批骨干企业在行业的软件工程化能力、知名产品、关键技术等方面均具备较强实力。至2022年末，软件谷集聚信创相关企业140余家，涉信创人员约5万人，年营收规模达100亿元。 （沙云云）

【专精特新“小巨人”企业】 8月8日，雨花台区南京伟思医疗科技股份有限公司，南京沁恒微电子股份有限公司，佳源科技股份有限公司，江苏坤泽科技股份有限公司，南京硅基智能科技有限公司，南京中旭电子科技有限公司6家驻区企业入选工信部公布的第四批国家专精特新“小巨人”企业名单。至年末，有国家级专精特新“小巨人”企业12家、专精特新中小企业33家。 （赵洪宸）

知识产权

【概　况】 2022年，雨花台区打造江苏省知识产权建设示范区，向企业拨付知识产权专项资金479.13万元。修订《雨花台区知识产权战略专项资金管理办法》，搭建知识产权质押融资对接平台，帮助企业把发明专利、商标、软件著作权等“知识产权”变成“资产”。联合金融机构开展“银企对接会”，促成质押融资项目54项，知识产权质押贷款4.1亿元，江苏银行与南京福康通健康产业有限公司达成1.2亿

11月17日，区知识产权局在雨花经济开发区举行知识产权助推中小微企业发展银企对接活动　　（区市场监督管理局　供图）

元合作协议。建立专利需求信息库，培育扶持申报知识产权项目，1家企业获批市高价值专利培育中心项目立项，3家企业获批市企业专利导航项目立项，1家企业获2022年度市优秀专利奖。南京玻璃纤维研究设计院有限公司被认定为国家知识产权局2022年度国家知识产权优势企业。年内，雨花台区被江苏知识产权局确定为江苏省知识产权建设示范（县域），区知识产权局获批“2022年度南京市知识产权区域能力提升特色亮点类”项目立项，雨花台高新区管委会获批“2022年度南京市专利转化专项计划”项目立项。在江苏省知识产权系统全员学法活动中，区知识产权局被评为“学法优胜单位”。

【知识产权创造】2022年，雨花台区知识产权主要指标理性增长。至年末，注册商标3.91万件，万企有效注册商标企业1530家；有效发明专利5487件，完成比例366.59%；高维持年限发明专利（10年以上）904件，完成比为113.48%；年内授权专利4294件，其中实用新型专利授权2330件，外观设计专利授权443件，发明专利授权1521件，发明专利完成比为152.10%。

【知识产权保护】2022年，区知识产权局运用“双随机、一公开”监管模式，与南京市知识产权维权援助中心（雨花台区）分中心知识产权行政执法协作，将知识产权侵权行为纳入重点检查事项，对侵权假冒多发的抗疫防护用品、食品、电子产品、家用电器、汽车配件、服饰箱包等领域，开展“2022年北京冬奥会和冬残奥会奥林匹克标志知识产权保护”专项行动等各类专项行政执法行动6次，受理各类知识产权维权援助咨询442件，调解41件，处理电商平台侵权案件15件，查处商标案件19件、专利案件1件、特殊标志案件2件，罚没45.92万元，首次成功办结6件专利行政纠纷裁决案件。南京X鱼公司在商业活动中未经许可擅自使用奥林匹克标志“冰墩墩”案入选江苏省市场监督管理局发布的“奥林匹克标志执法十大典型案例”，被省知识产权局向国家知识产权局推荐，入选南京市“2022年度知识产权行政保护典型案例”；南京巅X公司生产销售侵犯他人注册商标专用权的板材案被作为指导案例推荐到省知识产权局，入选南京市“2022年度知识产权行政保护典型案例”。南京征途信息技术有限公司、南京夏悦生物科技有限公司、南京中新赛克科技有限责任公司、南京铖联激光科技有限公司4家企业获评2022年度江苏省“正版正货”承诺企业。

【知识产权项目】 2022年,南京玻璃纤维研究设计院有限公司“超低排放工业除尘用覆膜滤料技术项目”获批“2022年度南京市知识产权强链”项目立项;南京中新赛克科技有限责任公司获批“2022年度南京市知识产权高价值专利培育中心”项目立项;嘉环科技股份有限公司、博智安全科技股份有限公司、南京华士电子科技有限公司3家企业获批“2022年度南京市企业专利导航”项目立项;江苏欧帝电子科技有限公司、南京慧目信息技术有限公司2家企业获批“2022年度南京市维权援助知识产权保护”项目立项。

【知识产权标准化建设与管理】 2022年,雨花台区推进企业知识产权管理体系持续运行和改进。嘉环科技股份有限公司等32家企业完成知识产权“贯标”备案创建工作;南京锦云智开软件有限公司等12家企业完成知识产权“贯标”备案成功后的省知识产权贯标绩效评价和第三方认证。江苏贞一环保科技股份有限公司的“一种危险废物填埋场废水处理系统”实用新型专利获得南京市优秀专利奖。

【知识产权质押融资】 2022年,区知识产权局开展以高新技术企业、规模以上工业企业、专精特新企业为重点的融资需求走访、调研活动,组织中国银行、紫金农商银行等6家金融机构开展银企对接活动,召开知识产权专属金融产品发布会。针对企业不同需求,优化知识产权质押融资方案,帮助企业解决资金紧张难题。全年完成知识产权质押融资项目54项,融资4.1亿元。

【江苏省知识产权建设示范(县域)】 2022年,雨花台区实施知识产权强区建设战略。经过雨花台区申报、南京市知识产权局审核推荐、江苏省知识产权局评定等程序,12月27日,雨花台区被江苏省知识产权局确定为江苏省知识产权建设示范(县域)。

【“一缕书香,微光亦亮”知识产权图书赠阅仪式】 1月14日,区知识产权局在金陵华兴实验学校,举行“一缕书香,微光亦亮”知识产权图书赠阅仪式。活动赠阅《我也会发明第四辑(南京版)》图书350本,16名学生代表上台接受赠书,1名学生代表上台发言。区知识产权局相关负责人、金陵华兴实验学校师生代表30余人参与知识产权图书赠阅仪式。

【南京市优秀专利奖颁奖仪式暨江苏专利奖申报培训会】 8月9日,区市场监督管理局(知识产权局)在软件谷召开南京市优秀专利奖颁奖仪式暨江苏专利奖申报培训会。区市场监督管理局(知识产权局)宣读市知识产权局《关于表彰2022年度南京市优秀奖的决定》,为获得2022年度南京市优秀专利奖的企业颁发奖牌;江苏贞一环保科技股份有限公司介绍获奖实用新型专利“一种危险废物填埋场废水处理系统”;佳源科技股份有限公司等6家企业分享交流专利相关情况,参会专家逐个点评,并对江苏专利奖的申报、推荐、评审、奖励等作了解读和宣讲。会议对江苏专利奖申报的4个方面作专题培训。软件谷科技创新部负责人,以及部分企业的知识产权专员30人参会。

【知识产权示范优势企业】 9月23日,南京玻璃纤维研究设计院有限公司被国家知识产权局运用促进司认定为国家知识产权优势企业,中国电子科技集团公司第十四研究所通过国家知识产权示范企业复核，南京天溯自动化控制系统有限公司通过国家知识产权优势企业复核；南京沁恒微电子股份有限公司、江苏南水科技有限公司、南京正驰科技发展有限公司、江苏智库智能科技有限公司4家企业被认定为南京市知识产权示范企业。（佘国庆）

科技普及

【概　况】2022年，雨花台区开展科普活动105场，以全国科技周、科普宣传周及全国科普日两个重要时间节点为契机开展科普活动55场，惠及青少年1000余人，惠及群众约4000人，发放科普宣传品约2300份，通过科普讲座、互动体验、科技志愿服务等形式普及科学知识。为社区居民服务，开展市级社区科普大学教学活动33场，围绕智慧助老、青少年“双减”等当下热点话题，针对老年人、青少年、社区居民等重点人群开展科普教学活动。推进“双减”工作落地，以“科普大篷车”进社区活动、“科技夏令营”、南京科技馆科普一日游活动、科普讲座等形式，为辖区青少年举办“暑托班”服务17场。（黄　桢）

【科普活动】2022年，南京科技馆研发科学实验秀3幕，跟我玩科学探究课3部，口袋科学12部，开展馆内教育活动465场次，受众人数38931人；策划科技馆科普品牌活动、研学游活动，推出“‘双减’科学营”系列主题活动，打造“科普游”“研学游”“科学营”“科学市集”等科普品牌活动，开展51场次。其中“南京科普游”7场，受众300人次；“双减”科学营开展课程28场，受众1600余人；“双减”科学托管营开办14营，受众400余人；“双减”科学市集开展2场，受众100余人。全年接待研学游团队34批次，参观人数5000余人；承办大型活动7场，线上线下参与人数8万余人。（费珊珊）

【科普宣传周】5月25日，南京市第三十四届科普宣传周暨雨花台区科技局（科协）承办的百米少儿科技绘画活动在雨花外国语小学花神庙分校开展。三年级至六年级58名学生用丙烯画笔描绘一条百米科学幻想画长卷。科学幻想画分为五大主题，三年级主题为海洋科技，四年级主题为航天科技，五年级主题为人工智能，六年级主题为防震减灾、低碳环保。（雨　鉴）

责任编辑　王守玲

区域经济

2023 YUHUATAI ALMANAC

Regional Economy

综　述

·概　述·

【概　况】2022年，雨花台区持续围绕“全面创新、全域高新”新雨花建设，巩固拓展疫情防控和经济社会发展成果，经济运行平稳有序。全年实现地区生产总值1040.22亿元，增长1.6%。其中，第一产业增加值0.15亿元，增长33.4%；第二产业增加值190亿元，增长3.4%，其中工业增加值167.28亿元，增长4.4%；第三产业增加值850.07亿元，增长1.1%。三次产业比重为0.01∶18.27∶81.72。全社会固定资产投资390.08亿元，增长11.9%；社会消费品零售总额716.55亿元。外贸进出口总额343.9亿元，实际利用外资3.71亿美元，增长1.4%。城镇居民人均可支配收入74558.4元，增长4%。

【“一带一路”建设】2022年，雨花台区克服新冠肺炎疫情影响，充分发挥产业特点和区位优势，围绕高质量推进“一带一路”交会点重要枢纽城市建设内容，服务外向型经济发展，推进与“一带一路”沿线国家友好交流。探索开展线上等形式多样的文化交流活动，深化与文莱首都斯里巴加湾市友好关系，推进城市国际化建设，提升“走出去”服务水平。深化国际产能合作，在南京国际友城交流周开幕式暨集中签约仪式上，驻区企业江苏苏航供应链集团有限公司与巴基斯坦驻宁代表企业南京牯伽贸易有限公司成功签约，首批合作签约金额2亿元。江苏苏航供应链集团有限公司和江苏华顶数码科技有限公司等企业发起成立雨花台区跨境电商联盟，为中小企业借助跨境电商抱团互助、纾困突围提供契机，辖区进出口企业依托联盟内龙头企业，借助“一带一路”和“国际国内双循环”战略，精准拓展海外市场，为面临订单困境的企业开拓销售渠道，实现“保订单、创订单”。雨花台区建立区级境外安保机制与海外利益安全领域协调机制，加强“走出去”企业和人员管理，定期转发海外领事重要提醒，走访企业开展领事保护政策宣讲，引导企业规范境外生产经营活动。辖区19名律师进入江苏省司法厅涉外人才库，为“一带一路”建设提供法律服务资源，为辖区涉外企业提高经营管理和抗风险水平提供法律保障能力。全年辖区律师办理涉外法律业务56件，业务创收1200余万元。

【总部经济】2022年，雨花台区对照《南京市总部经济发展三年行动计划（2022—2024年）》，进一步完善区级总部经济工作领导机制，强化责任落实和督查考核。根据南京市2022年总部经济发展新要求，调研企业运营和增速发展情况，摸清辖区储备企业底数，走访调研总部企业3家、储备企业6家。邀请市级专家对申报南京市2022年度市级总部企业进行辅导，经评选，浩鲸云计算科技股份有限公司、南京医药股份有限公司、江苏润和软件股份有限公司被认定为南京市2022年度市级综合型总部，恒银云智科技有限公司被认定为南京市2022年度市级区域型总部，南京荣耀软件技术有限公司被认定为南京市2022年度市级研发功能型总部，雨花台区兑现市财政下拨的总部企业政策奖励资金850万元。

【信用体系建设】 2022年，雨花台区印发《雨花台区2022年信用工作要点》，设立辖区社会信用体系建设框架。根据国家公共信用信息基础目录、失信惩戒基础清单和省、市公共信用信息补充目录、失信惩戒补充清单，修订完善雨花台区“三清单”。利用信用资质助力企业复工复产，运用信用信息与信用产品，做好数据应归尽归。年内，组织38家企业开展信用管理培训，2家企业被评为市级信用管理示范企业，21家企业被评为市信用管理培训合格企业，1家企业通过省、市两级信用管理示范企业复核。遵照“谁认定、谁指导、谁治理”原则，加强失信专项治理，落实专项治理责任，对严重失信主体和受行政处罚企业调查摸底、分类施策，去存量控增量，有效降低失信主体量。

【企业培育链构建】 2022年，雨花台区通过“及时雨”政策直达平台，完善“一个平台一网通、一家企业一卡通”机制，推行“免申即享”“即申即享”，让各类惠企政策、助企资金直达企业。至年末，兑现资金9.47亿元，惠及企业6697家次；辅导120余家企业申报2022年度省级现代服务业发展、市级工业和信息化发展等各类专项资金1.09亿元。全区入选南京市2022年度“独角兽”“瞪羚”企业52家，国能龙源环保南京有限公司、南京电力设计研究院有限公司2家企业获评省级工程研究中心，南京玻璃纤维研究设计院有限公司等5家企业获评市级工程研究中心。至年末，全区有省级工程研究中心14家、市级工程研究中心89家，培育国家级制造业单项冠军企业3家、专精特新“小巨人”企业6家、省级专精特新中小企业25家，江苏极地熊冷链有限公司获评2022年度省级重点物流企业。 （赵洪宸）

·项目建设·

【概　况】 2022年，雨花台区实施项目全周期管理，压实重大项目“横道图”“鱼刺图”时间节点，落实“周调度、月公示、季通报”项目建设跟进机制。针对项目建设推进过程中出现的拿地开工、土方外运、差别化工地申报等问题，区、软件谷各部门聚焦问题共商解决，保障项目加速推进。全年全区实际利用内资115亿元，完成市计划的118.5%，签约项目276个，投资总额722.9亿元，完成市目标的122.9%。其中，签约亿元以上项目102个，投资总额634.65亿元，包括投资总额30亿元的荣耀软件研发总部项目、投资总额105亿元的南京轨道交通信息产业园项目、投资总额60亿元的众能联合数字化产业互联网平台和投资总额8亿元的航天民芯华东总部等一批龙头项目。全区列入市重大项目计划24个，其中列入省重大前期类项目2个，年度计划投资70.4亿元；列入区人代会重点项目120个，年度计划投资376.6亿元。

（赵洪宸　尚红超）

【招商引资】 2022年，雨花台区围绕“做大做强优势产业、及早布局未来产业”，聚焦行业百强，开展全区主导产业以及华为技术有限公司、中兴通讯股份有限公司、中国电子科技集团公司第十四研究所、中国航天科工集团有限公司和阿里巴巴集团控股有限公司等龙头企业的生态链分析和产业招商研究，绘制产业招商图谱。深入推进资本招商、市场化招商、产业链招商，加强与基金券商、银行机构、商会协会校友会、招商中介等的沟通交流，筹建“金融资本招商合作联盟”等的招商平台，拓展项目信息,与36氪(江苏鲸准数科信息产业发展有限责任公司)建立全面招商合作关系。加强软件谷与雨花新滨江产业链项目信息互通共享。定期更新全区载体资源数据库,制作全区招商土地资源和楼宇载体资源电子地图。加快推进全区十余块重点产业用地招商运作,洽谈推进航天科工智能制造产业基地、低轨卫星遥感人工智能大数据产业基地等一批重大产业项目签约落户。举办全区城市发展招商推介会,深度推介雨花台区营商环境和重点载体资源。紧抓南京"金洽会""软博会""2022南京智能制造装备产业链创新服务大会"等品牌活动机遇,举办各类招商活动。全年组织线上招商推介、客商洽谈、云签约等活动130余场,组织到市外招商考察、项目洽谈等活动40批次300余人。在"2022年南京市重大招商项目央企区域总部项目签约活动"中,签约重大项目2个,投资总额40亿元,分别是荣耀软件研发总部项目和华坤控股集团总部项目。 (尚红超)

【重大项目推进】 2022年,雨花台区列入市重大项目计划24个,南京八五一一所研发总部与电子信息创新基地2个项目被列入省重大前期类项目。其中,实施类项目20个,包含计划新开工项目9个、续建项目11个,年度计划投资70.4亿元;前期类项目4个。至年末,20个实施类项目全部在建,完成年度投资70.47亿元,年度投资完成率100.1%,9个计划新开工项目全部开工建设。

年内,雨花台区列入区人代会重点项目120个,年度计划投资376.6亿元,其中结转项目77个、新开工项目43个。至年末,120个项目全部在建,完成年度投资378.4亿元,年度投资完成率100.5%,43个计划新开工项目全部开工建设。 (赵洪宸)

【项目促进】 2022年,区委、区政府建立每月调度全区招商引资工作、每周调度在手在谈重点项目推进及重点载体资源招商情况制度。区投促办每月对全区主要招商指标和重大招商项目推进情况进行集中通报,每季度对重大招商项目全流程计时亮灯情况进行通报,不定期对长期滞缓推进项目进行"点对点"发函通报,力促签约项目早注册早开工、落地项目早到资早达效。区投资促进局牵头健全完善招商引资工作各项机制,梳理签约项目进展情况,强化重大项目跟踪推进与项目落地要素保障,落实挂钩联系板块制度,每月到项目各板块面对面督导招商及项目推进情况。年内,荣耀软件研发总部项目、南京轨道交通信息产业园项目、航天民芯华东总部项目、先锋半导体存储芯片材料项目入选全市"招大引强"项目"赛马榜",雨花台区获评南京市2022年度上半年招商工作擂台赛"目标任务进度奖"。至年末,签约亿元以上项目102个,其中开工运营项目65个。

【投资推介】 2022年,雨花台区实施招商队伍"强训实训"计划,组织开展线上"精兵讲堂""雨花招商大讲堂"、线下"强将论坛"等培训12场次、轮训300余人次。发布"雨花四大培育计划"政策推介宣传片,更新"全面创新、全面高新"雨花招商宣传画册,制作完成"雨花招商载体资源手册""雨花招商政策指南"。启动雨花招商宣传片制作,策划"雨花数字招商专员"形象打造和渠道营销。加大宣传"投资雨花"公众号,关注人数突破万人;优化"投资雨花"微信小程序,登录浏览量超2万人次。梳理重点央企和专精特新企业名录,向近千家企业精准投递雨花投资环境宣传资料。软件谷招商员王翔和雨花经济开发区招商员刘淑娟获评2021年度“南京招商工作感动人物”称号。在2022年首届全市招商技能竞赛中,软件谷招商员张楠获“金牌招商人”二等奖、“招商金脑力”二等奖、“优秀推介官”三等奖,软件谷招商员刘宇轩获“招商金脑力”三等奖。(尚红超)

【“2022雨花台区数字经济发展大会”举行】9月6日,由南京市人民政府主办,雨花台区人民政府、中国(南京)软件谷管委会承办的2022中国·南京金秋经贸洽谈会雨花台区专场活动“雨见花开·数创未来——2022雨花台区数字经济发展大会”在该区举行,应邀嘉宾、媒体记者约150人参加会议。会上签约项目29个,总投资190.9亿元。其中,参加市签约项目1个,即总投资20亿元的软件谷先锋半导体存储芯片材料项目;参加区专场签约项目28个,总投资170.9亿元。10亿元以上项目6个,总投资150亿元,分别是总投资30亿元的雨花台区全域综合智慧能源项目、总投资40亿元的豪威集团华东总部项目、总投资30亿元的数字文旅产业园项目、总投资20亿元的高空作业设备管理平台项目、总投资20亿元的先锋半导体存储芯片材料项目和总投资10亿元的奥特酷科技总部项目。签约项目从行业分类看:高端软件和信息服务业项目14个,总投资46.6亿元;新型都市工业项目10个,总投资110亿元;商务商贸新业态新模式项目5个,总投资34.3亿元。会议邀请南京大学商学院教授、江苏省数字经济学会理事长沈坤荣,华为中国区鸿蒙首席专家蒋相坤分别从理论和应用技术角度阐述数字经济产业发展潜力和未来前景。元宇宙展馆展示雨花台区优质投资环境和近几年飞速发展成就,并运用数字人技术解读雨花台区发布的《科创金融扶持资金政策》(及时雨创贷),全面激活数字发展动能。(刘小楚)

工　业

·概　述·

【概　况】2022年,雨花台区在疫情防控新常态下,聚焦“全面创新、全域高新”目标定位,在项目投入、产业升级上持续用力,推动经济增长迈上新台阶。全年全区新增规模以上工业企业10家,总数123家,完成工业总产值566.02亿元;主营业务收入588.62亿元,利润总额2.97亿元。上海梅山钢铁股份有限公司实现工业产值372.6亿元,同比下降14%;其他规模以上工业企业实现工业总产值193.4亿元,同比增长1.5%。开展“雨花台区都市工业智能制造企业培育计划(试行)”政策兑现,覆盖企业和单位67家次,兑现资金2450.4万元。针对夏季“迎峰度夏电力需求侧保供”工作,成立由市供电公司和雨花台区组成的工作专班,驻点上海梅山钢铁股份有限公司,督促其执行需求响应。年内,雨花经济开发区都市工业园被认定为南京市都市工业示范园区。

【工业企业数字化转型】2022年,雨花台区成立制造业“智改数转”工作领导小组,制定《雨花台区制造业智能化改造和数字化转型实施方案(2022—2024年)》,将“智改数转”工作纳入高质量发展考核体系,建立月度跟踪报送和情况通报制度。至年末,上报南京市工业和信息化局“智改数转”项目525个,涉及规模以上工业企业329家；组织企业开展“智改数转”成熟度自评估，规模以上工业企业完成填报108家。

【工业行业大类分类】 2022年，雨花台区列统工业行业大类25个，其中增长13个。增长的行业主要有专用设备制造业和仪器仪表制造业，分别完成工业总产值26.49亿元和15.29亿元，同比增长32.9%和30.1%。下降的行业主要有黑色金属冶炼和非金属矿物制品业，分别完成工业总产值372.60亿元和51.70亿元，同比下降14.0%和7.1%。 （赵洪宸）

表19 2022年雨花台区规模以上工业总产值分行业大类统计表

单位：亿元

行业大类	本年累计	增长%
总 计	566.02	-9.4
农副食品加工业	0.56	-21.7
食品制造业	1.11	38.2
纺织服装、服饰业	8.02	-8.0
木材加工和木、竹、藤、棕、草制品业	0.26	-8.3
家具制造业	1.38	1.1
印刷和记录媒介复制业	4.16	0.0
文教、工美、体育和娱乐用品制造业	2.45	-17.3
化学原料和化学制品制造业	0.17	-73.8
医药制造业	8.14	69.1
化学纤维制造业	0.44	-23.6
橡胶和塑料制品业	2.62	-5.3
非金属矿物制品业	51.70	-7.1
黑色金属冶炼和压延加工业	372.60	-14.0
有色金属冶炼和压延加工业	1.50	27.8
金属制品业	1.13	9.1
通用设备制造业	7.86	13.3
专用设备制造业	26.49	32.9
汽车制造业	1.78	-5.4
电气机械和器材制造业	11.86	19.9
计算机、通信和其他电子设备制造业	29.42	-27.7
仪器仪表制造业	15.29	30.1
废弃资源综合利用业	1.01	0.9
金属制品、机械和设备修理业	2.02	-0.5
电力、热力生产和供应业	13.21	23.7
水的生产和供应业	0.83	4.7

（区统计局）

·基础工业企业·

【上海梅山钢铁股份有限公司】 2022年，南京宝地梅山产城发展有限公司新事业分公司、培训中心由南京宝地梅山产城发展有限公司委托上海梅山钢铁股份有限公司（以下简称梅山钢铁公司）管理。至年末，梅山钢铁公司生产铁水747.51万吨、连铸坯820.74万吨、热轧板卷805.88万吨、酸洗产品165.13万吨、冷轧商品材87.91万吨，发电20.02亿千瓦时。实现营业收入378.99亿元，利润同比下降4.86亿元；吨钢综合能耗559.7千克标准煤。公司（不含多元产业在册175人，其中在岗137人）在岗员工4079人，离岗364人。厂区绿化覆盖率41.06%，被南京市绿化园林局、南京市绿化园林委员会办公室命名为“2022年度市级园林单位”。

【管理变革】 2022年，梅山钢铁公司全面实施改革三年行动和对标一流管理提升行动，63项改革三年行动任务全面完成，输出成果77个。深化岗位再设计，在消化147名新进大学生基础上，实现人员优化384人，完成8%劳动效率提升目标。实施操作岗位大工种设计，实现岗位优化52%、工种优化51%。推进设备管理变革，完成13个区域组织整合，8位冷轧厚板酸洗员工聘用为运行维护师。深化赛马绩效体系，拓展赛马指标范围，钢铁四大主体工序年度赛马指标比例为77.8%（2021年初指标为46.2%），其他单元赛马指标实现零突破，总体比例52.7%，《赛马绩效的构建与应用》获评2022年中国宝武集团管理创新成果二等奖。至年末，精简三级机构1个、作业区13个，精简比例5.3%。开展模拟经营，形成专业管理职责调整方案22项，完成4个主体工序和4个公辅单元模拟利润模型设计，重构绩效评价体系，为全面实施模拟经营奠定基础。

【制造能力提升】 2022年，梅山钢铁公司围绕成本最优开展生产组织，通过优化铁水产出量与铁钢比匹配、炼钢与热轧新老系统的产能资源配置，以及冷轧系统最大可能放量生产，实现效益引领下产能水平精准控放。深化敏捷高效原燃料管理体系，加强工序界面管控，形成管理上下工序协同协作高效运行格局。坚持源头减量与利用增量相结合，金属料返生产利用率51.93%，超越年度挑战目标。设备系统保障持续打造“零故障”产线，零故障产线比例大于60%。128项经济技术指标达标率70%、进步率66%、刷新率53%，废次降率与现货发生率、质量异议万元损失、“321＋X”销量创优。

【降本增效】 2022年，梅山钢铁公司聚焦关键指标、核心能力，全面对标国内先进生态体系，策划推进“战危机、创一流”专项行动，形成包括效率降本、技术降本、现货降本、能源降本、控费降本和提升质量六大类、9个重点项目、38项关键举措专项行动方案，通过覆盖全员“我为梅钢献才智”行动，形成降本合力。全年完成全口径成本削减14.13亿元，完成年度目标的546%。开展全口径费用管控，在公司环保等费用刚性上升情况下，全年吨钢制造成本674元，较年度预算下降87元。数字化可视化管理系统实现厂部、分厂、作业区动态日成本跟踪及过程管控，配煤配矿、大富氧、多点加废钢、废钢结构优化、全流程控硫及轧制单元班组算账等多个算账生产模型上线运行，成为基层单元成本管控工具。

【新品开发】 2022年，梅山钢铁公司围绕弹性控放能力、低成本生产制造能力、品种实现能力、绿色发展能力四个方面核心竞争力的开展研发，并以“技术对标、技术降本与技术创效”为主线，开展技术创新。通过科研项目分级管理、科研“揭榜挂帅”、与南京市科技局共同主办“在宁高校进梅钢面对面产学研活动”签订产学研合作框架协议联合开展产学研合作等方式，提升产品技术研发水平。热轧精冲工具钢国内市场占有率排第一，多个零部件材料实现进口替代。研发的高厚度精度全系列冷成形齿毂用钢S420MC与S3150MC成为国内唯一具备冷成形齿毂用钢全系列供货能力企业。“高品质酸洗汽车钢关键技术及产品实现”项目获江苏省冶金行业协会、江苏省金属学会科学技术奖二等奖，“兰炭全部替代高炉喷吹煤技术的开发与应用”项目获中国宝武集团技术创新重大成果奖三等奖，高性能空气能热水器用钢BTC210R获南京市创新产品称号。全年R&D（研究与开发经费）投入率3.28%，开发新产品59个，新产品转产17个；实现精品增效额7.09亿元，科研、技术推广结题效益2.85亿元；发明专利申请171件，科技政策利用0.31亿元。梅山钢铁公司位居全球钢铁行业专利申请数量TOP10。

【节能减排】 2022年，梅山钢铁公司重点推进上升管显热回收、烧结余热回收改造、炉窑智慧燃烧、热轧换热器改造、公辅节能等集节能、降碳、增效于一体的项目快速落地实施。年初梳理形成59项计划，实施后自发电比例提升至64.87%，全年节能11.8万标准煤，降碳30.68万吨。推进“三治四化”（三治：废气超低排、废水零排放、固体废物不出厂，四化：洁化、绿化、美化、文化）环保重点工作，全年实施废气超低排放、焦炉煤气深度脱硫等改造项目43个，有组织超低排放率88.55%，无组织超低排放率66.4%，大宗物料及产品采用清洁运输方式占比87.13%。全年梅山基地吨钢综合能耗指标完成559.7千克标准煤/吨；吨钢耗新水指标完成2.56立方米/吨，下降0.06立方米/吨，余能回收完成70.62万吨标煤；吨钢排放二氧化碳1.936吨，技术节能量4.05万吨标准煤。11月，经2022年度中国钢铁工业清洁生产环境友好企业初评，梅山钢铁公司获得推荐2022年度中国钢铁工业清洁生产环境友好获奖企业。

【资源利用】 2022年，梅山钢铁公司细化“固体废物不出厂”举措，开展产品化认证，推进固体废物源头减量、返生产利用，做好对外销售固体废物的合规性管控。固体废物信息系统强化源头数据及委托外单位销售处置数据管理，每月自动生成固体废物产生利用报表，增加与标准财务系统、成本系统、协力系统、多元销售系统、铁区系统、金属平衡系统接口以及抛账结算功能，每月底关账及时把各工序固体废物加工成本、费用向财务系统抛账结算，支撑“成本对标”，实现财务数据不落地和精细化管理以及源头管控、固体废物不出厂目标。水渣、氧化铁皮、氧化铁红、部分钢渣尾渣、高炉二次灰、钢渣尾渣、废尾渣、脱硫灰等均以产品化形式销售，钢渣、铁渣、铸余渣、含铁物料等直接返生产。起草的国标“水泥铁质校正剂用铁尾砂”通过工信部审核并公示。与南京大学等高校和研究机构联合开展固体废物利用研究，制定《梅山基地废水“零排放”行动方案（2021—

2023)》，按照生态环境部长江入河排口要求，开展风险治理，实施所有雨污排口规范化管理。梳理酚氰废水减排措施7项、冷轧废水减排措施10项，全年酚氰废水减排6万吨、冷轧废水减排22万吨。公司首次制定的国家标准《钢渣全铁含量的测定三氯化铁—重铬酸钾滴定法》通过全国钢标准化技术委员会冶金固废资源分技术委员会（TC 183/SC 18）审定。

【专业化整合】 1月，南京宝地梅山产城发展有限公司汽运分公司自运业务（含运翔码头装卸、厂内物流及加油等)整合至中国宝武物流资产有限公司，成品码头相关业务参照BPO模式（业务流程外包）委托中国宝武物流资产有限公司运营，梅山基地钢材产成品物流业务自6月起整体委托上海欧冶物流股份有限公司运营管理。根据宝山钢铁股份有限公司“一公司多基地”财务体系组织机构及业务管理方案要求，梅山基地财务部下设职能机构4个（不包括稽核职能)，包含预算、成本、费用等经营管理类职能机构2个以及资金、资产、会计、税务等财务会计类职能机构2个。完成委托外单位从事冷轧厂行车和发货业务、炼钢厂铁水脱硫业务、新事业分公司接发运业务等工作。根据生产经营需要，自10月1日起，梅山钢铁公司不再采购、供应汽柴油，自有汽油车到社会加油站加油，柴油由宝武物流资产有限公司南京分公司供应。 （金　利）

【南京宝地梅山产城发展有限公司矿业分公司】2022年，南京宝地梅山产城发展有限公司矿业分公司（以下简称梅山矿业公司）因上年“11·30”安全事故影响，持续处于停工停产状态。

安全整改。开展安全生产“大学习、大培训、大考试”。组织安全生产培训412场次、各层各类考试263场次，参加15427人次。修订完成安全管理制度52项。开展《中华人民共和国安全生产法》《金属非金属矿山安全规程》《尾矿库安全规程》“一法两规”深度排查。聚焦现场安全，实施周消险计划，整改消除井下顶板、溜井及溜破系统等重点风险隐患。修订顶板管理制度和顶板管控方案，实施采矿顶板分级管理。加大顶板支护投入，持续开展顶板专项治理，全年支护量10996立方米，其中喷浆量7484立方米。强化全员安全履职，细化领导人员、基层管理者“一岗双责”安全管理履职清单，建立技术业务人员、岗位操作人员岗位安全责任清单，健全全员安全生产责任制，制定考核标准和考核评价管理办法。加强现场带值班管理，强化对现场监督巡查。组织开展安全生产专题组织生活会，检视剖析问题248个，落实整改措施483条。强化外协施工队伍安全，落实同体系、同标准、同要求、同对待“四同”管理，建

梅山钢铁公司炼钢厂行车操控中心　（梅山钢铁公司　供图）

梅山矿业公司一角　　（梅山矿业公司　供图）

立项目单位、监理单位、施工单位“三方”合署办公机制，落实安全风险“周分析、日管控”，清理协力队伍2家。

绿色发展。制定新一轮《长江大保护行动方案》《梅山矿业2022年绿色发展指数提升方案》及废水、废气、固体废物专项方案，梳理评估各项绿色发展指标，明确提升重点。落实废气超低排、废水零排放、固体废物不出厂和洁化、绿化、美化、文化厂区“三治四化”，围绕“水、气、固体废物”开展环保风险排查和整治。完成选矿区域雨污分流项目建设并投入使用，理清生产废水、生活污水、雨水水路，实现厂区雨污分流全覆盖。深化节能减排，运用阶磨阶选新工艺、智能控制节能通风等先进节能技术，持续推进降耗降碳。加大清洁能源的利用，保持绿电使用比例超60%，实现绿色低碳生产。加大环境改善投入，新增、改造重选等区域除尘设施，提高除尘效率。开展尾矿库地下水调查，新建地下水监测井21口，定期监测周边地下水质。深化环境治理，策划“现场管理专项整治”“矿区环境专项整治”行动，助力矿区环境改善和文明城市创建。

实施管理变革。以宝武资源有限公司2.0运营模式为指导，系统分析管理流程，优化调整管理架构，实现机构优化、流程再造。变革后，部门减少27%，分厂减少16.7%，科室减少57.1%，作业区减少10.5%，班组减少19.2%，开始实施大部制、大班组管理，实现机构扁平化、管理高效化。

科研和技术攻关。围绕采选工艺难题、生产管理瓶颈重点环节，推进技术改革。《巷道式废旧爆炸物销毁场设计关键技术及应用》被中国爆破行业协会评选为科学技术进步二等奖；《崩落法地采大型铁矿尾矿全资源化梯级利用关键技术研究与产业化》被中国钢铁工业协会评选为冶金科学技术二等奖；《高磁力复合挤压磁路磁选机的研制及应用》获评中国有色金属工业科技进步奖二等奖；《高效智能永磁直驱滚筒关键技术及产业化》《细粒铁尾矿全资源化梯级利用及堆存关键技术研究与应用》分别获评冶金矿山科学技术一、二等奖。《混合铁矿石精确化磨矿与高效梯级回收技术》《外磁式磁选机在混合铁矿预选中应用技术》等4项成果分别列入国家级先进适用技术目录和智能制造解决方案推荐目录，7件专利获国家专利局授权。《崩落法采矿的大型城中矿山全资源化无尾建设与实践》《大型地下矿山“五步三化”低成本管理实践》获评2022年冶金矿山企业管理现代化创新成果二等奖。

推动复工复产。接受南京市安全、环保、公安等部门全方位检查，委托及配合第三方机构开展矿山安全现状评估，完成矿山安全现状评价。呈报市、区政府复工复产申请，多渠道向国务院督查组、国家相关部委、江苏省应急管理厅等部门报告矿山概况、事故整改落实情况以及转型发展规划等，接受江苏省政府督查室的现场验查。多次到省、市、区三级应急管理部门汇报沟通二期延伸工程有关情况并通过验收批复。省、市、区领导多次到梅山矿业实地调研，听取相关情况汇报，并就梅山矿业如何加快形成总部经济能力、建设国家智慧矿山示范基地、实施走出去战略等方面提出指导意见和明确要求。针对资源型企业如何融入城市发展，编制“梅山矿业转型发展规划”，明确“优化生产布局、谋划产业发展、推进全面转型”三步走路径。组织实施试车生产，保障生产系统始终处于稳定良好状态，做好随时复工复产准备。针对当前停工停产复杂局面，做好对员工的宣传解释工作，传递信心，维护队伍和谐稳定。

推进可持续发展。推进宝德利矿项目建设，完成工程项目可行性研究和初步设计，引入新的合作方，为全面开工建设30万吨采选规模的国内一流萤石矿企业奠定基础。实施鲁南加工矿项目，与莱芜钢铁集团鲁南矿业有限公司签订战略合作框架协议，开展矿石加工业务。与山东钢铁集团日照有限公司、莱芜钢铁集团鲁南矿业有限公司签订《三方合作备忘录》，做好混矿、选矿加工基地建设的前期工作。成立资源开发利用项目组，推进实施许昌铁矿项目，着力开展外部矿产资源拓展业务，加快形成“一公司+多基地”运营模式。

【智慧矿山建设】 2022年，梅山矿业公司通过5G、生产管控大数据、人工智能等数智技术与矿山生产深度融合，推进“矿山资源数字化、生产作业智能化、经营管理智慧化、基础设施标准化”建设，完成项目计划配套27项，总体完成智慧矿山一期建设目标。智慧中心的建成与启用，实现全流程的集控，溜破、提升、中碎、细碎、重选、浮选等8个操控中心集于一体，集中化指数大幅上升，集中化指数由29.17%上升到66.67%；无人巡检、智能装料、远程凿岩等智能装备初步投入使用，无人化指数效果初现，无人化指数由32.3%上升到70.05%。采矿设计与远程凿岩操控跨专业协同，完成采矿图数一体化系统总体开发，专业人员在同一框架下协作，跨专业间数据全部共享，从地测采平台排产到全断面凿岩作业实现一体化操作，实现数据互通互融。开展3D岗位机器人的研发与应用，投入应用无人发货销售系统与选矿皮带智能布料系统，井下变电所机器人巡检、尾矿库与塌陷区机器人巡视、铁精矿无人智能抓斗等项目完工。 （顾美兰）

【南京华润热电有限公司】 2022年，南京华润热电有限公司完成发电量31.23亿千瓦时，供热量79.5万吉焦，供电煤耗314.99克/千瓦时，综合厂用电率6.07%，厂内管理煤耗1.08克/千瓦时。公司安全生产形势稳定，全年未发生一般性及以上安全事故。年内，公司入选“江苏省2022年度绿色发展领军企业”，获评南京市首批“环保信任保护企业”“生态文明教育基地”称号。 （张惠蓉）

·新兴工业企业·

【南京玻璃纤维研究设计院有限公司】 2022年，南京玻璃纤维研究设计院有限公司（以下简称南京玻纤院）获授权发明专利42件，其中国际专利3件。发布国家标准12项、团体标准

8项；承担省部级科研项目36项，关键材料持续应用于长征运载火箭、神舟载人飞船、“天宫号”空间站、武器装备等国家重大工程。全年实现营业收入23.46亿元，同比增长14%；利润总额1.71亿元，同比增长26%。入选全国“十大产业百家企业深化产业工人队伍建设改革专项行动企业”，获批2022年度国家知识产权优势企业，获“中国技术市场协会金桥奖突出贡献集体奖”“首届江苏省科技创新发展奖”“国家优秀勘察设计奖”等奖项9项。

【绝热材料领域首个主导制定的国际标准发布】3月，国际标准化组织正式发布由南京玻纤院主导制定的国际标准ISO 23766：2022《工业用绝热材料低温线性热膨胀系数的测定》。该标准创新性提出“光学法”与“位移法”2种测定绝热材料在低温环境下线性热膨胀系数的方法，有效解决“顶杆法”无法测试柔性材料与膜材热膨胀系数的问题，填补相关领域国际标准体系空白。

【南京玻纤院获多项航空资质】3月17日，南京玻纤院分别获得中国商用飞机有限责任公司（以下简称中国商飞）颁发的试飞试验资格证书、中国航发商用航空发动机有限责任公司（以下简称中国航发商发）颁发的特种工艺资质批准证书，标志着南京玻纤院高性能纤维及其复合材料测试评价能力获得中国商飞、中国航发商发、国际航空航天领域的认可。为解决航空材料“卡脖子”技术问题，实现国产碳纤维复合材料结构件在国产大飞机上的装机综合验证及应用，南京玻纤院联合中国商飞等开展多项航空级碳纤维复合材料标准项目研究。

【新一代岩棉技术装备创新研发生产示范线点火成功】10月3日，由南京玻纤院设计建设的“新一代岩棉技术装备创新研发生产示范线”在山西威世腾岩棉有限公司岩棉三线点火成功。该生产线采用完全自主知识产权的摆锤轻量化补偿技术、高效大产能技术以及智能物流一体化、生产线预防性诊断及在线监测、无人值守能源管控等智能制造技术，实现电能全部替代化石燃料和固体废物协同处置。该生产线的成功点火，为中国绝热保温材料行业发展奠定坚实基础，为中国全面实现“碳中和”总体目标迈出一大步。

【“江苏玻璃纤维产业工匠学院”在南京玻纤院成立】12月11日，经“新时代江苏产业工人队伍建设联席会议办公室”批准同意，由江苏省教育科技工会、江苏省硅酸盐学会玻纤玻钢专委会和南京玻纤院共建的“江苏玻璃纤维产业工匠学院”在南京玻纤院正式揭牌，作为学院重要平台、由江苏省教育科技工会批准成立的“江苏省玻纤行业劳模（工匠）创新工作室联盟”同步揭牌，江苏省内玻纤行业近20家企业负责人、工会主席以及专家骨干代表参加揭牌仪式。江苏玻璃纤维产业工匠学院建设坚持“弘扬工匠精神，培育行业工匠”，立足玻纤行业产业体系、技术主流和发展趋势，聚焦技能教育需求，强化资源配置，以“工学赛培”一体化技能人才管理体系，规划打造成为具有较大影响力的行业高技能人才培养示范基地和具有较强竞争力的行业高技能人才技术创新高地，以及行业弘扬劳模精神、劳动精神和工匠精神的文化宣传阵地，带动江苏省玻璃纤维行业高技能人才队伍发展壮大。（俞　晓）

【南京旭建新型建材股份有限公司】 2022年，南京旭建新型建材股份有限公司营业收入2.21亿元，毛利率13.69%。公司研发创新的NALC（蒸压轻质加气混凝土）装配式复合音效一体化墙板首次在江苏省重点项目扬州空港新城影视基地项目中大规模应用，并获第14届中国长三角优秀石材建设工程人造石金石奖；研发创新的高性能保温夹芯板采用超长及弧线外倾斜面墙的新型装配式安装施工工艺，在南京绿博园城市客厅提升工程宪法广场及城市客厅配套设施中应用；研究开发的NALC板材相互连接节点工艺及配套修补工艺获实用新型专利授权1项；研究成果“高性能建筑围护结构关键技术与应用”通过中国冶金科工集团有限公司组织的的科学技术成果鉴定，获中冶集团科学技术奖二等奖；研究开发的“高性能保温夹芯板”和“NALC内置自由水电模块板”产品通过江苏省建材行业协会组织的新产品专家鉴定，《基于住宅空间功能可变的模块化乡村住宅高耐久性内隔墙产品新体系研究报告》通过江苏省建材行业协会组织的专家评审。公司获得知识产权管理体系认证和两化融合管理体系A级评定，被南京墙体材料革新与建筑节能行业协会授予南京市新墙材企业绿色生产示范基地A类。（崇　睿）

【乾元浩生物股份有限公司南京生物药厂】 2022年，乾元浩生物股份有限公司南京生物药厂（以下简称乾元浩南京厂）产品销售总量56.95亿羽份/亿毫升，同比下降22%；实现主营收入10939万元，净利润207万元，纳税总额547万元。5月31日，乾元浩南京厂区正式停产，进入整体搬迁阶段，新厂址位于南京市江宁滨江经济开发区（建设中）。（陈全鑫）

【南京中旭电子科技有限公司】 南京中旭电子科技有限公司（以下简称南京中旭公司）前身为始建于1992年2月的南京半导体器件总厂技术开发研究所，于1999年8月改制成立，注册资本1000万元，资产规模2.2亿元，是国内研制生产霍尔器件及霍尔传感器的重点核心骨干企业，是工业和信息化部、中央军委装备发展部及各大军工集团定点的霍尔传感器科研生产单位。2022年，南京中旭电子科技有限公司研究院正式成立，包含军（民）用霍尔传感器设计室、军（民）用霍尔集成电路设计室、综合室等科室7个。公司全年完成传感器102.46万只、集成电路5.65万只，资产总值20亿元，营业收入1.24亿元，实现利润总额4436.60万元，上缴税费1271.20万元，净资产收益率24.65%，经营效益指标均较上年实现大幅增长。研发投入率10.22%，完成军用新产品研发10项、民用新产品研发5项，申请发明专利7件，取得授权发明专利6项；承接国资委及新工集团挂牌揭榜及创新项目2项，获评第四批国家级专精特新“小巨人”企业。在册员工195人、在岗员工195人，总部设在雨花台区龙盛路。

【南京铖联激光科技有限公司】 2022年，南京铖联激光科技有限公司（以下简称铖联科技公司）主营业务收入11531.54万元，近3年年均复合增长率18.09%；完成B轮融资2亿元，市场估值25亿元。全年申请专利90件，其中发明专利84件、PCT专利1件，年度授权专利14件，新增国内注册商标17件，获国家首批增材制造典型应用场景、第七批江苏省服务型制造示范企业、江苏省首台（套）重大装备认定、江苏省专精特新中小企业、江苏省研究生工作站、南京市口腔医疗数字化云智造工程研究中心等资质。

【国能龙源环保南京有限公司】 国能龙源环保南京有限公司成立于2002年，隶属于国家能源集团，注册资本金27500万元，是国家高新技术企业。公司主要承担火电厂燃煤机组烟气脱硫、脱硝、除尘、水处理、新能源（光伏、沼气发电）等工程的设计、设备制造与成套、安装调试服务，是江苏省企业技术中心和江苏省碳减排清洁电力工程研究中心，是电力行业标准《火力发电厂袋式除尘器选型导则》《旋转喷吹袋式除尘器》的主编单位。参编行业标准10件，授权专利140余项，承担江苏省科技成果转化专项资金项目和2项国家重点研发计划子课题项目，是中国可再生能源学会会员单位、江苏省环保协会理事单位，获评“AAA级优秀施工企业”“江苏省环境保护产业骨干企业”“江苏省科学技术一等奖”“中国电力技术发明一等奖”“中国电力优质工程”等。2022年，公司全年实现营业收入超13亿元，利润总额近2000万元，上缴税费超4000万元，新签合同额超20亿元；申请发明专利7项、实用新型专利14项，授权实用新型专利20项，获批江苏省工程研究中心——“碳减排清洁电力工程研究中心”，完成科技项目结题3项、在研科技项目8项，参与国家标准编制1项、机械行业标准编制2项和团体标准编制1项；“大型生物质资源化利用新能源发电项目”被认定为2022年度全国副省级城市生态环境保护优秀环保项目案例。

【艾德克斯电子（南京）有限公司】 艾德克斯电子（南京）有限公司成立于2004年，是一家从事专业功率电子智能精密测试仪器的制造商，国家专精特新“小巨人”企业、国家制造业单项冠军。公司自主研发的精密程控电源测试系统，属于国家战略性新兴产业。公司以绿色新能源为中心，为电源、电池、汽车电子、新能源、半导体、航空、光伏、科研等十多个领域提供完整的集成测试解决方案，被评定为“国家制造业单项冠军江苏省企业技术中心”“国家专精特新‘小巨人’企业江苏省艾德克斯工程技术研究中心”“国家知识产权运用试点企业江苏省研究生工作站（南航）”。2022年，公司申请发明专利2件，取得授权发明专利2项，承接国家专精特新“小巨人”项目（2021—2022年），被认定为“国家博士后科研工作站江苏省工程研究中心”“江苏省紫峰奖江苏省智能制造示范工厂”“南京市瞪羚企业江苏省智能制造车间”。

（成　宁）

金融业

·概　述·

【概　况】 2022年，南京市雨花台区地方金融监督管理局（以下简称区地方金融监管局）紧紧围绕推动全区“全面创新、全域高新”发展目标，统筹做好疫情防控和经济发展，平衡稳增长和防风险，夯实防范化解金融风险基础，着力维护全区金融稳定和健康发展，坚决守住不发生系统性、区域性金融风险底线，为坚定不移推动全区高质量发展、现代化建设提供坚实的金融支撑。

【金融服务】 2022年，区地方金融监管局全力推进重点企业上市。建立协调服务机制回应企业诉求，细化上市前期各项准备工作，引导各类中介机构提升服务水平，形成推进企业上市工作强大合力。4月，联合区市场监督管理局组织召开“知识产权助推企业发展银企对接会”，通过政策解读、产品介绍、项目签订等措施，推动解决中小微企业弱抵押融资难题。7月22日，组织召开“雨花台区资本市场圆桌会——港交所专题”研讨活动，携手华泰证券、锦天城律师事务所等中介机构为全区拟中国香港上市企业提供国际专业化指导，以伙伴式服务助推企业上市。11月4日，组织辖区拟上市企业参加“上市企业线上专题培训会”，疏通上海证券交易所线上交流指导渠道。至年末，全区新增上市企业3家、辅导备案企业2家、新四板挂牌企业46家、拟上市入库企业70余家。

【金融监管】 2022年，区地方金融监管局不断完善辖区地方金融组织监管阅读数据监测与季度风险分析机制，细化行政检查，对辖区6家小额贷款公司、1家商业保理公司、2家典当公司、2家融资租赁公司开展年度审计。对全区256家私募投资基金机构开展摸底排查，对1052家投资类公司、2家“伪金交所”风险企业和2家农民专业合作社开展风险排查，及时化解金融风险隐患；向驻区企业宣传《江苏省地方金融条例》等相关法律法规。联合区市场监督管理局、公安、属地等部门对辖区地方金融组织开展“双随机、一公开”检查，形成监管合力，针对不同风险等级、信用水平实行分类监管，促进规范经营。开展金融招商，为申请新设立的1家科技小额贷款、2家典当行在行政审批等方面提供便捷的一站式全链条服务。区地方金融监管局9名行政在编人员通过行政执法资格考试。

【金融风险排查】 2022年，区地方金融监管局深入开展非法集资风险排查，着力化解非法集资风险隐患。全年开展迁入企业风险核查1079家，阻止迁入风险企业1家，从源头上控制风险输入；会商投融资企业11家，防止增量风险。采取行业主管、监管部门纵向部署和属地横向组织相结合方式，合力推进非法集资风险排查和集中整治，排查重点领域、重点区域企业2000余家，核查非法集资线索6条，处置涉嫌非法集资企业3家。紧盯三胞集团、建工集团债务重组进程，做好所涉债务风险维稳处置，全年处理完成“12345”工单125件、信访10件。定期排查上市企业股票质押融资、发债融资企业风险，降低金融风险。

【金融政策扶持】 2022年，区地方金融监管局为全区10家企业和金融机构申报市级奖励约400万元。启动金融机构人才奖补政策审核兑现事宜，兑现2021年全区金融机构高管等人员工资薪金在地贡献的奖励返还，对约180个自然人实行代扣个税并资金直达个人账户。推进辖区企业上市服务平台建设，完善拟上市企业信息库、伙伴式金融中介服务机构库以及推荐制度，优化金融服务渠道。完善拟上市企业梯队建设，推进企业入库，全年完成省库推荐入库15家、市库推荐入库39家。推广江苏省综合金融服务平台，全区注册企业接入率超19%。

【非法集资防范宣传】 2022年，区地方金融监管局针对重点人群，将非法集资与打击整治养老诈骗相结合，同步推进线上与线下宣传活动。通过悬挂横幅、播放宣传短片、发放宣传手册、以案说法等方式，揭示非法集资常见形式、危害等；利用微信公众号、微信群等新媒体平台，宣传推送防养老诈骗、防范非法集资等安全防范知识，营造防范非法集资、反诈骗的社会面氛围，维护群众财产安全和地区金融稳定。全年组织开展防范非法集资集中宣传活动17场、进社区宣传124次，参与群众4.6万人次。（李　蕊）

【雨花科创金融品牌培育】 8月31日，雨花台区在云密城召开“金融化雨　科创未来”——雨花台区“科创金融改革实验区”争创大会，探讨科创金融赋能数字经济发展路径。会上，发布“1+2+N”科创金融政策体系（“1”是《建设科创金融改革实验区总体方案》，“2”是《科创金融扶持资金政策实施办法（试行）》，“N”为后期陆续出台的各类扶持政策），发布“及时雨创贷”科创金融产品，南京市创新投资集团、南京紫金融资担保有限责任公司等26家金融机构和科创企业在会上达成合作意向，进行“投贷联动”合作签约、“及时雨创贷”合作机构签约和“及时雨创贷”银企签约。《雨花台区建设科创金融改革实验区总体方案》包括建立健全科创金融组织体系、深化科创金融产品和服务创新、拓宽支持科创企业资本市场融资渠道、加强对重点领域的金融支持、优化金融生态环境等5个方面16条内容。为进一步扩大雨花科创企业融资规模，降低企业融资成本，根据《科创金融扶持资金政策实施办法（试行）》，设立1亿元区科技贷款风险补偿资金，建立政府、银行、担保类公司共同推进的区科创企业融资服务合作体系，给予科创企业贷款贴息及担保费用补贴等。11月，筹建的“及时雨创贷”综合服务平台进入试运行阶段，申请加入银行18家，首批入围银行5家，入库企业超2400家。（李　蕊　林　悦）

·银行与证券·

【招商银行雨花支行】 招商银行雨花支行位于雨花台区软件大道119号。坚持“以客户为中心，为客户创造价值”，以打造“创新驱动、模式领先、特色鲜明的最佳价值创造银行”为愿景，持续加大对雨花台区的金融支持力度。年内，派驻1名专职人员驻点区行政审批局，协助企业办理设立登记、印章刻制、银行开户、税务登记等业务，实现企业开办一站式服务。针对辖区科技型企业经营情况，推出“招企贷”（基于纳税、征信等数据线上审批放款）、供应链金融、上市前期贷、PE贷、专精特新贷等产品。通过引入招银国际金融控股有限公司、招商基金管理有限公司、招商局资本投资有限责任公司、招商局创新投资管理有限责任公司以及400家战略合作投资机构，筛选目标企业，开展股权投资，包括南京硅基智能科技有限公司、南京擎盾信息科技有限公司等。为推动辖区企业管理升级、降低管理成本，该行在软件谷双创服务大厅开展“管理焕新能　人才聚动能”企业创新服务沙龙活动，面向雨花台区企业发布“薪福通”“财资云”等免费数字化产品服务，运用软件聚焦企业“人”“财”“事”三大方向，利用人事服务、财务费控、团体福利、薪酬代发、协同办公等五大功能，打造企业一体化管理闭环。至年末，招商银行雨花科技支行对公存款余额66.18亿元，对公贷款余额38.1亿元，零售储蓄存款余额1.97亿元，服务企业超5000户，服务个人客户超8000人。（陈　晓）

【中国银行城南支行】 中国银行城南支行位于雨花台区安德门大街25号，是南京地区成立最早的中心支行之一。高度重视科技金融业务，针对雨花台区优质科创企业资源，配置专属服务支行，成立由10人组成的科技信贷团队，专项对接服务辖区企业。2022年小微企业获批贷款65户，新增贷款3.18亿元，实现高新技术企业信贷合作16户，新增国家级专精特新企业信贷合作2户、“瞪羚”企业合作3户。组织人员进社区、园区和企业，开展金融知识法规普及宣传，组建“金融直通车”服务，为辖区企业开办银行一站式服务。至年末，中国银行城南支行在雨花台区涵盖营业网点14家，在册员工281人，本外币日均存款253.24亿元，存款增量32.3亿元，贷款投放47.03亿元，贷款增幅18.42%，服务企业开户1200户。（许　倩）

【华泰证券宁双路营业部】 华泰证券股份有限公司南京宁双路证券营业部（以下简称华泰证券宁双路营业部）位于雨花台区软件谷云密城，拥有员工27人。贯彻华泰证券总公司科技赋能战略，以全业务链服务体系为个人和机构客户提供多元证券金融服务，财富管理业务和机构服务双轮驱动，强化政企合作，为客户提供各类投融资需求解决方案。2022年，华泰证券宁双路营业部持续为雨花台区和软件谷企业提供投融资服务，举办多场投资者服务讲座，为亚信安全科技股份有限公司、南京联迪信息系统股份有限公司等上市公司提供股份托管服务，为南京医药股份有限公司、南京伟思医疗科技股份有限公司、诚迈科技（南京）股份有限公司等上市公司提供股权激励骨干员工账户开立服务。华泰证券南京分公司党支部与区地方金融监管局党支部联合开展“凝心聚力党引领、政企共建谋新篇”党建结对共建活动，深化双方全面战略合作。至年末，华泰证券宁双路营业部广泛服务辖区企业，对接偏早期拟上市公司约50家，伴随企业成长，为企业在不同阶段提供金融服务。（陆　洲）

商贸服务

·概　述·

【概　况】 2022年，雨花台区大力发展高端商务商贸业，加快国际消费中心城市建设，积极扩大内需，全力稳住外资外贸基本盘，主要经济指标按照考核目标有序推进。立足区域本地产业板块特点，重点从新增市场主体、挖掘存量企业潜能、加大商贸企业招商力度方面着手，持续开展系列促消费活动，有效拉动经济快速增长。雨花台区商务商贸设施总面积超900万平方米，有雨花吾悦广场、虹悦城、雨花客厅、楚翘城、紫荆广场·花漫里、雨花世茂52+、宜悦城、证大喜玛拉雅等八大商业综合体。全年全区完成社会消费品零售总额716.55亿元。其中，限额以上零售额394.78亿元。全区实现外贸进出口总额343.9亿元。

【都市贸易“强链工程”推进】 2022年，区商务局承担的基层党建“书记项目”引领都市贸易“强链工程”品牌，推动雨花“数字经济”高质量发展。邀请相关单位、企业、媒体开展座谈，明确“强链工程”书记项目年度目标、实施路径。推动建立雨花台区跨境电商产业园基地，通过支部联建、活动联办等方式，精准帮扶中小跨境电商企业。联动西善桥街道党工委等党组织，举办第三届岱山新市集等系列活动。立足软件谷“国家数字服务出口基地”产业基础，开展服务贸易创新试点，让数字经济成为“两全两新”（即“全面创新、全域高新”）新雨花建设的新增长极，打造消费链、外贸链、服贸链三条产业链党建，让“强链工程”成为雨花党建“红色矩阵”关键一子，推动全区数字经济高质量发展。

【“一刻钟便民生活圈”建设】2022年，雨花台区结合南京市打造“一刻钟便民生活圈”项目，将“幸福三圈”建设与“一刻钟便民生活圈”建设相结合，重点围绕商业基础设施、公共设施配套、文化领域以及公益服务等建设，打造“一刻钟便民生活圈”建设基础。雨花台区自2020年开展“一刻钟便民生活圈”试点工作至今，参加试点社区9个。其中，仁恒翠竹园社区项目于2021年通过市级审核验收，赛虹桥社区、能仁里社区项目于2022年通过市级审核验收。至2022年末，明义社区、铁心桥社区完成建设，正待市里验收通过。（刘小楚）

·商品流通·

【概　况】2022年，雨花台区紧紧围绕“全域旅游”和南京市创建国际消费中心城市建设要求，以活动激发消费活力，用文化构建消费场景，根据季节消费特点，结合节假日等重要节点，立足本地产业板块特点与资源禀赋，在全区八大商业综合体相继举办“潮好玩花漾购”雨花端午消费节、“夏悦雨花乐享万家”、“第二届西善民歌节暨第三届岱山新市集”、“雨花缤纷帐篷汇助消费仲夏夜”等大型主题消费促进活动72场，授牌全域旅游示范商户8家。区商务局联合区文旅局、区农业农村局等部门和属地街道、各综合体打造建设消费新场景93场，引进商业品牌首店37家，以此扩大内需、促进消费市场复苏。年内，南京科技馆亲子研学消费场景、岱山新市集、雨花客厅M Stand入选南京特色消费场景。

【“雨花新生活　点亮夜经济”启动仪式】6月24日，“雨花新生活　点亮夜经济”活动启动仪式在南京雨花吾悦广场举行。南京市菜篮子工程促进会组织30余家符合夜间消费的菜篮子社区行团队企业将500余种名特优新农副产品带给周边市民，六合区7家、溧水区7家家庭农场、专业合作社集中展示当地一批名特优新农产品。活动围绕“夜购、夜食、夜娱、夜游”四大板块，同步开展莲花湖畔夜市——仲夏啤酒夜活动。现场乐队燃情开唱，设置鲜啤快闪店、城市露营放松区、莲花湖畔后备箱市集、菜篮子工程体验区，35辆汽车后备箱市集摆售出咖啡茶饮、鲜花、文创手作等潮流商品，吸引诸多市民观赏体验。雨花台区致力打造“一圈多点”的吃、玩、购“夜间经济”全体系，拉动经济发展初见成效。

【“夏悦雨花　乐享万家”2022雨花台区夏季消费节活动】7月29日，“夏悦雨花　乐享万家”2022年雨花台区夏季消费节开幕式暨汽车专场活动在紫荆广场·花漫里举行。活动现场，歌舞表演、车模舞台秀、露营音乐派对、趣味市集吸引众多市民驻足观看，趣味互动环节让市民快速了解汽车补贴新政。各参展单位展出各品牌主力车型，现场讲解，推广品牌汽车突出优势和产品性能；相关单位为市民提供购车咨询、政策讲解、相关业务办理等服务。夏季消费节开展期间，雨花台区推出1000万元汽车消费补贴政策，截至8月初，全部发放完毕；虹悦城、雨花客厅等辖区八大商业综合体结合各自特色开展系列消费促进活动，打造“夏日消费”“汽车+”“夜间消费”等主题元素，通过多元消费场景、别具特色主题活动、充满活力商圈氛围，激活汽车消费动能、促进文商旅创共融发展，满足市民品质化、个性化消费需求。参加本次汽车消费补贴的45家企业中含纳统企业36家，通过对36家企业的零售情况跟踪，全区汽车社会零售额从6月的-4.96%上升至8月的41.29%。

【雨花台区全域旅游示范商户】 11月11日，在“心动雨花　乐享生活”——2022南京国际消费节暨雨花台区心动消费节启动仪式上，雨花台区授牌8家全域旅游示范商户，分别是：雨花客厅E—PARK、南京宜悦城、南京软件谷楚翘城商业、南京雨花世茂52+、南京雨花吾悦广场、南京虹悦城、证大喜玛拉雅购物中心、紫荆广场·花漫里。

【“心动雨花　乐享生活”活动】 11月11—28日，雨花台区举办“心动雨花　乐享生活”雨花台区心动消费节系列活动。聚焦“吃住行游购娱”六大类，在南京软件谷楚翘城、南京雨花世茂52+开展“音乐+汽车”主题活动，在雨花客厅E—PARK、南京宜悦城开展“美食+汽车”主题活动，在云密城开展“数字消费”主题活动，推出“汽车品牌线下车展”“心动苏果雨花Show”“心动市集”“汉堡节”“湖畔露营”后备箱市集等消费促进版块，融入富含雨花特色“科技+”元素的“数字经济特色产品市集”。举办“攻城狮”音乐会、“遇见”街头音乐汇等，集聚潮流艺术文化。举行“小小程序员活动日”“大胃王比赛”“少儿篮球赛”“我们脱单吧”等趣味互动游戏，邀请市民走出家门，品鉴最潮“雨花”烟火气。各商场利用各契机推出年度最大优惠促销，拉动区域经济快速增长。

（刘小楚）

·南站高铁枢纽经济区·

【概　况】 南站高铁枢纽经济区雨花台区管辖面积3.1平方千米。2022年，完成全社会固定资产投资3.41亿元，一般公共预算收入1.15亿元，外贸进出口总额10.71亿元，实际利用内资6.7亿元，签约项目投资总额40亿元，亿元以上项目签约7个，新认定高新技术企业8家。

【雨铁社区综合服务中心】 至年末，雨铁社区综合服务中心累计完成投资2.88亿元，项目装修完毕，待完成竣工备案办理。雨铁社区综合服务中心西临花神大道、北临景明佳园小区、东临机场高速、南邻高速铁路，主要服务南京南站西景明佳园和双龙嘉园片区，2020年4月开建，占地面积1.47公顷，总建筑面积4.13万平方米，其中地上建筑面积2.96万平方米，规划建设社区服务及配套设施，计划总投资2.98亿元。

【复睿微（南京）软件科技有限公司落户】 7月26日，复睿微（南京）软件科技有限公司在雨花街道南站社区落户，办公地址位于明城大道42号，注册资本1000万元，建筑面积1625平方米。该公司由世界500强企业复星集团孵化，在复星汽车智能化生态里承担大算力芯片的研发，主营汽车智能座舱、ADS/ADAS芯片研发，致力于为汽车电子、人工智能、通用计算等领域提供以高性能芯片为基础的解决方案，是复星汽车智能化生态里通用大算力和人工智能大算力的基础平台。（姜玮玮）

·雨花国际汽车商贸区·

【概　况】2022年，雨花国际汽车商贸区（以下简称汽贸区）新开业汽车4S店2家，在营汽车4S店总数21家、计30个品牌，分别是：奔驰、保时捷、宝马、宝马mini、奥迪、沃尔沃、凯迪拉克、别克、领克、林肯、福特、吉利、红旗、广汽本田、哪吒、一汽大众、上汽大众、东风本田、一汽丰田、雪佛兰、比亚迪海洋系列、比亚迪王朝系列、广汽丰田、深蓝、哈弗、恒驰、天际、创维、极狐、埃安。年内，园区相继开展购车节、江豚广场车展等主题宣传活动，通过制作横幅、展板、张贴汽车品牌和汽贸区整体宣传画及在公共交通、网络媒体等投放园区宣传片方式，扩大园区知名度。对园区环境进行改造，修补坑洼道路及缺损路砖，修剪园区树木，安装减速带、广角镜、警示桩等交通安全设施，不断完善园区服务配套设施。新增新车、二手车上牌点。全年销售汽车2.38万台，同比增长12.26%；销售总额实现64.08亿元，同比增长6.59%。

【极狐4S店开业】9月28日，苏舜集团有限公司旗下江苏苏舜新能源汽车服务有限公司极狐4S店开业。该店位于雨花台区天驰路2号，展厅面积800平方米，经营极狐和创维2个新能源汽车品牌，总投资6360万元。

【埃安4S店开业】11月28日，南京大胜关埃安汽车销售服务有限公司旗下埃安4S店开业。该店位于雨花台区天驰路2号，展厅面积800平方米，经营埃安新能源汽车品牌，总投资2000万元。（杨　琦）

·板桥市场群·

【概　况】2022年，板桥市场群经营商贸市场2家，即润泰市场和普迪五金机电城。栖霞建设星叶欢乐城项目全部封顶并完成部分房屋交付，进入部分装修扫尾阶段；海伦堡商住项目完成主体建设，主体建筑物为住宅、商业及公共配套。市场群6.8公顷商业和办公A地块被列入土地出让计划，正在进行项目招商、挂牌前期手续办理，剩余A地块和D、E、F地块推进挂牌出让。“九路一桥”（含三山矶路及跨线桥、中兴路南延线、龙腾南路、三号街、南环路、北环路、龙飞南路、振兴西路、东环路）实施道路日常维护与道路绿化一级养护，城市道路绿化种植成活率超95%。

【润泰市场经营】2022年，润泰市场一期营业商铺1570间，开门率80.6%。受疫情影响，少数商户因经营困难退铺，为缓解商户疫情压力，润泰集团对市场商户实行房租减免6个月政策，使市场整体运营基本保持平稳状态。润泰市场二期与红星美凯龙合资共建的“绿色智能家居体验馆”处于筹建商谈阶段。

（余秀婷）

·农贸市场·

【概　况】2022年，铁心桥街道春园路农贸市场、古雄街道古雄新居农贸市场因经营不善转型为生鲜超市。至年末，辖区有备案登记农贸市场22家，其中雨花街道2家、赛虹桥街道2家、铁心桥街道6家、西善桥街道6家、板桥街道1家、古雄街道2家、梅山街道1家及雨花经济开发区2家，全区农贸市场布局分布基本满足辖区居民对于农产品的消费需求。全年农贸市场申请省级商务发展专项资金27万元，其中金域华府农贸市场申请2021年度升级改造项目财政补贴12万元。

表20　2022年雨花台区农贸市场情况一览表

序号	市场名称	地　点	营业面积（平方米）	开业时间	摊位数（个）		
					总摊位数	其中猪肉摊位数	其中蔬菜摊位数
1	能仁里农副产品综合市场	雨花街道能仁里二村	3500	1994年1月	159	15	70
2	阅彩智慧市场	雨花街道紫荆花路70号	2300	2009年4月	74	7	25
3	名城世家菜场	赛虹桥街道小行路58号	2500	2013年8月	42	6	15
4	吉庆里农贸市场	赛虹桥街道雨花台区凤台南路40号	1800	2018年10月	34	7	17
5	景明佳园农贸市场	铁心桥街道景明佳园社区	1090	2003年10月	34	6	10
6	铁心桥农贸市场	铁心桥街道江淮路1号	3000	2005年5月	68	11	27
7	阳城农贸市场管理服务中心	铁心桥街道春江新城秦河坊D02-1号	2900	2009年10月	80	8	40
8	凤翔新城农贸市场	铁心桥街道宁双路7号	1224	2012年3月	37	4	9
9	春晓农贸市场	铁心桥街道管道路	1540	2012年5月	85	7	18
10	蔬鲜源农贸市场	铁心桥街道宁丹路18号	1113	2018年12月	23	2	2
11	板桥雄风农贸市场	板桥街道振兴路59号	3000	2007年3月	77	11	29
12	西善桥农贸市场	西善桥街道西善桥街176号	1500	1995年1月	85	16	35
13	善水湾农贸市场	西善桥街道龙淮路88号	2000	2015年8月	89	9	24
14	明尚农贸市场	西善桥街道盛家岗街9号	2200	2016年4月	80	6	9
15	矿部福润农贸市场	西善桥街道龙西路197号	2000	2017年11月	65	6	10
16	岱善农贸市场	西善桥街道邱村街70号	2970	2018年1月	54	10	12
17	岱山新城农贸市场	西善桥街道岱山4号地块负一楼	1700	2018年1月	68	7	20
18	梅山集贸市场	梅山街道中兴路社区	10000	2006年12月	123	9	30
19	锦华新城农贸市场	雨花经济开发区凤汇大道19号锦华新城小区1栋一层	1000	2005年4月	24	2	6
20	杰晟农贸市场	雨花经济开发区板桥龙藏大道路2～3号	1200	2018年6月	27	3	3

续表20

序号	市场名称	地　点	营业面积（平方米）	开业时间	摊位数（个）		
					总摊位数	其中猪肉摊位数	其中蔬菜摊位数
21	金土地农贸市场	古雄街道新湖大道8号金地自在城第四街区10幢	2500	2014年4月	60	9	9
22	金域华府农贸市场	古雄街道新林大道5～6号	2650	2021年12月	55	6	9

（蒋天祥）

【春节期间“菜篮子”保供】 2022年春节期间，雨花台区持续营业保障“菜篮子”商品供应的农贸市场有15家，分别为金域华府农贸市场、名城农贸市场、明尚农贸市场、西善桥农贸市场、梅山集贸市场、阅彩农贸市场、铁心桥农贸市场、春园路农贸市场、蔬鲜源农贸市场、景明佳园农贸市场、凤翔新城农贸市场、阳城农贸市场、春晓农贸市场、古雄新居农贸市场、杰晟农贸市场，获财政补贴资金15万元。（蒋天祥）

·烟草专营·

【概　况】 2022年，南京市烟草专卖局四分局（分公司）（以下简称烟草四分局）销售卷烟4.28万箱，实现卷烟销售收入22.14亿元。建成文明吸烟点784个、吸烟区（亭）23个，覆盖区域内多个交通枢纽服务区、公众休闲区、旅游景区等人流密集区。实现大型连锁商超向合作终端转型156户，传统零售终端向新现代终端转型128户，建成“金丝利零售”加盟终端14户。全年查获各类涉烟违法案件285起，查获各类涉案卷烟418.54万支，涉案总金额790万元。

【“6·7”涉烟制假案件告破】 6月7日，烟草四分局联合公安部门成功捣毁以陆某为首的涉烟制假窝点，现场查获制假成品卷烟237条、生产加工设备2台，以及卷烟条盒包装、小盒包装、塑料簿膜、内衬纸若干。经国家烟草质量监督检验中心等专业质检机构会诊，鉴定查获的2台卷烟硬条包装膜包装机和卷烟盒包装膜包装机均为伪劣烟草专用机械。10月14日，涉案嫌疑人陆某等3人被地方人民法院以非法经营罪依法判决。该非法生产、销售假冒注册商标卷烟案件，成为近年来南京市首起涉及本地制假源头环节的涉烟案件。

【护航无烟“开学季”】 9月，烟草四分局强化卷烟市场监管，开展“无烟‘开学季’”专项整治行动。以“不落一校、不漏一户”清理原则，开展中小学和幼儿园周边零售卷烟客户梳理，逐户宣传《中华人民共和国烟草专卖法》《中华人民共和国未成年人保护法》等法律法规，张贴“禁止向未成年人售烟”警示标识。加大对校园周边零售户及无证户的检查频次，关注中小学校周边零售户向未成年人售烟等违法行为，净化校园周边卷烟市场环境，为未成年人健康成长保驾护航。

【“利剑9号”专项行动】 9—10月，烟草四分局按照南京市烟草专卖局统一部署要求，开展

"利剑9号"卷烟市场集中整治专项行动。利用错时检查、突击检查、多部门联合检查等多种监管手段,查处涉烟违法案件28起,查获涉案卷烟140.95万支,涉案金额180.06万元。其中,5万元以上案件7起,涉案卷烟122.31万支,涉案金额164.43万元。有效打击涉烟违法行为。

(申　骏)

·外资外贸·

【概　况】 2022年,雨花台区重点调研推进大项目,加大项目储备,捕获项目信息,重点关注青麦供应链等一批企业参与总部经济园联合拿地等事项进展,以及自行车场、人居森林等一批房地产地块的土地出让进程,密切关注华润中央商务区近12.65万平方米的自持商业,以及9.19万平方米自持办公楼的招商计划,加快推进光明投资收购、众能联合、红太阳工业原料城等一批外资支撑项目到资。重点从项目招引、营商环境、优化服务方面发力,提高利用外资综合效益,创新利用外资方式,拓展国际化招商领域,引导外资向高端商贸综合体、信息服务、先进制造、文化创意与健康养老等高端商务商贸业投资。全年全区实际利用外资3.71亿美元,超额完成市确定的2.9亿元目标任务,同比增长1.4%。积极应对新冠肺炎疫情的影响,帮助企业拓展多元化国际市场,推进跨境电商产业园建设,确保重点企业订单稳定。全年全区实现外贸进出口总额343.9亿元。

【自贸试验区"一区一件事"重点联动项目建设】 2022年,雨花台区将"面向数字贸易的浩鲸云产业数字化方案"作为自贸试验区"一区一件事"重点联动项目建设案例上报。该项目利用浩鲸云计算科技股份有限公司在数字化转型多年浸润和探索基础,结合自贸试验区政策导向,培育具有较强辐射和带动作用的数字贸易公共服务平台,为自贸试验区企业客户提供数智应用服务,实现数字产业化强链补链,推动实体经济与数字经济双重高质量发展。该项目攻关周期为2022年5月—2024年5月。

【服务外贸企业】 2022年,雨花台区协助辖区外贸进出口企业参加第七届中国—亚欧博览会、第19届中国—东盟博览会等线上展会7场,帮助外贸企业拓展多元化国际市场,加强融资支持,抓好政策兑现,强化精准服务。引导、推荐企业使用FTA惠企一键通智慧平台,助力企业简化外贸政策获取、原产地证书办理、货物订单报关、关税查询等外贸进出口程序。全年全区实现服务贸易进出口总额6.02亿美元,完成年度目标的102%。

【跨境电商产业园建设】 2022年,区商务局以苏杭供应链为核心,推动雨花台区跨境电商产业园区建设,规划打造雨花台区跨境电商示范区,鼓励和支持跨境电商基地平台通过提供"一站式"服务帮助园区内企业对接海外买家、抢抓订单,实现外贸伙伴的多元化,助力园区跨境电商人才建设和企业孵化服务,提升对跨境电商企业的集聚能力和示范效应,为更多企业纾困突围。至年末,位于花神大道1号的雨花台区跨境电商产业园区正在建设和招商中。

(刘小楚)

经济管理

·财　政·

【概　况】2022年，雨花台区一般公共预算收入完成81.6亿元，全年留抵退税30.4亿元，同口径还原留抵退税因素后，全区一般公共预算收入完成96.8亿元，完成年初区人代会目标的100.2%。其中，税收收入完成83.9亿元，增收0.01亿元；非税收入完成12.9亿元，增收1.6亿元，税占比86.8%。全区一般公共预算支出102.3亿元，增支9.9亿元，增长10.7%，其中区本级支出55.5亿元（含新增一般债券支出3亿元）、街道（园区）支出29.2亿元、上级转移支付支出9.1亿元、上年结转支出4亿元、一般债券还本支出4.5亿元。全区政府性基金预算收入96.5亿元，其中土地出让金收入67.4亿元、上级专项转移支付补助9亿元、新增专项债券7.3亿元、上年结转4.4亿元、调入资金8.4亿元。全区政府性基金预算支出70.9亿元，其中土地出让金收入安排支出49亿元、上级专项转移支付支出2.6亿元、上年结转支出3.7亿元、新增专项债券支出7.3亿元、专项债券利息及发行费支出2.8亿元、专项债券还本支出5.5亿元。

表21　2022年雨花台区一般公共预算收入完成情况统计表

单位：万元

一般公共预算收入	2022 年
一、税收收入	686858
增值税	283696
企业所得税	122442
个人所得税	134643
房产税	48236
印花税	15204
车船税	3139
耕地占用税	3015
城市维护建设税	59506
环境保护税	5856
城镇土地使用税	10614
资源税	205
其他税收收入	302
二、非税收入	129246
教育费附加收入	25401
地方教育费附加收入	16087
行政事业性收费收入	22146
罚没收入	8495
国有资源（资产）有偿使用收入等	53779
地方文化事业建设费收入	2631
森林植被恢复费	707
合计	816104

表22　2022年雨花台区财政支出统计表

单位：万元

	2022 年
1. 一般公共服务	84679
2. 国防支出	192
3. 公共安全支出	25905
4. 教育支出	177328
5. 科学技术支出	171714
6. 文化体育与传媒支出	5544
7. 社会保障和就业支出	67393
8. 医疗卫生支出	75327
9. 节能环保支出	15570

续表22

	2022年
10. 城乡社区支出	155202
11. 农林水支出	30458
12. 交通运输支出	35888
13. 资源勘探信息等支出	70685
14. 商业服务业等支出	5785
15. 金融支出	840
16. 援助其他地区支出	5542
17. 自然资源海洋气象等支出	4114
18. 住房保障支出	31162
19. 灾害防治及应急管理支出	3727
20. 其他支出	577
21. 债务付息及发行费支出	9661
一、公共预算支出	977293
二、基金预算支出	654203
三、国有资本经营预算支出	121
四、支出合计	1631617

（区统计局）

【财政模式转型】 2022年，雨花台区财政部门擦亮“数字经济看雨花”标识，推动财政工作从事务型模式转变为综合决策分析管理模式。通过整合预算收支、税收征管、惠企利民等数据资源，采用大数据建模、可视化等现代信息技术，构建服务于财政综合管理的资金监管、预算执行、收支预测和决策支持等各类业务应用模型，推动全区财政管理向科学决策、精准施策转型，提升财政在产业发展、资金分配、金融监管、惠民政策等宏观经济方面的调控作用。

【预决算公开】 2022年，雨花台区加大预决算公开力度，由“选择公开”转变为“全面公开”，由原先的一级预算单位公开到一级和二级预算单位全部公开，公开范围由一般性公共预算到“四本”预算全公开，并扩展到绩效评价、专项资金信息公开。公开载体更加全面，包含向人大代表提供预决算报告，并通过门户网站、依申请公开等多种形式向社会公众公开。全年同步公开一级预算单位53个、二级预算单位78个、9个街道（园区）部门预算和“三公”经费预算，以及公开全区专项资金管理目录清单。

【税源管理】 2022年，雨花台区财政部门围绕区人代会收入目标、中央减税降费政策要求，积极应对减收困境，把稳增长放在突出位置，与税务、各板块密切配合，分行业、分税种开展税收分析研判和重点税源监测，定期走访软件业、制造业等重点行业，进行税收摸底，尤其关注减税降费、新冠肺炎疫情等因素对企业的影响，做好减税政策分析，掌握税源底数，合理预测收入。印发《关于明确企业工商税务迁入迁出职责的通知》，明确各方职责和工作流程，防止重点税源企业流失。自6月底起，持续开展“扫楼”行动，跟进建筑业税收，加大税源在外区的企业迁入力度。动态掌握全区一般公共预算、政府性基金预算等收入情况，把控关键节点收入进度，依法依规做好非税收入缴库工作。

【政府采购管理】 2022年，雨花台区财政部门在政府采购工作日常监督管理中实施采管分离，强化政府采购监督管理。全区实现政府采购规模9亿元，其中货物类采购2.5亿元、服务类采购5亿元、工程类采购1.5亿元。落实政府采购助农消费帮促政策，全区在脱贫地区农副产品网络销售平台和“鲜丰汇”帮促采购平台采购金额370万元。处理完成政府采购投诉件3件，涉及采购金额520万元。

【绩效监督管理】 2022年，雨花台区制定出台《南京市雨花台区区级预算绩效目标管理办法》《南京市雨花台区区级财政政策项目事前绩效评估操作规程（试行）》等6项绩效管理办法，形成从专项资金前评估、绩效目标申报、中期监控、自我评价和评价结果应用的全过程制度管理模式。雨花台区财政部门对区级预算单位、街道（园区）629个项目预算、118个部门整体预算实行绩效目标管理及期中绩效监控，涉及预算资金48.96亿元。以民生保障项目为主导，选取12个部门中社会关注度高的"聘用教师政府购岗经费""学校课后服务补助经费""南玉带河暗涵整治及岸坡消险工程"等民生项目进行重点评价，涉及财政资金5.25亿元，有效拓宽财政评价覆盖面。

【国企改革行动收官】 2022年是雨花台区国企改革三年行动（2020—2022年）收官之年。在此期间，雨花台区完善以区属企业国有资产监督管理办法为核心的"1+N"管理制度体系，出台涵盖法人治理、投资融资、财务监督、产权管理、考核分配、国企党建等重点监管领域近30项配套制度文件和操作指引；至年末完成《区国企改革三年行动方案》所确定的8个方面77项全部重点任务。成立南京雨花国资投资集团有限公司、南京雨花建设发展有限公司、南京软件谷发展有限公司、南京雨花润雨环境有限公司4家区属国有企业，打造一批定位清晰、资产规模较大、业务竞争能力较强的国有企业集团，引领全区国有企业优速发展。整合重组区属国有资源和资产，大幅压降企业法人数量，清理改革企业62家，其中清算注销46家、股权划转8家、全民所有制改制5家、减资退股3家，初步形成布局合理、股权集中、主业清晰的区属国有企业总体格局。

【民生保障投入】 2022年，雨花台区拨付财政资金6.7亿元，用于健全社会保障体系，推动重点群体应保尽保，保障基本民生兜底，落实安置优抚政策。拨付财政资金7.5亿元用于支持卫生健康、医疗救助、新冠肺炎疫情防控保障。拨付财政资金8.1亿元用于推进老旧小区、危旧房治理和环境综合整治等项目建设，改善居民居住环境，加大垃圾分类处置设施建设运营。拨付财政资金10.6亿元加大教育资源供给、支持学校建设，推进教育"双减"。拨付财政资金1.4亿元完善社会治安防控体系。拨付1693万元用于安全生产专项，深化专项整治。拨付923万元支持食品、药品等公共卫生安全监督管理，提高应急救援和防灾减灾能力。 （朱怡嘉）

·税　务·

【概　况】 2022年，国家税务总局南京市雨花台区税务局（以下简称区税务局）坚持组织收入原则，依法依规组织税费收入，坚决不收"过头税费"，统筹"减"与"收"、"质"与"量"，圆满完成组织收入任务。年内，引导纳税人采用多元化税费缴纳方式，足不出户，全程线上自助与邮寄办理涉税事项，推动信息变更、申报、代开增值税专用发票等195个纳税事项，实现纳税人与缴费人办税从"最多跑一次"到"零跑动"新跨越，实行"一次不用跑，税费全办好"，构建"线下服务无死角、线上服务不打烊、定制服务广覆盖"的税费服务新体系，基本实现涉税涉费事项网上办理。持续优化税费优惠政策直达快享组合拳，保障各项税费支持政策、征管改革等任务在雨花台区落实落细。发布雨花特色税费服务品牌"及时雨·税e通"，优化雨花税收营商环境。全年组织完成各项收入232.8亿元，同比下降2.3%，其中税收总收入140.1亿元。组织社保费和其他非税收入92.7亿元。办理退税45.1亿元，同比增长21.3亿元。

【减税降费】 2022年，雨花台区建立财政、中国人民银行、税务三方协调机制，成立区税务局退税减税政策落实工作领导小组，加大推进退税减税政策落实力度，做到“早退、快退，退准、退稳”。持续优化税费优惠政策直达快享组合拳，通过数据匹配建立优惠政策标签体系，推进组合式税费政策精准化推送、智慧化享受。聚焦已退税企业设置风险预警阈值，结合税收优惠享受、出口退税资格等精准筛查风险点，筑牢“人防+数防”安全防线。紧盯风险防控重点，推进留抵退税办理与“一册三表”（留抵退税清册和资源表、分析表、确认表）督查工作，根据国家税务总局出台的《增值税留抵退税审核操作指引》开展业务员培训。全年，区税务局办理退税45.1亿元，同比增长21.3亿元，退税15.4万户次。从税种分析：增值税退税39.9亿元，同比增长23.3亿元，其中软件业退税8.7亿元、留抵退税30.5亿元；企业所得税退税2.3亿元；个人所得税退税1.5亿元，其中年度汇算自然人退税10.4万户次。从政策类别分析：办理增值税留抵退税30.5亿元，办理制造业中小微企业延缓缴纳税费2.9亿元，办理“六税两费”（资源税、城市维护建设税、房产税、城镇土地使用税、印花税、耕地占用税和教育费附加、地方教育费附加）优惠金额1.1亿元。

【各项收入特点分析】 2022年，区税务局组织完成各项收入232.8亿元，同比下降2.3%。其中，税收总收入140.1亿元，受还原留抵退税影响，同比下降0.5%；社保费和其他非税收入92.7亿元。从税种分析：6个税种实现增收，实现税收收入51.7亿元，同比增长32.1%。其中，实现个人所得税33.4亿元，同比增长20.7%；实现土地增值税7.1亿元，同比增长128.8%。8个税种出现减收，实现税收收入94.4亿元，同比下降22%，其中实现增值税56.2亿元、同比下降17.8%。从政策分析：实现企业所得税30亿元，同比下降31.3%。8个行业实现增收，实现税收收入87.5亿元，同比增长22.2%。其中，软件业实现税收收入63.9亿元，同比增长18.5%；建筑业实现税收收入10.8亿元，同比增长9.2%，自办理增值税留抵退税起，建筑业税收累计降幅逐步收窄，实现由负转正，受还原留抵退税影响，同比增长43.6%。12个行业出现减收，实现税收收入55.3亿元，同比下降36.3%。其中，制造业实现税收收入16.5亿元，同比下降38.2%，受还原留抵退税影响，同比下降22.3%；房地产业实现税收收入22.8亿元，同比下降12.9%，受还原留抵退税影响，同比增长3.2%。从税收截距分析：亿元税收企业23户，实现税收收入70.2亿元，同比减少9.1%；千万元税收企业184户，实现税收收入49.9亿元，同比增长5.7%；百万元税收企业843户，实现税收收入23.7亿元，同比增长3.5%。

【社会保险费及非税收入】 2022年，区税务局组织完成社保费收入84.8亿元。基本养老保险入库52.48亿元，医保入库24.18亿元，机关社保入库3亿元，工伤、失业、生育、大病保险入库5.11亿元，城乡居民社保入库2624万元。受理申请缓缴社保费居民72户，累计金额69万元，经审批同意缓缴社保居民1户，金额8万元。完成非税收入7.9亿元。

【税收征管改革】 2022年，区税务局根据省税务局50条改革任务和市税务局23项改革任务，形成《国家税务总局南京市雨花台区税务局进一步深化征管改革工作方案》，建立工作机制，推进落实。参与编写市税务局组织的《江苏省税务局50条改革任务清单中期评估模板》，7月通过市税务局关于23项改革任务的中期评估。全年审核批准延期缴纳税款企业19户次，延期缴纳税款2272万元。督促纳税人按照清欠计划清缴欠税，全年大额欠税清缴7700万元。

【税种管理】 2022年，区税务局多渠道向广大纳税人宣传增值税期末留抵退税政策和办理流程，持续对6600余户纳税人完成“一册三表”的维护，采用团队审、提级审方式，研判增值税留抵退税风险事项，建立事前预审、事中即审、事后复审制度。全年办理增值税留抵退税3845户次，退税金额30.5亿元。完成2021年度企业所得税汇缴申报27194户，汇缴面99.4%，8035户次纳税人享受各类企业所得税优惠政策税额40.06亿元。通过组团队、设专厅关注重点人群，提醒、约谈辅导，个税综合所得申报率超95%，退税办结率100%。落实江苏省税务局出台的土地增值税“1+N”管理制度，组建清算审核团队，全年完成清算审核项目6个，累计退税9250万元。

【以数治税】 2022年，区税务局完善风险管理运行机制，全面推进提示、提醒策略运用，开展风险应对质量抽检、督促整改。全年完成各类风险应对871户次，准期完成率95%，应对总成效1.5亿元。制定征管质量5C指标提升方案，运用报送指标优化建议、提前监控大数据编写数据指标等方法提升基础征管质量。全面融入新征管体系，推进社保费“统模式”各项衔接，提升社保费征收服务水平。探索“智能+预填申报”环保税申报新方式，参与编写完成省税务局组织开展的《环境保护税业务需求——自动监测数据预填报功能》，为预填申报环保税奠定基础。

【依法治税】 2022年，区税务局推进“行政执法制度、执法全过程记录、重大执法决定法制审核”三项制度，规范税收执法方式，落实执法主辅制要求，加强执法资格管理。深化内控监督平台应用，重点防范收入质量、现金税费征缴等重点领域风险。开展风险排查专项行动、现金税费征缴专项整治，排除票证风险4123条。构建现金税费征缴风险防控长效机制，制定职责清单，细化风控措施，保持“迎查、整改”双向同行。对照《内部风险防控操作指引》梳理排查，选取74个重点指标跟踪分析应对情况。探索开展风险点识别，形成防控措施，推进内控制度落地生效。

【便民办税服务】 2022年，区税务局助力市场主体减负纾困，以“便民办税春风行动”“‘1+7’税费服务提升专项行动”为契机，保障特殊事项、特殊人群服务需求。开展“对标找差、争创首位”主题调研，提升办税服务厅办事效率与服务，深入走访辖区重点退税企业50余次，顺畅“受理—办理—反馈”工作闭环，形成快速响应机制。开发自动计算的预缴税款表格，优化办税线上服务，推进260项税费事项全市通办，减轻办税负担。全年“非接触式”办税缴费占比95%，线上办税率位居全市第五。“12366”热线咨询量9.7万人次，接通率98%，位列全省前30%。推动税费服务转型升级，打造“不说不”办税服务厅，提升税费服务质效。发布雨花特

11月21日，区税务局“雨税夕阳红”工作室到软件谷开展税收政策宣传（区税务局 供图）

色税费服务品牌“及时雨·税e通”，推出12项便民举措、5项服务承诺，为优化税收营商环境提供“雨花样本”。（王镜茹）

·审 计·

【概 况】2022年，南京市雨花台区审计局（以下简称区审计局）完成九大类审计项目18个，其中政策落实跟踪审计项目1个、财政审计项目2个、区本级和部门预算执行审计项目1个、经济责任审计项目4个、资源环境审计项目2个、民生专项审计项目2个、固定资产投资审计项目2个、企业审计项目2个、信息系统审计项目1个以及税务审计1个。对全区1668个预结算审计项目进行备案，涉及金额43.66亿元，初审核减3.91亿元；抽查复核74个，抽审金额14.09亿元，再核减造价1112万元。全年被审计署采用信息8篇，被江苏省审计厅采用信息9篇，被南京市审计局网站刊登信息69篇。制定《雨花台区“阳光惠民”工程项目线上监管试点工作方案》，承办南京市审计局“阳光惠民”工程项目线上监管试点工作，《新华日报》头版刊发的《让惠民工程在阳光下运行——雨花台区“阳光惠民”牵手“智慧审计”》被江苏省审计厅评为全省审计系统年度“十大新闻”。区审计局被江苏省审计厅评为全省审计机关“改革强审”先进单位。

【雨花工程智慧审计系统2.0优化】2022年，区审计局优化升级“雨花工程智慧审计系统2.0”功能设置，完善系统设计运营，挂好项目全覆盖升级档。新开发工程进度款审批系统，通过融合智慧工地系统和招投标管理职能，扩大审计项目全覆盖管理审计。开发项目时序图，展示可研立项、文勘等9项工作关键节点起始和结束时间，研究开发模型，对未按正常程序和时间顺序进行的环节进行预警提示。实现与南京市公共资源交易中心场内招标数据以及江苏省财政苏采云政府采购系统的数据对接，完成数据采集和推送，实现一次操作、数据全享，加速审计智慧转型。建立大数据分析平台，从财务、管理、问题三个维度开发数据分析模型25个，通过建模计算，多维度系统展示存量数据分析结果，自动生成图表，撰写评价分析报告，为政府投资项目监督管理和研究决策提供数据分析依据。年内，由区审计局自主研发的“政府投资评价体系指标设置及建模”获国家版权局颁发的计算机软件著作权。在审计署召开的“全国固定资产投资转型升级发展研讨会”上，“智慧工程审计系统2.0”获审计署点名表扬。

【经济责任审计】 2021年11月25日—2022年11月30日，区审计局分别对区科技局局长程道伟，区档案局专职副局长、区档案馆馆长徐美如，区市场监督管理局原局长李君毅，西善桥街道工委书记徐立，西善桥街道办事处原主任刘建功展开任中和离任经济责任审计，对其任中和任期期间经济责任履行情况进行审计，对重要事项进行必要延伸和追溯。重点关注领导干部贯彻执行中央和省、市、区级经济方针政策、重大决策部署、本部门重要发展规划，政策措施制定、执行及效果，经济事项决策、执行效果，以及内部控制体制机制完善情况、财政财务经济风险防范、在经济活动中落实党风廉政建设责任和遵守廉洁从政规定情况等。审计指出23个方面52个具体问题，其他需要研究和关注事项8个，提出意见建议14条。

【预算执行审计】 3月14日—6月30日，区审计局对区财政局2020年度本级预算执行和其他财政收支情况开展审计，重点审计区财政局组织的本级预算执行情况，延伸审计27个部门、4个街道（园区）以及部分下属平台公司2021年部门预算执行情况和财务收支情况。审计指出4个方面38个问题，其他需要研究和关注事项4个，提出审计意见建议4条。

【自然资源资产审计】 6月13日—8月5日，区审计局对西善桥街道办事处原主任刘建功履行自然资源资产管理和生态环境保护责任情况开展离任审计，重点审计土地、大气、水等自然资源和相关生态环境保护情况，对重要事项进行必要延伸和追溯。审计指出5个方面8个具体问题，其他需要研究和关注事项1个，提出意见建议4条。

【企业专项审计】 8月8日—9月30日，区审计局对南京雨花建设发展有限公司自“十三五”规划以来资产负债损益情况开展专项审计。重点审计2019—2022年财务账套，对重要事项进行必要延伸和追溯，南京雨花建设发展有限公司对其提供财务会计资料及其他相关数据资料的真实性和完整性负责，并作出书面承诺。审计指出4个方面21个具体问题，其他需要研究和关注事项4个，提出审计意见建议5条。

【信息系统审计】 9月29日—10月30日，区审计局对区应急管理局的雨花台区应急指挥调度平台信息系统开展审计，并对重要事项进行必要延伸和追溯，对区应急管理局进行现场调查。在审计中，查阅区应急管理局党组会议纪要、招投标文件、项目建设相关资料、信息化制度管理等文件资料，对建设项目硬件设备展开盘点。区应急管理局对其提供的信息系统数据、财务会计资料以及其他相关资料真实性和完整性负责，并作出书面承诺。审计指出4个方面6个具体问题，其他需要研究和关注事项3个，提出审计意见建议4条。

【水环境整治专项审计调查】 9月29日—11月18日，区审计局对雨花台区2019—2021年水务工程建设管理情况开展专项审计调查，对重要事项及涉及单位进行必要延伸和追溯。区水务局、雨花经济开发区、各相关街道、平台公司对其提供的财务会计资料及其他相关资料真实性和完整性负责，并作出书面承诺。审计指出6个方面22个具体问题，其他需要研究和关注事项8个，提出意见建议6条。（刘武刚）

·统　计·

【概　况】　2022年，雨花台区完成地区生产总值1040.22亿元，同比增长1.6%。其中，第三产业增加值完成850.07亿元，同比增长1.1%，三次产业比重为0.01∶18.27∶81.72。完成全社会固定资产投资390.08亿元，同比增长11.9%；完成社会消费品零售总额716.55亿元，同比下降2%；城镇居民人均可支配收入74558.4元，同比增长4.0%。年内，编印《雨花台区2021年国民经济和社会发展统计公报》《南京市雨花台区基本统计资料（2021）》《关于更加有效发挥统计监督职能作用的实施办法》。完成区级部门和各街道（园区）将统计机构作为地方经济社会发展目标考核责任单位或协办单位情况的清理纠正，依法统计夯实数据质量。开展2022年人口变动抽样调查、“双随机”统计执法检查、统计数据质量核查、住户调查大样本轮换，进一步完善组织机构，规范基层社区统计化建设。全区统计系统被国家、省、市统计局内网及区委办、区政府办采用信息234篇次、分析调研文章26篇次，区统计局撰写的课题报告《加强名录库建设、完善能源专业统计》被《中国信息报》刊载，并获国家统计局能源统计司主要领导批示。

【统计数据价值提升】　2022年，南京市雨花台区统计局（以下简称区统计局）编写完成《雨花台区2021年国民经济和社会发展统计公报》《南京市雨花台区基本统计资料（2021）》。将经济指标通报与分析建议相结合，形成每月《统计要点提示》，运用于全区经济运行分析会议、街道（园区）统计会议等，指导全区统计基础工作。建立完善行业监测制度，优化辖区工业、房地产业、贸易业、服务业、建筑业78家重点企业月度监测制度，在每月统计系统申报前及时掌握经济运行动态。开展专题调研，把握“十四五”开局节点和重要政策窗口期，做好统计分析，提升统计数据在政府决策中价值。在中国共产党第二十次全国代表大会召开之际，整理印发《“数说新雨花　奋进新征程”——十年经济社会发展成就统计资料汇编》。

【住户调查大样本轮换】　4月12日，区统计局加强与相关部门的联动配合，开展省、市住户收支与生活状况调查大样本轮换工作。实地走访尹西小区、春江新城小区、景明佳园小区、古雄小区、梅清苑小区和齐修小区等12个调查小区，逐户上门开展调查，完成12个调查小区的样本确认、简图绘制、建筑物清查、住宅名录表编制等，累计摸底调查小区居民1980户，搜集开户调查问卷120户，新住户调查样本于12月1日记账，为国民经济核算和居民消费价格指数权重制定提供基础数据。

【“双随机”统计执法检查】　5月，区统计局对辖区45家企业开展第一批统计执法“双随机”（随机抽取检查对象、随机选派执法检查人员）检查，检查建筑业企业5家、批发零售业企业10家、住宿餐饮业企业10家、服务业企业20家。8月，对辖区5家工业企业开展第二批“双随机”统计执法检查。

【统计数据质量核查】　5月23—27日，区统计局对辖区102家次企业开展第一批企业统计数据质量核查；8月17—23日，对辖区100家次企业开展第二批企业统计数据质量核查，涵盖工业、能源、建筑业、贸易、服务业、科技、投资、房地产、劳动工资等9个专业。

【基层基础建设“八有八化”工作】 10月，区统计局开展基层基础建设“八有八化”★工作。各街道（园区）参照优秀范例对标找差、查漏补缺，初步搭建“八有八化”框架，规范基层统计工作，提高源头统计数据的真实性、准确性。围绕加强基层力量、提升人员素质、推进规范化建设、优化法治环境等方面开展统计基层基础工作调研，推进统计基层基础建设，着力解决制约基层统计工作开展的突出问题。（唐 越）

★链接 “八有八化”即有机构、有编制、有人员、有经费、有场地、有设备、有网络、有制度，统计管理制度化、统计人员专业化、统计报表标准化、统计台账电子化、统计资料档案化、统计工作法治化、统计信息网络化、统计宣传常态化。

·农村经济管理·

【概 况】 2022年，雨花台区深化“三农”工作，印发《中共南京市雨花台区委南京市雨花台区人民政府关于做好2022年乡村振兴工作的实施意见》《雨花台区农业产业化区级龙头企业认定与运行监测管理办法（试行）》《雨花台区扶持新型农业经营主体贷款贴息资金管理办法》，凝聚农业企业发展力量，聚力打造雨花数字农业发展新引擎，加快推动特色农业产业现代化发展进程，统筹全区乡村振兴工作有序开展。全年全区完成农林牧渔及农林牧渔服务业总产值2451万元，增长34.7%。其中，农业产值完成2104万元，增长42.5%；林业产值完成275万元，增长8.7%；渔业产值完成72万元，下降20%。

【农村集体资产管理】 2022年，南京市雨花台区农业农村局（以下简称区农业农村局）在全市率先推进挂牌交易农村集体资产价值评估，全面推行农村产权“线上”交易及价格评估，强化全区农村产权交易在规范流转、资产价值评估、盘活存量资源、促进增值溢价等的作用，全年农村集体产权成功交易项目132个，成交金额3570.8万元，其中线上交易项目16个、成交金额1618.89万元，完成资产评估102项，资产总价值1450万元。发挥农村集体资产监督管理综合平台作用，实行在线会计核算、支出审批、资产数据更新、动态预警等，录入资产信息3684条、资源信息763条，处置预警信息415条，关联合同560份，实现农村集体资产动态闭环管理。在市级抽审村级财务基础上，扩大审计覆盖面，实现5个涉农街道审计全覆盖。建立财务督查制度，每月、每季度生成各资产负债表、收益分配表、收支明细表，同期对比收支数据，形成季度财务收支分析报告。每月审核所属社区“应收款”“应付款”等账面情况，核查所属社区收入、支出类科目记账方向，规范社区财务管理。建立合同、村务卡、现金月报制度，新增合同全部通过江苏省农村产权交易信息服务平台交易，各社区村务卡及现金支出情况均在风险管控范围。落实征地留用地补偿政策，完成上年度征地留用地补偿金拨付812.55万元。

【涉农企业服务】 2022年，区农业农村局突出创新创业，实现农业企业服务新突破。健全完善“金陵惠农贷”“金陵惠农小额贷”“金陵惠村贷”等政银合作产品，为小微企业提供农业信贷、贷款贴息等普惠性金融服务，为农户授信

3675户，授信额度34773万元，用信额度52万元，为19个集体经济组织提供授信4200万元，为涉农企业提供贷款贴息9万元。支持农业高科技企业创新发展，江苏苏合农业社会化服务有限公司被评为农业产业化省级龙头企业，江苏省苏合农副产品展示展销中心有限公司获评江苏省2022年乡村振兴优秀龙头企业，其"'鲜丰汇'消费帮促采购平台"项目入选数字江苏建设优秀实践成果。南京善思生态科技有限公司获2022年国家高新技术企业认定，其定制化植保托管服务模式入选2022年全国农业社会化服务典型案例，苏合农服"'两端'带动'中间'服务创造价值"入选2022年全省农业社会化服务典型案例。江苏鲜康信息科技有限公司、南京珊瑚角生物科技有限公司2家涉农企业获第六届南京市农村创业创新项目创意大赛优胜奖。江苏省苏合农副产品展示展销中心有限公司、南京善思生态科技有限公司、南京数溪智能科技有限公司、南京馨民餐饮管理有限公司4家企业被认定为农业产业化区级龙头企业，助推涉农企业高质量发展。

9月28日，区农业农村局和第三方检测机构在古雄街道柿子树社区开展农产品质量安全检测　（区农业农村局　供图）

【农产品质量安全监管】 2022年，区农业农村局及时发布农业自然灾害防灾减灾防御应对通知及措施，深入田间地头，针对如何有效实施田间管理开展技术指导，指导因地、因时、因苗落实相应增产技术措施，提高农户精细管理能力。强化对农资销售网点经营的登记管理，建立与完善进销台账制度，在古雄街道大方社区和板桥街道孙家社区、永安社区建立3个产地环境质量例行监控点，全面监测农产品产地环境质量状况，构建全区农产品产地土壤环境质量监测网。全年完成地产农产品实际抽检111批次，抽检合格率100%；胶体金定性快检219批次，合格率100%。未发生重大农产品安全责任事故。

【粮食稳产保供】 2022年，雨花台区粮食播种面积51.73公顷，全部为水稻、小麦两季作物，超额完成市级下达的50公顷粮食播种目标。统筹发放稻谷补贴、水稻生态补偿、实际种粮一次性补贴和耕地地力保护补贴等惠农补贴，提升农民种粮积极性。

【东西部协作】 2022年，雨花台区以结对县为单位选派12名专业技术人才开展对口交流工作，其中选派赴陕西省丹凤县的6名技术人员于7月26日到岗、赴青海省大通县的6名技术人员于8月2日到岗，助力对口协作地区巩固拓展脱贫攻坚成果、全面推进乡村振兴，实现高质量发展。接收来自陕西省丹凤县2名和青海省大通县1名专业技术人员到区挂职交流。对口交流期间，完成陕西省丹凤县丹凤毛坪村雨丹亭建设项目、丹凤供应雨花农产品农残检测室建设项目2个援建项目的资金拨付；帮助青海省大通县联系南京万邦种业有限公司等企业，同青海省大通县农业技术推广中心、蔬菜技术服务中心就农作物品种引进、扩繁推广等达成协议，签订《农作物种子繁殖制种收购合同》，初步达成大通特色农畜产品合作帮扶协议和“百睿”药剂示范试验合作意向。

【农机安全监理】 2022年，区农业农村局围绕农机安全生产专项治理及夏收、秋收等重要时间节点，开展农机安全专项检查59次，检查出各类隐患8个，全部完成整改。开展送检下乡活动，确保在册农机应检尽检。检验拖拉机运输机组15台，拖拉机交强险、综合险参保率100%。全年未发生农机安全事故。

【农业面源污染防治】 2022年，区农业农村局实施化肥农药减量增效行动，保持全区化肥、农用化学农药使用量逐年减少。全年发放有机肥300吨、配方肥20吨。示范推广全生物可降解膜，减少地膜使用量，发放全生物降解膜2.36吨。完善废弃农膜回收利用体系，全年产生废旧农膜14.1吨，回收13.96吨，回收利用率99%。建立农药包装废弃物回收点2个，农药包装废弃物实现应收尽收，回收无害化处理100%。

【重大动物疫病防控】 2022年，区农业农村局开展重大动物疫病集中防疫行动，通过发放宣传单与入户宣教相结合的方式，完成强制免疫任务，全年猪瘟、羊口蹄疫、鸡禽流感、鸡新城疫等重大疫病免疫密度均达100%。逐步提升动物疫情和免疫抗体监测能力，及时发现并有效消除动物疫病风险因素，全面管控动物疫病风险，全年非洲猪瘟、防治血吸虫病、布鲁氏菌病样品监测合格率达100%。

【能繁母猪存栏】 3月，区农业农村局与徐州市农业农村局签订《生猪供应合作协议》，雨花台区在全市主城区内率先完成能繁母猪存栏0.14万头生猪保供任务；确定2023年度徐州市向南京市雨花台区提供能繁母猪存栏1400头，存栏指标划归雨花台区，不计算在徐州市统计范围。 （胡蜀高）

·市场监督管理·

【概　况】 2022年，雨花台区被省知识产权局确定为江苏省知识产权建设示范（县域），雨花台区软件和信息服务业获批全国首批小微企业质量管理体系认证提升行动区域试点，南京市雨花台区市场监督管理局（以下简称区市场监管局）被江苏省市场监督管理局列为全省市场主体年报精细化管理工作试点与全省市场监管“政务通”试点。辖区市场主体年报率96.9%，连续3年位列全市第一。全区有效注册商标3.91万件；有效发明专利5401件，完成率348%；新授权发明专利1521件，完成率152.1%，有效发明专利和新授权发明专利均位列全市第一。制定国际标准4项、国家标准34项、团体标准4项。10家企业申报2022年度南京市市长质量奖（组织）提名奖，6家企业申报2022年度雨花台区区长质量奖，1家企业成功创建全市唯一一家省级放心消费诚信品牌企业。年内，在“全国打击传销规范直销普法大讲堂江苏行”活动中，区市场监管局办理的“南京容元文化有限公司组织策划传销案”作为典型案例宣讲；在第三届全国市场监管微电影微视频微动漫征集展示活动中，区市场监管局原创微电影《使命》获年度金质作品。

【质量强区】 2022年,雨花台区成功创建“软件行业小微企业质量管理体系认证提升区域试点”,成为全国9个区域示范点之一。软件谷“质量小站”助力江苏润和软件股份有限公司、南京厚建软件有限责任公司获全国首批绿色应用软件产品认证。20家小微企业质量管理体系认证提升行动完成,上报2家企业申报优秀提升案例。参加首届苏浙皖赣沪质量知识竞赛,辖区7家次企业获奖。

【企业信用监管】 2022年,作为全省8家之一、南京市唯一企业年报精细化管理试点单位,区市场监管局继续探索实施“机器人+年报”模式,模拟真人对话场景通知企业开展年报,企业年报率达96.6%,位列全市第一。对950家被列入经营异常名录企业,538家办理移出手续;为127家拟上市企业出具信用证明。依法吊销2年未年报且无法联系、未纳税的“僵尸”企业340家。

【食品安全监管】 2022年,区质量监管局开展食品经营户食品安全检查9083家次,发现并处置问题47433个;开展企业食品安全生产检查20家,发现并处置问题195个,全部落实整改。全年查处食品安全类案件199件,罚没款123.27万元,移送公安案件3起。上报省、市两级市场监管局相关食品安全“守查保”专项行动信息68篇。全区9家大型餐饮服务单位、11家中型餐饮服务单位、9家小型餐饮服务单位开展“雨花台区餐饮服务单位示范店”创建。

【特种设备安全监管】 2022年,区市场监管局开展涉及电梯、起重机械、危险化学品、燃气等各类特种设备的安全隐患排查整治专项行动10次,发现问题隐患1488条,全部整改完成。开展各类检查1300余次,涉及特种设备使用单位750家,立案45件,罚没金额108万元,下达指令书288份。在全区范围内推广“江苏省特种设备安全智慧服务平台”,全区使用单位开户率达95%。

【药械化安全监管】 2022年,区市场监管局办理三类医疗器械经营许可、二类医疗器械经营备案、医疗器械网络销售备案及药品经营许可业务681件。开展药械化产品流通环节风险监测,完成药品监督抽检90批次、化妆品监督抽检14批次、医疗器械监督抽检7批次,未发现不合格产品。上报评价药品不良反应报告455份、医疗器械不良事件205起、化妆品不良反应报告52份。开展冬奥会期间中药饮片流通环节专项整治,检查零售药店102家次,未发现违规行为,抽检药品10批次,均合格。开展美容美发美甲机构专项整治,检查27家次,责令改正3起,立案调查2起。开展儿童化妆品专项检查71家次,未发现违规行为,抽检产品4个,均合格。开展医疗美容机构专项整治,检查19家次,立案调查2起,责令改正4起。开展青少年近视防治相关医疗器械和角膜接触镜专项检查31家次,责令改正2起,立案调查2起。

【消费维权】 2022年,区市场监管局积极营造辖区安全放心消费环境。完善区、街道、消费维权工作站三级消费维权体系,推动45个接诉关口前移,实行消费纠纷“接诉即办”。指导迪卡侬、麦德龙等连锁品牌全面升级“7天无理由退货”服务承诺。全年接收消费投诉举报工单3.9万件,为消费者挽回经济损失4864万元。华为软件技术有限公司成功创建2021年度全市唯一一家省级放心消费诚信品牌企业。区市场监管局获“2022年消费维权年主题宣传贯彻暨维权知识技能大赛”一等奖。

【“质量小站”一站式服务】 6月，区市场监管局选取8名网格员担任软件谷“质量小站联系员”，聘请辖区13家孵化器、众创空间13名精英作为“质量专员”，为企业提供“1+X”一站式质量提升综合服务，实地走访企业108家次，线上调研服务企业250家次，收集并解决企业咨询需求200余条，形成服务企业优秀案例10例。

【“质量月”活动开展】 9月23日，区市场监管局联合“质量小站”在西善桥街道福润社区广场开展“质量月——推动质量创新·攻坚诚信社会”主题宣传活动。现场发放便民环保袋300件、“禁塑”“绿色有机”宣传册500余份，提出“创新为魂·诚信为本·质量为根”雨花质量精神。“质量月”活动期间，陆续开展“你点我检”食品质量安全主题开放日、预包装食品科普宣传、养老防骗宣传等进社区活动，加强消费者质量安全意识。（章　青）

【价格监测】 2022年，雨花台区重视并开展重要民生商品价格监测管理，建立价格分析预警预报机制，及时掌握市场行情动态。全年累计上报日报表816份，采集主副食品价格数据74528条，进行价格分析272次，并及时向市发展和改革委反馈价格与供求情况。对大型超市104种、农贸市场85种主副食品进行价格监测，加大价格政策宣传力度，有效防范哄抬物价现象的发生。按照省发展和改革委《关于进一步加强全省重点工业行业价格监测工作的通知》，督促梅山钢铁公司、南京中旭电子科技有限公司2家公司按月准时上报企业主要原材料、主产品价格及对未来价格趋势的预判，为把握市场价格走势、着重分析重点工业行业经济运行情况及为政府加强宏观调控提供重要数据基础。

【价格调控】 2022年，雨花台区制定《雨花台区2022年价格调控目标责任分解落实意见》，完善价格调控机制。落实国家、省、市取消收费项目、降低收费标准与收费减免优惠政策、惠民优惠政策与收费年报制度，对全区39家行政事业性单位及政府制定价格的经营服务性收费单位的收费项目进行统计、分析与上报，动态调整行政权力事项。落实国家和省定价格政策，完成23家房地产企业62批次108.41万平方米（9025套）普通商品住房、5025个车位和567个储藏室明码标价备案，完成3家商品住房前期物业合同备案。接收投诉举报咨询1597件，其中“12345”投诉和咨询工单1261件、电话和上门投诉咨询336件。处理信访件11件、政府信息公开8件，行政复议1件。

【案件价格认定】 2022年，区价格认证中心接收涉案价格认定案件134件，完成涉案财产价格认定111件，涉及认定标的物品种73种，标的物数量41459个，认定案值1068.55万元，发出“不予受理通知书”34份，未发生申请复核案例。其中，涉刑事价格认定案件129件，受理完成104件，认定标的数41455个，涉案金额97.36万元；涉纪案件价格认定2件，涉案金额852.6万元；涉行政案件价格认定3件，涉案标的数量40818件，涉案金额141.12万元。完成价格争议调解5件，涉及金额3.07万元。（赵洪宸）

责任编辑　杨静珺

人居环境

2023 YUHUATAI ALMANAC

Human Settlements Environment

城市规划

【概　况】 2022年，南京市规划和自然资源局雨花台分局（以下简称规划资源雨花台分局）贯彻落实区委区政府决策部署，在服务区域发展、夯实民生保障、提升服务效能等方面探索新思路、新路径。完成雨花台区“三区三线”划定、梳理形成雨花台区《新建房屋建筑安全审批监管意见（试行）》、在全市率先开展公共区域排水数据质量提升研究、研究制定《雨花台区道路设计导则》、建立雨花台区规划资源数据库等重点工作，为全区规划资源领域发展提供要素支撑。年内，规划资源雨花台分局获2022年南京市扛起“争当表率、争做示范、走在前列”三大光荣使命先进集体（经济发展类）称号，雨花台区入选2022年度“江苏省土地执法先进县（市、区）”，成为南京市唯一入选区。

【规划编制】 2022年，规划资源雨花台分局制定《南京市雨花台区国土空间总体规划（2021—2035年）》，规划划定“三区三线”（三区，是指生态空间、农业空间、城镇空间，三线，是指永久基本农田控制线、生态保护红线、城镇开发边界），其中生态保护红线669.98公顷，基本农田红线51.79公顷，城镇开发边界9511公顷。批复《2022年度南京市雨花台区预支空间规模指标落地上图方案》，解决国土空间规划过渡期用地审批依据问题；有序推进《板桥新城南部组团控制性详细规划及重点地段城市设计》《梅山矿区控制性详细规划及城市设计》。《南京市雨花台区2022年度生态空间管控区域调整方案》通过南京市城乡规划委员会办公室会议审议。

【城市品质提升】 2022年，雨花台区开展《岱山片区公共开放空间品质提升规划策略研究》，梳理绿地、广场、道路等公共空间，整体策划商业特色街巷、文化教育特色街巷、公共艺术展示路径、岱山历史探索路径等，有机连接各重要公共开放空间节点，激发片区整体活力，针对完善空间功能、提升景观要素等提出可操作性建议。

【项目服务保障】 2022年，规划资源雨花台分局编制“2022年度重点项目保障表”，按序推进项目审批，为重点项目开通绿色通道，为辖区内25个省、市重大项目和120个区重大项目提供全流程跟踪服务。核发用地预审与选址意见书12件次，审批规划方案27件次，核发规划许可93件次。预计征地获批3

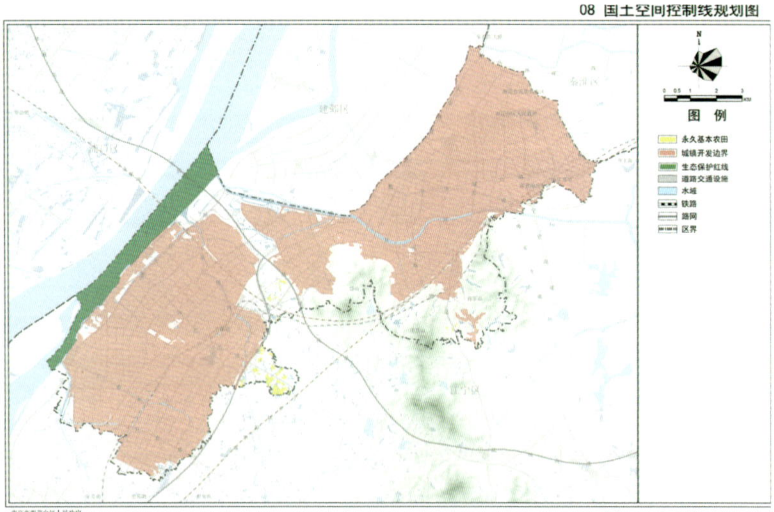

南京市雨花台区国土空间总体规划（2021—2035年）
（规划资源雨花台分局　供图）

个批次1个单选，24个项目，总面积39.73公顷。其中，农用地23.45公顷，耕地8.08公顷。

（张　立　朱　洁）

城市建设

·概　述·

【概　况】2022年，雨花台区确定七大类213个城市建设项目，总投资395亿元，年度投资129亿元（配合类项目不计投资）。七大类项目中，交通基础设施类项目12个，包括铁路建设项目2个、公路建设项目5个、港口水运建设项目1个、轨道交通建设项目1个、农村公路建设项目3个；生态环境建设类项目52个，包括河道水环境整治提升项目3个、暗涵整治项目6个、污水处理及收集系统建设项目11个、分散式净水站运行管理项目1个、片区雨污水管网清疏修缮项目3个、环卫设施建设项目11个、公园景区及绿化建设项目17个；市政公用基础设施建设类项目76个，包括市政道路建设项目44个、市政道路集中维护项目7个、给排水及电力燃气设施建设项目10个、积淹水点整治项目3个、公厕新改建项目2个、公共交通设施建设项目2个、停车设施建设项目7个、市政消火栓建设项目1个；城市更新类项目9个，包括公共空间环境品质提升项目7个、村居环境整治项目2个；安居保障建设类项目34个，包括老旧小区改造项目22个，保障房建设项目6个、棚户区改造项目4个、保障性租赁房建设项目1个、危旧房改造项目1个；城市建设管理类项目4个，包括国家及省市试点示范项目1个、建设行业管理项目3个；公建配套服务建设类项目26个，包括教育设施建设项目24个、公建配套建设项目2个。

【行政审批事项】2022年，雨花台区受理区内建设工程消防设计审查验收事项134件、房屋结构变动安全许可审批事项13件，办理住宅专项维修资金审核629件2750.34万元。

【工程招投标监管】2022年，区住房和建设局完成招投标标段数137个，中标金额64.52亿元。其中，1个标段为邀请招标，其他标段均为公开招标。EPC标段19个，合计中标金额41.24亿元；监理标段27个，合计中标金额9764万元；勘察设计标段34个，合计中标金额6919万元；施工标段57个，合计中标金额约21.61亿元。

（王淳阳）

·雨花新滨江开发建设·

【概　况】2月，雨花新滨江开发建设指挥部（即板桥新城建设指挥部）成立，负责在一线统筹协调、督促指导板桥街道、梅山街道、古雄街道、雨花经济开发区城市建设及产业发展。宁马高速大方互通改扩建配套工程、滨江大道（开发区段）、刘村互通全线通车，人居森林吉祥路、西寇北路、西寇南路等8条内部道路加快推进，中部组团板桥棚改地块振耀路、振业路、振翔路等道路开工建设。产业发展动能增强，雨花经开区轨道交通动力装备产业集群获首批“国家中小企业特色产业集群”称号。联东U谷·开发区数字经济产业园12栋单体建筑主体结构封顶，进行二次结构施工。鸿创城启动运营，首家入驻办公企业，17家签约企业即将装修入驻。地铁9号线二期、16号线纳入南京市拟上报城市轨道交通第三期建设规划；凤集大道、新亭大街2条下穿隧道完成可研报告编制并上专家评审会，立项相关工作推进；大胜关公园景观详细设计完成国际招标并上专家评审会，整理形成设计方案深化要点。完成区域性公共配套设施建设和后期社会管理费用研究测算，就资金分摊方案与板桥中部组团市级五大平台进行对接沟通；人居森林、三山工业园、孙家片区拆迁进入扫尾阶段；与中铁建工集团有限公司南京分公司、中建国际工程有限公司南京分公司、中国铁工建设投资集团有限公司南京分公司等50余家央企进行磋商洽谈，谋划“特许经营+联合开发”综合合作开发路径。

【行动方案编制】 2022年，新滨江指挥部行动方案编制形成“1+5+1”阶段性成果（1个行动方案指南，愿景定位提升、交通详细规划与道路设计指南、土地整备与城市更新、产业规划与招商策略、历史文化资源利用5个专题和1套街道实施工作手册），明晰“滨江客厅首岸，绿色智造新城”愿景目标，“江河汇、数字流、城市环”的宣传意向，“梯度推进、特色引领、有序开发”总体思路，“数字江河、开放之环”引领“五城”建设实施路径，并提出滨江空间整体更新、近期重点公共服务和道路建设、产业招商、未来社区试点等十大行动计划。

【大胜关公园】 8月26日，召开大胜关公园景观详细设计国际咨询发布会，6家国内外设计单位参加设计；11月8日召开专家评审会，推选出二等奖3名、三等奖3名。

【“一区一特色”改革项目评估会议】 10月12日，东南大学评估组到雨花台区对“一区一特色”改革项目成效进行实地评估。区委常委、常委副区长、指挥部副指挥长张建设，区委常委、副区长潘勇涛，区委研究室、指挥部各部门主要负责人参加会议。会议听取“一区一特色”改革项目推进情况及雨花新滨江规划建设行动方案成果汇报，并赴秦淮新河入江口南岸片区、338省道雨花台区段（汽渡连接线至南江路）、联东U谷·开发区数字经济产业园、莲花湖片区、宁马高速大方互通改扩建配套工程项目现场进行实地参观考察。评估组专家对雨花台区“一区一特色”改革项目落实情况给予肯定。 （王　飞）

·“两桥”地区改造·

【概　况】 2022年，“铁心桥—西善桥”地区（以下简称“两桥”地区）完成征收拆迁面积3459平方米。经九路、纬十一路、纬二路3条道路建设完成，全长2.18千米；推进兴梅路南段、管道路中段、竹苑路、梅西路北段、滨河南路、纬六路、经五路南延、纬一路中段、迎江路南段、龙西路东段等10条道路建设，总里程8.4千米。至年末，“两桥”地区累计开工建设主次干道36条，总计里程约34.55千米，完工通车机场二通道、数字大道等28条，主次干道，通车总里程28.32千米。公共配套设施方面，马家店保障性住房D地块、社区服务中心完工，推进竣工验收；中华中学雨花校区9月启用办学；龙翔规划初中主体建筑完工，推进室内外装饰装修；江苏省妇幼保健院总部完成支护桩施工，推进土方外运；A5地块征收安置房主体封顶，推进建筑二次结构及外立面施工。徐工A地块土地挂牌出让完成，面积3.47公顷，溢价率9%。

【“两桥”地区成片区拆迁】 2022年，“两桥”地区完成拆迁3459平方米。“两桥”地区启动征收拆迁232.88万平方米，累计完成229.83万平方米。2022年度拆出土地0.3万平方米，累计拆出土地333.45万平方米，累计安置拆迁群众3418户，交付安置房5444套。

【江苏省妇幼保健院总部】 2022年，完成支护桩施工及桩基施工图审查，土方外运完成8%，启动主体施工图设计、冠梁施工和土方外运以及总控督导单位招标工作。该项目占地面积8.67万平方米，建筑面积26.5万平方米，拟按照1500张床位规模建设。于当年9月24日开工建设。

【龙翔片区规划初中】 2022年，完成建筑单体室内粉刷，推进室内外装修。该项目占地面积3.41万平方米，总建筑面积4.82万平方米。其中，地上建筑面积2.63万平方米，地下建筑面积2.19万平方米。建设12轨36班制公办初中。该项目于2021年5月19日开工建设。

【徐工片区规划初中】 2022年，招标产生EPC工程（承包方受业主委托，按照合同约定对工程建设项目的设计、采购、施工等实行全过程或若干阶段的总承包）总承包单位及监理单位，完成试桩工作，推进主体施工图设计。该项目占地面积3.36万平方米，计划建筑面积3.85万平方米。其中，地上建筑面积2.28万平方米，地下建筑面积1.57万平方米。规划办学规模8轨24班。

【金陵中学岱山分校扩建】 2022年，招标产生EPC工程总承包单位及监理单位，完成试桩工作，推进主体施工图设计。该项目建设规模12班，项目占地面积1.07万平方米。

【圣戈班C3地块幼儿园】 2022年，建设完工，推进竣工验收。项目占地面积5406.14平方米，总建筑面积4284.29平方米，建设1栋3层12班全日制幼儿园，并配套建设项目内给排水、电气等附属及公用工程。该项目于2021年5月7日开工建设。

【圣戈班C8地块幼儿园】 2022年，主体封顶，室内外装修完成90%，室外综合管网施工完成60%。项目占地面积8137平方米，总建筑面积9310平方米，其中地上3层，建筑面积6510平方米；地下1层，建筑面积2800平方米。建设6轨18班全日制幼儿园，具体包括生活用房、公共教室、音体室、办公、厨房、连廊等建筑以及儿童室外活动场地、绿化、围墙等配套设施。该项目于2022年2月22日开工建设。

【马家店保障性住房】 2022年，马家店保障性住房D地块完工，推进竣工验收；集中商业精装修完成90%、幕墙完成85%、景观工程完成60%；社区服务中心完工，推进竣工验收。该地块占地面积3.92万平方米，建筑面积1.24万平方米，建设6栋住宅1248套，于2020年3月30日开工建设。

【A5地块征收安置房】 2022年，1~6号楼主体封顶，推进二次结构、内外墙粉刷及门窗副框施工。项目占地面积3.72万平方米。其中，居住用地面积3.52万平方米，基层社区中心用地面积2000.8平方米。总建筑面积1.54万平方米，地上建筑面积1.03万平方米，地下建筑面积5.14万平方米。建设2栋32层、4栋33层高层建筑，2栋2层商业、1栋6层社区中心和物业配套用房以及道路、绿化、场地铺装、地下综合管线、室外照明、智能化安防系统及海绵城市配套工程相关附属设施。该项目于2021年5月21日开工建设。

【小村变电站工程】 2022年,小村变电站配套辅助用房土建及相关配套工程完工,推进竣工验收。项目东至经五路、南至纬三路、西至兴梅路、北至华新路,用地面积3600平方米,建设110千伏变电站1所。该项目于2022年3月22日开工建设。

【徐工片区社区中心】 2022年,完成基础建设,推进地下室结构及主体结构施工。项目总建筑面积7.31万平方米。其中,地上建筑面积5.34万平方米,地下建筑面积1.96万平方米,建设内容包括卫生服务、办公、商业、文体服务、市政公用设施等。该项目于2022年3月15日开工建设。

【土地收储和开发】 2022年,徐工B地块、龙翔启动区A8地块完成场地调查及文物勘测工作。徐工D地块、龙翔启动区A10地块完成规划四审合一(多审合一、多证合一、多验合一、多测合一)等前期出让材料。龙翔启动区A1地块推进文物勘查机械配合相关工作。

【雨花数字城核心区居住社区中心】 2022年,“两桥”地区雨花数字城核心区居住社区中心(含社区卫生服务中心)总建筑面积7.67万平方米。其中,地上建筑面积5.53万平方米,地下建筑面积2.13万平方米,建设内容包括卫生服务、行政办公、商业、文体服务、市政公用设施等。至2022年末,项目推进规划调整及设计方案优化。

【中华中学雨花校区】 8月30日,启用办学。该项目总用地面积12.13万平方米,总建筑面积10.3万平方米,建设26轨78班全日制寄宿高中。其中,普通高中班级60个,国际部班级18个。 (蔡　阳)

·征收与拆迁·

【概　况】 2022年,雨花台区完成征拆房屋面积61.8万平方米。7月,南京市雨花台区征收拆迁安置办公室(以下简称区征拆办)成立扫尾攻坚小组,研究解决绿洲保障房、曹家洼、环境大院、二钢宿舍地块等项目扫尾工作。全年开展征拆专项部署行动7场,巡查征拆项目拆除工地666次,下发整改通知单37张。受理区长信箱督办件17件。办理“12345”政务服务热线工单162件,其中办结工单数83件,不予受理45件,退单31件,协办工单3件;现场接待86次,电话接访约150次。依据政策对全年49个征收项目进行指导并开展属地化拆迁工作,征收安置初审工作涉及项目11个。

【126省道项目】 9月,征拆完成。该项目为市精细化考核项目,考核完成时间节点2022年12月底,项目范围内涉及农户5户,征拆面积2965平方米。

【岱山中路北延项目】 9月,征拆完成。该项目为市精细化考核项目,考核完成时间节点为2022年12月底,项目范围内涉及企业3家、事业单位1家,征拆面积7000平方米。

【滨江大道项目】 10月,征拆完成。该地块拟建城市快速路,用地性质为交通运输用地。项目范围内涉及企业8家,征拆面积24.46万平方米。 (尹如玥)

表23　2022年雨花台区征收拆迁项目一览表

编号	街道（园区）	完成项目（个）	已完成面积（万平方米）
1	雨花街道	1	0.1
2	赛虹桥街道	5	21.8
3	铁心桥街道	10	8.1
4	西善桥街道	9	4.5
5	板桥街道	4	24.8
6	古雄街道	1	0.2
7	雨花经济开发区	2	2
8	梅山街道	2	0.3
合　计		34	61.8

（尹如玥）

·市政建设·

【概　况】 2022年，雨花台区市精细化建设管理项目70项（工程类63个，管理类7个），年度计划投资13.88亿元。雨花台区老旧小区整治项目21个，既有住宅增设电梯30部，受理建筑工程质量监督备案工程128个，建筑面积106.22万平方米。建立多方联动机制，加大海绵城市建设方案审查力度，继续推进区新建、改建、扩建项目海绵城市建设管理工作，加强海绵城市建设项目在立项、初步设计、施工、验收阶段贯彻落实《南京市海绵城市建设规划管理规定》要求，通过质量监督机构补齐施工图审查短板，逐步摸索并完善海绵城市验收工作。

【老旧小区整治出新】 2022年，雨花台区老旧小区整治项目21个。其中，赛虹桥街道16个，铁心桥街道3个，西善桥街道1个，部队1个（国关家属楼），累计整治楼宇117幢，整治面积41.89万平方米，立项投资1.6亿元，惠及住户4530户。全年竣工项目21个。

【既有住宅电梯增设】 2022年，签订增梯项目书面协议35个，通过规划初审项目30个，通过规划许可核发项目30个，获建设施工许可项目30个。全年施工项目18个，增设并投入使用电梯12部。

【园林绿化建设】 2022年，区农业农村局编制《雨花台区公园绿地布局规划》，改善公园绿地，建设全面公园化城市景观风貌。强化建设项目附属工程绿化方案审查工作机制，提高全区绿化景观建设标准，全年完成“绿色图章”审查工作项目36个。建成园林绿化项目11个，完成省级“乐享园林”项目景明佳园口袋公园，重点打造卡子门大街绿化景观提升工程、雨花西路73号口袋公园、花神湖城市客厅和雨花南路沿线绿道等项目。全年新增绿化面积20万平方米，全区绿地率46.04%，公园绿地服务半径率92.92%。通过微地形处理，发挥路侧绿地生态优势，全区共有绿道57.76

千米，其中岱山片区绿道获评2022年南京市“最美绿道”。（王淳阳）

【绿化管养】2022年，区农业农村局采取智能监管和实地考核相结合方式，实现养护项目、园林资产、养护作业规范化管理。打造特色景观示范项目，完成花神大道、花神湖、菊花台公园景观提升改造。重要节日期间，对辖区内主要道路岛头、广场游园等更换草花81万盆，在赛虹桥环岛、软件大道环岛和雨花大道岛头制作喜迎中共二十大主题景观小品3组。11月，在菊花台公园举办第三届金秋菊花展，展出美人菊、球菊、紫云追月等品种45个，数量5000盆。开展法桐飘絮专项治理工作，采取“吹、冲、扫”雾炮车、洒水车、机扫车、抑尘车组合作业方式，治理道路21条，修整法桐行道树6345株。保障文明城市创建，常态化保持各绿带、道路、游园绿地内绿化整洁，完成绿化设施整改单2902个。（胡蜀高）

【南京市自来水板桥有限责任公司】2022年，南京市自来水板桥有限责任公司供水量3050.51万立方米，售水量2758.99万立方米，产销差9.56%。在册用户总数11.26万户，其中贸易结算大用户742户。累计总管网长度391.27千米。全年整改安全隐患11处，完成各类抢修任务1979起，保证居民正常用水需求。修订高峰供水、防汛、防冻扫雪预案，开展应急演练，落实值班值守制度。围绕供水安全开展专项整治，按计划完成管线巡查任务，落实消防栓专项整治，对供水区域内778只消防栓进行巡查和出新。提升供水接入办理效率，提高用户满意度和获得感。修订完善板桥公司各项管理制度，各环节实现制度化、规范化、程序化。（万贵明）

【建筑工地监管】2022年，雨花台区受理建筑工程质量监督备案工程128个、建筑面积106.22万平方米。巡查建设工地1376家次，开展工地各类专项整治5次，签发安全隐患整改通知单257份、局部停工整改通知单41份，约谈建设工程参建方主要负责人26人次，移送区住建局质安科行政处罚案件85起，处罚金额623.31万元。开展防疫检查2136家次，出动检查人员4626人次，发现整改问题1233条，均责令整改完毕。处理举报、投诉建筑工地事件9036件，投诉处理率100%。申报南京市优质结构工程86个，全年95家工地取得“智慧工地”资格，32家取得“差别化管理工地”资格。（王淳阳）

·住房保障·

【概　况】2022年，雨花台区保障性安居工程项目6个，总投资121.7亿元，可提供19680套房源。棚户区改造项目4个，建筑面积15.9万平方米。完成3栋存在安全隐患房屋建筑消险整治（修缮）工作。调查房屋建筑29159栋、5350万平方米。排查并登记自建房7561栋、1500万平方米。审批13个房屋结构安全变动许可。办理住宅专项维修资金审核629件、2750.34万元。审批物业维修资金使用申请629件，拨付维修资金2750.34万元，其中应急审批499件，拨款2006.5万元。

【保障性住房建设】2022年，雨花台区建设保障性住房项目6个，总建筑面积236.9万平方米，总投资额121.7亿元。全年开工面积59万平方米、续建面积85.9万平方米、基本建成面积22.3万平方米，年度投资总额20.4亿元。其中，马家店保障房项目D地块12.4万平方米，1248套房源；锦华新城南片保障房项目四期6.8万平方米，775套房源；小村保障房项目3.1万平方米，288套房源。至年末，马家店保障房项目、锦华新城南片保障房项目、小村保障房项目基本建成。

【保障性租赁住房】 2022年，雨花台区完成4500套保障性租赁住房筹建任务。按照既定计划分解到7个项目，分别为菁英人才公寓1854套、翡丽河滨名邸368套、绿洲新增保障房三组团租赁住房地块2000套、柏悦府自持租赁房160套、2021G38项目自持租赁住房96套、云上润府自持租赁住房96套、云树公馆项目168套，共计4742套。

【房屋使用安全管理】 2022年，雨花台区调查房屋建筑29159栋，5350万平方米。其中城镇房屋18374栋，5000万平方米；集体土地（农村）房屋10785栋，350万平方米。排查并登记自建房7561栋，1500万平方米。其中经营性自建房1102栋，200万平方米。发现存在安全隐患房屋建筑25栋，其中自建房19栋（含10栋位于江宁区飞地范围），既有建筑6栋，均落实各项防范措施，确保不发生房屋使用安全事故。完成3栋（雨花街道能仁里2号05栋、西善桥街道曹家洼56号、板桥街道辅机路30号1栋2层建筑）存在安全隐患房屋建筑的消险整治（修缮）工作。接办“12345”政府服务热线平台、电话、信访、线上等各类渠道投诉举报140件，其中违规拆改95件、政策咨询45件，线上审批13个房屋结构安全变动许可。

【住房保障审核】 2022年，雨花台区发放全区机关事业单位住房补贴14家单位19人、68.98万元；发放低收入困难家庭住房租赁补贴278户、245.99万元；发放公租房轮候家庭租赁补贴130户、73.35万元；发放外来务工租赁补贴2户、0.76万元。发放各类人才租赁及购房补贴8803人、9781.66万元。组织完成42户公租房轮候家庭选房工作，完成铁心桥—西善桥地块棚户区改造、宁马高速拓宽西善桥段、南京地铁10号线二期工程、刘村搬迁、荷塘村地块城中村改造、古雄街道老街积淹水片区改造工程（二期）、大冯韦等7个项目，668套征收安置房审核工作，打印通知书65套，面积4595平方米。

【房产物业管理】 2022年，雨花台区住建局联合多部门约谈物业企业12家次，下发整改通知书72份。申报2个省级、4个市级党建引领物业管理服务工作省级示范点，成功创建1个省级、3个市级、5个区级党建示范点。对外发布6期“红黑榜”，78个物业服务项目被评为“红榜”，58个物业服务项目被列为“黑榜”。成立全市首个环境和物业管理委员会，形成物业管理属地监管新模式。（王淳阳）

·农村人居环境整治·

【概　况】 2022年，雨花台区农村人居环境整治以厕所革命、污水治理、垃圾分类处理和村容村貌提升为主要方向，制定《雨花台区农村人居环境长效管护运行机制实施方案》，完成38个村组基础环境整治提升工作，全区农村户厕实现应改尽改。

【村组环境改善】 2022年，区农业农村局制定《雨花台区农村人居环境长效管护运行机制实施方案》，围绕“农业生态化、农村城市化、农民市民化”要求，推进全区农村人居环境整治提档升级，落实农村人居环境管护机制化、常态化，提升城市整体风貌，实现城乡融合发展。全区38个村组参与环境整治，完成26个村组基础环境整治、6个村组环境提升工作和4个村组美丽家园建设。

【农村厕所革命】 8月，农村厕所革命牵头管理职能由区卫生与健康委员会移交到区农业农村局。区农村工作领导小组办公室出台《关于健全完善农村厕所革命长效运行管护机制的通知》《雨花台区农村厕所革命联席会议制度》，为全区农村厕所革命提供政策引导，填补区级政策空白，促进农村户厕管理长效常态，全区农村户厕应改尽改911座。（胡蜀高）

交通建设

【概　况】 2022年，雨花台区境内公路总里程216.59千米，公路密度160.41千米/百平方千米。其中，高速公路8.5千米、一级公路102.08千米、二级公路42.81千米、三级公路22.05千米、四级公路41.15千米。区内公交线路108条（含13条夜间线、2条旅游线），线网长度158.2千米，公交停车保养场1处，公交枢纽站10处，首末站12处，公交站点465个。城市轨道交通线路5条，总里程31千米，轨道站点18个。建成宁丹路延线、路西综合楼等公共停车场3处，新增停车泊位199个。7月20日，186路福润公交总站举行开通仪式，恢复和调整公交186路、103路和135路线路走向。

【公路养护】 2022年，雨花台区道路中心县道总养护里程22千米。县道养护总投入357万元，维修县道面积10588平方米。干线公路、县道优良路率100%。

【城市道路养护】 2022年，雨花台区有快速路1条、主干路21条、次路43条、支路88条、街巷250条、桥梁24座。全年投入道路市政设施养护经费1946.7万元，维修车行道45437.3平方米、人行道12365.27平方米、挡墙护坡600平方米，养护路名牌87块。

【运输管理】 2022年，雨花台区有道路普通货物运输业户1337户，营运车辆3703台。持有从业资格证958本（人）。全年运政服务大厅办结道路货运经营许可98件，新增营运车辆641辆；办理道路货运业户年审1096户，道路运输车辆年审3724辆。处罚窗口办结行政处罚案件263件，不予处罚案件6件，罚没款81.4万元。

【汽修、驾培业管理】 2022年，雨花台区有机动车维修许可证或备案企业251家。其中，一类企业29家、二类企业48家、三类专项维修及汽车快修业户174家。有驾驶培训机构8家。

【航运管理】 2022年，雨花台区按照2022年国内水路运输及其辅助业和国际船舶运输业核查工作通知要求，对辖区内水路运输及辅助企业进行全面核查。本次核查辖区内水路运输普货企业2家；营运船舶6艘，总吨位69717吨，均符合要求；水路运输辅助企业6家，均通过核查。船舶代理量90艘次，货物代理量66.44万吨。水路运输年度核查合格率100%。

【安全监管】2022年,雨花台区深入开展交通运输安全生产专项整治、"百日行动"攻坚战、限高限宽专项整治,实施"一超四罚"清零、路产路权保护等行动。对危险品运输企业进行安全检查62家次,其中联合应急管理局开展动态监控检查13家次,未发生生产安全事故和安全责任事故。

【交通法制建设】2022年,区交通局办理行政许可案件98件、行政处罚110件,无行政复议和行政诉讼败诉案件。办理"12345"政务服务热线工单1143件(不含协办、退单件)、"12328"交通服务热线工单3230件、雨花台区"及时雨"平台工单4件,及时签收率100%,及时办结率100%。

【农村公路提档升级】2022年,雨花台区在通过省级"四好农村路"示范区创建基础上,推广"雨路芯程"农村公路品牌,建成农村公路提档升级项目2.5千米,实施16千米农村公路安全生命防护工程,争取市建设补助资金130万元。全区重要经济节点、旅游节点全部通达双车道四级及以上公路标准,实现通行政村双车道四级公路覆盖率100%。

【道路基础设施建设】2022年,滨江大道雨花(板桥)段,开展主辅线路基及辅道桩基施工,累计完成投资8.77亿元。岱山中路北延,一标段进行桥梁桩基施工、土方外运,二标段软基处理、水泥搅拌桩施工,累计完成投资1.47亿元。紫荆花路西延,开展支护桩冠梁和截水沟施工,西段清表并做好文物勘测准备,累计完成投资2950万元。工农河公路及古雄大道南延,发布征地公告,完成质安监交底、深搅桩试桩,现状污水管走向探测等工作,累计完成投资3200万元,。

【道路环境综合整治】2022年,雨花台区雨花西路环境整治,累计完成投资418万元,完成雨花台区实验小学东西校区"小微堵点"及人行道出新改造。花神大道环境整治项目,签订工程总承包及监理合同,优化调整软件大道以北段设计方案,累计完成投资300万元。

【岱山东路北延跨秦淮新河大桥全线合龙】4月4日,岱山东路北延跨秦淮新河大桥全线合龙。岱山东路北延工程是岱山保障房片区与主城对接的主要通道之一,南起岱山东路跨绕城公路立交桥,向北跨过南南河、秦淮新河,止于秦新路,全长1200米。3月11日完成左幅桥合龙之后,4月3—4日正式完成右幅桥合龙。岱山东路北延工程与龙藏大道(过秦淮新河大桥直接进入河西)、绕城公路(上五桥入口进入江山大街)形成平行互补,成为岱山片区通往河西新城的便捷通道,有效解决岱山片区14万居民出行难题。（费　琦）

4月4日,岱山东路北延跨秦淮新河大桥全线合龙
(区委宣传部　供图)

城市管理

【概　况】2022年,南京市雨花台区城市管理局(以下简称区城管局)完成垃圾分类、环卫

保洁、市容市貌、停车管理重点工作。创建中交锦致雅苑、铂悦澜庭等27个省级垃圾分类达标小区，建立“点、站、中心”三级高效资源回收模式。全区139条道路机扫率100%，39条重点背街小巷水洗率100%。新建城镇公厕2座，吸纳10家社会单位公厕加入“厕所开放联盟”。完成10条背街小巷精细化整治，打造民智路、民和路2条精品街巷。在全市率先开展“建管融”（即建设、管理、融合）一体停车资源共享工作，44家机关事业单位提供共享泊位1693个。探索推进非现场执法新机制，依托“智慧工地”“智慧渣土”等平台办结渣土类案件1000余起。年内，雨花台区城市管理综合行政执法大队获评2019—2021年度江苏省、南京市“文明单位”称号。

【垃圾分类】 2022年，区城管局推进再生资源回收体系与生活垃圾分类收运体系融合，建立居民小区垃圾分类交投点287个、街道资源回收站8个、区级大件分拣回收中心1个。创建中交锦致雅苑、铂悦澜庭等27个省级垃圾分类达标小区。规范中端收运体系，新增2台餐厨和7台新能源厨余垃圾收运车辆，收集处置可回收物8.85万吨，厨余垃圾2.71万吨、餐厨垃圾2.47万吨，有害垃圾4.6吨，其他垃圾17.98万吨。低价值可回收物处理量从2021年月均510吨提升至2022年月均2200吨。打造家禾齐修幼儿园垃圾分类教育幼儿基地，建成民和路3座垃圾分类宣传雕塑小品、150处地插墙挂等垃圾分类特色景观。引导居民垃圾主动分类，举办“精彩雨花·分类有我”垃圾分类专题新闻发布会11场，组织“跟着垃圾趣旅行”活动12场，600名学生、家长参与垃圾分类研学活动；组织开展桶边指导员交流培训18场，培训人员超600人；创建禾苗环保小队、绿见志愿服务队、红殷宣传队3支垃圾分类志愿服务品牌团队，组织垃圾分类志愿服务活动192场，服务市民群众超1.5万人。

【环卫保洁】 2022年，区城管局新建秦淮新河公厕、上怡新村公厕2座城镇公厕，吸纳新林社区公厕、金叶花园公厕等10家社会单位公厕加入开放联盟。全区139条等级道路（总保洁面积791万平方米）按照一级道路标准（夏秋季每日1冲2扫3洒，冬春季每日2扫2洒）进行保洁，市场化率、机扫率均为100%。39条重点背街小巷实行每日3洒1冲，机扫和人工组合作业每日不少于2次，水洗率为100%。核心片区道路在全市尘量检测中，合格率为95%。对全区177条道路、219条街巷环卫设施数量、名称、走向位置、分类、区分段等各类重要信息进行测绘测量，为全区环卫保洁工作提供数据支持。

【市容市貌管理】 2022年，区城管局完成工兵路、翠岭路等10条街巷整治，打造民智路、民和路2条精品街巷。对“门前三包”实行分级分色常态化管理，发放、张贴红、黄、绿标识牌6000余张，新签、补签“门前三包”责任书185份，确保知晓率、签约率、悬挂率达100%。按照《南京市户外广告设置总体规划》要求，核发户外广告行政许可3例。开展户外广告和店招标牌专项检查70余次，督促符合条件的广告进行市场化运作，清理违规广告139处2062平方米，整治店招标牌223处1618平方米。

【停车管理】 2022年，雨花台区44家机关事业单位提供共享泊位1693个，提高停车泊位利用率、周转率。加强停车设施维护，新增非机动车停放区域3336平方米，修复破损机动车泊位线334个，补划非机动车停放区域2.7万平方米。强化支路街巷机动车辆停放管理，张贴违停告知单8万张，清拖违停机动车34辆。督促共享单车企业根据“潮汐现象”合理配置运维人员数量，做好车辆管理。

【数字城管建设】 2022年，区城管局将辖区内19个城管执法市级管理岗转入指挥调度系统，明确定岗时间、定岗要求，用信息化手段对各岗点进行抽查考核。依托数字城管考核督导，累计处理案卷13.05万件，其中市级查处案卷4.06万件、区级查处案卷3.25万件、街级自查案卷5.74万件，总处置率为100%，总按时处置率为99.85%，总处置合格率为99.93%。全年办结“12319”城管热线系统工单2569件，退单609件，办结率、应急响应率达100%，综合满意率为99.64%；办结“12345”政务热线系统工单833件，退单562件，办结率为100%；办结“基层吹哨、机关报到”工单1件，办结率、综合满意率达100%；办结“及时雨”民生直达平台工单2件，退单1件，办结率、综合满意率为100%。

【公众参与城市治理】 2022年，区城管局扩大“公众委员进社区”和“雨城蓝”品牌影响力，丰富群众参与城市治理内容，拓展群众参与城市治理途径。邀请区级公众委员、社区居民全程参与，从群众角度出发，聚焦道路积水淹水、绿化养护、人行道和机动车通行等问题提出意见和建议，并建设全区首个区级公众参与会客厅。全年邀请公众委员参与城市治理系列活动37场，吸纳群众提出的城市管理意见建议50余条。累计招募城市治理志愿者8464人、单位会员60家，开展各类城市治理志愿服务活动800余次。在赛虹桥街道虹悦城等多处设置城市治理志愿服务站，提供停车秩序、爱心轮椅等便民服务。以环境卫生、容貌秩序、绿化养护、设施维护、垃圾分类、环境保护6个方面为重点，完成文化大厦、雨花台区实验小学（西校区）等10个标准化示范单位创建。

【违建治理】 2022年，区城管局依托违建监管系统，采取“线上自动跟踪+线下现场督办”方式，加大存量违建治理力度，拆除存量违建1137处7.19万平方米。联合属地街道（园区）加强巡查，从源头管控新交付小区新增违建，制止新增违建247处0.75万平方米。

【渣土运输监管】 2022年，雨花台区推进非现场执法新机制，完成“智慧渣土”管理系统三期建设，实现辖区87个在建工地、20个重点路段全流程监管，渣土运输全天候管控，全年抓拍涉

11月11日，区城管局在赛虹桥街道虹悦城设置“城市治理志愿服务站”，提供停车秩序、爱心轮椅等便民服务 （区城管局 供图）

嫌违法行为300余起。加强渣土运输企业管理，1245台渣土运输车按照环保标准处置升级，更新率、密闭化率达100%。联合交通管理部门、属地街道（园区）开展“零点行动”等渣土运输管理专项整治行动，巡查出土工地及凤台南路、数字大道等主要路段，累计检查渣土运输车辆9800余台次、工地5100处次，办结渣土类案件1000余起。运翔码头、横江港码头等5座码头渣土水路转运工作得到保障。（谢逸伦）

南京南站地区管理

【概　况】 2022年，南京市铁路南京南站地区综合管理办公室（以下简称南站综管办）按照全市城市治理、园林绿化管理、城市道路桥梁养护等行业考评要求，推进精品化建设管理。全国文明典范城市检查中，南站地区未失分，区安委会两次安全管理进驻督导均通过。铁路南京南站发送旅客2373.49万人次，同比下降31.6%；汽车客运南站发送旅客130.14万人次，同比下降48.8%；地铁南京南站进站1659.54万人次，同比下降30.6%，出站1526.32万人次，同比下降20.6%。年内，南站综管办获评雨花台区2021年度推进“全面创新全域高新”先进集体，南站综管办爱心小屋入选第六批“南京市学雷锋活动示范点”，南京南站南北广场景观提升工程获2022年度南京市园林工程“金陵杯”（市优质工程）奖。

【环卫保洁】 2022年，南站综管办出动保洁员2.62万人次，保洁三轮车1.86万车次、作业车1500余台次。处理市、区城管局工单400余件，清理垃圾400余吨，机械清扫道路4.27万千米，道路洒水3.43万千米，雾炮车作业5200余千米，精品化保洁道路700条次，冲洗道路7000余千米，清洗花岗岩43万平方米。对养护区域内9座公厕、2座出租车场站、26部电梯、南北广场及东侧地上通道、1座垃圾中转站进行每日不少于3次的预防性环境消杀；对养护设备、车辆进行每日消杀。4—12月，对抵宁旅客核酸检测管控区域进行每日6次预防性环境消杀，对出站闸机、隔离护栏、医废暂存点等设施、区域进行分类型分策略消杀。配合疾控部门做好站区新冠肺炎阳性病例重点跟踪消毒、终末端消毒任务6场次。

【绿化养护】 2022年，南站综管办安装一体式花箱2432米、挂箱1250米，立体花架114个，花箱亮化射灯带3682米，喷灌主管道5500米。修剪养护区域内乔木及行道树3000余株，补植各类乔灌木5万余株，更换各区域草花55万余盆，打药、追肥20余吨。应对暑期炎热高温少雨天气，累计出动抗旱浇水车辆1200余台次、人员2400余人次，浇水作业300余万平方米。

【市政养护】 2022年，南京南站地区民和路超薄磨耗层沥青摊铺2600余平方米，博爱街交叉口坑洞整治铺设半柔性路面760余平方米，金阳东街及梅香路等路段排水管道开挖修复410余米。创建松风路优质养护示范片。出新沥青路面1.09万平方米、人行道4550平方米，修复路面坑洞1400平方米，修补防撞墙露筋440余处，修复桥面、隧道墙面830平方米、立面渗水20处。站区排水主管疏通率200%，支管疏通率105%，检查井、收水井清掏率均为100%，清运淤泥1550立方米、清理河道漂浮物250立方米，修复岸坡250平方米。

【特种设施设备】 2022年，南站综管办引入第三方考核力量每日监督设备养护情况和作业质量，修复更换消防报警、用水、排烟等系统设备96处、线路70余米。升级改造六朝路停车场充电桩，安装电动车智能充电位78处，敷设线路1700米。更换电梯故障破旧配件147套。维修保养监控点位设施594处、敷设网线及电源线700余米。应急处置直梯困人救援8次、异常停梯24次。微型消防站组织队员业务、理论学习10场次，开展联合检查9次，节假日备勤安全保障26次，全年开展技能训练92次。

【法治建设】 2022年，南站综管办报送“三重一大”（重大事项决策、重要干部任免、重大项目投资决策、大额资金使用）事项8件。签订政府合同44份，全部通过合法性审查。12名行政执法人员完成新证换领。与铁路、公安、城管、交警等部门开展常态化联合执法269次、集中整治13次，查获移交非法接拉客人员723人次、非法营运车辆56辆，查处出租车违规站外带客403起，查处违停机动车2000余起，清拖非机动车10000余辆。

【文明典范城市】 2022年，南站综管办修复大理石砖面2400余块，车行道、人行道出新1.4万平方米，补植、合并各类乔灌木25万余株，修剪、调整行道树5000棵，更换草花48万余盆。临时任务投入环卫工人800余人次，出动各类车辆60余台，清理卫生死角20余处，清理建筑垃圾约20吨。在站区核心区域安装、更新插牌、道旗、公益广告600余面，在北广场增设社会主义核心价值观景观小品1处。与站前派出所、高铁派出所、交警八大队、城管南站中队等单位联动，整改停车场无障碍设施5处、无障碍车位引导标识2处，出新停车位面积1299.08平方米，新增停车位面积375.87平方米，新增及更换机非分离护栏867米。向南京铁路投资有限责任公司、铁路南京南站、市交通局等单位发放整改函16份，接收市区两级文明创建工作督办单9件，协助相关单位整改问题42条。

【安全管理】 2022年，南站综管办通过雨花台区安全生产委员会2次进驻督导，修订《南京南站地区安全生产预案汇编》，增补《大客流引导及疏散应急预案》《站区公共场所预防性防疫消杀预案》《站区封控区预防性防疫消杀预案》等内容。组织安全形势分析研判7次，开展常态化安全检查35次、联合检查8次，摸排出问题隐患101处，下达安全整改通知单23份、安全隐患告知书4份，督促相关单位完成整改。组织常用消防器材实操讲解5次，开展消防灭火、电梯应急救人演练活动6次，与南京铁路投资有限责任公司、雨花台区宁南消防站等单位联合组织消防应急演练2次。电力、电梯、消防、监控等单位保持24小时值班值守，每日6班次对核酸检测区域内消防、用电情况进行安全巡查。 （任姝婕）

生态环境

·生态环境质量·

【概　况】 2022年，全区PM2.5浓度均值24.7微克/立方米，同比下降6.2%，主城排名第一、全市排名第二，实现2015年以来最优、2018年以来“四连降”。国考、省考、市考断面水质均值达标，土壤安全利用率100%，区域内未发生环境安全事件。南京市雨花台生态环境局（以下简称雨花台生态环境局）召开大气污染防治工作专题调度会，完成年度减排工作。被省生态环境厅评为2022年度全省生态环境系统污染防治攻坚专项行动标兵集体和江苏省打好污染防治攻坚战先进集体。

【水环境状况质量】 2022年，雨花台区8个国考、省考、市考断面水质达标。完成工农河、江宁河、南河（雨花段）、秦淮新河（雨花段）、路线河、古遗井中心沟等6条幸福河湖创建，并通过市级验收。全区划分33个片区71.77平方千米排水提质增效达标区，至2022年末，完成达标区创建工作30个。（毛雨婷）

【空气质量改善】 2022年，雨花台生态环境局开展工业企业、建材、港口码头、汽修、餐饮等7个行业“精细化深度治理”，推进混凝土、建材、码头、堆场等多层雾化围墙建设，推进“源头替代”“码上洗”“码上换”等工作，提升精细化治理水平。通过雷达扫描、积尘走航检测、遥感监测和无人机巡查等科技手段，及时发现污染源，全年编制各类空气质量分析日报927份，周报107份，月报24份，专项分析报告52份，为重点区域环境质量提升提供技术助力。

【水生态环境质量提升】 2022年，雨花台生态环境局每月对全区7条重点考核河道，59条劣Ⅴ类一般水体，6个湖泊（水库）72个水体，90个断面及秦淮新河沿线6个泵站水质进行监测。报送信息300余条，发出提醒函9件。对辖区内长江入河排口按照核查、监测、溯源、整治四个环节开展排查与整治，长江入河排污口完成整治231个，整治完成率达98.7%；启动秦淮新河入河排污口排查整治，完成整治27个，整治完成率84%。南京市长江大保护雨花综合执法中心全年检查企业584家次，关停散乱污企业49家，移送问题线索18次，立案查处5家。（陈滟灵）

·生态资源保护·

【土地供应】 2022年，雨花台区经营性用地招拍挂出让5宗，面积7.41公顷，土地出让金125.8万元；科研用地招拍挂出让8宗，面积21.92公顷，土地出让金3.91万元；划拨供地82宗，面积262.58公顷；临时用地审批办结52宗，面积85.52公顷；协议出让办结4宗，补交土地出让金8692.85万元。

板桥街道永安社区村容改善及水体治理后新面貌　（区农业农村局　供图）

【土地利用】 2022年,雨花台区开展“十四五”时期低效用地再开发规划和2022年度低效用地再开发实施计划编制项目,牵头街道(园区)摸排低效用地130宗,低效建设用地规模167.35公顷。完成2022年低效用地再开发实施计划项目68宗,涉及低效用地面积76.77公顷;完成批而未供土地清理年度任务138.47公顷,超供12.67公顷;完成闲置土地处置任务3.53公顷。

【耕地和基本农田保护】 2022年,雨花台区实现全区永久基本农田保有量不低于45.4公顷,耕地保有量不低于658.67公顷。出台《南京市雨花台区耕地保护补贴实施暂行办法》,确保耕地补贴资金及时拨付到户。在全市“十三五”时期耕地保护责任目标期末考核中名列第二。 (张 立)

【水资源保护】 2022年,雨花台区通过国家级县域节水型社会达标建设省级验收。落实水资源管理和节约用水制度,建立健全节水管理体系,推进各领域节水工程建设。加强工业节水技术升级,上海梅山钢铁公司创成省级水效领跑者。推进再生水、雨水等非常规水源开发利用,强化水环境整治。创建完成省级节水型学校2个、市级节水型学校2个、市级节水型企业2个、市级节水型小区2个、市级节水型机关单位1个。开展水土保持监管,将水土保持方案行政审批纳入区政务服务中心统一受理,实现“马上办、网上办、一次办”,全年完成水土保持行政审批63件。完成水土保持遥感监管部级和省级卫星图斑现场调查、认定和查处70个,水土保持现场检查116个。 (毛雨婷)

【雨花台区生态环境保护合规教育中心成立】 6月2日,雨花台生态环境局联合区检察院建立雨花台区生态环境保护合规教育中心,为全省首家。定期开展政策、法规、案例展示教育集训、培训活动,并制作配套教材、教学视频等,通过“源头指导、事中跟踪、末端帮扶”方式,帮助驻区企业提高合规生产、经验水平,助力全区经济绿色健康发展。组织驻区企业学习培训260余家,配发相关法律教材600余册。创建南京市独家“环保系统服务企业品牌工程”,被评为全市环保系统助企纾困“一部门一品牌”工程、“习近平法治思想在江苏生动实践案例”。 (陈滟灵)

【林长制工作】 2022年,区农业农村局完善林长制综合化信息管理平台,将森林资源管理、森林防火、有害生物防治等林业工作划分成13个模块,融入信息化平台管理,林业工作事前预防、事中处置、事后监管在平台中体现,通过“人防+技防”相结合,逐步实现一网统联、一端通管,在数字化层面保障林长制有序推进。6月,雨花台区上榜2021年“林长制工作”省级督查激励地区名单。

【林业资源保护】 2022年,区农业农村局审查林地报批项目18件,其中完成林地许可审批5件、林木采伐许可4件。签订生态公益林管护合同32份。在全市率先启动并完成林草湿样地调查、卫星图斑调查和林业小班优化任务。完成松材线虫病病死树年度除治任务,清理病死树5252株。结合造林空间调查成果,深度挖掘绿化潜力,超额完成新增造林2.53公顷,全区林木覆盖率31.46%。落实“一树一策”管理要求,因地制宜对全区18株古树、1株名木实施

科学保护。完善湿地保护制度机制，开展湿地修复工作，全年修复湿地2公顷。（胡蜀高）

·长江大保护·

【长江禁捕执法工作】2022年，区农业农村局依托雨花台区长江禁渔联动执法中心，联合长江航运公安局南京分局、南京市公安局水上分局、海事部门、属地街道等有关部门，组织开展“春季护鱼”执法专项整治、夏秋季专项执法、商船携带禁用渔具整治、秦淮新河禁用渔具整治等多次跨部门、跨区域专项联合执法行动。全年开展20次专项执法行动，立案处理12起涉渔行政案件，首次行政处罚1起商船携带禁用渔具案，移送5起非法使用禁用渔具刑事案件。网格护渔员、联动中心执法人员24小时全时段在岗在位，累计劝离违规垂钓人员62起，处置行政案件8起，暂扣没收鱼竿28根，罚款3000元。

【“十年禁渔”队伍建设】10月，在由农业农村部长江流域渔政监督管理办公室开展的“2021年度长江流域禁捕水域渔政协助巡护优秀队伍和队员评选”活动中，雨花台区禁捕协助巡护队获“渔政协助巡护优秀队伍”称号，区长江禁捕工作获农业农村部表彰。雨花台区长江禁捕智慧系统入选省农业农村厅公布的江苏省农业行业领域数字化建设优秀案例。

【长江禁捕冬季联合执法大行动启动仪式】11月12日，雨花台区长江禁捕冬季联合执法大行动启动仪式在江豚广场举行。雨花台区农业农村局渔政大队、长航公安江宁所、水上公安三山所、梅山海事处，以及区内各街道护渔员代表参加此次活动。此次冬季联合执法行动采取“水陆并进、分组展开”的方式同步推进，水上巡查重点检查商货船携带渔网渔具、清理整治残留渔具渔网；岸上巡查重点查处非法捕捞垂钓、“江鲜”和禁用渔具销售。行动聚焦重点区域重点时段，加大日常巡查频度和力度，“精、准、狠、快”依法从快从严惩处，进一步加强执法监管，打击涉渔违法行为，巩固禁捕工作成果，维护禁捕秩序稳定，打造“长江禁捕雨花示范段”。（胡蜀高）

·节能减排·

【公共机构节能】2022年，雨花台区落实碳达峰和碳中和决策部署，推进公共机构能源资源节约。组织开展2022年“世界水日”“中国水周”“光盘行动”等主题宣传，组织观看“节水在身边”“云课堂”等学习活动；组织5家公共机构能耗统计员完成国家机关事务管理局组织的“全国公共机构节能管理网络课堂”远程教育培训。区级各单位上报公共机构能源资源节约示范案例10篇，在省市级媒体发布节能工作宣传信息15篇。雨花台区公共机构完成既有建筑绿色改造约5.1万平方米，数据中心绿色改造面积300平方米；完成能源审计17家，水平衡测试5家，综合性合同能源管理1项；摸排调查全区党政机关及所属事业单位用水情况，更新公共机构数量、平台耗能人数、建筑面积等基本信息。全区公共机构建成总装机容量137千瓦光伏项目，年发电量15.1万千瓦时。建成雨花台区市民中心23.1千瓦光伏项目，年平均发电量2.2万千瓦时。建设并启用区机关综合楼公物仓，回收可利用办公家具、办公用品，向有需要的单位开放使用，盘活机关单位闲散资源，提高资源利用率。区级机关部门全部创建节约型机关，创建省级节能示范单位1家。　　　　（刘爱军）

表24　2022年雨花台区规模以上工业企业用水情况统计表

指标名称	计量单位	取水量		外供水量	
		本期	上年同期	本期	上年同期
合计	万立方米	6049	5773	2985	2762
1. 地表淡水	万立方米	2750	2734	224	217
2. 地下淡水	万立方米	0	0	0	0
3. 自来水	万立方米	3299	3039	2761	2545
4. 海水	万立方米	0	0	0	0
5. 陆地苦咸水	万立方米	0	0	0	0
6. 矿井水	万立方米	0	0	0	0
7. 雨水	万立方米	0	0	0	0
8. 再生水（中水）	万立方米	0	0	0	0
9. 海水淡化水	万立方米	0	0	0	0
10. 其他水	万立方米	0	0	0	0

补充指标

指标名称	计量单位	本期	上年同期
外排水量	万立方米	3064	3056
重复用水量	万立方米	168465	165930
直流冷却水量（河湖水）	万立方米	18292	17671
直流冷却水量（海水）	万立方米	0	0
污水处理量	万立方米	1774	1769

注：用新水量汇总数＝取水量汇总数—外供水量汇总数

表25　2022年雨花台区规模以上工业企业能源消费情况统计表

能源名称	计量单位	工业生产消费量	参考折标系数
原煤	吨	1584797	—
洗精煤（用于炼焦）	吨	3739387	0.9
焦炭	吨	4475790	0.9714
焦炉煤气	万立方米	73263.75	5.714–6.143
高炉煤气	万立方米	741211.93	1.286
转炉煤气	万立方米	83006	2.714
天然气	万立方米	780.04	11.0–13.3

续表 25

能源名称	计量单位	工业生产消费量	参考折标系数
液化天然气	吨	146.88	1.7572
汽油	吨	255.59	1.4714
煤油	吨	21.04	1.4714
柴油	吨	3524.23	1.4571
液化石油气	吨	5.9	1.7143
润滑油	吨	50.68	1.4143
其他石油制品	吨	4.99	1.4
热力	百万千焦	8080436.59	0.0341
电力	万千瓦时	363559.29	1.229
余热余压	百万千焦	11516742.35	0.0341
能源合计	吨标准煤	11034937.43	—

注：综合能源消费量＝工业生产消费（能源合计）－能源加工转换产出（能源合计）－回收利用（能源合计）见下表

表 26　2022 年雨花台区规模以上工业企业能源加工转换与回收利用统计表

能源名称	计量单位	加工转换投入合计	能源加工转换产出	回收利用
原煤	吨	1501815	0	0
洗精煤（用于炼焦）	吨	3739387	0	0
焦炭	吨	0	2514576	0
其他焦化产品	吨	0	155482	0
焦炉煤气	万立方米	20724	78878	0
高炉煤气	万立方米	502477	0	753816
转炉煤气	万立方米	64470	0	89824
热力	百万千焦	0	9959297.61	0
电力	万千瓦时	0	519741.08	0
余热余压	百万千焦	6208123.35	0	11516742.35
能源合计	吨标准煤	5414129.73	3907387.56	1508638.4

（区统计局）

【节水宣教】2022年，区水务局强化对南京科技馆、江苏佳品生态环境建设有限公司等用水户的监督检查和节水宣传教育工作，依法征收水资源费，未出现超计划取用水情况，计划用水率100%。执行助企纾困水资源费政策，自4月1日起，对水资源费省级部分按80%收取，各地征收水资源费27%为省级部分收入，按减征20%测算，全省水资源费按现行标准的94.6%征收，并对取水户进行政策引导和服务。（毛雨婷）

·污染防治·

【水污染防治】 2022年，雨花台区完成南玉带河（2021—2022年跨年度项目）、曹梁河、油脂涵、二钢涵、麦德龙箱涵等5项暗涵整治工程。完成5个新建管网、4个管网修复整改项目，完成总投资11.6亿元中的8.97亿元（其余为跨年度项目投资），新建及修复整改管道总长度74.3千米，新建污水提升泵站11个，完成智能节点井建设总工程量的50%。（毛雨婷）

【土壤污染防治】 2022年，雨花台生态环境局编制印发《雨花台区“十四五”土壤和地下水污染防治规划》，完成贾东村污染地块治理修复，修复土壤6万余立方米，处理和达标排放废水5万余立方米。依法开展土壤污染状况调查和风险评估，完成12个高风险地块土壤污染状况调查。成立无废城市建设专项工作组，印发《雨花台区“无废城市”建设工作方案》，编制《雨花台区“无废城市”建设实施方案》，加快推进“无废城市”建设。

【环境污染执法】 2022年，雨花台生态环境局联合有关部门开展（非）道路移动机械污染排放检测，检测移动机械5714台，对28台不合格机械交公安交管部门处理。各类检查出动8868人次，检查服务企业2079家次。查处各类环境违法案件187件。完成国控污染源和重点在线监控企业日常监管，通过平台在线数据调阅与不定期现场抽查，对在线监控企业设备运行情况进行全过程监控，全年交办超标报警线索2182条，督办单10件，查处自动监控违法案件3件。

【环境信访】 2022年，雨花台生态环境局办理各类平台环境信访投诉1705件。噪声污染类投诉1586件，占比93%；其中施工噪声类投诉1447件，占噪声污染类投诉总量91.2%。大气污染类投诉73件，占比4.3%。水污染类投诉4件，占比0.2%。其他污染投诉42件，占比2.5%。工单办结率和答复率100%。（陈滟灵）

【交通污染防治】 2022年，区交通运输局印发《雨花台区交通运输老旧柴油车淘汰工作实施方案》，规范国家第三阶段排放标准及以下排放标准营运柴油货车办理道路运输证转出、转入手续，对货运车辆协助办理道路运输证报废手续，淘汰国家第三阶段排放标准及以下营运柴油货车35辆。对道路环境综合整治项目监督管理，签订扬尘管控承诺书，采用高标准防尘网加固覆盖。不定期对在建工程进行巡查，重点关注裸土覆盖及喷淋设施运行情况，并纳入履约考核。按照“淘汰一批、提升一批、全面监管”原则，关停6座烤漆房。推广使用低VOCs（挥发性有机物）含量涂料和高流低压喷枪，引导新建汽修企业使用并配置专用油漆储存柜，巡查汽修企业203家次，督促整改率100%。（费　琦）

·环境监管·

【生态空间保护区域管控】 2022年，雨花台生态环境局执行江苏省生态管控区域规划，将生态空间管控制度同建设项目审批制度相结合，加强生态空间保护区域的保护与监管工作。制定《雨花台区2022年度生态空间保护区域补偿方案》，完成雨花台区2021年生态空间保护区域的补偿自查工作。

【生态损害赔偿】 2022年，雨花台生态环境局建立协同办案机制，加快赔偿案件办理效率。2起生态损害赔偿案件入选全省生态损害赔偿“二十大优秀案例”、2起入选全市生态损害赔偿“十大优秀案例”，案件办理综合质量排全市首位。规范生态赔偿金的管理、使用和监督，推动生态损害赔偿金支持国家级地质保护区——雨花台砂砾石层自然保护区生态修复。雨花台砂砾石层自然保护区被命名为“第二批南京市生态环境修复基地”。

【第二轮中央环保督察迎查工作】 2022年，雨花台区对2016—2018年第一轮中央、省环保督察整改完成129件信访交办件开展“回头看”工作，排查问题190个，形成“一街一册”问题清单。中央第二轮环保督察期间，开展交办件“三审”机制，提高交办件办理质量，未发生退回重办等问题。收到信访交办件41件，主办件25件，按时办结上报，完成第二轮中央环保督察迎查工作。（陈滟灵）

【水环境监管】 2022年，雨花台区印发《2022年度雨花台区河长制工作要点》《2022年度河长制工作考核细则》，并按季度编制河长制工作简报；全年雨花台区三级河长累计巡河4525次，在“南京河长App”上反馈与销号巡河问题55条；完成工农河、江宁河、南河（雨花段）、秦淮新河（雨花段）、路线河、古遗井中心沟6条河湖“幸福河湖”评价报告，均通过市级验收。落实河道管养责任，对区管河道及沿线水利设施进行调查并更新骨干河道调查图册，建立“一河一册”机制，为河道管养提供指导依据。落实养护目标和技术要求，按照“管养分离、市场运作”模式，公开招标选取专业养护队伍和监理单位，将7条区管骨干河道作为全区示范段开展长效养护。以“南京河长”“雨花水务”等智慧水务应用软件为依托，加强“智慧渣土”“长江禁捕智慧系统”等应用软件横向数据衔接，配合建成“智慧雨花”数据底座，推进“数字雨花”进程，强化水务信息化管理水平。（毛雨婷）

【土地执法监察】 2022年，雨花台区综合运用执法监管系统和“一源多用”技术手段，利用“一源多用”平台提取月度变化影像图斑，掌握全区地表动态变化，完成违法用地“清零”行动、农村乱占耕地建房问题整治、耕地保护督察、卫星遥感图片执法检查等工作。形成地表情况变化报告5期，核查图斑3589个，下发制止文书62份，下发违法用地行为纠正函、工作提醒函等17份。

【国有自然资源资产清查】 2022年，雨花台区完成国有农用地、国有建设用地、国有未利用地、储备土地、矿产资源、全民所有森林、草原、湿地等资源资产清查，并通过基准地价法等估算方法开展国有建设用地资产价值量核算。

（张　立）

责任编辑　张　玄

文化旅游

2023 YUHUATAI ALMANAC

Culture and Tourism

综 述

【概 况】 2022年，雨花台区推进旅游全域化建设，与南京长客集团合作，完成区级旅游集散中心硬件改造。通过旅游标识牌审批及招标，完成全区首张旅游资讯地图设计制作。开展文旅资源普查，梳理文旅资源信息1326条，为文旅资源保护利用与开发提供决策依据。

发挥文旅资源特色，加强非物质文化传播与文旅项目建设。编制拟定非物质文化遗产传承三年行动计划，组织实施“雨花非遗·创艺无限”雨花非遗推广项目，推荐市级传承基地——“凡匠天工”申报省级非物质文化遗产传承基地。建设板桥生态园露营基地、板桥都市农园、板桥科技生态研发主题园等文旅项目。推进梅钢工业文化旅游区提升改造项目。年内，梅钢工业文化旅游区列入国家AAAA级旅游景区创建名单，入选江苏省“喜迎二十大 见证新江苏”红色旅游精品线路，并被授牌“江苏省旅游学会研学旅行基地”。南京科技馆入围南京市国家等级旅游景区消费竞赛项目，区内等级旅游景区（点）获南京市公共储物柜建设扶持项目资助。

全年接待海内外旅游者278.52万人次，比上年下降31.99%。实现旅游产业收入1.09亿元，同比下降59.63%。 （陈 玥）

9月4日，雨花台区实验小学少先队员在雨花台烈士陵园参观“雨花英烈”系列绘本画展 （雨花台烈士陵园 供图）

【雨花英烈事迹宣讲团】 2022年，雨花英烈事迹宣讲团（以下简称宣讲团）完成中央组织部、国家文物局、团中央、省各部门单位等重要政务接待；线上线下开展宣讲69场，受众超百万人次；在清明节、儿童节、建军节期间，策划推出“点亮孩子们的梦想”系列思政课、“沉浸”革命年代，感受雨花英烈的精神——“七一”主题思政课、“信仰的力量”沉浸式宣讲课堂、“青春之歌”系列红色云课程，线上观众人数超30万人次；宣讲团成员连续第二年赴澳门参加“致敬国家丰碑”国情教育宣讲会。年内，宣讲团入选南京市“梧桐论语”理论宣讲联盟，团长郭琦入选南京市理论宣讲高端专家团。宣讲团成员参加国家、省市级各类比赛，获中宣部“优秀讲解员”、江苏省红色旅游五好讲解员、江苏省红色故事宣讲大赛“优秀讲解员”、江苏省“我身边的好青年”“江苏双十佳革命文物讲述人”等称号。 （岳 静）

【江苏省旅游学会研学旅行基地授牌】 1月25日，江苏省旅游学会研学旅行基地授牌仪式在梅钢工业文化旅游区举行，梅钢工业文化旅游区被授予“江苏省旅游学会研学旅行基地”铭牌。该活动由江苏省旅游学会主办，江苏省旅游学会研学旅行分会会长邢定康等出席授牌仪式。现场参与活动约100人。

（陈　玥）

【《南京市雨花台烈士陵园保护条例》施行】 4月5日，《南京市雨花台烈士陵园保护条例》公布施行。条例5章44条，包括总则、保护和管理、传承和弘扬、法律责任、附则。该条例是为加强雨花台烈士陵园的保护和管理，宣传和弘扬雨花英烈事迹与精神，培育和践行社会主义核心价值观，结合南京市实际而制定的条例。作为全国首部保护具体烈士纪念设施的“点”上立法，该条例与市级层面的《南京市红色文化资源保护利用条例》有效衔接，构成南京“点面结合、相互呼应”的红色文化资源保护立法体系，为雨花台烈士陵园整体保护、雨花英烈事迹与精神的宣传和弘扬提供法治保障。

（岳　静）

【南京同城阅读空间伙伴联盟成立】 11月16日，南京同城阅读空间伙伴联盟成立仪式在梅钢励志书屋举行。该联盟在江苏省全民阅读促进会指导下，由梅山钢铁股份有限公司、南京市文学之都促进会、江苏广电荔枝读书会共同发起。凤凰云书坊、锦创书城、大众书局、可一书店、奇点书集、文都书店、励志书屋7家阅读空间成为首批联盟成员。活动现场，梅山钢铁联合江苏省广播电视总台、南京艺术学院展演《书香里的我》《我是长江的后代》等节目，近18.3万网友通过荔枝新闻客户端同步直播观看活动。

（毛璟璇）

旅游资源与开发

【概　况】 2022年，雨花台区有雨花台风景区、南京科技馆2家国家AAAA级旅游景区，梅钢工业文化旅游区1家国家AAA级旅游景区；有口袋公园9处，其中新建、改建口袋公园6处。年内，梅钢工业文化旅游区对接长江国家文化公园建设，完成全程5.4千米的“滨江工业生态走廊”建设，与临近的江豚公园、三桥湿地公园、三山矶公园连通联动，实现区域旅游资源的有效整合；完成雨花台区旅游集散中心改造和三山矶法治文化公园二期项目提档升级；雨花台烈士陵园组织开发“青春之歌”红色云课程，讲述文物亲身见证的红色记忆；雨花台烈士纪念馆利用互联网H5技术搭建的“云上文物”网络展览平台上线，展现革命文物背后的红色故事。

【三山矶法治文化公园升级改造】 2022年，雨花台区围绕“八五”普法规划总体部署和要求，紧扣长江大保护文化带建设，以三山矶法治文化公园★阵地为基点，结合“三山二水”志愿服务队、“宁小豚”志愿服务站，联合社区干部、学校教师、家长、学生等多种群体，将法治宣传和文旅休闲融合推进。公园新增特色法治宣传亭廊、三山古文化展示景观墙、景观小品，增加电子解说、新型布局等元素，打造省内一流法治文化阵地，帮助群众提升法治意识和法治素养。

（余秀婷）

★**链接**　三山矶法治文化公园2021年10月28日建成。投入资金45万元，是区内首个以长江生态保护为主题的法治文化公园。依托三山矶生态公园建成，占地40万平方米，其中绿地33.33万平方米，法治舞台1000平方米，法治长廊漫道1000米，种植各类草木16万株。通过展板、雕塑和法治景观小品，将公园划分为序章、长江之“重”、长江之“危”、长江之“文”、长江之守护等6板块。宣传《中华人民共和国长江保护法》，展示雨花台区长江沿岸生态治理举措和成果。入选第五批南京市法治文化宣传教育基地名单。

【口袋公园建设】 2022年，雨花台区新建、改建口袋公园6个。其中，投资798.26万元完成景明佳园口袋公园建设，建设面积9998平方米；投资607.6万元完成滨河北路西段北侧绿地景观公园建设，建设面积7365平方米；投资1200万元完成普德寺二期游园项目建设，占地面积约1.1万平方米；投资278.64万元完成雨花西路73号小游园景观提升改造工程，改建面积约1600平方米；投资240.81万元完成雨花外国语小学东校区校门区域环境提升工程，建设面积1102.5平方米；投资277.94万元完成小行小学南侧环境综合整治工程，用地面积约4500平方米。（胡蜀高）

【雨花台风景区花卉景观布置】 2022年，雨花台烈士陵园管理局持续开展纪念性花卉景观营造工作。根据景观整体要求，在花材、花色、花型上细化标准，由平面布置升级到立体布置；通过引进雪浪石和草石隔离带等新型材料，丰富绿雕、花境等多种布置形式。全年布置花卉景观5次，用花近80万盆，实现全年花卉景观不间断展示。（岳　静）

【区级旅游集散中心改造】 11月，雨花台区旅游集散中心改造完成，弥补雨花台区游客集散中心空白。该中心位于南京南站，与禄口机场航站楼、旅游直通车站融为一体，使用面积约280平方米，具有旅游集散、咨询、综合服务等功能。中心内设图书角、咨询台、非物质文化遗产作品展柜、文创商品展架等，为游客提供便捷服务，也为拓展雨花台区旅游市场化、产业化奠定基础。（陈　玥）

【“青春之歌”红色云课程】 2022年，雨花台烈士陵园管理局以青少年受众需求为导向，组织开发“青春之歌”红色云课程，发挥雨花台红色资源在党史学习教育、革命传统教育、爱国主义教育中的作用。云课程共26集，分为《与信仰同行（第二季）》视频课、《雨花英烈的诗词人生》实践学习课、《厉害了，我的主人（第一季）》音频课三种形式，以雨花英烈创作的诗词或他人写给英烈的诗词和馆内文物为主线，结合语文学科和青少年党史学习教育要求，运用文物第一人称视角，讲述文物亲身见证的红色记忆。该视频课程在“中国雨花台”微信公众号、喜马拉雅等网络平台播放。

【《雨花台论坛》】 2022年，雨花台红色文化研究院与南京广电集团合作推出红色访谈节目《雨花台论坛》，节目共5期，在南京电视台新闻综合频道、信息频道等媒体播出。1月，推出首期节目《信仰之光点亮学子前进之路》，以“雨花英烈的精神进校园”为主题，走进南京大学等多所南京高校，探寻雨花英烈的精神等红色资源激励新时代青年树立红色理想并砥砺奋进的故事；清明节期间，配合清明祭扫活动推出《追忆英烈事迹　传承红色基因》；

五四青年节期间，推出《五四精神薪火相传 建团百年不忘初心》，分享不同时期中国青年的奋斗故事；“七一”建党节期间，推出《走近百年奋斗的党代表》，回顾早期党代会，讲述南京党代表的履职故事；“9·30”烈士纪念日期间，推出《聚焦红色立法，礼敬革命先烈》、解读《南京市雨花台烈士陵园保护条例》等活动。通过持续性打造，《雨花台论坛》相关报道被中国日报网、央广网等媒体转载。（岳　静）

【雨花快闪公园】 4月28日，雨花快闪公园在紫悦广场对外开放，开放时间1个月。雨花快闪公园占地面积521.45平方米，内设海报、模型和投影等设施，以“自然+展览”为主题，结合“爱鸟周”活动，给民众提供亲近自然的空间。公园整体呈现蜂窝迷宫状，设置多条景观各异的探索路线，参观者可享受个性化视觉体验。该公园由区农业农村局牵头打造，是南京市首个兼具展览功能的快闪公园。（胡蜀高）

4月28日，雨花快闪公园在紫悦广场开放，是南京市首个兼具展览功能的快闪公园（区农业农村局　供图）

【“云上文物”网络展览平台】 9月，雨花台烈士纪念馆“云上文物”网络展览平台上线。该平台利用互联网H5技术搭建，设置“全部文物”“文物图谱”“文物时间轴”“收藏”四大板块，展示4月定级的54件（套）珍贵文物及文物背后的“一物一故事”，平台设计观众互动版块，通过观众的交互体验，传递红色精神。（岳　静）

旅游节庆与推介

【概　况】 2022年，雨花台区以建设区域化旅游阵地为引领，持续推进旅游节庆与旅游资源推介宣传。充分挖掘本地红色旅游文化资源，在二泉展览馆推出“信仰的光芒——雨花英烈主题红色文艺作品展”，展示29名雨花英烈原创文学艺术作品与百余幅现代艺术家文艺作品；推出“青春壮歌——中国青年运动中的雨花英烈”专题展，以百余件实物与图片资料回顾雨花英烈英勇斗争史与共青团发展历程。传承发展非物质文化遗产，在南京科技馆举办“雨花国风韵非遗云课堂”，数十名儿童身着汉服沉浸式体验国风国潮。立足本土特色创新旅游形式，在板桥生态园举办“雨花缤纷帐篷汇·助消费仲夏夜”活动，打造集非物质文化遗产集市、现场音乐会、篝火晚会等于一体的一站式露营休闲体验；在菊花台公园举办第三届金秋菊花展，展出菊花5000余盆，丰富群众精神文化生活。

【雨花国风韵非遗云课堂启动仪式】 6月22日，雨花国风韵非遗云课堂启动仪式在南京科技馆广场举行。现场儿童身着汉服，沉浸式体验国风国潮；非物质文化遗产传承人现场教授如何运用传统编织技艺编织五彩鸭蛋兜。线下参与活动人员约200人次。在活动现场同步启动的“非遗云课堂”，采用线上模式向青少年传授非物质文化遗产作品制作技法，通过传统手工艺让青少年儿童感知非物质文化遗产等中华传统文化。线上参与活动100人次。

6月22日，雨花国风韵非遗云课堂活动在南京科技馆举行

（区文旅局　供图）

【“雨花缤纷帐篷汇·助消费仲夏夜”活动】 7月23日，“雨花缤纷帐篷汇·助消费仲夏夜”活动在板桥生态园举办。该活动由区文化和旅游局（体育局）、区商务局、板桥街道联合举办，南京人民广播电台、板桥生态园承办。活动紧扣露营主题，是集非物质文化遗产集市、现场音乐会、篝火晚会等于一体的一站式周末休闲体验，吸引100余组家庭500余人参与。活动中发放助力商家纾困消费券，支持因新冠肺炎疫情影响的中小微企业和个体工商户等生产经营困难群体稳定生产经营。　（陈　玥）

【雨花台区第三届金秋菊花展】 11月5—18日，雨花台区第三届金秋菊花展在菊花台公园举办。该展览主展区设置在中心转盘、山顶平台，在桂花亭、环园步道、主次入口处设点布景。以“一腔秋怀为菊来”为主题，展出美人菊、球菊、紫云追月等45种品种、5000余盆菊花。现场同步开展识菊、品菊、触菊、摄菊等体验活动。其中，开设菊花文创市集，展示菊花相关文创产品，开展菊花簪、菊花扇、手绘包等手工体验活动；设立品菊体验区，引入茶点摊位，由专业茶艺师冲泡各类菊花茶供市民

11月5—18日，雨花台区第三届金秋菊花展在菊花台公园举办

（区农业农村局　供图）

品尝。展览吸引游客总数5200余人次，日均400人次。（胡蜀高）

旅游服务与管理

【概　况】 2022年，雨花台区有旅行社53家、旅行社分社10家、旅行社服务网点49家。年内完成旅游市场安全管理、疫情防控、企业纾困、复工复产等工作；开展旅游市场文明城市创建、“双随机，一公开”检查、未经许可经营旅行业务及“不合理低价游”专项整治，出动检查人员286人次，检查旅行社、服务网点及分社112家计143次；完成省市旅游企业奖补（纾困）资金申报；配合市文化和旅游局开展旅行社质保金退还、旅行社星级评定及复核等工作。全年受理旅游投诉127件，其中“12345”市民服务热线124件、市长信箱1件、电话投诉2件，召开调解会4次，为游客挽回经济损失约17.06万元。

【旅行社星级申报】 2022年，江苏康辉国际会议展览有限公司、南京享梦国际旅行社有限公司申报二星级旅行社。11月，雨花台区星级旅行社评定委员会成员依据江苏省《旅行社等级划分与评定》（DB32/T2122–2012)地方标准，从必备条件、基本条件、服务项目、安全保障等6个方面进行现场检查及打分，2家公司均达到评分标准，同意上报南京市星级旅行社评定委员会。

【省旅游企业奖补（纾困）资金申报】 3月，雨花台区按照江苏省财政厅、江苏省文化和旅游厅要求，指导旅游企业开展奖补（纾困）资金申报工作。通过省级部门审核评比，2家旅行社获奖补资金40万元。其中，江苏动感国际旅行社有限公司获城市微旅游和红色旅游奖，奖补资金30万元；南京万达国际旅行社有限公司获旅游直播奖，奖补资金10万元。

【市旅游企业奖补（纾困）资金申报】 7月，雨花台区按照南京市财政局、南京市文化和旅游局要求，指导旅游企业开展申报工作，通过市级部门审核，雨花台区3家旅行社获市级奖补资金65万元。其中，江苏动感国际旅行社有限公司获城市微旅游和红色旅游奖，奖补资金30万元；南京万达国际旅行社有限公司获旅游直播和高星级旅行社奖，奖补资金15万元；江苏康辉国际会议展览有限公司获会奖旅游奖，奖补资金20万元。（祁　栋）

文化旅游景点

·雨花台风景区·

【概　况】 2022年，雨花台风景区接待游客200.21万人次，同比下降41.41%。其中，境外游客1129人次；境内游客200.10万人次（省内游客160.3万人次，省外游客39.8万人次）。雨花台烈士纪念馆入馆参观者13.40万人次，讲解接待384批次、1.15万人次。

雨花台烈士陵园管理局印发《深化“红星计划”文物藏品征集工作方案》，推进“红星计划”文物史料征集工作。年内，与江苏省文物总店合作征集到《中国青年》创刊号、1923年版《新青年》季刊创刊号、1926年版邓中夏专著《省港罢工概观》、朱克靖签发的苏中第三分区行政专员公署命令等89件/套珍贵藏品；入藏谢文锦、施滉、陈原道等雨花英烈俄罗斯留学史料2300余页；入藏中国社会主义青年团第二次党团代表大会材料、雨花台北门群雕像摄影作品《浩气长存》等史料。

推进《雨花英烈史料》《信仰的力量》丛书编纂。年内，出版《雨花英烈文集2》《在信仰的旗帜下——雨花英烈中的黄埔共产党人》，推进《雨花英烈大辞典》编撰，完成《雨花英烈》系列绘本和《传承——雨花英烈的精神读物》发布。首套《雨花英烈》系列绘本入选“书写新时代 献礼二十大”江苏省主题出版重点出版物，被国家级期刊《全国新书目》收录推荐。

弘扬雨花英烈事迹与精神，4月5日起实施《南京市雨花台烈士陵园保护条例》；推进“中国南京红色在线”平台运营和南京红色文化“三大联盟”（南京红色文化资源点联盟、南京红色文化志愿者联盟、南京红色文化新媒体联盟）建设，推出“博物馆的红色力量”“不变的本色”等8个专题活动；策划5期《雨花台论坛》在南京电视台播出，推出《绝笔2》《北平五烈士》《雨花台家书》系列纪录片在中央电视台《国家记忆》栏目播出；举办清明“云祭扫”活动，开展烈士纪念日向雨花台烈士敬献花篮、新婚夫妇向革命烈士献花仪式等活动。全年举办展览13场，其中“青春壮歌——中国青年运动中的雨花英烈”专题展览入选2022年“弘扬中华优秀传统文化、培育社会主义核心价值观”主题展览推介项目名单。

强化全国爱国主义教育示范基地功能。雨花英烈事迹宣讲团开展线上线下宣讲69场，受讲人数超百万人次。“小雨滴红色课堂”志愿服务项目入围2022年“全国博物馆志愿服务典型案例”“江苏省博物馆志愿服务十佳案例”名单，“雨滴课堂”红色文化志愿服务项目获评南京市2022年度优秀志愿服务项目。雨花英烈的艺术人生——雨花台烈士纪念馆“红色文化进校园”项目入选2022年度全国文博社教百强案例，“信仰课堂——纪念馆里的党史故事”入选2022年江苏省博物馆教育示范项目，雨花台烈士纪念馆入选全国首批“大思政课”实践教学基地、江苏省博物馆研学基地。

【雨花台干部学院】 2022年，雨花台干部学院承办培训班24个，参训学员1144人次。年内，雨花台干部学院打造线上线下融通发展的干部教育课程体系，推出党员干部培训课“好课知多少”12门，利用网络阵地推出《云听雨花英烈家书》22讲、《云听雨花英烈诗词》2讲；举办课程评审1次，评审课程12门，包括互动访谈课“感悟雨花魂 传承英烈志”1门，现场教学课“伤痛记忆与控诉：日军‘慰安妇’制度罪行——南京利济巷慰安所旧址陈列馆”“雨花英烈狱中斗争：国民党中央军人监狱旧址”2门，慕课“碧血丹心雨花魂”系列9门；学院教师参与相关学术研讨会与论文征集活动，论文发表和获奖4篇，《恽代英：革命青年的楷模》等4篇文章在《新华日报·思想周刊》刊发。雨花台干部学院再次入选中组部省（自治区、直辖市）党性教育干部学院目录；“雨花英烈的革命精神及时代价值”等9门课程入选市委党史工作办公室的第一批南京党史课程清单,“雨花台烈士陵园丁香树现场教学”等3门课程获党史学习教育“金课堂”称号。

【“小雨滴”志愿服务队】 2022年,雨花台烈士纪念馆“小雨滴”志愿服务队打造“三个一”系列志愿服务项目(即一组故事、一堂课程、一台文艺),先后走进学校、社区、共建单位等地开展特色志愿服务近20场,受众3000余人次。联合中共雨花台区委教育工委、雨花台区教育局,打造“沉浸其中”雨花英烈主题沉浸式志愿宣教项目8场,项目利用纪念馆场景,通过志愿者主创主演、志愿讲解员引导串联,艺术化演绎历史事件和历史人物,带领参观者沉浸式学习英烈事迹,感悟英烈精神。精选“沉浸其中”的定点场景,制作短视频9集,在“中国雨花台”微信公众号上推出,网络阅读量超15万人次。年内,“小雨滴红色课堂”系列志愿服务项目入选国家文物局博物馆与社会文物司、中宣部志愿服务促进中心联合公布的“首届全国博物馆志愿服务典型案例”,江苏省文物局、江苏省文明办联合公布的“江苏省博物馆志愿服务十佳案例”,“雨滴课堂”入选南京市优秀志愿服务项目。

【雨花台烈士纪念馆红色基因库项目】 2022年,为贯彻落实《关于做好2021年度中华民族文化基因库(一期)红色基因库建设试点工作的通知》,雨花台烈士陵园管理局按照国家文化大数据统一标准要求,完成对陵园内16个不可移动文物和红色纪念设施的高空全景航拍及数字化采集、对陵园进行倾斜摄影采集及建模、对纪念馆展厅进行信息采集及人工智能三维数字化场景重建、对639件(套)馆藏文物藏品进行二维、三维数字化采集并搭建红色VR展馆系统。该试点项目通过对红色资源及部分文物藏品进行高精度数据采集及三维重建,结合多种展示终端对红色基因库成果进行展示,实现雨花台烈士纪念馆文物藏品、纪念碑等红色资源的数字化保护。

【科研成果】 2022年,雨花台烈士陵园管理局首次对外独立发布专项课题——“2022年雨花英烈的精神专项课题”,年内项目开题并确定5名专项课题负责人。完成第二批3名博士后招聘工作。全年发表署名文章15篇,其中收录北大核心期刊文章2篇;决策咨询报告6篇、收录C刊文章1篇,1篇决策咨询报告送中央领导人参阅。

【动画电视剧《丁香花》】 2022年,雨花台烈士陵园管理局推出10集红色动画电视剧《丁香花》,以数字动画、手绘技术等创新形式讲述雨花英烈丁香的革命故事。该片在重庆卫视、江苏优漫卫视等频道播出,被国家广电总局推荐入选2022年第二季度优秀国产电视动画片,在江苏省广播电视局、上海市广播电视局、浙江省广播电视局、安徽省广播电视局联合举办的2022长三角白暨豚原创网络视频大赛中,获白暨豚银奖。

【《雨花英烈》系列绘本】 2022年,雨花台烈士陵园管理局联合北京大学文化产业研究院共同推出国内首套以雨花英烈事迹与精神为基础创编的面向广大少年儿童的爱国主义主题教育读物《雨花英烈》系列绘本,全套绘本共3册76幅图文画稿,以中国风水墨画形式全景式展现雨花英烈可歌可泣的革命事迹。该系列绘本入选“书写新时代　献礼二十大”江苏省主题出版重点出版物，被国家级期刊《全国新书目》收录推荐。

【信仰的光芒——雨花英烈主题红色文艺作品展】 1月13日，雨花台烈士纪念馆在雨花台烈士陵园二泉展览馆推出“信仰的光芒——雨花英烈主题红色文艺作品展”。展览展示现代艺术家创作的100余幅文艺作品及29位雨花英烈生前原创的文学艺术作品。通过展品，观众可以走近雨花英烈，走进他们丰富多彩的内心世界，追寻并感受他们在探索救国救民道路上留下的足迹和心声，展览现场参观人数1860人次。

【热血青春向未来——清明雨花英烈云祭扫】 4月，雨花台烈士纪念馆联合江苏省广电总台新闻广播、我苏网、荔枝新闻、荔直播、大蓝鲸等媒体，推出《热血青春向未来——2022清明雨花英烈云祭扫》特别节目。节目结合“中国共产主义青年团成立100周年”“冬奥会”“女足”等热点话题，勾连雨花英烈的青春和当下青年的青春，以“热血青春向未来”为主题贯穿始终。采用演播室录制和现场连线的方式，以“代祭扫”仪式、云祭扫H5、系列短视频、青春献词为载体，穿插烈士亲属、女足运动员、东南大学学子隔空祭扫的画面。网络关注量4000万人次，原创H5献花2000万人次。

【《传承——雨花英烈的精神小（中）学生读物》首发】 4月23日，恰逢第27个世界读书日，由南京市雨花台烈士陵园管理局、南京市教育局共同编写、南京出版传媒集团（南京出版社）出版的《传承——雨花英烈的精神小学生读物》《传承——雨花英烈的精神中学生读物》正式发行。该系列教材根据青少年认知水平和心理特点，邀请一线教师团队分龄分众编写，配有专属课程、游戏、音视频，是以雨花英烈为题材的教育载体的全国首创。首发1万套2万本。

【青春壮歌——中国青年运动中的雨花英烈专题展】 4月26日，青春壮歌——中国青年运动中的雨花英烈专题展在雨花台烈士陵园二泉展览馆推出，展览时间4个月。该展览由省文物局、市委宣传部指导，雨花台烈士陵园管理局、团市委、市委党史工办、东南大学团委主办。展览采用人物叙事形式，分“光荣先驱”“革命先锋”“青春芳华”“强国有我”4个篇章，以100余件实物、近200张图片资料，回顾雨花英烈的英勇斗争史与中国共产主义青年团的发展

9月4日，“接力青春——追梦新时代”主题沙龙在雨花台烈士陵园举行

（雨花台烈士陵园　供图）

历程。展览入选国家文物局公布的2022年度“弘扬中华优秀传统文化、培育社会主义核心价值观”主题展览推介项目，参观展览人数线下2751人次，线上6129人次。

【《在信仰的旗帜下——雨花英烈中的黄埔共产党人》出版】 9月，该书由南京出版传媒集团（南京出版社）出版，是雨花台烈士陵园管理局“信仰的力量”丛书之首。全书16.9万字，聚焦恽代英、金佛庄、胡秉铎等12位雨花英烈中的黄埔共产党人，展示雨花英烈为中国革命所立下的丰功伟绩，彰显雨花英烈的崇高理想信念，高尚道德情操，为民牺牲的大无畏精神。

【“光辉历程　不朽丰碑——中共中央南方局致力抗日民族统一战线的伟大实践”专题展】 9月3日，“光辉历程　不朽丰碑——中共中央南方局致力抗日民族统一战线的伟大实践”专题展在纪念碑主峰东侧碑廊前举办。展览自重庆红岩历史革命博物馆引进，是南京市雨花台烈士陵园管理局与重庆市红岩革命历史博物馆首次推出的馆际交流展览。展览展出的100余幅鲜活的历史图片与文物史料，涵盖南方局成立、维护国共合作抗战大局、争取和团结中间党派、做好文化界统战工作等内容，真实展现中国共产党在维护抗日民族统一战线、凝聚全民抗战中的中流砥柱作用，参观展览线下3460人次、线上259人次。

【“雨花英烈中的南大学子”专题展】 11月4日，雨花台烈士纪念馆在南京大学鼓楼校区推出“雨花英烈中的南大学子”专题展。展览选取15位雨花英烈中的南京大学学子的斗争事迹，以珍贵的历史文献资料展现他们的奋斗道路和伟大人生，生动彰显中国共产党人的初心使命和责任担当。参观展览人数1.5万人次。

【“强国复兴有我”群众性主题宣传教育活动】 2022年，雨花台烈士陵园举办“强国复兴有我”群众性主题宣传教育活动，线上线下同步开展朗读比赛、主题画展、讲座沙龙、媒体推荐等多种形式的艺术活动，引导广大青少年厚植爱党、爱国、爱社会主义的情感，全方位、立体化扩大雨花台红色文化品牌在全国的影响力。（岳　静）

·南京科技馆·

【概　况】 2022年，南京科技馆开展中共二十大精神学习宣传贯彻活动，落实《全民科学素质行动规划纲要（2021—2035年）》和《现代科技馆体系发展“十四五”规划（2021—2025年）》相关要求。立足新发展格局，紧盯全年发展目标和重点任务，统筹推进各项工作，取得显著成效。年内，入选中国科学技术协会评定的2021—2025年首批全国科普教育基地、“科创筑梦·助力双减*”试点单位，被省全民科学素质工作领导小组办公室评为2021年度江苏省科普场馆绩效考评（综合性科技馆）“优秀”等次，2022年度江苏省科技工作者征文暨演讲比赛优秀组织单位、第33届江苏省中小学生金钥匙科技竞赛青少年科技教育先进单位、2022年度南京市科普工作先进集体等称号。获各级官方媒体报道189篇次，其中国家级媒体报道14篇次，省级媒体报道131篇次。

★链接 双减是有效减轻义务教育阶段学生的作业负担;坚决压减学科类校外培训。

【现代科普场馆联盟】 2022年,南京市科学技术协会以南京科技馆为基本力量,联合部分高校、科研院所和企业各级各类科普场馆教育基地,以“1+N”模式发起成立“南京现代科普场馆联盟”。联盟成员单位53家,场馆分布覆盖11个区,其中国家级科普教育基地13家、省级37家、市级3家,初步搭建起覆盖南京市各区的科普基础设施体系。全年平均开放天数216天,约600万人次参观。全年,联盟面向成员单位征集并向市教育局推荐47项课程,涵盖科学实验表演、科学探究活动、气象科普、自然科普、应急科普等内容。同时依托“南京科普游”打造科普研学线路和品牌活动,面向会员征集科普研学活动,策划并制定研学线路11个。暑假期间,联盟成员单位开展助力“双减”活动180余场次,总参观者50万人次。

【“主题科普”志愿服务】 2022年暑假期间,南京科技馆联合南京师范大学、东南大学、南京大学等10所高校,组织350余名志愿者开展“主题科普”志愿服务项目。其中,联合南京晓庄学院、南京航天航空大学志愿者推出“物理实验角”主题科普,联合南京农业大学志愿者推出“玩转生物”主题科普,联合河海大学红十字会学生分会志愿者推出“小小急救员”主题科普,联合南京师范大学志愿者推出“小小化学实验家”主题科普等。全年新增招募志愿者227人,使用志愿者1539人次,开展志愿服务主题活动22场。其中,“科普直通车”志愿活动项目获2022年中国科协“翱翔之翼”大学生科技志愿服务项目资助。

【科普展览】 2022年,南京科技馆举办科普展览5场,分别为“科创百年——建党100周年科技成就科普展”“庆祝中国共产党成立100周年——航天科普展”“机械幻城——沉浸式科技艺术体验展”“江苏科普摄影大赛作品展”“中国人寿少儿绘画科普展”,约24万人次参观,被主流媒体报道43次。其中,2021年入选“全国科普日优质主题展览全国巡展”的“庆祝中国共产党成立100周年——航天科普展”被湖州市科技馆、东莞科学馆、石嘴山科技馆引进,并在各地相继展出,全年服务公众约9万人。6月启动商业临时展览“机械幻城——沉浸式科技艺术体验展”,参观人数4.4万人,免费接待各类公益团队800余人,被中央电视台新闻、《扬子晚报》《江苏科技报》等主流媒体报道15篇次。

【科普影院】 2022年,南京科技馆引进3部新片,其中3D影院1部,4D影院2部。3个科普场馆特效影院放映各类电影1545场,观影人数27613人。年内,南京科技馆打造红色廉政科普教育影院,开展“光影科学梦”2022年度科学家精神电影全国科普场馆巡映、迎接中共二十大优秀影片展映展播活动,接待各级机关团体人员观看主旋律影片17场次,观影人数400余人;配合南京市科学技术协会,向抗疫一线人员发放观看球幕影片的赠票,接待观影人数600余人。

【首届南京科普阅读节】 4月23日,首届南京科普阅读节在南京科技馆举办。该活动由南京市科协、南京市教育局、南京市科技局主办,南京科技馆、南京出版传媒集团、南京新华书店承办,以“加强科普阅读　提升科学素质”

为主题，推广全民阅读活动，推进科学知识普及和科学方法运用。活动采取线上线下相结合形式开展，包括南京新华书店主题书展、南京出版传媒集团科普类杂志巡展、以“中国诗词中的物理”“祸福相依：火山喷发的遗产”“读《诗画实验动物》有感”为主题的3场科普讲座、南京科技馆主题实验秀、“童书漂流　同沐书香”公益捐换书活动等，线下线上参与人数6.73万人。年内，该活动入围市全民阅读办开展的2022年度南京市公益阅读推广活动二类认证扶持项目组。

【馆校合作】 2022年初，南京科技馆策划馆校推进会，汇编印制《南京科技馆馆校结合综合实践活动指南》，收录教育活动47套；印制《南京科技馆“S&S”馆校合作推荐手册》，发布“一课一秀一探究”及科普大篷车活动介绍；5月21日，南京市教育局和南京市科协签署《共同运行“南京市中小学科技创新中心”合作协议》；省青少年科技中心与南京科技馆签订“‘科创筑梦’助力‘双减’科普行动”基地协议。7月，“南京市中小学科技创新”签约仪式暨“馆校合作”现场推进会在南京科技馆举行。7—11月，根据《2022—2023学年“南京市中小学科技创新中心”活动计划表》，南京科技馆科创中心接待玄武区、秦淮区、鼓楼区、栖霞区、雨花台区、江北新区13所学校688名学生，开展科学实验秀18场次、科学探究课程30场次，并在科创中心向公众展示学校科技教育成果13场次，现场观摩2万人次。年内，北京东路小学、雨花台中学、南京一中实验学校等12所学校与南京科技馆签署馆校合作协议。至2022年末，南京科技馆累计签约学校38所，遍布南京11个区。

【首届南京中小学科技创新活动周】 5月21日—6月1日，全国科技活动周、全国科技工作者日以及江苏省和南京市科普宣传周活动期间，“首届南京市中小学科技创新活动周”系列活动在南京科技馆举办，活动由南京市科协联合市教育局、市科技局举办，主办方以“贯彻‘双翼’理论，服务‘双减’落地”为主题，以线上线下相结合形式，组织开展“讲好科学家故事　弘扬科学家精神”系列主题报告会、金钥匙科技工坊公开课、青少年科技赛事宣讲会等活动，线上点击收看人数22.59万人次；线下组织举办“南京市中小学科技创新成果展”“青少年科教科普资源产品展”等系列活动，现场观展人数1.23万人次；在南京市中小学科技创新成果展128件参展实物作品“最佳人气奖”网上投票评选中，线上观展7.04万人次，参与投票5.64万人次。

【七彩夏日科普行　市区联动助“双减”】 7月15日，高淳东坝中心小学参观南京科技馆，开启七彩夏日科普行市区联动助“双减”系列活动。暑期，“七彩夏日科普行”活动累计开展15场次。其中，高淳区东坝社区、雨花台区梅山街道梅清苑社区、浦口区桥林街道林浦社区等7个社区青少年计319人参观南京科技馆等科普教育基地。南京科技馆科普大篷车走进建邺区新亭社区、六合区巴山村、溧水区笪村等地，开展活动8场，参与人数658人。

【全国科普日活动】 9月，在2022年全国科普日期间，南京科技馆围绕“创新放飞梦想　科技引领未来”主题，举办“2022年南京科技馆全国科普日活动”，包括南京园长科技馆体验活动、第五届南京市公众科学素质知识竞赛活动、第九届南京科普教育基地发展论坛、展厅科普教育活动、南京科协大讲堂、“双减”科学市集、“双减”科学营活动、“机械幻城”科技艺术体验展、科学家电影展映等系列活动，现场展示科学探究活动、健康科普知识和心肺复苏方法、文创作品、研学课程等内容。活动期间参与人数9154人次。（费珊珊）

·南京民间抗日战争博物馆·

【概　况】 2022年，南京民间抗日战争博物馆利用馆藏文物资源，围绕“守护文物是天职”“宣传历史是本职”“服务社会是履职”三个方面开展系列工作。全年举办党建教育活动56场、青少年研学教育活动81场；义务讲解102场；发布网络自媒体节目43期，其中《文物会说话》17期。年内，分别与东南大学外国语学院、南京邮电大学材料与工程学院、中国药科大学马克思主义学院、南京信息职业技术学院等高校签约校外实习和实践教学基地。至年末，馆藏文物6265件，馆藏图书44690册。其中，当年新增文物104件，购买档案文献相关图书700册。全年接待观众121.77万人次，其中线下观众1.96万人次、线上观众119.81万人次。

【抗战文物征集】 2022年，南京民间抗日战争博物馆坚持“文物为先”理念，通过社会征集、网络交流、商业拍卖、公益捐赠等形式，先后安排资金100万元征集到文物104件。其中，有1935年百代公司第一版《义勇军进行曲》唱片、1924年张闻天译著《柏格森之变易哲学》、1938年八路军总部证章、抗大一分校五期毕业证章、1940年八路军政治部出版的《百团大战》、1949年《新华日报》号外《南京解放》、1932年出版反映淞沪抗战的《第五军画史》《第十九路军画史》等一批重量级文物及文献。获捐抗日战争、解放战争、大西南剿匪、抗美援朝等历史重要时期的锦旗、战旗22面，奖章16枚等60件。至年末，馆藏文物6265件。

【抗战历史宣讲】 2022年，南京民间抗日战争博物馆馆长吴先斌利用藏馆文物和史料，开展抗战历史宣讲。5月，为南京国际关系学院图书馆师生演讲《一个人的博物馆》；7月，在侵华日军南京大屠杀遇难同胞纪念馆紫金草讲堂讲述《老兵的故事》，并向该馆捐赠南京保卫战资料一份。9月，为民建会员授课讲解《黄炎培的人生追求》，现场观众580余人。

【《文物会说话》短视频节目】 2022年，南京民间抗日战争博物馆制作17期短视频《文物会说话》，通过馆藏文物，讲述历史故事，由馆长吴先斌撰写内容、制作和讲解。至年末，录制节目总时长114分钟，线上观众17.92万人次。（莫胜杰）

表27　2022年南京民间抗日战争博物馆《文物会说话》节目一览表

期　次	题　　名	发布平台	时　长
第14期	文物会说话：一个没有国籍的女人	微博视频号	5分15秒
第15期	文物会说话：剖腹明志续范亭	微博视频号	9分56秒

续表27

期 次	题 名	发布平台	时 长
第 16 期	文物会说话："良筹爱国"蒋百里	微博视频号	6 分 55 秒
第 17 期	文物会说话："东北甘地"车向忱	微博视频号	7 分 22 秒
第 18 期	文物会说话：红色资本冀南银行	微博视频号	8 分 21 秒
第 19 期	文物会说话：一辈子做好事的吴玉章	微博视频号	9 分 51 秒
第 20 期	文物会说话：血洒异域戴安澜	微博视频号	10 分 25 秒
第 21 期	文物会说话：断头将军陈中柱	微博视频号	8 分 59 秒
第 22 期	文物会说话：大公报《日本投降矣》	微博视频号	4 分 48 秒
第 23 期	文物会说话：还我南京古石	微博视频号	8 分 15 秒
第 24 期	文物会说话：不可忘却的伯力审判	微博视频号	4 分 25 秒
第 25 期	文物会说话：民族的号手任光	微博视频号	5 分 35 秒
第 26 期	文物会说话：血洒忻口郑廷珍	微博视频号	4 分 29 秒
第 27 期	文物会说话：失踪的小方	微博视频号	3 分 29 秒
第 28 期	文物会说话：活着的士兵	微博视频号	4 分 59 秒
第 29 期	文物会说话：给人类以慈悲	微博视频号	5 分 23 秒
第 30 期	文物会说话：佛门避难记	微博视频号	5 分 48 秒

（莫胜杰）

【关爱老兵公益事业】 2022年，江苏省民建、南京市民建、爱德基金会及南京民间抗日战争博物馆发起"思源爱民基金"抗战老兵关怀致敬项目。在春节、端午节、中秋节三个传统佳节期间，南京民间抗日战争博物馆坚持慰问抗战老兵，分别在江苏、浙江、安徽、河南、四川、江西、湖南、湖北、广西、陕西、广东、山西等地慰问抗战老兵737人次。为抗战老兵发放节日慰问金、御寒衣等，直接支出36.65万元，参与慰问老兵的志愿者360人次。

【志愿服务】 2022年，南京民间抗日战争博物馆开设志愿服务项目9个，参与志愿者557人，服务总时长6823.5小时。暑假期间，南京市雨花台中学、南京市第二十七中学、南京外国语学校、南京秦淮科技高中等13所高中464名学生参与南京民间抗日战争博物馆志愿服务活动；7月，长春理工大学、东南大学、南京师范大学中北学院4名学生到民间抗日博物馆参与义务讲解活动；9—12月，南京师范大学历史专业3名学生到南京民间抗日战争博物馆实习。

【典籍里的红色中国革命文献展】 5月1日—8月20日，由南京民间抗日战争博物馆联合大连旅顺日俄监狱旧址博物馆，承办的"典籍

5月1日—8月20日，由南京民间抗日战争博物馆等联合举办的“典籍里的红色中国—中国共产党革命文献展”在大连旅顺日俄监狱旧址博物馆开展
（南京民间抗日战争博物馆 供图）

里的红色中国——中国共产党革命文献展”在大连旅顺日俄监狱旧址博物馆开展。展览内容分四个单元：投入大革命的洪流、掀起土地革命风暴、全民族抗日战争的中流砥柱、夺取新民主主义革命的全国性胜利。通过200余张历史照片和101本红色经典书籍，重点介绍中国共产党人在民族危亡的历史关头，为了国家和人民的利益，积极探求民族解放的坚定信念；讲述在抗日战争时期，中国共产党人勇敢战斗在抗战最前线，支撑起中华民族救亡图存的希望，成为全民族抗战的中流砥柱的史实。大连官方数据显示现场参观展览人数20万人次。

【抗战主题教育活动】 12月10日，南京民间抗日战争博物馆联合江苏省全民阅读协会、南京全民阅读协会、江苏广播电视台，在民间抗日博物馆举办“勿忘国耻，圆梦中华”读书分享会，南京大学历史学院教授、联合国教科文组织和平学教席主持人、和平学研究所所长刘成，中共江苏省委党校世界经济与政治教研部教授杨夏鸣，江苏省政协委员、南京民间抗日战争博物馆馆长吴先斌，作家、中国新四军研究会理事、三江学院网络文学院院长周丽一同通过阅读，缅怀南京大屠杀惨案无辜死难者，缅怀为中国人民抗日战争胜利献出生命的革命先烈和民族英雄，铭记历史，从历史中汲取奋进力量，永记民族之殇，共圆复兴之梦。分享会上，江苏省全民阅读促进会会长韩松林代表省全民阅读促进会、江苏省书香全民阅读基金会向南京民间抗日战争博物馆赠书。江苏省全民阅读促进会副会长兼秘书长王建萍、副秘书长刘锋，江苏省书香全民阅读基金会秘书长于奎潮，南京市全民阅读促进会常务副会长徐开利，秘书长杨长进等出席活动。现场观众110人，线上观看直播观众1.2万人。 （莫胜杰）

·梅钢工业文化旅游区·

【概　况】 2022年，梅钢工业文化旅游区列入国家AAAA级旅游景区创建名单。全年接待游客20.51万人次，讲解接待16.3万人次。年内，按照“两廊两区”总体规划，实施长江国家文化公园项目“滨江工业生态走廊”建设；对接南京“博物馆之城”计划，建设“钢铁博物馆群落游览区”。以“钢铁是怎样炼成的”为主题，通过工业旧址更新、生态恢复重建、景观环境优化、文化发掘重塑，打造集红色教育、科普研学、文化体验、亲子娱乐于一体的工业文化旅游区。至年末，梅钢工业文化旅游区获评江苏省党史教育基地、江苏省科普教育基地、江苏省研学旅行基地、南京市中小学生研学实践教育基地，南京市党史学习教育“金课堂”，“喜迎二十大　见证新江苏”“喜迎二十大·见证新南京”红色旅游精品线路；入选“国资小新”巡展。梅钢厂史陈列馆进入全市第一批40座类博物馆孵化培育名单。

【滨江工业生态走廊】 2022年，梅山钢铁公司推进长江国家文化公园建设，启动“滨江工业生态走廊”样板段打造，串联江豚公园、三桥湿地公园、三山矶公园，实现区域旅游资源有效整合。“滨江工业生态走廊”位于梅钢站到三山矶间，全程5.4千米。景区内设置梅钢站到三山矶线路观光旅游小火车，沿线景观以壁画和雕塑形式、用时代切片手法书写中国工业发展史，展示20世纪60年代到21世纪中国工业和生活发展史。

【钢铁博物馆游览区】 12月建成。钢铁博物馆*保留海派建筑风格和花园生态环境，总占地面积17316平方米，总建筑面积800平方米。包括“钢铁志·中国心”主题馆、钢铁艺术馆、钢铁LAB馆、钢铁生活馆、钢铁人文馆5个馆和1个室外雕塑花园，从人物、艺术、微观、生活、人文等领域展陈钢铁产品、作品、艺术品。

★链接　“钢铁志　中国心”主题馆：面积265平方米，从钢铁发展的历史脉络中提炼若干精彩片段，展现钢铁从业者的意志品质代际相传；钢铁艺术馆：面积210平方米，通过在钢铁工业场景中展示的各种钢铁艺术作品，展现钢铁艺术之美；钢铁LAB馆：面积132平方米，通过“试炼先锋——钢铁的化学实验室”“易拉罐的一生”“绿色双碳”3个部分呈现人类对于钢铁的认知以及对未来钢铁产业的展望；钢铁生活馆：面积53平方米，展陈与钢铁相关的各种生活用品和器具，揭示钢铁与人类日常生活密不可分的关系；钢铁人文馆：面积140平方米，通过与钢铁有关的摄影、影视、音乐、文学等100余件作品，展示更多钢铁人文艺术内涵。钢铁雕塑花园：陈列8件题材、大小各异的钢铁艺术雕塑作品，与约1万平方米花园景观融为一体，强调互动体验，唤醒文化记忆。

【9424·梅山坊】 2022年，梅钢工业文化旅游区完善钢铁文化长廊建设，建成9424·梅山坊。该景点由原车间厂房改建而成，总占地面积2184平方米，建筑面积932平方米，保留四合院布局和红砖青瓦风格，包含劳模工匠馆、文创超市、轻食茶饮、研学剧场。作为景区功能配套，9424·梅山坊和周边励志书屋、休闲广场融为一体。

【“博物馆的力量”主题活动】 5月18日，结合国际博物馆日活动主题“博物馆的力量”，梅钢景区运营中心联合总设计方王小慧艺术中心发布“钢铁博物馆群落”征集藏品通告，面向全社会征集与中国钢铁发展史相关的重大事件与重要人物的文物、纪念品，与中国钢铁发展史和钢铁文化艺术相关的收藏品和物件，与中国钢铁艺术相关的原创艺术品与为本博物馆创作的艺术品。至9月10日，征集到与中国钢铁发展史相关的重大事件与重要人物的文献、纪念品30余件，与中国钢铁发展史和钢铁文化艺术相关的收藏品和物件60余件，与中国钢铁艺术相关的原创艺术品及为本博物馆创作的艺术品8件。

【“感悟中华文化　享受美好旅程”主题活动】 5月19日，梅钢工业文化旅游区开展以“感悟中华文化　享受美好旅程”为主题的中国旅游日活动，参与活动30余人。在梅钢站开展篆刻沙龙交流，邀请江苏省书法家协会会员、江苏省篆刻研究会会员分享传统“印”文化知识，完整展示印章创作过程；组织绘画采风活动，邀请美苑画室老师以励志书屋、冷却塔、慢铁9424为原型，现场作画12幅，传播钢铁价值。

【梅钢“励志大讲堂”分享会】 7月6日，由南京市文学之都促进会、梅山钢铁、江苏广电荔枝读书会共同举办的第二届南京世界文学之都主题书展暨第十二届江苏书展南京分展系列活动“励志，凝聚力量文学，沟通世界”——梅钢“励志大讲堂”分享会，在梅钢展览馆举行。活动以“励志与文学”为主题，发扬“艰苦创业、奋发创新”励志精神，传承红色力量，传播工业文明。梅钢各二级单位、励志读书会、梅山第一小学等50余人参与活动。

【中国钢铁工业文化邮票专题展】 9月，梅山钢铁、南京邮电大学现代邮政学院共同主办的“喜迎二十大　邮票里的钢铁：中国钢铁工业文化邮票专题展”在梅钢展览馆举行。展览从225套752枚邮票中选出与矿业、钢铁生产及应用、工人形象等相关邮品计419枚，涵盖“区票”“纪”“特”“文”“编”“普通邮票”和“JP”等序列，展览分为“厚积薄发见云天、千锤百炼终成钢、中流砥柱挺脊梁、互融共进创未来”4个篇章，展示新中国建立后钢铁工业的发展和变迁，钢铁文化的蓬勃与激情，传递梅钢人的梦想与情怀。展览期间，邀请南京大学、南京航天航空大学、南京邮电大学、南京理工大学、南京农业大学等6名高校教授对钢铁工业、钢铁文化进行深入解读，传播钢铁文化与工业文明。

【“喜迎二十大　印记梅钢”诗书画印作品展】 10月，“喜迎二十大　印记梅钢”诗书画印作品展在梅钢展览馆开展。展品甄选梅钢及生态圈单位职工（含退休）投稿作品55件，涵盖书法、绘画、印章和摄影四大类，共计九大版面。集中体现在党的领导下，梅钢人发扬“艰苦创业　奋发创新”精神，建设美丽家园，以及对祖国繁荣昌盛的美好祝愿。展览吸引1600余人次观展。（毛璟璇）

【梅钢工业文化旅游区列入国家AAAA级旅游景区创建名单】 12月，根据《旅游景区质量等级的划分与评定》国家标准和《旅游景区质量等级管理办法》，经景区自愿申报、区市文化和旅游行政部门初审推荐、省文化和旅游厅组织景观质量评审，南京市梅钢工业文化旅游区通过国家AAAA级旅游景区景观质量评审，列入国家AAAA级旅游景区创建公示名单。

梅钢工业文化旅游区于2021年12月获批国家AAA级旅游景区，2022年5月入选江苏省“喜迎二十大　见证新江苏”红色旅游精品线路。2022年，梅钢工业文化旅游区获市级旅游发展专项资金60万元，启动提升改造项目，增加观光小火车、钢铁博物馆群落、9424·梅山坊等游览项目。（金　利　陈　玥）

责任编辑　王守玲

公共服务

2023 YUHUATAI ALMANAC

Public Service

劳动服务管理

·劳动就业·

【概　况】2022年，雨花台区新增城镇就业21616人，城镇失业人员就业10947人，援助困难人员就业1233人；支持自主创业4970人，引领大学生创业535人；新增数字技能人才2760人，新增大学生就业25213人。发放54家用人单位社保补贴179人53.11万元，岗位补贴15.72万元；小微企业社保补贴821家单位3438人867.31万元，中小微企业一次性吸纳就业补贴129家单位469人93.8万元；3.41万人次大学生享受住房补贴5416.57万元，1161人享受面试补贴116.1万元。开展补贴性职业技能培训14781人次，新生代农民工职业技能培训4230人次，开发青年就业见习岗位3013个，取得高级工及以上职业资格证书或职业技能等级证书2677人，数字技能人才2760人，取得高级工及以上职业资格证书或职业技能等级证书8674人。

【宁聚计划】2022年，雨花台区结合服务对象需求，坚持线上线下并举，切实提高市场匹配效率，打造现场招聘、网络招聘“两位一体”的供需对接平台。完成各类招聘会191场，2111家企业发布4.02万个岗位。其中，线上招聘会111场，1282家企业累计发布岗位25070个。线下招聘会80场，829家企业累计提供岗位15150个（校园招聘8场），进场人数4881人，达成意向1129人。

【对口扶贫】2022年，雨花台区点对点对接丹凤县，组织6辆专车输送216人；对接大通县组织2辆专车输送101人返宁复工复产，提升帮扶精准度，推进两地高质量发展。全年帮助丹凤县农村劳动力实现转移就业681人，其中脱贫人口365人；帮助大通县农村劳动力实现转移就业目标128人，其中脱贫人口41人。

【云眸工程】2022年，南京市雨花台区人力资源和社会保障局（以下简称区人力资源社会保障局）推进“人防+技防”工作机制，成立试点任务工作专班，统筹推进各项工作，完成“云眸工程”试点任务软硬件建设工作。通过“云眸工程”累计监管政府补贴培训1000余课时，实现职业技能培训数字监管。鼓励企业和培训机构“回溯”培训和技能评价过程，改进培训方式、完善培训内容、丰富培训课程。

【数字赋能促发展】2022年，雨花台区紧扣产

11月24日，“数字赋能　创想未来”2022雨花台区创业共享交流会在软件谷万谷移动互联科技园召开　（区委宣传部　供图）

业发展，邀请专家学者教授指导企业开发“鸿蒙开发应用”“5G网络高级无线督导培训”等10个数字职业培训项目，丰富数字类职业技能培训资源。开展数字职业自主评价工作。在全区新增的高技能人才2677人中，有数字类高技能人才1598人。创建数字技能实训基地，嘉环科技股份有限公司成立全市首家数字技能人才实训基地。向省人力资源和社会保障厅（以下简称省人社厅）申请的数据通信方向高技能人才实训基地通过评审，被纳入2023年重点培育对象。

【雨花“码农”被认定为中高端技能类省级劳务品牌】 12月13日，雨花“码农”被省人社厅认定为2022年度中高端技能类省级劳务品牌。经市级推荐、省级复核、集中评审和公示后，省人社厅公布60个省级劳务品牌，为江苏首次大规模评选省级劳务品牌，其中中高端技能类17个。省人社厅发挥劳务品牌建设省级工作专班作用，综合运用各项政策服务措施，引导产业、金融、财税等政策向劳务品牌倾斜，打造劳务品牌全链条服务和保障体系，支持劳务品牌申请注册商标专利，树立国家级、省级行业标杆，开发一批针对劳务品牌培训项目，纳入省级政府补贴类培训项目清单，培养一批技能带头人，完善劳务品牌从业技能多元评价方式。（高千雅）

表28　2022年雨花台区就业再就业目标完成情况一览表

序号	年度目标任务	完成数（人）	完成进度（%）
1	新增城镇就业 21000 人	21616	103
2	实现再就业 4100 人	7381	180
3	援助困难人员就业 600 人	883	147
4	培育自主创业 2300 人	4646	202
5	大学生创业 510 人	582	114
6	大学生就业 20000 人	28774	144

（高千雅）

表29　2022年雨花台区职业培训目标完成情况一览表

序号	年度目标任务	完成数	完成进度（%）
1	补贴性职业技能培训 7000 人次	14781 人次	211
2	新生代农民工职业技能培训 700 人次	4230 人次	604
3	开发青年就业见习岗位 500 个	3013 个	603
4	新增取得高级工及以上职业资格证书或职业技能等级证书 1200 人	2677 人	223
5	新增数字技能人才 800 人	2760 人	345

（高千雅）

·劳动权益保护·

【概　况】 2022年，区人力资源社会保障局仲裁委员会立案处理案件结案率100%，完成年度目标任务。劳动保障书面审查用人单位6799家，劳动仲裁立案处理案件886件，全年办结“12333”专家调解平台案件347起，办结“12345”工单9808件。

【劳动监察执法】 2022年，区劳动保障监察大队接待咨询3701批次5908人，第一时间调解率87.4%，书面审查6799户。处理群体性维权案件15起，涉及劳动者786人，涉及欠薪金额2219.415万元，经处理足额支付案件3件，为劳动者追讨工资470.7万元。行政处理案件8件，行政处罚案件2件，涉嫌拒不支付报酬罪移送1件，纳入联合惩戒1件。向社会公布严重违法行为3起，向行业主管等单位出具“四函两单”13份，向各施工企业送达监察建议书11份。

【治欠保支专项行动】 2022年，区人力资源社会保障局巡查在建项目150余家、用工企业200余家。开展根治欠薪专项行动4次，召开根治欠薪领导小组会议3次。由区根治拖欠农民工工资领导小组办公室牵头主导，联合行业主管部门、属地街道、社区、总包单位及各分包单位，以项目为单位设立劳资纠纷联合调解中心，强化总包单位对劳资纠纷处置的主体责任，建成17个基层调解中心。制定并推行在建工地项目经理责任制，要求在建工地项目经理对本项目根治欠薪工作负总责。通过对反面典型的依法惩处，提高对农民工欠薪潜在违法行为和人员的震慑力度。赛虹桥NO.2020G68地块（安德门市场一期）“淮风晓月”项目代表南京市参加省对市保障农民工工资支付工作实地核查，并取得较好成绩。根治欠薪工作连续5年在市对区考核中获A等次。

表30　2022年雨花台区劳动维权工作完成情况一览表

序号	年度目标任务	完成数	完成进度（%）
1	劳动保障书面审查单位数3000户	6799户	226.6
2	劳动人事争议仲裁结案率90%	100%	—
3	劳动保障书面审查单位3000户	6700户	223.3
4	劳动保障监察举报投诉案件结案率98%	100%	—

（高千雅）

【行政审批】 2022年，雨花台区受理审批许可21项，集体合同审查备案267件（民办职业培训机构新审批1家，延续及许可变更16件，培训学校44家），许可实行特殊工时制企业新增4家。完成2021年138家劳务派遣机构年度核验、劳动保障信用等级评价。完成67家人力资源服务机构年度诚信评估和41家民办职业培训机构年度办学能力评估工作，南京雨花人力资源开发服务中心有限责任公司被评为2021年度江苏省诚信人力资源服务机构。开展2022年《江苏省民办职业培训学校管理办法》政策解读暨民办职业培训学校安全生产疫情防控和规范办学工作推进会，对最新管理办法进行解读宣传。

【工伤案件受理】 2022年，区人力资源社会保障局受理工伤案件1147件，较上年增加102件。其中，农民工案件338件，未参保案件84件，个人案件63件，死亡案件25件。7月1日起，开展职业伤害保障确认工作，全年办理职业伤害保障确认74件，无死亡案件，确认职业伤害73件，不予确认1件。完成行政复议9件，一审行政诉讼11件，二审行政诉讼4件，工伤行政复议和诉讼共计24件，均未发生败诉案件。完成2022年行政执法案卷评查工作，其中1件行政许可案卷和1件工伤行政确认案卷被评为区优秀案卷，1件工伤行政确认案卷被评为市优秀案卷。（高千雅）

·人力资源服务·

【概况】 2022年，区人力资源社会保障局规范事业单位公开招聘工作，教育系统公开招聘新教师182人（含骨干教师），卫生系统公开招聘卫技人员16人（含高层次人才1人），通用类事业单位公开招聘23人，定向招聘退役大学生士兵。科学设置岗位，推进全员聘用，对8家事业单位重新进行岗位设置，对全区4000余人严格落实聘用制度和岗位管理制度，动态梳理全区133家事业单位岗位设置情况。2022年人才安居租赁补贴审核8337人，落实档案管理制度，强化档案管理，接收各类档案2319份，转出档案605份，线上办理业务1613人次。

【江苏南京雨花数字经济人力资源服务产业园】 2022年，雨花台区升级雨花人力资源服务产业园建设，创新“161”人力资源服务矩阵，即“1”个线下人力资源服务体验中心、“6”个人力资源服务平台、“1”个线上数字化虚拟园区，实现从传统业态到数字服务转型。年内，该产业园获批全省首家数字经济人力资源服务产业园和首家数字经济人才市场。

【“聚雨花职未来”人才服务云平台】 2022年，雨花台区创新打造“聚雨花职未来”人才服务云平台，实现电脑网页端、手机移动端等同步运行，设置“活动月历、招聘大厅、政策快车、园企直通、往昔集锦、数说就业”六大核心功能模块，帮助企业和求职者不出门即可观摩活动现场，实现线上招聘面试，实时了解最新政策，展现雨花台区就业市场供需动态，推动人才服务“零距离”、稳保就业“不断线”。

【“贤聚金陵梦汇雨花”人才服务活动】 2022年，雨花台区立足“数字经济看雨花”目标定位，推出“贤聚金陵梦汇雨花”2022“We来+”系列人才服务活动，针对数字经济人才、新滨江地区蓝领、We领（高校毕业生）、金领人才等人群开展4场专场活动，63家企业提供400余个岗位，吸引1000余名求职者，达成初步意向201人。

【引育高层次人才】 2022年，雨花台区加快留学回国人员引进步伐，增进博士后工作站建设质量，全年新增留学回国人员632人，累计引进留学回国人员3514人，新招收博士后7人。1家企业入选人力资源和社会保障部最具成长潜力留学人员创业企业及南京市最具成长潜力留学人员创业企业，1名留学人员入选南京市最具影响力留学人员，1名留学人员创业项目入选市级择优资助C类项目；新增1家国家级博士后科研工作站、2家南京市博士后创新实践基地单位。

【企业专家工作室】 2022年，雨花台区企业专家工作室申报工作启动。区人力资源社会保障局将企业专家工作室相关的文件发送至各企业，动员引进相关专家；认真做好申报材料和附件的审核工作；委托有资质的第三方对申报的专家工作室项目进行评审，通过评估筹备、形式审查、技术评审及综合评审等环节，评选出企业专家工作室3家，分别为南京司凯奇汽车科技有限公司、江苏航天七零六信息科技有限公司、南京硅基智能科技有限公司，并推荐参加市企业专家工作室评审。

【职称管理】 2022年，区人力资源社会保障局开展职称评定申报工作，开展专业技术人才职称初定评审工作，初定审核1336人次，审核通过1038人。组织开展中小学（幼儿园）一级、二级教师专业技术资格评审，参评148人，其中130人通过评审，评审通过率87.8%。开展高层次和急需紧缺性人才高级职称考核认定申报工作，全区各类企业审核通过24人。

（高千雅）

·社会保障·

【概　况】 2022年，雨花台区企业职工基本养老保险净增缴费6901人，征收社会保险费40.13亿元，中断续保4440人。企业退休人员免费体检人数20148人，新增参保单位3170户。工伤保险费率下调20%，职工基本医疗保险缴费费率从9.8%下调至8.8%，惠及全区1.7万户参保企业。

【社会保险助企纾困】 2022年，失业保险单位缴费费率从2%降至0.5%，累计降费1.92亿元；职工基本医疗保险缴费费率从9.8%降至8.8%，累计降费1.32亿元。缓缴养老、失业、工伤三险，缓缴范围扩大到包含大型企业，还款时间推迟到2023年底，免收滞纳金。全年办理缓缴企业63户，缓缴社保费2217.9万元。7—9月，阶段性缓缴医疗保险单位缴费部分，免申即享，雨花台区缓缴金额3亿元。

【重点群体社会保障】 2022年，区人力资源社会保障局对接辖区内多个部门，完成低保、重残、特困供养等九类救助对象参保工作，6000余人次困难群体纳入社会保险范围。落实“三无”及被征地人员生活补贴发放工作，发放“三无”人员生活补贴1760人次、164.23万元，被征地人员生活补贴30979人次、3192.13万元。

【机关事业单位养老保险制度改革】 2022年，雨花台区推进机关事业单位养老保险改革工作，推进2021年退休“中人”新待遇计发工作81人。推进2021年机关事业单位补充医疗保险结算工作，纳入机关事业单位补充医疗保险7763人。完成机关事业单位退休人员生存认证工作，涉及132家单位、2182人。

【企业退休人员社会化管理服务】 2022年，雨花台区纳入社会化管理企业退休人员6万余人，区人力资源社会保障局通过入户走访、夏送清凉等方式慰问特困家庭1074户、孤独老人442人、百岁老人8人。生日、重病等日常慰问4139人次，发放慰问金262.70万元。开展第七轮免费健康体检，完成体检46036人。

（高千雅）

表31　2022年雨花台区社会保障工作完成情况一览表

序号	年度目标任务	完成数	完成进度（%）
1	企业职工基本养老保险净增缴费人数3900人	6901人	176.9
2	本市户籍中断缴费人员续保人数2280人	4440人	194.7
3	三项社会保险费征收总额346000万元	401309万元	116.0
4	新增参保单位3080户	3170户	102.9
5	企业退休人员免费体检人数18800人	20148人	107.2

（高千雅）

教　育

·概　述·

【概　况】2022年，雨花台区有学校49所。全区有在校学生53502人（中小学生51091人，中等职业学校学生2411人），在园幼儿总数18281人。全区公办教职工3284人。南京市雨花台区教育局（以下简称区教育局）被评为江苏省妇女儿童工作先进集体、南京市青少年普法教育先进集体、学校安全工作优秀单位。

表32　2022年雨花台区教育部门办中小学校园、校舍面积统计表（一）

校名	校园面积（平方米）	校舍面积（平方米）	校名	校园面积（平方米）	校舍面积（平方米）
总计	1253054	831256	梅山二中	21621	6902
一、中学合计	589824	345937	梅山高级中学	64615	25010
雨花台中学	144853	104270	华兴实验	19748	10406
板桥中学	56267	42027	南站中学	15898	18814
共青团路中学	15128	8811	软件谷中学	32193	31663
金中西善分校	20706	8788	岱山东路中学	45165	30682
雨中春江学校	32095	7554	二、师职校电大合计	62140	35216
铁心桥中学	31632	7370	教师发展中心	17576	12142
金中岱山分校	36240	26000	雨花电大分校	2400	1213
孙家中学	30481	8137	中华中专	42164	21861
梅山一中	23182	9502			

表 33　2022 年雨花台区教育部门办中小学校园、校舍面积统计表（二）

校名	校园面积（平方米）	校舍面积（平方米）	校名	校园面积（平方米）	校舍面积（平方米）
小学合计	601090	450103	雨中春江分校	11964	6147
实小东校区	16977	15366	西善桥小学	15970	7102
共青团路小学	6316	3998	板桥小学	36000	12512
雨花外国语小学	54101	46752	古雄小学	28000	21960
铁心桥小学	18863	7904	梅山一小	19432	7795
景明佳园小学	18216	6862	梅山二小	9541	5552
小行小学	27593	29348	金地自在城小学	22000	11823
实小西校区	10084	16123	西善花苑小学	36230	27710
岱山实小	23500	20500	花神庙小学	18861	10055
善水湾小学	29500	16258	华兴实验	8652	8679
软件谷小学	20059	24000	开发区实小	25500	20004
岱山南路小学	37022	21617	新林小学	24609	19582
特殊学校	10119	3696	软件谷二小	13894	18272
南站小学	26014	30787	伴山路小学	32073	29699

（区统计局）

【教育技术装备】 2022年，雨花台区按照“保安全、保必须、保重点”原则，推进学校办学条件标准化建设。优先安排建设资金，重点对办学条件薄弱学校进行改造提升，逐步缩小校际间差距。全区课桌椅新配、调试完成率90%；初中仪器标准化学校达标率100%。

【校园安全保障】 2022年，雨花台区投入5059万元用于购买公办校园安保服务、提升公办校园及惠民园智慧安防、达标改造27所公办校园消防以及建设全区防震减灾实操体验馆。实施校园、惠民园智慧安防提升建设，实现校园视频监控、周界防护、防冲撞设施100%全配备。更新校园消防管网铺设、安装烟雾感应器、在幼儿午睡区安装简易喷淋系统，提升校园消防安全防范水平。

【雨花英烈主题志愿宣讲】 2022年，雨花台区依托雨花台烈士陵园红色资源，创新打造由党员、团员和少先队员共同参与，以情景再现方式，在雨花台烈士纪念馆内开展“沉浸其中”雨花英烈主题志愿项目宣讲。全年在纪念馆开展7场公演，接待40余个团队参观。9月30日，国家烈士纪念日期间进行专场展示。相关视频通过“中国雨花台”微信公众号陆续发布，线上观众累计10万人次，新华社视频专题报道点击量破100万人次。

【教育民生服务】 2022年，雨花台区多渠道开展资助政策宣传，建立新生资助绿色通道、下发新生资助申请指南。从幼儿到中职阶段资助困难家庭学生2978人次，资助经费593.27万元，确保生活补助及时拨付给每个困难学生。雨花台区大学生助学贷款考核在全省并列第一。

【依法治教】 2022年，雨花台区建立学校幼儿园法治副校（园）长工作联席会议机制，统筹全区学校幼儿园法治副校（园）长聘任和管理。全区学校幼儿园配备法治副校（园）长119名，配备率100%；组织20名教师参加南京市中小学法治骨干教师专题培训，提升教师法治教育水平。

【“双减”工作】 2022年，雨花台区中小学全面实行课后服务，全区义务教育阶段学生参与课后服务占比97.26%。结合南京市社会公共资源参与中小学课后服务推荐项目，雨花台区15家义务教育学校遴选近42门课程参与学校课后服务。深入开展“雨花新课堂”“雨花好作业”研究，江苏省教育厅将“雨花好作业”作为典型案例向全省推广。规范压减学科类校外培训机构，全区原先审批的55家学科类培训机构压减至1家，并完成“营转非”工作，全区闭店校外培训机构整体情况平稳。

【“陶老师”工作站雨花台区分站】 2022年，雨花台区推进专兼职心理健康教育教师配备，所有年级每两周开设一节心理课。做好学生心理筛查，筛查45所学校4.8万余名学生，为重点关注学生建立心理档案并提供个性化心理疏导。开展心理健康教育月主题活动150余场。“陶老师”工作站雨花台区分站38名志愿者教师共接听心理服务热线电话310个，接待面询39例，开展“陶老师”进校园活动17场，开展“送心理咨询进社区”活动9场。

【“医教协同”项目】 2022年，雨花台区疫情期间策划学生心理建设专题微课8场，复学后分批赴44所学校开展心理走访活动，全年开展驻场评估及个案咨询88次，转介100余人次预警学生至心理门诊。开展心理健康教师线上实操培训12期，个案督导和临床见习16次。

【家校合作】 2022年，雨花台区疫情期间所有中小学开展线上家长会、线上家访，覆盖4.8万余名学生。开展线上线下相结合的家庭教育指导与培训，覆盖6.8万余名家长。5—6月，联合区妇联、民政局、公安分局、街道等部门，走进47名特殊学生家庭开展联合家访，进行针对性家庭教育指导，制定个性化帮扶关爱计划。

【思政课一体化建设联盟】 5月26日，雨花台区大中小学思政课一体化建设联盟活动在南京市南站中学举行。南京晓庄学院马克思主义学院、区内各联盟学校、全区思政教师通过线下直播+线上录课+线上互动方式，开展“共上一堂课　传递爱国情”雨花台区大中小学思政课一体化建设主题活动。

【第二届全国红色爱国主义教育高峰论坛】 7月30日，第二届全国红色爱国主义教育高峰论坛在雨花台中学举行。全国各高校专家学者围绕“大中小幼思政课一体化建设”开展深入探讨。区委教育工作委员会书记、区教育局局长盛云生阐述雨花台区推进红色爱国主义教育特色路径与优秀做法，并指出要向专家学者和各地中小学学习交流思政课一体化建设的有益经验，坚定青少年的理想信念，为青少年的培根铸魂、启智润心奠定基础。

【第三届高品质学校建设年度峰会】 8月7日，主题为“仁爱·技艺·智慧”第三届高品质学校建设年度峰会在雨花台区委党校举行。

区委教育工作委员会书记、区教育局局长盛云生作题为“雨花台区高素质教师队伍建设”的专题调研报告，发布《雨花台区智慧教师八条约定》。6位校长、园长围绕教师队伍培养的实践探索进行主题发言。校长、教研员、教师代表共同开展“好教师的样子”主题沙龙研讨。

【第38个教师节表彰大会】 9月9日，“迎接党的二十大，培根铸魂育新人”——雨花台区庆祝第38个教师节暨“致敬·最美的你”表彰大会在雨花台中学学术会堂召开。庆祝大会全程分为“祝福篇”“致敬篇”“使命篇”三个篇章。区委书记、中国（南京）软件谷党工委书记张连春代表雨花台区委、区政府，向受表彰的先进集体和优秀个人表示热烈祝贺，向全区广大教师和教育工作者致以节日问候。区长李方毅宣读表彰决定，712名教师和21个集体受到表彰。

9月9日，雨花台区庆祝第三十八个教师节表彰大会在雨花台中学召开

（区教育局　供图）

【方玉春网络名师工作室】 9月16日，南京市软件谷第二小学“方玉春网络名师工作室”入选省教育厅公布的第三批江苏省中小学网络名师工作室名单。南京市软件谷第二小学吸纳聚合多方教育资源，通过项目研究理念提炼发展导向、推动教育教学改革，不断提升学校办学品位和文化内涵。方玉春作为领衔教师以语音学习为研究方向入选第三批江苏省网络名师工作室。网络名师工作室促进教师专业发展和培养骨干教师载体，进一步提升中小学教师信息素养，推进教育信息化进程。

【自行车厂地块中学规划】 2022年，安德门雨花西路137号（原自行车厂）地块实施规划。建设地点位于雨花台区工农新村路以南，邓府路以东，育英路以西。该项目占地面积3.75万平方米，规划总建筑面积3.7万平方米，办学规模为10轨30班。计划投资35000万元。计划建设期限2024—2026年。（夏　禹）

·学前教育·

【概　况】 2022年，雨花台区有各级各类幼儿园70所。其中，公办园37所、惠民园25所、民办园8所。在园幼儿18535人，入园率为100%，就读公办园的幼儿占比为51.13%，就读普惠性幼儿占比为90.83%，在省、市优质园就读幼儿占比为98.64%。幼儿园专任教师1680人，学历合格率为100%。改扩建幼儿园3所，新增班级18个、公办幼儿园学位900个。全区有省级优质幼儿园59所、市级优质幼儿园7所。

【南京市赛虹桥幼儿园开办】9月1日,南京市赛虹桥幼儿园开办。幼儿园位于南河左岸,凤台南路126号,隶属南京市雨花台区小行幼教集团。幼儿园园舍建筑面积3252平方米,占地面积2735平方米,户外面积1507平方米,设计办学规模2轨6个班,该幼儿园为公办园。幼儿园园长赵孟清是雨花台区优秀党务工作者,雨花台区"三八"红旗手,雨花台区学科带头人。

【南京市安德门幼儿园开办】9月1日,南京市安德门幼儿园开办。幼儿园位于南京市安德门北街4号,占地面积5407平方米,园舍建筑面积约5669.75平方米,设计办学规模4轨12个班,该幼儿园为公办园。幼儿园园长吕静是南京市教育督导委员会专家组成员、南京市特殊教育发展先进个人,区政协委员,区学科带头人,区师德标兵,全国优质课大赛一等奖获得者。

表34　2022年雨花台区幼儿园基本情况统计表

园　名		班级数（个）	幼儿数（人）	教师数（人）		
				计	全民	其他
教育部门办	合计	273	7532	1262	148	1114
	小行幼儿园	11	262	48	3	45
	西善花苑幼儿园	9	286	43	9	34
	板桥新城幼儿园	12	412	58	8	50
	金叶花园幼儿园	9	261	43	3	40
	灵动之星幼儿园	15	428	64	4	60
	岱山实验幼儿园	15	428	69	3	66
	岱山第一幼儿园	16	445	70	3	67
	区实验幼儿园	12	336	63	34	29
	善水湾幼儿园	12	386	50	5	45
	长虹路幼儿园	12	315	49	9	40
	花神美境幼儿园	9	222	44	9	35
	永安花苑幼儿园	6	154	34	0	34
	岱山西路幼儿园	9	246	43	1	42
	金陵华兴实验幼儿园	12	376	59	2	57
	琥珀森林幼儿园	6	163	28	2	26
	康盛幼儿园	6	142	29	4	25
	九都荟幼儿园	12	342	55	2	53
	莱蒙阳光幼儿园	9	254	39	7	32
	晓村和苑幼儿园	9	203	40	3	37
	绿洲南路幼儿园	12	333	50	0	50
	华兴蓝光幼儿园	13	411	59	6	53
	中南锦苑幼儿园	9	226	42	9	33
	大都会幼儿园	8	215	40	8	32
	七贤幼儿园	7	175	35	8	27

续表 34

园名		班级数（个）	幼儿数（人）	教师数（人）		
				计	全民	其他
教育部门办	软件谷实验幼儿园	6	142	28	1	27
	阅城幼儿园	13	311	54	3	51
	安德门幼儿园	3	48	17	1	16
	赛虹桥幼儿园	1	10	9	1	8
集体办	合计	48	1344	240	30	210
	普德村幼儿园	6	185	37	11	26
	春江第一幼儿园	9	252	43	3	40
	春江第二幼儿园	9	288	41	1	40
	铁心桥中心幼儿园	6	167	31	5	26
	龙福幼儿园	6	156	32	3	29
	春蕾幼儿园	6	141	28	3	25
	凤台南路幼儿园	6	155	28	4	24

（区统计局）

【“三类四组”课程游戏化实践】 11月30日，由南京师范大学教授邱学青、江苏省教科院幼教与特教研究所副所长张晖、江苏省教研室毛曙阳博士、鼓楼区教师发展中心幼教研训室主任鲁艺一行4人组成的省级专家组，对雨花台区幼儿园课程游戏化实施情况进行实地调研指导。专家组实地察看5所幼儿园室内外环境、晨间锻炼、集体教学、自主点心和游戏中的师幼互动，现场采集《江苏省基础教育信息管理系统》中的相关基础数据。

11月30日，课程游戏化“三类四组”活动　　（区教育局　供图）

【幼儿园园长暑期研训班】 8月17—19日，雨花台区2022年幼儿园园长暑期研训班在雨花台中学国际部会议厅举行，全区83名园长参加培训。此次培训采用集中学习、分组主持、互动研讨等方式，邀请国内高校学前教育资深教授、上海及江苏等长三角地区国家级培训专家、省评估院专家、传媒智库研究员现场授课。

（夏　禹）

·初等教育·

【概　况】2022年，全区普通小学30所（含一贯制学校4所），在校学生31168人，比上年增加2136人。初中16所（含一贯制学校4所、完中2所），在校生11628人，比上年增加433人。全区义务教育阶段人口覆盖率为100%，小学学龄儿童入学率为100%，九年义务教育巩固率为100%。小学教职工1927人。

表35　2022年雨花台区各类小学概况统计表

学校数（所）		班级数（个）	学生数（人）	教职工数		
				计	全民	民办
总计	30	841	31168	1927	1649	278
教育部门办	27	745	28225	1649	1649	—
民办	3	96	2943	278	—	278

表36　2022年雨花台区教育部门办小学基本情况统计表

学　　校	班级数（个）	学生数（人）	教职工数（人）
合　　计	745	28225	1649
雨花台实验小学东校区	45	1940	136
雨花外国语小学	85	3576	213
共青团路小学	18	699	50
景明佳园小学	24	818	57
雨花台中学春江分校	27	988	64
铁心桥小学	31	1220	72
小行小学	34	1052	72
雨花台实验小学西校区	40	1693	61
板桥小学	36	1514	79
古雄小学	26	1015	51
西善桥小学	24	914	58
梅山第一小学	36	1190	81
梅山第二小学	24	741	55
力学小学金地自在城分校	51	1977	120
西善花苑小学	25	955	65
岱山实验小学	36	1323	102
善水湾小学	25	848	63
花神庙小学	19	531	50

续表 36

学　校	班级数（个）	学生数（人）	教职工数（人）
金陵华兴实验学校	34	1488	44
软件谷小学	19	725	40
雨花经济开发区实验小学	16	541	34
岱山南路小学	21	796	0
新林小学	15	627	27
雨花台区特殊学校	5	27	3
南站小学	16	617	32
软件谷第二小学	11	348	20
伴山路小学	2	62	0

表 37　2022 年雨花台区民办小学基本情况统计表

学　校		班级数（个）	学生数（个）	教职工数（人）
民办学校	合计	96	2943	278
	南京实验学校	35	1233	90
	南京市力行小学	19	790	58
	南京外国语学校雨花国际学校	42	920	130

（区统计局）

【南京市伴山路小学开办】 9月1日，南京市伴山路小学开办。学校位于雨花台区西善桥街道伴山路7号，学校占地面积32072.94平方米，建筑面积30120.15平方米，设计办学规模6轨36个班，为公办小学。学校与南京市岱山实验小学实行一体化管理。

【红领巾主题活动】 2022年，雨花台区开展"喜迎二十大　永远跟党走"主题红领巾寻访活动，评比区级优秀案例28篇；在全区中小学少先队开展"学党史、强信念、跟党走"学习教育，3000余名队员参加"讲红色故事做强国少年"大赛；建队节期间，全区各中小学少先队组织围绕"喜迎二十大　争做好队员"主题，以升旗仪式、大中队主题队会等形式开展主题活动；"9·30"烈士纪念日期间，全区各级少先队组织以雨花英烈、抗疫先锋、道德模范等为榜样，开展"党的故事我来讲——争做红领巾讲解员"活动。　（夏　禹）

·中等教育·

【概　况】 2022年，雨花台区有普通高中5所（含完全中学和十二年一贯制学校），有班级数142个，平均每校28个班级，在校生5627人，比上年增加389人。全区高中教育以"强质量、树品牌、提品质"为主线，以高中多样化发展为目标，立足质量强校，着眼丰富内涵提升，着力深化课程改革，通过德育与教学有机整合，逐步形成多样化、特色化、品质化发展格局，实现区域高中质量可持续提升。雨花台中学获评首批省高品质示范高中市级创建培育学校。

【高中教育高品质发展】 2022年，雨花台区全区高考本科达线人数、一流大学录取人数实现新突破。在南京市普通高中发展性评估中，雨花台中学获全部7个奖项，板桥中学获6个奖项，民办实验学校获4个奖项，梅山高中获特殊教育奖，教师发展中心获区级教学管理奖。

表 38 2022 年雨花台区各类中学概况统计表（一）

学校		单位数（个）			班级数（人）		
		合计	初中	高中	合计	初中	高中
总计		21	16	5	429	287	142
教育部门办	普通高中（不含南京市铁心桥中学）	17	14	3	347	231	116
民办	南京实验学校	2	1	1	67	44	23
	南京外国语学校雨花国际学校	2	1	1	15	12	3

表 39 2022 年雨花台区各类中学概况统计表（二）

学校		学生数（人）			教职工数（人）		
		合计	初中	高中	合计	全民	民办
总计		17255	11628	5627	1591	1305	286
教育办	普通高中	14023	9346	4677	1305	1305	—
民办	南京实验学校	2967	2041	926	220	—	220
	南京外国语学校雨花国际学校	265	241	24	66	—	66

表 40 2022 年雨花台区教育部门办中学基本情况统计表

学校	班级（个）	在校学生数（人）			教职工数（人）
		合计	初中	高中	
合计	347	14023	9346	4677	1227
雨花台中学	127	5493	2716	2777	455
板桥中学	42	1796	690	1106	151
共青团路中学	24	709	709		
金中西善分校	15	540	540		52
雨中春江分校	12	511	511		51
孙家中学	14	509	509		58
梅山一中	15	517	517		75

续表 40

学　校	班级（个）	在校学生数（人）			教职工数（人）
		合计	初中	高中	
梅山二中	9	297	297		61
梅山高级中学	19	794		794	96
铁心桥中学					23
金中岱山分校	27	1252	1252		88
金陵华兴实验学校	24	1074	1074		47
南站中学	10	315	315		27
软件谷中学	6	210	210		11
雨花台区特殊教育学校	3	6	6		9
岱山东路中学					23

（区统计局）

【前瞻性教学改革】 12月15日，南京市2019年基础教育前瞻性教学改革实验项目结项现场答辩会在浦口区教师发展中心举行。板桥中学前瞻性项目"'数据驱动'精准教学的实践研究"于2019年申报立项，经过长期项目推进，开展系列活动10项，形成关联主题子项目8项，在答辩会上受到好评，顺利结项。

（夏　禹）

·职业教育与社会教育·

【概　况】 2022年，雨花台区有职业学校1所——南京中华中等专业学校。在校生2101人，专任教师112人，学历合格率为100%。学校设电子商务、通信技术计算机与数码产品维修、物业管理、商贸营销、美术设计与制作、服装设计等专业。全区终身学习网络覆盖率为100%，从业人员继续教育年参与率为90%，全区居民社区教育活动年参与率为90%，老年教育受众面占老年人总数的34%。

【江苏省优质特色职业学校】 2022年，南京中华中等专业学校传承黄炎培"手脑并用，双手万能""做学合一，敬业乐群"职业教育思想，创建江苏省优质特色职业学校、江苏省职业学校智慧校园；获南京市2022年职业学校质量管理评估一等奖。3月，南京中华中等专业学校被评为雨花台区教育信息化先进学校；5月，南京中华中等专业学校被南京博物院认定为"大运河文化进校园示范校"。

表 41　2022 年职业教育基本情况统计表

校名	班级数（个）						学生数（人）						教职工数（人）
	三年制				高职		三年制				高职		
	计	一	二	三	四	五	计	一	二	三	四	五	
合计	71	23	19	19	5	5	2405	796	627	678	191	113	146

续表 41

校名			班级数（个）						学生数（人）						教职工数（人）
			三年制				高职		三年制				高职		
			计	一	二	三	四	五	计	一	二	三	四	五	
教育办：附中专概况	南京中华中等专业学校	合计	71	23	19	19	5	5	2405	796	627	678	191	113	116
		职专	35	12	11	12	—	—	1139	380	351	408	—	—	116
		高职	36	11	8	7	5	5	1266	416	276	270	191	113	
	南京市雨花台区教师发展中心		—	—	—	—	—	—	—	—	—	—	—	—	30

（区统计局）

【产教融合】 2022年，南京中华中等专业学校根据企业需求共同制订人才培养计划并实施教学，为学校人才培养明确目标加强实习实训管理，提高就业质量。学校毕业生就业率在98%以上，学生满意率为100%，本地就业率为98.2%，专业人才供给结构与地方产业人才需求结构吻合度高，用人单位满意度为100%。

【职业技术技能大赛】 2022年，南京中华中等专业学校在全国职业院校技能大赛中，获金牌1枚；在江苏省职业院校技能大赛中，学校师生囊括金牌4枚、银牌6枚、铜牌7枚。在南京市中小学生机器人竞赛（VEX机器人工程挑战赛高中组）中，4人获一等奖，4人获三等奖。 （夏　禹）

【雨花台区老年大学】 2022年，雨花台区老年大学坚持“增长知识、丰富生活、陶冶情操、促进健康、服务社会”办学宗旨，围绕“学、乐、为”教学方针，开设书画、声乐、摄影等8个专业17个班级，培训学员600人次。举办“翰墨飘香迎盛会——喜迎二十大笔会”，开展送文化进社区活动11次，推荐6人次参加“喜迎二十大、奋进新征程”全市离退休干部书画摄影展活动。 （井旭进）

【社区教育学习点】 2022年，新增雨花老年开放大学西善桥街道福润社区、西善桥街道永盛社区、铁心桥街道翠岭银河社区、古雄街道新林社区4个老年教育社区学习点，并举办挂牌仪式。

【社区教育水平提升】 2022年，雨花开放大学面向全区各街道积极开展教育教学指导及服务工作，促进区域社区教育发展。西善桥街道社教中心“向善家长学校”获2022国家级“特别受百姓喜爱的终身学习品牌项目”（全国十佳项目）。组织全区社区教育中心参加2022年南京市社区教育论文评审及优秀科研成果评选活动，获市二等奖2个、市三等奖2个。（夏　禹）

·特殊教育·

【概　况】 2022年，雨花台区有特殊教育学校1所。全区在读残疾少年儿童共208人。其中，学前随班就读学生9人，义务教育阶段随班就读学生162人，特殊教育学校学生37人。有21所融合教育资源中心，覆盖全区7个街道。全区学前残疾少年儿童入学率为100%，义务教育阶段残疾少年儿童入学率为100%。

【融合教育专题活动】 11月18日，雨花台区特殊教育指导中心在雨花台区实验小学善水湾分校组织开展“注意缺陷多动障碍的行为特征与干预策略”专题讲座活动。活动聚焦注意缺陷多动障碍干预策略，帮助融合教育教师更深入了解服务对象，并提供有效干预策略。

【特殊教育巡回指导】 2022年，雨花台区特殊教育指导中心开展30余次进校园巡回指导活动，为区域内融合教育学校提供专业帮扶，让每一位特需学生都能享受优质教育。巡回指导教师对学校特需学生进行相关评估、访谈与交流，并及时与任教班主任进行反馈，提出教育及康复训练方面的指导性建议。（夏　禹）

·教师管理·

【概　况】 2022年，全区招聘、调入教师195人。其中，硕士研究生51人，本科生144人。引进外省“特级教师”2人，获评“江苏省特级教师”2人、“江苏省教学名师”1人、南京市学科教学带头人22人、南京市德育优秀青年教师17人，评审通过中小学正高级教师3人、高级教师48人。全区义务教育学校教师和校长流动79人，占符合交流条件教师数的16.15%。在第十届“南京市学科教学带头人”评选中，22名教师通过评选。在第三届“南京市德育优秀青年教师”评选中，17名教师通过评选。全区市级以上骨干教师424人，占全区在编教师数的13.5%。

【“雨教杰青”计划】 9月25日，南京市雨花台区优秀青年教师培育计划（简称“雨教杰青”计划）启动仪式在雨花台区教师发展中心举行。首届“雨教杰青”经过学校申报、区级遴选，选出30名培育对象。该培育计划采取区教育局、区教师发展中心和学校三级共育方式。围绕政治素养、职业道德、教学实践、班级管理等方面，通过集中研修、项目研究、自主学习、跟岗学习、展示分享等方式，培养一批高素质优秀青年教师。

【首届创新教育教师培训暨教师技能大赛】 3月5—6日，雨花台区教师发展中心举办首届创新教育教师培训暨教师技能大赛。参赛教师开启“学习—理解—掌握—实践—比赛”探索过程，先后参与创客主题培训、南京市机器人竞赛活动规则及要点分析培训、机器人搭建和程序调试培训，展示专业功底和实践操作能力。（夏　禹）

·三江学院·

【概　况】 2022年，三江学院有全日制本科在校生21625人。有教职工922人，专任教师599人，其中高级职称教师334人，具有博士、硕士学位551人。年度招生6160人，毕业5844人，就业率为94.44%。设有二级学院12个，本科专业55个，其中国家级综合改革试点专业1个，国家级一流本科专业建设点3个，江苏省级品牌专业2个，省级一流本科专业建设点14个，省级产教融合型品牌专业2个。有“十三五”省重点建设一级学科4个，“十四五”省重点学科2个。

【教学建设】 2022年，三江学院实施教学智慧化工程，遴选13门优质课程面向校内外智慧教学平台开放。"全媒体新闻实践流程"获批省级产教融合型一流课程。"江南茶事美学""绽放的非遗珍萃——南京绒花"两门课程入选2022年江苏省高校美育大讲堂优课。融合创新型新闻学专业获批2022年江苏高校省级优秀基层教学组织。7项毕业设计(论文)获省级优秀毕业设计(论文),获批教育部产学合作协同育人项目17项。获第11届江苏省高校土木工程专业青年教师讲课竞赛二等奖1项,获第四届江苏省高校青年教师教学竞赛暨第六届全国高校青年教师教学竞赛选拔赛二等奖1项,获2022年江苏省高校微课教学比赛二等奖3项、三等奖4项。

【学科建设】 2022年,三江学院信息与通信工程、设计学入选"十四五"省重点学科。新增2个国家级一流本科专业建设点、6个省级一流本科专业建设点。获批智能车辆工程、音乐表演、艺术与科技3个新专业。电子信息工程专业入选省级产教融合型专业建设点,软件工程专业入选省级产教融合型品牌专业培育点,计算机科学与技术专业入选江苏省服务外包类专业嵌入式人才培养项目。完成公共艺术、智能车辆工程、音乐表演3个专业学士学位授权评审工作。

【师资队伍建设】 2022年,三江学院新引进专任教师19人,其中高级职称17人,博士6人。晋升高级职称30人,晋升中级职称20人。新增攻读博士学位23人。组织申报各类人才项目,2人入选省"双创博士",3人入选省青蓝工程,3人入选江苏省科技副总项目,1人入选省教育厅国内访学项目,2人入选南京市百名优秀文化人才。2人分别获江苏青年五四奖章、江苏省五一劳动奖章。

【科研创新】 2022年,三江学院获立纵向科研项目61项,其中省社科基金项目4项、省科技厅项目3项。获立横向科研项目156项,横向到账经费2100.27万元,各类科研到账经费2150.62万元。授权知识产权54项,其中发明15项、实用新型专利21项、外观专利5项,集成电路布图1项,软件著作权12项。实现成果转化5项,成果转化金额15万元。发表学术论文264篇,其中SCI(Science Citation Index)收录33篇、SSCI(Social Science Citation Index)收录9篇、EI(Engineering Index)收录21篇、北京大学核心期刊收录35篇。获江苏省社科应用研究精品工程奖一等奖2项、江苏省高等教育研究优秀成果二等奖1项、江苏省教师现代教育技术应用作品大赛奖33项。

【学生教育管理】 2022年,三江学院学生参加各类学科竞赛,获全国高校商业精英挑战赛总决赛一等奖7项、全国大学生信息安全与对抗技术竞赛国赛一等奖1项、中国机器人及人工智能大赛国赛二等奖2项、首届"盈建科杯"全国大学生智能建造数字化设计大赛一等奖1项、中国赛区"一带一路暨金砖国家技能发展与技术创新大赛"之"跨境电子商务技能及数据分析"全国决赛(本科组)一等奖。10名省优秀学生干部,14名省三好学生,7个先进班集体获江苏省普通高校省级"先进班集体"。学院获评江苏省2021年高校毕业生就业工作量化督导A等高校、2021年江苏省高校学生资助评比良好等级。学院团委获评2022年全省大中专学生自愿者暑期文化科技卫生"三下乡"社会实践活动先进单位,10名师生获省级社会实践"先进工作者""先进个人"称号;"科技向善,大爱无疆——守护儿童的科技梦"实践团获评2022年全国大中专学生自愿者暑期文化科技卫生“三下乡”社会实践活动优秀团队。

【一流民办本科高校建设论坛】 9月4日，在三江学院举行。该活动由中国民办教育协会高等教育专业委员会主办，三江学院承办。论坛采用线上+线下结合模式，在南京与北京分设线下会场，有145所高校报名参加或组织收看。论坛分领导讲话、专家报告、院校交流三个阶段开展。东莞城市学院执行校长李树英以“未来的大学和大学的未来”为题，基于全球视野介绍高水平一流民办高等教育的发展趋势。来自三江学院、哈尔滨剑桥学院、郑州升达经贸管理学院、闽南理工学院、海口经济学院、上海建桥学院、云南大学滇池学院、齐齐哈尔学院等8所学校相关领导分别立足本校探索实践，围绕如何实现民办本科院校高质量发展进行交流。 （周勤瑾）

·江苏省新闻出版学校·

【概　况】 2022年，江苏省新闻出版学校有在校学生1516人，其中，中职学生976人，高职学生540人；招收新生460人，毕业学生246人。全校有教职工80人。五年制高职开设数字图文信息处理技术、广告艺术设计、视觉传达设计、数字出版、网络新闻与传播5个专业。三年制中职开设印刷媒体技术、计算机平面设计、艺术设计与制作（平面广告、室内设计方向）、首饰设计与制作、动漫与游戏制作、数字影像技术、网络信息安全、软件与信息服务8个专业。

【德育工作】 2022年，江苏省新闻出版学校开展“书香润初心　一起向未来”征文，组织开展“欢庆党的二十大，青春逐梦新征程”主题学生歌咏会、“欢庆二十大，永远跟党走”班级主题黑板报评比、升旗仪式主题发言等活动。重视学生心理健康教育，开展心理健康测评，开设女生青春期保健知识讲座，新增心理健康教育名师工作室分室。学校红歌合唱团、射箭体育特色项目、劳动教育实践基地被列入江苏联合职业技术学院“十四五”创建计划。2件征文和演讲作品分别获江苏联合职业技术学院“奋进新征程，青春勇担当”学生征文比赛及演讲比赛二等奖。1件作品获江苏联合职业技术学院第三届职业生涯规划大赛二等奖。2名学生摄影作品和书法作品获江苏联合职业技术学院“喜庆二十大，奋进新征程”艺术作品比赛三等奖。

【学生社团】 2022年，江苏省新闻出版学校有学生社团17个。社团建设获南京市社团建设案例比赛二等奖1个、三等奖2个。在南京市职业学校“文明风采”活动中，报送作品获奖一等奖3件、二等奖2件、三等奖4件。在江苏省职业学校“文明风采”活动中获最佳作品奖1件。

【师资队伍】 2022年，江苏省新闻出版学校开展10名新教师招聘工作。教师开设市级公开课2人次、校级公开课5人次。1名教师与其他学校联合组队获语文教学比赛南京市一等奖、江苏省一等奖、国家级三等奖；1名教师获江苏联合职业技术学院“优秀教师”称号；1名教师获江苏联合职业技术学院“优秀学生工作者”称号；2名教师分别获2022年江苏职业教育青年学术讲坛征文一等奖和二等奖。全年立项课题3项，其中江苏省教育科学研究院课题2项、江苏联合职业技术学院课题1项。

【专业建设】 2022年，江苏省新闻出版学校2022级11个专业人才培养方案通过审核，艺术设计与制作专业被江苏省教育厅评为首批“江苏省中等职业教育优质专业”。承办第三届江苏印刷业创新发展博览会重点活动——长三角区域印刷行业校企合作联盟启动仪式暨“高质量发展背景下印刷技术人才培养的机遇与挑战”论坛。与联通南京分公司、南京艺德源动漫有限公司、南京酷朗文化传媒有限公司、南京报业集团时代传媒股份有限公司等单位签署《校企合作协议》。试点现代学徒制项目，校企共建专业核心课程2门。组织师生创业，校内成立“小豆品牌童书”工作室。建设完成校级教学资源库3个、在线精品课程4门。

【服务社会】 2022年，江苏省新闻出版学校发挥学校专业和师资优势，服务新闻出版行业发展。全年举行印前处理和制作员职业技能培训和认定184人。协办2022年度南京市和江苏省职工职业（行业）技能大赛出版物发行员职业技能竞赛。承办第一届全国工业设计职业技能大赛首饰设计师项目江苏省选拔赛、第六届江苏技能状元大赛珠宝加工南京市选拔赛及首饰设计师（二级、三级）职业技能等级认定考试。 （花培娟）

文　化

·公共文化服务·

【概　况】 2022年，雨花台区有公共文化场馆78家，区图书馆、区文化馆、美术馆、剧场各1家，街道（园区）综合文化站8家、社区综合文化服务中心64家、博物馆2家。全区公共文化场馆举办活动3415场次，服务327.96万人次。完成“江苏公共文化云”平台进驻，线上服务370.46万人次，新增关注（注册、认证）用户3.31万人，新增视频资源397个。围绕“喜迎二十大”“礼赞新时代”等，开展主题性群众文化活动217场。举办“遇见”街头音乐汇111场。入选江苏省最美公共文化空间打造对象3个、江苏省优秀群众文化团队培育对象1个。雨花美术馆举办10场高品质书画展览，近3万名观众到馆参观，“诗意雨花”书画名家作品展被评为“2021年度江苏省优秀展览项目”，通过网络平台直播文艺活动23次，120余万人次在线观看。市级以上媒体宣传报道雨花公共文化相关内容61次，其中国家级媒体宣传11次。区文化馆投入近50万元建成沉浸式艺术鉴赏空间，组织仲夏夜纳凉晚会暨南京市百场公益广场行文艺演出7场。

【“遇见”街头音乐汇】 2022年，南京市雨花台区文化和旅游局（以下简称区文旅局）举办“遇见”街头音乐汇111场，利用“抖音”平台、“江苏公共文化云”平台，举办线上直播29场次，近12万人次在线观看；在传统节日、纪念日期间，举办4场“定制版”主题音乐汇。5月，《以群众需求为引领，打造没有围墙的文化馆——“遇见”街头音乐汇的创新实践》被评为2021年度全区改革创新十佳典型案例；6月，《音乐飘逸街头巷尾，点燃雨花美好生活——南京市雨花台区“遇见”街头音乐汇》被评为2022年度全市宣传思想文化工作创新奖提名奖，并通过省文化和旅游厅评审。

7月18日,"遇见"街头音乐汇在雨花客厅商业综合体外广场举办

（区文旅局　供图）

【雨花美术馆书画展览】 2022年,雨花美术馆举办"刻意刘痕"刘春杰作品邀请展、"混濛有象"曹洋书法作品展、"左手右手"当代艺术家伉俪画展、"万物生长"少儿美术作品展、青春飞扬·中国青年版画家提名展等书画展览10场,3万名观众到馆参观。"左手右手"展览期间,举办"名家带你来看展"线上公共教育活动,33.5万人次在线观看。首次举办以少儿为参展对象的"万物生长"少儿美术作品展,展出南京市少儿美术作品100幅,同时举办"亲子互动手工坊"公共教育活动,在江苏电视台教育频道播出。采用"线上+线下+互动"方式举办"雨美大讲堂"讲座活动,名师与群众面对面,邀请艺术界名师解读名家名作。

【最美公共文化空间建设】 2022年,省文旅厅公布年度全省"最美公共文化空间"打造对象,区图书馆少儿图书室、雨花街道邻里荟文化中心、古雄社区家风家训主题教育馆3个文化空间入选。全区累计入选6个公共文化空间（2021年度入选名单:西善桥街道综合文化服务中心、翠竹园社区综合文化服务中心、初见书房知旅共同体）。6月,南京市公共文化服务推进会在雨花台区召开,市文旅局组织全市70名公共文化服务骨干参观雨花台区"最美公共文化空间"。

【公共文化云平台】 2022年,雨花台区80个公共文化场馆（团队）进驻江苏公共文化云平台,其中区属场馆4个、街道（园区）综合文化站8个、社区综合文化服务中心64个、江苏省"优秀群众文化团队"4个。通过平台推广活动、发布资讯、直播展演等,年度线上服务370.46万人次,新增关注（注册、认证）用户3.31万人,新增视频资源397个。

【"诗意雨花"全国油画名家作品展】 8月27日—9月15日,"诗意雨花"全国油画名家作品展在雨花美术馆举行。此次展览汇集全国油画界17位名家80件精品力作,展览开幕式吸引45.1万人次在线观看。该项目被评为2021年度江苏省优秀展览项目,国家级艺术类核心期刊《中国油画》杂志进行重点推介。

【主题性群众文化活动】 2022年,雨花台区围绕"喜迎二十大""礼赞新时代"等,开展主题性群众文化活动217场。7月,在岱山万象汇商业广场举办雨花台区"强国复兴有我"主题音乐汇,38名志愿者和群众文化团队成员演出16个节目;7—8月,举办"传承红色基因　凝

聚奋斗力量　践行初心使命——雨花台区红色剧目观演活动”，组织区内机关事业单位、街道（园区）、社区群众观看原创历史话剧《长明》、沉浸式红色戏剧《代号1921》等红色剧目；10月，在全区8个街道（园区）27个点位举办“礼赞新时代　奋进新征程”系列主题图片展巡展106场次。梦想剧场获多个创作奖项，话剧《长明》入选全国首届小剧场话剧优秀剧目展演活动、话剧《杨廷宝》入选中国科协学风传承行动精品项目、音乐剧《沧海一粟》入选紫金文化艺术节大学生艺术展演板块。

【群众文艺团队建设】 2022年，省文旅厅公布年度全省优秀群众文化团队培育对象，赛虹桥街道龙福社区七色花艺术团入选。雨花台区共有江苏省优秀群众文化团队4支，南京市五星级团队3支、四星级团队8支，参加各类文艺演出300余场次，11支团队分别通过星级团队年检。区文旅局举办“雨花星光红色传承”星级群众文艺团队展演暨基层党员冬训文艺云课堂活动，并被“学习强国”南京学习平台推送；五星级团队举办南京艺术基金项目——第七届南北评书对对碰《南雍书会》演出7场（南京5场、北京2场）。

【原创表演唱获江苏省五星工程奖】 2022年，原创表演唱《快乐向前方》获第15届江苏省五星工程奖，并被省文旅厅推荐参加第19届全国群星奖初赛。该作品由南京市文化馆和区文化馆联合打造，采用音乐与表演相结合的形式进行展示。

【南京市第十三届少儿艺术团队文艺大赛获奖】 2022年，区文化馆创作选送四大艺术门类7个节目，故事《遇见最好的自己》获曲艺类金奖，少儿舞蹈《小小雨花石》、表演唱《拥抱春天》、情景剧《南京古城唱童谣》、现代舞《送你一朵小红花》等6个节目获银奖。区文化和旅游局和区文化馆获优秀组织奖。

【雨花文艺大讲堂培训】 2022年，雨花台区在全区建立63个教学点，开设舞蹈、器乐、声乐、戏曲、书法、国画6个艺术专业和手工编织、诵读古今、形象设计、手机摄影、模特走秀、茶艺初探6个艺术沙龙，累计培训870余课时。培训首次探索实施“五进入”（进街道、进机关、进学校、进军营、进企业）培训模式，提高培训覆盖面和参训率。

【精品阅读空间】 4月，区图书馆根据文化和旅游部、国家发展改革委、财政部《关于推动公共文化服务高质量发展的意见》，聘请第三方设计公司对五楼闲置临展厅重新设计功能和布局，打造融合图书阅读、艺术

3月，雨花台区图书馆少儿图书室被江苏省文旅厅评为“最美文化空间”打造对象
（区文旅局　供图）

展览、会务服务、文化沙龙、轻食餐饮等为一体的“百姓书房”。于2022年末投入使用，读者可以通过文化长廊，以沉浸体验方式获取信息。

【图书借阅服务】 2022年，区图书馆采购新书2.2万册，为街道（园区）、社区、馆外服务点配送图书3056册。区图书馆加入南京市公共图书馆“书服到家”网上信用借阅平台建设计划，提供线上选书寄送到家服务。微信免押金办证自2021年上线以来新增读者5786人。

【品牌阅读活动】 2022年，区图书馆全年开展线上线下活动411场，服务12万人次。馆内接待读者39.3万人次，其中书刊外借13.7万人次。全年开展“雨您阅享读书节”“我们的节日”“印象文都”“快乐书期阅读相随”“奋进新征程、阅读嘉年华”等各类阅读品牌活动，把第34个图书馆服务宣传周和“小小图书管理员”服务延伸到基层。（许冠群）

·文化遗产保护·

【概 况】 2022年，雨花台区安装文物保护公告公示标识牌等24处，开展省级以上文物信息核定、文物违法违规拓印排查整治专项督查等工作。推进文物保护单位技防联防工程、宋晟墓扶正纠偏加固工程、普德寺丛葬地环境整治工程验收工作，刘智墓和天隆寺塔林日常维护方案获市文化和旅游局批复，浡泥国王墓—中文友谊馆木廊架维护工程启动。完成各级文物保护单位原始资料整理和数字化。协助做好江苏省妇幼保健院总部项目等20余个重点项目地块土地出让和文物勘探、验收工作。编制实施“雨花非遗·创艺无限”雨花非遗推广项目，开办“雨花国风韵——雨花非遗云课堂”6课，推荐市级传承基地“凡匠天工”申报省级非物质文化遗产传承基地。

【宋晟墓神道碑扶正纠偏加固工程】 市级文物保护单位宋晟墓仅存宋晟墓、宋朝用墓神道碑两通，该墓位于雨花中医院门口、雨花西路东侧，紧邻地铁一号线高架桥，受长期震动影响和雨水冲刷，两通神道碑均出现不种程度的倾斜。为确保文物本体安全，2022年初雨花台区邀请专家团队现场勘测评估，出具扶正纠偏加固方案，获市文化和旅游局审批通过。3月进场施工，对北侧神道碑进行纠偏加固和地基加固，对南侧神道碑实施地基加固，并对周边环境绿化美化。工程总投资50万元，于8月竣工，9月通过市文物局验收。（许冠群）

·文化市场管理·

【概 况】 2022年，区文旅局完成文化市场各级文明指数测评；做好疫情防控、复工复产工作；妥善处置江苏省艺朝艺夕艺术培训有限公司闭店后消课工作，挽回群众损失277万元。开展境外电视传播秩序专项整治行动，获评2022年江苏省整治境外卫星传播秩序专项整治成绩突出单位；完成重要时期广播电视安全传输监管，确保“两会”等重要时期安全播出；在辖区网吧设置“防养老诈骗”屏保，其余文化市场相关场所均在醒目位置张贴提醒。

【文化市场秩序监管】 2022年，雨花台区有28家互联网上网服务场所、16家歌舞厅、5家游戏游艺厅。6月，开展网吧和娱乐场所管理人员安全培训和应急演练，提高网吧和娱乐场所管理人员安全防范意识和安全自救能力。开展境外电视传播秩序专项整治行动，与市文化市场综合执法总队、街道社区联合行动，整治违规接收设施18个。对酒店宾馆境外卫星电视转播和点播业务进行检查，与酒店签订责任书，规范全区广播电视传播秩序。

（许冠群）

·文化产业·

【概　况】 2022年，雨花台区承办2022年南京文化产业资源共享会暨数字文化精品路演活动，扩大数字文化产业影响力。争取省市文化产业引导资金，6家数字文化企业获市级文化产业发展专项资金160万元。11家文化企业参加“南京都市圈”人才招聘会，缓解企业用工难问题。“雨花文创联盟”以行业化小组方式重点培育小微数字化文化企业，壮大产业发展储备力量，全年举办6场活动。不断优化文化企业营商环境，走访文化企业22家，调研企业发展需求和困难。5人入选第三批“南京市百名优秀文化人才”；2家企业获南京市第七批文化人才项目资助22万元。

（史　汶）

【2022南京市文化产业资源共享会暨数字文化精品路演活动】 8月12日，2022南京市文化产业资源共享会暨数字文化精品路演活动，在雨花台区云密城举行。此次共享会聚焦数字文化产业发展，并首次设置数字文化精品路演展示活动，集中展示南京优秀数字文化企业在智慧文旅、VR、AR、MR、网络视听等方面的创新实践，凸显数字文化元素。活动现场，由江苏天幕无人机科技有限公司与南京江心洲管委会共建的首个低空域数字文化试验基地揭牌，另有多个项目进行主题推荐。吉林风行鑫渊直播等14个项目现场签约，新创元游戏开发等31个项目同步进行线上签约，总签约额42亿元。

【2022中国（南京）文化和科技融合成果展览交易会】 11月24—26日，在南京国际展览中心（新庄）举办，雨花台区内5家企业参展。本届展会聚焦文化数字化战略，会上集中展示文化数据专网、数字化公共文化服务、“元宇宙”等数字文化新基建、新服务、新场景、新体验。雨花台区文化产业依托全区高端软件、双创生态等资源禀赋，坚持文化和科技融合发展方向，推动文化和科技“融合发展、双向赋能”，文化产业增加值年均增幅25.1%。2022年，雨花台区重点打造“4+1”数字文化产业格局，不断壮大互联网信息服务、数字内容服务、数字创意设计、智能文化设备制造等4个优势产业集群；探索构建1个以数字人、数字资产为代表的，从底层架构到数字内容和场景应用的文化元宇宙产业生态。（许冠群）

·融媒体·

【新闻宣传】 2022年，区融媒体中心开设“奋进新征程　建功新时代”“雨花幸福三圈”等30个专栏。全年“金陵微雨花”双微（微博、微信）平台发布各类信息1万余篇（条），制作新媒体产品200余个，纪实类短视频《听，这些声音》《看,他们的眼睛》被人民网微博、新华网视频号转发,阅读量超百万人次。疫情期间,区融媒体中心各平台原创推送规模性核酸检测通告、科学防控举措、典型人物故事等400余条,转发防控政策、防护提醒等信息近1000条,回应回复网民留言咨询近5万条。

（史　汶）

【网络安全宣传】 9月5—11日,国家网络安全宣传周期间,雨花台区委网信办联动全区各单位、各街道(园区)开展网络安全意识、知识、技能宣传教育引导,共筑网络安全防线。区委网信办组织开展网络安全专题培训暨应急模拟演练,全区各部门、街道(园区)相关工作人员参加此次培训。培训聚焦各类网络安全典型事件,就原因分析、解决路径、处置流程、风险防范等进行复盘演练,并深入解读网络安全工作责任制。

在部分中小学校举办网络安全宣传周校园日主题活动,采取开主题班会、观看"提升青少年网络文明素养"专题讲座、文化墙展示《青少年网络文明公约》、开展线上知识竞赛等多种形式,培养和提升青少年网络综合素养。走进企业园区,向互联网企业"数说"网络安全,解读网络安全警示案例、普及网络安全政策法规,联合区网安部门,面向网络安全企业开展网络安全普法专题讲座,以案释法推动提高企业员工网络安全法治意识。在虹悦城、吾悦广场等商场,电子屏循环播放网络安全主题宣传海报及宣传片。社区工作人员、志愿者向居民解读网络安全警示案例、普及网络安全小知识与必备技能,并在电子屏循环播放网络安全宣传短片。（区网信办）

·档案事业·

【概　况】 2022年,南京市雨花台区档案馆(以下简称区档案馆)开展档案馆业务建设迎评工作;指导检查和督促机关、社区完成2022年度归档;下发《关于开展档案安全工作专项检查的通知》,在全区档案系统开展档案安全检查;完成古遗井社区口述历史采集工作;指导规划和自然资源局雨花台分局成功创建市档案工作规范化建设评价优秀单位;编印2021年12月—2022年11月雨花台区大事记12期计238条;发布《南京市雨花台区档案馆关于新冠肺炎疫情防控期间实行不见面查档服务公告》,实行预约、不见面查档服务。全年接待查档1488人次,调卷1902卷次。其中,利用馆际共享平台提供利用11人次,为群众确定工龄、解决婚姻和经济纠纷以及工作查考等提供依据。年内,区档案馆被江苏省档案馆评为2022年度档案宣传工作三等奖。

【古遗井社区口述历史采集】 2022年,区档案馆完成"一社区一案例"项目,运用档案资源,开展古遗井社区口述历史采集活动,拍摄口述历史记录片《从城郊融合发展看美丽乡村蝶变》,内容记录和介绍古遗井社区历史文化、发展历程和社区特色,结合社区实际,展示基层社区治理新路径,展望古遗井社区蝶变,记录雨花城市发展轨迹,留存乡村蝶变影像资料,助力社区治理。

【业务建设评价】 2022年,区档案馆根据省市关于国家综合档案馆业务建设评价工作要求,对照评价标准中四大类70个指标项,梳理各项业务工作。9月，区档案馆迎接市级专家组测评，被评为省级规范档案馆。

【档案馆库建设】 2022年，区档案馆完成库房存放示意图、全宗索引和密集架柜、查档大厅窗口、数字化用房等功能区标识标志工作，完成档案馆指南和全宗指南编写，增设查档大厅存包柜、手机柜等便民设施，加强业务用房建设。

【档案安全管理】 2022年，区档案馆规范库房管理，库房实行“双人出入库”制度，严格人员和档案实体进出库房登记管理，开展库房消杀工作。开展档案安全应急演练，提高工作人员应对突发性档案安全事件的能力。做好电子数据备份工作，确保数据安全。下发《关于开展档案安全工作专项检查的通知》，在全区档案系统全面开展档案安全检查。

【档案接收】 2022年，区档案馆制订接收计划，推进各相关部门档案接收工作。接收婚姻档案、出生医学证明档案、区国资办、疫情防控等专门档案和党史学习教育重大活动档案。

【档案数字化】 2022年，区档案馆以创建国家数字档案馆为目标，制定《南京市雨花台区档案馆纸质档案数字化加工实施方案》，开展100万页纸质档案数字化工作。

【机关年度归档检查】 7月6日，区档案局印发《关于开展2022年度归档文件整理工作综合检查的通知》，启动年度归档指导检查工作。从组织管理、基础业务、信息化建设、开发利用四个方面，对雨花台区54家机关单位2022年归档工作进行百分制现场综合检查，并对存在问题单位整改情况进行复查。全年，54家机关单位形成档案16209件（盘、张）和19465卷。

【社区档案归档工作】 7月28日，区档案局印发《关于开展2022年社区档案管理检查的通知》，对全区各街道（园区）监督指导社区档案年度归档情况进行抽查，督促全区59家社区完成文件材料归档工作，形成档案11751件（张）。 （戴思琦）

·地方志工作·

【概　况】 2022年，雨花台区编纂出版《雨花台年鉴（2022）》，累计20卷（部）；启动雨花台区街道社区志编纂文化工程；完成辖区史志馆资源摸底调查，从中推荐4家史志馆入选“南京史志馆联盟”首批成员单位名单；联合区文明办、关工委等11家单位举办“展千载雨花，传万世经典”中小学生诵读演绎雨花古诗文展演活动。12月，《雨花台年鉴（2022）》获评南京市2022年地方志优秀成果奖。

【《雨花台年鉴（2022）》出版】 11月，《雨花台年鉴（2022）》出版发行。该年鉴由雨花台区人民政府主办，雨花台区地方志办公室编纂。记述地域范围以2021年雨花台区行政区域为界，记述起讫时间为2021年1月1日至2021年12月31日，记述内容为雨花台区政治、经济、文化、社会等领域的大事、要事、新事和特事。年鉴按分类编辑法，设类目、分目、副分目3个层次。全书68万字，收录条目1023条、表格77张、图片178张，采用《地方志索引编制规则》规范索引编制，标目页数占全书的7%。框架布局上增设“应急管理”类目、“党史学习教育”分目、“金融业”分目，“专记”类目中收录《智慧投资审计系统获审计署推广》《全国社区治理和服务创新实验区创建纪实》两篇文章，彩页栏目增设“我为群众办实事”和“南京南站开站10周年”两栏专题图片，彰显时代特征、年度特点。

【街道社区志编纂文化工程启动】 10月14日，雨花台区发布《关于实施街道社区志编纂文化工程的通知》，启动雨花台区街道社区志编纂文化工程。计划分两批完成全区街道志书出版，同时鼓励有条件的社区因地制宜开展志书编纂工作，鼓励基础较好的街道社区申报中国名镇志、名村志和江苏省名镇名村志系列名志文化工程。至年末，全区共出版街道志1部（《板桥街道志》），完成《古雄社区志》初稿编纂，《铁心桥镇志》编纂进行中。

（方亚玲）

医疗卫生

·概　述·

【概　况】 2022年，雨花台区总诊疗量253万人次，基层诊疗量164万人。雨花台区人民政府与江苏省妇幼保健院总部项目开工建设；雨花经济开发区社区卫生服务中心建成开诊。雨花医院创建成为二级甲等医院，成功创成5个市级重点专科。雨花台区被确定为全国第二批儿童青少年近视防控适宜技术试点区；代表江苏省迎接国家基本公共卫生服务项目绩效评价，获全国第二；获批全国智慧健康养老示范基地。建成省级首批五级中医馆1家、市首批四级中医馆5家。雨花台区卫生和健康委员会（以下简称区卫健委）在2021年度雨花台区高质量发展综合考核中被评为第一等次。岱山急救分站院前医疗急救质控检查成绩位列全市基层医疗机构第一，获“南京市院前急救先进分站”称号。

【“健康雨花”建设】 2022年，雨花台区开展“江苏省健康区”建设，培育区级“健康细胞”40个。其中，健康街道2个、健康驿站10个、健康机关8个、健康社区11个、健康步道4个、健康餐厅4个、健康促进医院1个。完成第五届“健康家庭”“健康市民”评选活动。针对预防接种、血吸虫病防治等工作开展主题健康宣教活动4场，受众1765人次，发放宣传资料1550份，发放宣传袋500份，悬挂横幅3条。（姚欣雅）

·新冠肺炎疫情防控·

【概　况】 2022年，雨花台区组织开展83轮区域核酸检测。做好重大活动和会议保障，对2021年度市管领导班子和领导干部年度考核领导干部述责述廉工作会议、全市选人用人工作专题培训班、南京市2022年10月自学考试、2023年度江苏省公务员考试笔试、雨花台区城市发展招商推介会、南京大屠杀死难者花神庙丛葬地悼念活动等116场次会议活动，累计派出防疫保障人员232人次，保障人员5.2万人次。

【新冠疫苗接种情况】 2022年，雨花台区新冠疫苗首针接种率完成核定数的118.07%，

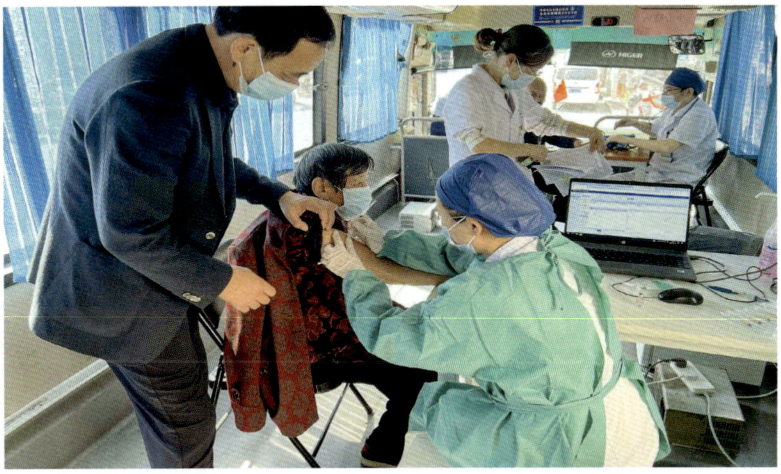

3月11日，岱山社区卫生服务中心党员志愿者在新冠疫苗流动接种车上为明义社区居民接种疫苗　　（区卫生健康委　供图）

二针接种率109.89%。18岁以上人群首针新冠病毒疫苗累计接种645433剂次，首针接种率123.83%，二针接种577092剂次，二针接种率111.11%。加强针累计接种381481人。12~17岁学生首针新冠病毒疫苗累计接种25326剂次，第二针累计接种22774剂次，2.28万学生首针接种率为111.08%，二针接种率为99.89%。

【防疫物资保障情况】 2022年，雨花台区完善管理制度、规范采购流程、严把验收关、严格分类存储、合理分配、根据防护标准和需求，科学评估全区医疗机构、隔离点、南站综管办、交通、环保等部门医用防护物资，发放物资申请单1890张，品种9650批次。加强与隔离酒店点位长、医疗组长和物资管理人员沟通，确保一线人员使用满意、放心的防护物资。为雨花医院和基层医疗机构保障小分子药物、抗病毒、解热镇痛、止咳化痰等药品合计金额160万元；为医疗机构提供6000个血氧仪和100台制氧机等健康监测救治类设备。

（姚欣雅）

·医疗机构与管理·

【概　况】 2022年，雨花台区总诊疗量253万人次，基层诊疗量164万人次，基层医疗卫生机构诊疗量占比64.82%。9月24日，江苏省妇幼保健院总部、江苏省人民医院雨花分院开工仪式在雨花台区"两桥"地区举办。区卫生健康委、国资办、南京雨花建设发展有限公司三方签订区公共卫生服务中心项目委托建设协议，修订项目可研报告。雨花经济开发区社区卫生服务中心建设并开诊，新建铁心桥街道中兴人才公寓、赛虹桥街道蒋彩云等2个家庭医生工作室，启动岱山社区卫生服务中心嘉业分中心建设。

【雨花医院】 2022年，雨花医院创建为二级甲等医院，医学检验、神经内科、精神科、医学影像、呼吸内科等5个专科创建为市级重点专科，新建普外科、心血管内科、康复科3个区级重点专科，重症医学科（ICU）开诊运行。雨花医院被市人力资源和社会保障局认定为南京市首批专业技术人才继续教育基地。2022年，医院门急诊人次418452人次，较上年同期增长11.79%；出院人次2935人次，较上年同期增长17.17%；住院手术685例，较上年同期增长9.13%，其中三、四级手术占比58.10%。

【中医药事业】 2022年，雨花台区建成江苏省首批基层医疗卫生机构五级中医馆1家（雨花社区卫生服务中心中医馆）、南京市首批四级中医馆5家（岱山、铁心桥、西善桥、板桥、赛虹桥社区卫生服务中心中医馆）。完成江苏省中医馆骨干人才培训2名、中医药适宜技术师资培训5名、基层卫生技术人员中医药知识与技能培训6名、中医全科转岗培训2名、全科医师规范化培训3名。组织开展中医药宣传月活动，围绕《江苏省中医药条例》“中医文化深入社区”等主题开展中医讲座、义诊、中医药进入校园活动。在微信公众号推出中医养生、中医药知识推广和传播。

【综合医改】 3月3日，雨花台区与南京市脑科医院、南京市第一医院、南京市中医院分别签署战略合作框架协议，开展区域医疗联合体建设。雨花台区基层医疗机构与省、市12家三甲医院签订医联体项目38个。至2022年末，雨花台区医联体专家下基层坐诊3962人次，专家诊疗服务48521人次，医联体内门诊上转病人13326人次、下转病人3144人次，上转住院病人196人次、下转住院病人200人次。（姚欣雅）

·医疗保障·

【概　况】 2022年，南京市医疗保障局雨花台分局（以下简称医保分局）出台《雨花台区医疗救助对象健康“保中保”实施方案》，为辖区内经认定本市最低生活保障家庭成员、特困供养人员、临时救助对象中大重病患者、孤儿等9类困难人群3216人购买医疗救助对象健康保险项目。全年完成失能等级评估471人次，照护服务签约541人次，全区926名失能人员享受照护服务。雨花台区困难群众医疗救助直接结算38686人次，支出医疗救助资金997.27万元；手工零星报销救助26人次，发放医疗救助费用18.1万元。探索医保基金浸入式“监管+服务”综合治理，持续推进定点医药机构现场检查全覆盖行动，全年追回违规使用医保基金36.84万元。深化医保经办体系建设，推进经办服务下沉，高标准完成板桥街道“15分钟医保服务圈”省级示范点、雨花经济开发区市级示范点建设，提前实现街道（园区）“15分钟医保服务圈”100%覆盖。推进全区医疗机构使用医用耗材（药品）在线阳光采购、DRG支付方式改革落实，完成全区定点医药机构医保信息平台升级迁移。

表42　2022年雨花台区医疗卫生事业基本情况统计表

指标	单位	2022年
医疗卫生机构	个	196
其中：政府办医疗卫生机构	个	10
政府办医疗卫生机构职工	人	1263
卫生技术人员	人	1149
婴儿死亡率	‰	1.03
孕产妇死亡率	1/10万	29.66
户籍居民人均预期寿命	岁	82.18

（区统计局）

【医保基金安全宣传】 2022年，医保分局开展线上“打击欺诈骗保维护基金安全”集中宣传活动，全区77家定点医疗机构、130家定点零售药店参加，制定下发《雨花台区医疗保障基金监管集中宣传月活动实施方案》。医保分局多渠道宣传解读“维护医保基金安全”，发放“打击欺诈骗保”海报2120余份、医保政策汇编8480份、投诉举报宣传袋1000余份。出台《雨花台区2022年打击诈骗医保基金专项整治行动实施方案》，持续推进定点医药机构现场检查全覆盖行动，全年追回违规使用医保基金10.28万元。

【失能照护险监管平台】 2022年，雨花台区医保分局借助数字化赋能，搭建信息化监管平台，有效区分虚假照护服务，覆盖基金监管预防、发现、查处、追责四个关键环节，进一步优化监管防线，同时弥补线下监管力量不足，提高监管效率，降低承办机构监督成本。全区8个街道（园区）定点照护服务机构35家，定点评估机构7家。失能照护制度实施以来，全区累计享受服务1007人。 （吴小娟）

·卫生监督与疾病控制·

【概 况】 2022年，区卫生健康委、区委网信办等六部门联合印发《雨花台区开展医疗行业乱象专项整治工作方案》，加大医疗机构违法违规行为督查力度，专项督查238户次。实施医师依法执业信用承诺制度。全区公共场所督查550户次，二次供水单位40户次。完成2022年度抽取“双随机、一公开”监督抽检任务168家。做好重大疾病综合防控，年内全区无甲类传染病发生，报告乙类传染病12种，总发病数549例，发病率90.18/10万，死亡病例4例，1例为病毒性肝炎病例，3例为肺结核。发病率与2021年63.24/10万相比上升26.94%；及时发现手足口病、水痘等聚集性疫情，处置全区学校、托幼机构等单位传染病疫情1403起。持续做好艾滋病、结核病防治工作。推进血防春季查灭螺工作，查螺面积862.5万平方米，未发现活螺；巩固灭螺面积80平方米。

【卫生监督执法】 2022年，区卫生健康委、区委网信办等六部门联合印发《雨花台区开展医疗行业乱象专项整治工作方案》，对辖区内民营医疗机构开展全覆盖检查，专项行动阶段内检查民营医疗机构400余户次，并督促存在问题的民营医疗机构进行整改。在对卫生健康领域开展监督执法过程中，对存在行政处罚行为的机构同步给予信用领域申报。8起卫生健康行政处罚案件给予失信报送。

【执业信用承诺制度】 2022年，区卫生健康委组织全区医疗卫生机构医师参加签署依法执业信用承诺书，109家医疗卫生机构948名医师完成承诺书签署。梳理全区医疗机构名单，对478家单位开展信用评价，结合《江苏省医疗卫生行业信用评价表》进行评分，评出A级单位0家、B级单位468家、C级单位10家、D级单位0家，E级单位0家。

【免疫规划管理】 2022年，雨花台区接种免疫规划疫苗94413剂次，非免疫规划疫苗（除新冠疫苗外）接种60140剂次。监测、报告疑似预防接种异常反应128例，48小时内报告率、调查率100%。强化预防处置门诊督导，覆盖率100%。

【慢性病防治】 2022年，雨花台区完成2021年度死因监测工作报告，2021年全区人均期望寿命83.61岁，慢性病导致的死亡仍是全区死亡病例的主要原因。完成江苏省糖尿病筛查项目高危人群初筛工作。

【职业健康保障】 2022年，市卫生健康委研发职业健康在线培训信息系统，于8月份在雨花台区率先试点上线，开展在线培训。年内，全区205家企业累计学习8752学时，422人获合格证书，学员通过率100%，培训率100%，完成该项试点工作。建成南京轴承有限公司、南京新善恒基混凝土有限公司、上海莘威运动品有限公司南京分公司3家健康企业。开展全国第20个《中华人民共和国职业病防治法》宣传周活动，完成50家企业工作场所职业健康监测。

（姚欣雅）

·社区卫生与妇幼健康·

【概　况】 2022年，雨花台区巩固江苏省社区医院示范区成果，做好国家“优质服务基层行”活动迎复核工作，推进开发区社区卫生服务中心开展达标创建，国家“优质服务基层行”活动实现全覆盖；雨花台区在南京市2022年度“优质服务基层行”培训暨社区医院建设推进会上作经验交流；铁心桥社区卫生服务中心“社区医院建设”经验被《健康报》评为基层卫生健康优秀创新案例。全区新增1个市级特色科室（铁心桥社区卫生服务中心五官科），累计建成4个省级特色科室和32个市级特色科室。岱山急救分站院前医疗急救质控检查在全市基层医疗机构中排名第一，获“南京市院前急救先进分站”等称号；岱山社区卫生服务中心建成省级“体卫融合运动控糖站”；西善桥社区卫生服务中心建成省级“糖尿病并发症筛查工作站”，全区累计建成3家。雨花台区代表江苏省迎接国家基本公共卫生服务项目绩效评价，获全国第二。

【家庭医生签约服务】 2022年，雨花台区推动重点人群签约与首诊式签约，实现重点人群首诊签约42540人。年内，赛虹桥社区卫生服务中心被评为江苏省2021年度家庭医生签约服务创新单位；铁心桥社区卫生服务中心中兴人才公寓被江苏省卫生健康委员会确认为2022年度星级家庭医生工作室；雨花社区卫生服务中心被评为市离休干部家庭医生签约服务优秀单位；赛虹桥社区卫生服务中心被江苏省卫生健康委员会评为2022年度家庭医生服务模式创新单位。

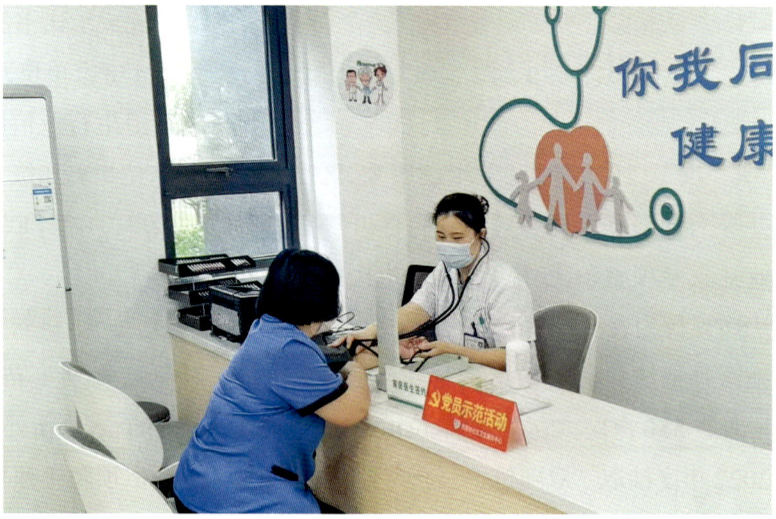

8月9日，在“省级家庭医生工作室”善水湾家医工作室党员示范岗，家庭医生为居民进行糖尿病相关健康管理服务　　（区卫生健康委　供图）

【妇幼健康服务】 2022年，雨花台区推进在校女学生免费HPV疫苗接种，在全市开展首针接种工作，完成接种867人。发动适龄妇女参加“两癌”筛查，完成筛查12051人。孕妇产前基因筛查民生工程免费孕前优生项目完成率124.7%，婚检率83.69%；免费叶酸发放222例，完成率111%。雨花台区妇幼保健所在2021年度省级城区妇幼保健机构绩效考核中得分位居全省第三、全市第一。铁心桥、雨花社区卫生服务中心获“南京市2022年度公共场所母婴设施优质运营管理单位”称号。

【老年人健康服务】 2022年，雨花台区完成老年人运用智能技术困难专项普及培训2800人次，为4856名符合条件困难老人购买“安康关爱”意外伤害保险，为全区1200名老年人办理优待证。做好卫生健康系统打击整治养老诈骗专项行动工作，保障老年人合法权益。雨花台区获批全国智慧健康养老示范基地。西善花苑社区被江苏省老龄办评为2022年度老年友好社区建设单位。赛虹桥社区卫生服务中心“老年癌症患者推拿调神研究——随机对照试验”课题被省卫健委确定为江苏省老年健康科研项目。板桥、赛虹桥社区卫生服务中心案例被省卫健委确认为江苏省老年健康服务优秀案例特等奖。西善桥社区卫生服务中心安宁疗护试点案例荣获2021年南京市二等奖，赛虹桥社区卫生服务中心安宁疗护试点案例被评为南京市优秀案例。 （姚欣雅）

·爱国卫生·

【概　况】 2022年，雨花台区开展爱国卫生运动，倡导文明健康生活方式，持续推进环境卫生整治行动。建立健全病媒生物防制运行机制，完善管理网络，保障除“四害”工作常态运转，制定防制计划和应急预案。推进“健康雨花”建设，强化卫生防病和健康知识科普，开展居民健康素养水平监测工作。开展爱国卫生执法督查行动。

【“爱国卫生月”活动】 4月，雨花台区开展“全国第34个爱国卫生月”科普宣传活动9场次。加强公共场所禁烟控烟工作，开展世界无烟日活动，推进无烟党政机关、无烟学校、无烟医院建设，全区有58家党政机关获市级无烟单位称号。

【病媒生物防制】 2022年，雨花台区完成越冬灭蚊防制工作，开展春季灭鼠工作、夏季灭蚊蝇、灭蟑螂工作，迎接国家“除四害”先进城区复审。推进梅山街道、开发区“病媒生物防制全覆盖”试点建设。全区集中开展病媒生物防制143次，在小区、农贸市场、公共场所等清理杂物576吨，增补病媒生物防制设施5600余个，发动群众志愿者参与集中义务劳动等各类活动8000人次。 （姚欣雅）

·人口监测和家庭发展·

【概　况】 2022年，雨花台区核实录入2022年出生人口信息3058条，完成2019年以来出生人口个案补充变更750条。清理全员人口信息库数据，做好计划生育家庭奖励扶助、特别扶助人员信息维护。推行网上办理生育登记，完成登记审核4275人。完成2021年度死因监测工作报告，2021年雨花台区人均期望寿命83.61岁，慢性病导致死亡仍是全区死亡病例的主要原因。雨花台区计划生育协会在2021年家庭健康保险工作测评中，获省级三等奖、市级二等奖。

【生育政策宣传和实施】 2022年，雨花台区出台《雨花台区进一步加强优化生育政策宣传工作的实施方案》。利用宣传栏张贴宣传画、悬挂横幅等方式加强国家生育政策法规宣传。组织开展新型婚育文化群众性主题宣传活动。雨花台社区联合南京市第一医院南院，开展主题为“倡新型婚育文化　促人口均衡发展——喜迎党的二十大”健康服务活动；翠岛花城社区开展“家庭和睦·世界和平”公益宣传活动；古雄街道开展最美家庭教育分享会，邀请被评为2021年雨花台区最美家庭的李惠红老人分享家庭相处之道。能仁里社区承接市计生协的新型婚育文化建设试点项目，开展婚育文化“六进”和婚育宣传标语推广行动。配合相关部门落实好产假、男方护理假、育儿假、独生子女父母护理假等优化生育政策配套支持措施。出具“二孩及以上家庭认定证明”44份，协助区人社局核实产假期间企业社会保险补贴信息8人。做好评优候选人、候选集体的计划生育“一票否决”审核。

【扶助政策】 2022年，雨花台区完成2021年计生特扶人员提标资金补发及计划生育家庭特别扶助人员资格审核4139人次，发放特扶金913.062万元；完成计划生育家庭奖励扶助人员资格审核380人次，发放奖扶金19.03万元；完成计划生育一次性奖励结算2259人；完成计划生育公益金审核与发放家庭70个，发放公益金20.8万元。开展春节中秋走访慰问，发放慰问金40.72万元；发放公交出行与园林游览补助35.34万元；完成804名计划生育特扶人员住院护理险续保工作。春节期间区卫生健康委联合区计生协会开展“情暖计生困难家庭——暖冬行动”，对60户计生困难家庭发放慰问金2.4万元。

【0~3岁婴幼儿照护服务体系建设】 2022年，雨花台区完善照护服务体系建设，完成2家社会办托育机构备案；完成市卫健委对4家新备案托育机构的验收；完成3家普惠托育机构复审；新建1家标准化母婴室。组织开展3岁以下困境儿童和留守儿童早期关爱活动。铁心桥及雨花社区卫生服务中心获南京市2022年度公共场所母婴设施优质运营管理单位称号。

（姚欣雅）

体　育

【概　况】 2022年，雨花台区新增体育场地面积50万平方米，人均体育场地面积提升30%。其中，改建体育公园1个、百姓健身房2个、灯光球场3片、公共储物柜4处、全民健身路径36套，在河堤、绿道融入式植入体育元素；东久体育公园二期工程被列为南京市民生实事重点项目。全区开展群众性体育赛事活动200场次、“服务群众、你点我送”50场次、国民体质测试3400人次。发展三级社会体育指导员171人，一线社会体育指导员参与健身指导、志愿服务活跃人数主城区第一。全区11人次、3个单位（项目）获评市级以上先进称号，区体育局获评2018—2021年度江苏省群众体育先进单位，新河市民绿地广场获评2022年度江苏最美乡村健身公园（广场），莲花湖体育公园健身步道获评2022年度江苏最美跑步线路。在2022年度南京市青少年体育俱乐部考核中，区内6家俱乐部分别获评一、二类俱乐部，指导创建南京市青少年体育俱乐部1家。全年媒体平台刊登宣传群众体育工作文章127篇次，雨花台区承办的江苏省儿童体适能健康操网络赛暨展演活动被《中国体育报》关注报道。

表43　2022年雨花台区体育基本情况统计表

指　　标	单位	2022年
经常参加体育锻炼人数比例	%	41.9
市级以上群众性赛事活动优胜奖	次	15
体育场地数	个	1028
群众性体育竞赛活动	项次	220
出新改造健身路径	套	36
免费提供体质测试服务	人	3312

（区统计局）

【竞技体育】 2022年，在第20届江苏省运动会上，雨花台区输送的32名运动员获金牌19枚、银牌9枚、铜牌8枚。在全国啦啦操联赛、锦标赛小学组中收获金牌2枚、银牌和铜牌各1枚。组织555人（其中336人为新注册运动员）参加南京市少儿阳光体育联赛，收获金牌41枚、银牌65枚、铜牌31枚。向南京市输送运动员47人，输送数量为全市第一。

【2022年“雨花杯”全国航空模型公开赛（南京站）】 12月17日，在莲花湖体育公园举行。本次赛事是由国家体育总局航管中心、中国航空运动协会主办，南京市体育总会、江苏省航空运动协会、南京市雨花台区体育局、南京市雨花台区古雄街道办事处、南京市航空运动协会承办。9支队伍50名运动员参加比赛。比赛最终决出个人赛第一名7人。

【2022年“雨花杯”江苏省青少年航海模型锦标赛】 7月23—26日，在古雄街道莲花湖体育公园开赛。赛事由江苏省体育局、江苏省教育厅、共青团江苏省委、江苏省科协、江苏省妇联主办，江苏省航空运动协会、南京市雨花台区体育局、南京市雨花台区古雄街道办事处、南京航海航模运动协会、南京市航空运动协会承办，南京市力学小学金地分校协办，南京市体育总会给予支持。全省17支代表队，298名中、小学生角逐569项次比赛。比赛最终决出综合团体第一名9支代表队，个人赛第一名57人。

表44　2022年“雨花杯”江苏省青少年航海模型锦标赛团体赛第一名名单

序号	学　　校	项　　目	组　　别	名　次
1	吴县中学	综合团体	高中A组	第一名
2	苏州市劳动路实验小学校	综合团体	小学男子A组	第一名

续表44

序号	学　校	项　目	组　别	名 次
4	苏州市劳动路实验小学校	综合团体	小学女子 A 组	第一名
5	西安交通大学苏州附属初级中学	综合团体	初中男子 B 组	第一名
6	南通市通州区实验小学	综合团体	小学男子 B 组	第一名
8	如东县茗海中学	综合团体	初中男子 C 组	第一名
9	如东县茗海中学	综合团体	初中女子 C 组	第一名

（许冠群）

【2022年雨花台区“足协杯”比赛】 8月6日，雨花台区第三届“足协杯”足球比赛在体力波体育公园开幕。该比赛由区体育局主办，区足球运动协会承办。全区16支代表队500人参加，赛期2个月，决出冠军队江苏苏和金融科技有限公司队、亚军队亚信科技控股有限公司队、季军队南京温州商会队。（许冠群）

民政服务

【概　况】 2022年，雨花台区完成西善桥街道5个社区、铁心桥街道7个社区共产党员支部委员会和社区居民委员会成员补选工作，为新当选居委会法人更换统一社会信用代码证书；联合区卫生健康委、住建局印发《雨花台区推进居民委员会下属公共卫生委员会设置工作实施方案》《关于在社区居民委员会下设环境和物业管理委员会的指导意见》，在全区64个社区居委会设立公共卫生、环境和物业管理委员会。完成青龙山、邓府山、大方、平治、锦华新城、马家店、新建、板桥8个社区党群服务中心服务用房升级改造。制订《精品社区建设与评价指南》《数字社区等级评定标准》《星级社区评定标准（讨论稿）》，指导嘉业、丁墙2个社区打造国际化社区，完成国际化社区建设验收。出台《雨花台区社区工作者管理办法》《雨花台区社区工作者岗位职责和员额核定方案》《雨花台区开展街道社会工作服务站的实施意见（试行）》，建成街道级社工站8个、社区社工室32个。

【养老服务】 2022年，雨花台区福利院、银松养老院完成床位扩建46张，古雄街道富力星光邻新增养老机构1家。围绕国家标准《养老机构等级划分与评定》，对14家申报等级评定的养老服务机构进行实地评估和现场指导，完成11家机构等级评定初审上报。依托第三方专业培训机构，开展初级、中级护理员培训及复培。以街道为单位，开展高龄及失能、失智老年人家庭成员照护培训6场，培训200多人次。完成雨花、西善桥2个街道级养老综合服务中心建设，建成铁心桥街道新河社区和西善桥街道福润社区2个示范性社区银发助餐点和雨花街道丁墙社区1所老年认知症照护中心；举办全区社区居家养老上门服务规范专题培训会；精选3家适老化企业，开展家庭适老化改造工程，上门评估适老化改造家庭124户；实施“时间银行”提升计划，联合中国银行推出“时间银行”志愿者积分兑换激励制度，发展团体志愿者10个，完成指标订单8000单。依托数字社区建设，开展智能手机培训、养老防诈课程50余场，宣传覆盖人群12万人次。

【社会救助】 2022年，雨花台区完成摸排第一类“已纳入保障和服务范围的对象”6014人、第二类“未纳入保障可能存在特殊困难或风险的对象”65人；排查第三类“民政服务机构住养的困难群体”，详细了解医疗康复、托养照护、权益保障情况，有意愿的特困人员集中供养率100%；梳理形成“需要整治的问题清单”1个，“需要跟踪帮扶的重点户（人员）清单”447户502人。全区有城乡低保1515户1953人，特困供养156人，纳入生活补贴残疾人1128人，纳入护理补贴残疾人2296人，临时救助115人，纳入“六类”困难群体救助范围677人，全年累计发放各类生活救助金4536万元。其中，向全区2362名低保、低保边缘和特困人员等困难群体，发放9月份价格临时补贴资金近20万元；为2237名低保、特困人员增发一次性生活补贴44.74万元，在高温期间为全区1785户低保家庭和特困人员每户一次性减免电费65千瓦时。扩大政府购买社会组织服务，为104户低保和低保边缘重度残疾人，委托第三方提供每月不少于15个小时的上门照护服务；为4名60岁以下特困人员，开展每月不少于36~48小时的上门照护服务；与128名分散供养特困人员签订《分散供养特困人员委托照料服务协议》。

【社会组织】 2022年，区民政局受理社会组织各类行政许可事项75项。其中，办理登记17项、变更32项、注销26项。全区登记的社会组织637个，其中社会团体91个、民办非企业单位544个、基金会2个。完成2021年社会组织年检工作，322个社会组织参检；开展2022年度社会组织评估工作，89个社会组织参评（其中A级71个，AA级8个，AAA级10个）。5月，联合江宁区岔路口派出所、雨花台区市场监督管理局，对市民政局移交的涉嫌非法社会组织“亚东会”进行现场执法。

【婚姻登记】 2022年，雨花台区办理结婚登记3458对，离婚申请1619对、离婚登记1149对，补领婚姻登记证件379对，补领离婚登记证件125对，婚姻登记合格率100%。

【困境儿童福利保障】 2022年，雨花台区建成6个街道级未成年人保护工作站；完善64个社区儿童服务场所功能，区、街道、社区三级儿童关爱服务阵地建设全面加强；分2批次对全区90名儿童工作者进行业务集中培训，完善“全方位”困境儿童精准保障模式。年内，全区新发现困境儿童79人，累计380人。其中，散居孤儿2人，事实无人抚养儿童41人，重病儿童41人，重残儿童137人，贫困家庭儿童149人，其他需要帮助的儿童10人。根据风险等级，按照红、黄、蓝、绿落实“四色管理”，全部实行分类保障。

【流浪乞讨救助】 2022年，雨花台区开展“寒冬送温暖、夏季送清凉”专项行动，在大风降温、降雨降雪、高温酷暑等极端天气加大巡查力度，发现流浪乞讨人员立即救助。全年巡查3000余次，参与6000人次，累计护送10名流浪乞讨人员到市救助管理站接受救助。

【区划地名工作】 2022年，区民政局完成地名文化遗产分级、申报、评定，2条古镇地名（古雄、西善桥）、6条古村落地名（丁墙、花神庙、能仁里、养回红村、大胜关、天后村）纳入南京市第一批地名文化遗产保护名录；开展《中国国家地名信息库》数据质量建设行动，做好地名信息审核完善工作，及时更新全区地名数据1170条；完成雨花台区与建邺区行政区域界线联合检查任务，检查界线14.76千米；全年命名9家楼盘、20条道路地名。

【殡葬改革】 2022年，清明节前接待祭扫市民30余万人，机动车8万余辆；开展硬质化大墓、道路“两沿”散坟、“活人墓”等突出问题整治规范工作，完成板桥、西善桥、开发区3个街道（园区）的硬质化大墓整改，督促相关街道落实道路沿线两侧500米可视范围内散坟整治工作。

表45　2022年雨花台区地名命名一览表

街　道	地　名	类别	命名月份
雨　花	翰鸣府	楼盘	1月
赛虹桥	沐拾花园	楼盘	6月
铁心桥	晨逸府	楼盘	2月
铁心桥	睿谷大厦	科研楼	5月
铁心桥	凤起云台花园	楼盘	7月
西善桥	南岸潮鸣花园	楼盘	1月
西善桥	润梅路	道路	1月
西善桥	贾瑶华府	楼盘	1月
西善桥	润善路	道路	1月
西善桥	岱山东路	道路	11月
古　雄	锦绣和鸣花园	楼盘	1月

（姜梦珂）

【雨花台区慈善专场暨“9·9”公益日项目发布活动】 9月2日，“加强基层组织建设 助力乡村振兴发展”雨花台区慈善专场暨“9·9”公益日项目发布活动举行。会上，中国（南京）软件谷、雨花街道、铁心桥街道、赛虹桥街道、西善桥街道、板桥街道、梅山街道、古雄街道、雨花经济开发区管委会9个慈善分会宣布成立，实现基层慈善组织全覆盖。区慈善总会发布“西善童梦圈”困难儿童关爱、“学习新农具，争做新农人”新媒体助力乡村振兴、“点灯笼，燃万家灯火”助力残疾人增收、“博爱校园行”困境儿童关爱、“三色管理，分类帮扶”困难老人服务、“580（我帮您）”互助养老循环计划、“助力民间抗战博物馆”、拥抱未来困境儿童帮扶计划等9个不同主体、不同人群慈善项目。慈善分会和慈善项目代表表示，通过互联网平台募集爱心资金，立足建立组织化、多元化、专业化、智慧化、规范化募捐机制，实现慈善筹募与定向捐赠的扩面、扩容。同时，利用互联网平台，用亲情、乡情、民情和救助项目激发捐赠热情。

（姜梦珂）

残疾人工作

【概　况】 2022年，雨花台区有持证残疾人6788人，其中男3606人、女3182人；肢体残疾3131人、视力残疾882人、精神残疾995人、听力残疾861人、智力残疾674人、多重残疾183人、言语残疾62人；一、二级重度残疾人2383名，占残疾总人数35.10%。全年残疾人两项补贴3513人1250万元；发放残疾人社保补贴574人94.3万元；为13家受疫情影响的盲人按摩机构发放专项补贴5.2万元；发放其他生活补贴、临时慰问等33.78万元。春节、国庆节和高温期间，为全区1000余名困难残疾人、残疾人创业明星等发放两节慰问金101万元，对全区8个残疾人服务机构和72名困难残疾群众上门慰问走访，并提供帮助。

【残疾人教育补贴和助学补助奖励】 2022年，南京市雨花台区残疾人联合会（以下简称区残联）为全区33名中、高等院校在校学生发放教育专项补贴3.95万元，为17名取得中、高等院校录取通知书的残疾学生发放助学补助5.1万元，为13名取得中、高等院校毕业证书的残疾学生发放助学奖励1.7万元。

【残疾人就业】 2022年，区残联为148家用人单位开展按比例安置残疾人就业年审，为11家达超比例用人单位申报达、超比例奖励7.75万元；开展线下专场招聘会4场，通过公众号常态化发布就业招聘信息，累计安置残疾人就业91人；开展各类残疾人职业技能培训7场，培训残疾人108人。开展“送培训进社区”活动，举办非遗项目、美甲、电商等各类培训7场次，年度培训108人，6人在南京市残疾人职业技能竞赛中获奖。

【残疾人康复】 2022年，区残联提升残疾人康复救助服务保障，与40家儿童康复机构签订服务协议，投入353.65万元，为223名0~17周岁残疾儿童提供视力、听力言语、智力和孤独症专业化康复；为5940名残疾人开展家庭医生签约服务，运用“互联网+”技术平台，为600余名残疾人开展个性化精准康复；投入7.95万元，为200名残疾人发放轮椅、洗澡椅、助行器、盲杖、定制眼镜等生活类辅具466件；投入5.82万元，为20名残疾儿童适配矫形鞋、助听器等辅具26件；为151名困难精神残疾人提供免费用药服务；投入8.19万元，为26户残疾人家庭开展智能和传统家庭无障碍环境改造。

【公益助残项目】 2022年，雨花台为辖区内低收入残疾人发放热水器1台、电视机32台、洗衣机24台、电风扇31台、电饭煲23台、冰箱12台、微波炉48台、电磁炉663台、电热水壶33台、轮椅20台，共投入资金24万元。组织开展“99公益日”网络募捐活动。区残联拟定《2022年度省残疾人福利基金会“99公益捐”项目实施方案》，制作2000份宣传彩页，分发到机关53个党（总）支部和8个街道（园区），在区政府政务大厅循环播放网络募捐宣传视频，动员机关广大党员、职工和社会各界爱心人士，为残疾人群体踊跃捐款；联合辖区6家社会组织，通过网络方式筹款57.62万元。

【第32次全国助残日活动】 全国助残日期间，区残联联合区多个部门开展“进阶式赋能——残疾人帮扶计划”系列活动，开展“点亮微光”“星光相伴”两个阶段专题活动，为全区127户一户多残、依老养残、特殊困难儿童和特校残疾学生家庭发放慰问金32万元；链接爱心企业，为在康复、托养机构的250名儿童和残疾人家庭等发放爱心助残物资约合人民币16.5万元。疫情期间，区残联积极协调爱心企业为残疾人服务机构提供疫情防控物资、生活物资，保障困难残疾群众生活。

【残疾人权益保护】 2022年，区残联办理残疾人证新办、残疾关系迁移等业务575人，开展跨省通办37人。为17名行动不便居民提供上门评残服务；受理“12345”政务服务热线工单50件，接待残疾人来访26人次，电话接听处理55人次；做好残疾人家庭环境无障碍改造工作，为23名低收入残疾人家庭提供智能化无障碍改造服务。

【爱耳日活动】 全国第23个爱耳日活动期间，雨花台区各街道残联组织开展爱耳日主题宣传活动。雨花街道康盛花园残疾人协会开展用耳健康知识讲座，志愿者讲师为听力障碍儿童以及其家长介绍耳鸣、耳聋等疾病的症状和应对措施，详细介绍《听力残疾儿童人工耳蜗康复救助项目》申报条件及流程、选配助听器等注意事项。西善桥街道明义社区开展爱耳日宣传活动，志愿者向居民发放“爱耳日”宣传资料，并为社区儿童、听障人士进行“关爱听力健康，落实国家救助制度”为主题的爱耳日专项知识宣传；雨花街道残联、雨花台区妇幼保健所、能仁里社区、雨花台区婷婷儿童潜能开发中心联合开展“爱耳日”公益活动。活动现场，雨花台区妇幼保健所讲师为参与居民开展听力讲座和免费义诊。

【雨花台区残联第七次代表大会召开】 11月16日，南京市雨花台区残联第七次代表大会召开。区委书记、中国（南京）软件谷党工委书记张连春，市残联副理事长、党组成员任金宝出席会议并讲话，区人大常委会主任、党组书记杨明，中国（南京）软件谷党工委副书记、管委会主任孙中华，区委副书记陆瑞峰，区政协副主席、党组副书记杨宝龙出席开幕式。区政府副区长吕晨主持开幕大会。大会审议区残联第六届主席团工作报告。选举产生区残联第七届主席团，推举产生区残联第七届执行理事会。区有关部门、各街道有关负责人以及残疾人代表等150余人参加大会。（马　莉）

责任编辑　张　玄

应急管理

2023 YUHUATAI ALMANAC

Emergency Management

综　述

【概　况】 2022年,雨花台区印发《雨花台区“十四五”应急管理规划》,编制完善各类应急预案。落实国务院安委会安全生产“十五条”硬举措,成立区应急管理综合行政执法大队,推进“安全生产专项治理”“百日攻坚”等专项行动,聚焦危险化学品、消防等重点行业领域和高层建筑、商场市场等重点场所,排查整改各类风险隐患,事故起数和死亡人数实现“双下降”,安全生产专项整治“三年大灶”行动顺利完成。开展“安全宣传月”“百团进百万企业千万员工”系列宣讲,全面压实安全生产主体责任。完善城市应急响应机制,组织开展防灾减灾、防汛、森林防火灭火等演练,强化应急救援队伍和信息化监管系统建设。全区应急管理体系和能力现代化建设取得初步成效。雨花经济开发区锦华新城社区获评全国综合减灾示范社区。

【应急预案体系建设】 2022年,雨花台区建立以1个突发事件总体应急预案为总揽、34个专项应急预案为支撑的数字化预案,组织指导街道(园区)、社区、企业、学校等基层组织应急预案规范化建设。年内,完成修订区级突发事件总体应急预案1个、区级专项应急预案25个。

【雨花台区应急指挥中心试运行】 1月1日,雨花台区应急指挥中心试运行。该中心于2020年11月15日开工建设,2021年7月21日竣工,投资额948万元,占地面积165平方米,位于区应急管理局一楼,分2期建设,整合区级各部门应急平台和资源系统,实现应急预案数字化与指挥调度可视化。其中,一期硬件建设重点加强融合通信系统的搭建,把视频会议系统、视频监控、布控球、移动手台等“孤岛”通信系统进行融合,打通数据壁垒,实现省、市、区、街道、社区网格员、企业六级联动,提升处置突发事件能力;二期软件建设重点围绕预警预测、指挥调度、安全生产、应急响应、应急资源五个方面展开,具备城市风险源普查、危险化学品监测预警、可视化应急指挥调度、重大事故专家“同框会诊”等功能。雨花台区应急指挥中心建有指挥大厅、接待室、会商室、物资仓库、强电间和弱电间5个功能区,配置100千瓦柴油发电机和UPS后备2小时电源系统,确保24小时不断电运行。

(李　军)

安全生产

【概　况】 2022年,雨花台区围绕“深化提升安全生产整治三年行动”“国务院安全生产15条硬措施大检查行动”“重点行业领域安全生产‘百日攻坚’行动”等工作,深入开展各项排查整治,督促隐患问题整改闭环,全区安全生产形势平稳。

【安全生产专项整治三年行动开展】 2022年,雨花台区安全生产委员会办公室(以下简称区安委办)印发《雨花台区关于深化提升“安全生产专项整治三年行动”的实施意见》,明确12个方面34项年度重点任务,全部完成;编印《雨花台区安全生产专项整治三年行动工作简报》12期。全年出动检查人员23189人,检查企业14505家。其中,约谈203家,警告36人,停产整顿33家,罚没金额593.73万元,行政处罚475家。

【企业安全生产标准化建设】 2022年,区应急管理局受理企业三级安全生产标准化申请材料36家,公告35家,开展安全生产标准化建设工作“回头看”,对30家三级达标企业开展安全生产标准化运行质量审计,全部合格。

【工业企业安全风险报告填报】 2022年,区应急管理局填报企业493家,其中规模以上企业98家、规模以下企业379家、名录库以外企业16家,录入较大以上风险信息1140条、重大风险信息3条,销号不符合上报类型企业85家。

【安全生产精准执法】 2022年,雨花台区安全生产监察大队成立精准执法工作领导小组和工作专班,围绕年度重点执法对象和事项,开展安全生产规范执法检查。执法检查、行政处罚等执法行为全部通过应急执法综合管理平台办理,执法案例报送率、合格率均为100%。推广“三位一体”执法模式和安全生产检查“十步法”,做到依法依规、公正执法。全年执法事前立案53起,事前处罚决定53起,处罚金额123.249万元,其中一案双罚13起、一案三罚5起。

【危险化学品领域安全风险排查整治】 2022年,区应急管理局全面排查危险化学品行业重大安全风险隐患,印发危险化学品、烟花爆竹企业安全生产大检查工作专项方案,督促全区3家重点危险化学品企业和18家加油站开展自查自纠,查出隐患134条并全部落实整改;执法检查危险化学品企业21家,发现并整改一般隐患81条,立案处罚2家,罚款1.35万元。制定全区危险化学品安全风险集中治理实施方案,对照2个方面突出问题和3个环节重大安全风险,深入开展自查自纠,细化涉及辖区的48条问题和隐患,明确5个方面19项保障制度措施,每季度组织召开1次推进会,推进重大风险隐患排查、防范治理落实,有效消除一批安全风险和事故隐患。对照《危险化学品生产使用企业老旧装置安全风险评估指南(试行)》,全面摸排辖区危险化学品生产企业老旧装置,经查,全区2家生产企业老旧装置无需列入整治范围。督促宝武矿业梅山分公司开展自查评估,形成老旧装置安全风险评估台账,确定安全风险等级,建立“一装置一策”方案,提高企业生产装置安全管理水平。

【安全生产宣传】 2022年,区应急管理局组织辖区生产经营单位负责人、安全管理人员开展培训9期,培训1200余人;组织全区领导干部开展安全生产专题培训班、各类宣传知识讲座12次。组织开展“百团进百万企业千万员工”安全生产专题宣讲活动46场,宣讲人数39人,参与企业523家,参与人数3864人,发放《习近平总书记关于安全生产重要论述六大要点》《企业落实安全生产主体责任重点事项20条》单页3400份。举行全区“安全生产月”活动,“安全生产月”咨询日展出安全知识、事故案例等展板50余块,发放安全知识宣传单2000份,参与群众200余人。

【安全生产大检查】 4月,区安委办印发《区安委会关于深入开展全区安全生产大检查工作》,全面开展安全生产大检查。派出检查人员18760人次,检查各类企业、单位、场所等36411家次,排查隐患28640个,落实整改28486个,整改完成率99.5%。

【工贸行业安全生产专项整治“百日清零行动”】 6—9月,区应急管理局印发《雨花台区工贸行业安全生产专项整治“百日清零行动”实施方案》,成立工作专班,重点对辖区钢铁、粉尘涉爆和静电喷涂企业开展重点整治事项“清零”行动。检查企业13家次,发现隐患154条,立案处罚相关企业5家,罚款15.45万元,相关问题隐患全部督促企业完成整改。

【重点行业领域安全生产“百日攻坚”】 7月,区安委办印发《关于开展重点行业领域安全生产百日攻坚行动的实施方案》,推进重点行业领域安全生产“百日攻坚”行动。完成企业自查255家,发现问题557条,全部完成整改。全区派出区级检查组632个、跨区交叉检查组3个,专项检查企业3447家,发现问题1611条,完成整改1605条。自建房及燃气领域召开调度会议12次,印发通报6次。（李　军）

消防管理

【概　况】 至2022年末,雨花消防救援大队下辖消防救援站6个,其中现役消防救援站2个（安德门站、铁心桥站）、政府专职队4个（烈士陵园站、大周路站、宁南撬装站、岱山站）。全年接警出动923起,其中火灾扑救402起、抢险救援338起、社会救助113起,出动队伍1233队次,出动车辆2619辆次,出动人员13506人次。全年检查单位消防安全2268家,发现火灾隐患3487处,下发责令改正通知书1591份,督促整改3442处,下发行政处罚决定书230份,临时查封单位19家,责令“三停”单位17家;排查出重点整治小型经营场所9418家,发现火灾隐患15805处,整改完成火灾隐患14997处。全区火灾形势总体稳定。

【重大火灾隐患挂牌督办】 2022年,雨花台区提请市政府对南京月星家居市场经营管理有限公司、南京全联市场管理服务有限公司、雨花商厦3家重大火灾隐患单位实施挂牌督办,全部按期完成整改销案。区政府本级挂牌督办辖区消防隐患14处,涉及宁南汽配城、创智大厦、南京中普金鹰电气电讯有限公司等。至年末,8家整改完成,剩余6家在整改推进中。

【火灾隐患排查整治】 2022年,雨花台区消防安全委员会办公室牵头组织相关部门骨干力量和第三方技术专家40人,成立4个督导组,对全区50家商业经营场所（其中大型商业综合体9家、市场24家、商业街区3个、汽车4S店14家）开展专项联合检查,发现问题1463处,行政处罚21起,罚款金额35.2万元。对检查的大型商贸经营场所建立“一企一册”,对重点整治问题形成隐患清单和整改责任清单,定期调度整改进度情况。

联合各街道、各部门联合执法,开展“治本攻坚”专项行动,排查出八类重点整治的小型经营场所9418家（其中餐饮场所2979家、公共娱乐场所422家、网吧28家、宾馆227家、商铺1869家、养老院14家、修理店283家、生厂加工企业434家、其他场所3162家）,累计检查

19898家次。针对十类治理重点，发现火灾隐患15805处，整改完成火灾隐患14997处。

针对老旧小区、“厂中厂”（同一厂区内经出租存在2家及以上生产经营单位的企业）、小型经营场所、“三合一”场所（生产、经营、存储其他物品的场所与居住场所在同一建筑内不符合消防技术标准的合用场所）等重点领域火灾隐患问题，在全区推广安装简易喷淋，为全区孤寡老人、残障人士等弱势群体安装简易报警装置，在电动车集中充电停放场所安装电动车集中充电装置。全区安装电动车智能充电桩270余组，新增充电插口近3000处，新增独立式火灾报警探测器3900余只，新增简易喷淋系统110余套。查封东方娃娃易燃货物仓库等9处严重隐患场所，拆除丁家洼33号等地聚氨酯泡沫夹芯彩钢板7000余平方米，督促900余家未定期清洗油烟管道的餐饮场所全部完成整改。责令30余户隐患商家停业整改，罚款10万元。取缔多处非法使用环保油燃料场所，清理、没收非法在高层建筑、地下室使用的液化石油气钢瓶50只。

【灭火救援能力提升】 2022年，消防救援大队分别联合区应急管理局、区农业农村局、交警八大队及相关街道开展森林火灾灭火应急拉动、道路交通事故应急救援联合演练、高层小区应急疏散演练，对全区大型商业综合体和超高层建筑开展消防设施调查测试。积极推动装备技术革新，研究制作多功能侦检仪、新一代智能空气呼吸器系统、便携式泡沫液输转泵、交通警示牌、闪烁指示灯、头盔反光姓名标志、便携式折叠水带、便携式串联搜索器以及作战训练安全手册9项器材。其中，多功能侦检仪、新一代智能空气呼吸器系统、便携式泡沫液输转泵分别获得南京市消防救援支队开展的2022年度装备“小革新、小发明、小创造”成果评比活动一、二、三等奖。

【消防安全宣传】 2022年，雨花消防救援大队对辖区公安派出所、中小学、幼儿园、街道、社区、物业服务企业以及社会单位开展多场消防安全培训，深入居民家中开展进门入户“面对面”消防宣传。将核酸检测点作为

10月13日，雨花台区在铁心桥街道将军山安堂凹水库附近山域开展森林灭火应急演练

（区农业农村局　供图）

宣传阵地，邀请广大市民扫码在线学习消防安全知识。利用户外广告屏幕、楼宇电视、LED电子屏、南京南站等重点场所，每天在不同时段滚动播放消防公益广告，形成“道路有标语、街道有广告、场所有提示”消防宣传全覆盖。雨花台区消防安全委员会办公室牵头举办全区第二届消防职业技能竞赛，雨花消防救援大队开展“119”消防宣传月活动。联合中央、省、市级媒体，发布关于开展“学雷锋”服务、牢筑消防产品质量“防火墙”、楼道“微治理”民心“零距离”老旧小区安全隐患整治、交通事故演练处置以及“119”消防宣传月系列报道26条，其中中央媒体报道4条、省级媒体报道12条、市级媒体报导10条。动员群众参与线上消防安全培训400余次。自3月1日《江苏省住宅物业消防安全管理规定》正式实施起，在全区高层建筑张贴住宅消防安全宣传海报8000余份。（诸舟亭）

护林员日常巡林　（区农业农村局　供图）

【森林防火灭火】 2022年，区应急管理局调整完善森林火灾应急预案和森林防灭火指挥部成员单位管理，定期召开全区森林防火灭火工作联席会议，加强传统节日和高火险期的森林防火值班备勤，严格落实24小时领导带班和专人值班制度。全区各街道（园区）招募204名护林员队伍，建立分级管理制度，遵照森林火灾报告制度，及时准确上报森林火情。组织全区参训人员收看专家辅导授课和教学录像片4次。区农业农村局深入开展全区森林火灾风险普查，及时备足、更换防火物资，加快推进森林防火融合调度指挥分中心和引水上山项目等森林防火基础设施建设。配置防火监控探头10个，覆盖全区林地95%，如发现疑似火情信息，平台可第一时间自动报警。为全区214名护林员配备智能巡护手环，实时掌握护林履职情况。通过在重点林区入口悬挂横幅、竖立警示牌、设置54个智能语音播报器自动播放、安排护林员执勤宣教等方式，加强森林防火灭火宣教警示提醒。针对林区清杂管理、野外火源管理、防火物资储备，以及林区值班人员、防火专业队员和护林员履职尽责情况，开展督导检查81次，发现一般隐患17个，全部完成整改。全年未发生森林火灾险情。

（李　军　胡蜀高）

灾害防治

【概　况】 2022年，雨花台区组织全区灾害信息员业务视频培训和全区抗震设防信息采集员培训4次，组织开展“江苏地震应急灾情速报系统”灾情信息员模拟演练6次。围绕“减轻灾害风险　守护美好家园活动”主题，开展雨花特色广场宣传活动14场，利用电子大屏滚动宣传防灾减灾信息36块，发放宣传材料12000余份。指导各街道、社区组织开展防灾减灾演练与宣传活动20余场，在学校组织开展防灾减灾演练活动120余场。投入56万元为全区居民购买自然灾害民生保险和家庭财产损失保险，对67位摔伤居民、23户财产损失家庭给予赔付。完成雨花台区第一次全国自然灾害综合风险普查（应急系统）项目中期验收。利用金陵气象灾害靶向预警防控系统发布气象预警工单15557条，排查隐患点并办结4584次。雨花经济开发区锦华社区获评2022年度“全国综合减灾示范社区”。（李　军）

【防汛抗旱】 2022年，雨花台区执行防汛抗旱行政首长负责制，调整区领导、区机关驻点分工安排，以及区防汛抗旱指挥部小组与成员职责，修订《2022年雨花台区防汛抗旱工作意见》，构建全区防汛抗旱组织体系。完成板桥河老朱家闸至下闸泵站段、板桥河张家岗沟段防汛消险改造项目和扬子江大道高铁桥下、绕城高速天保驾校下穿涵洞积淹水改造项目，总投资3197万元。汛前开展4轮防汛检查和在建涉水工程专项检查，排查风险隐患点73处，其中险工隐患点1处、易积淹水点52处、在建涉水工程17处、重点塘坝3处，落实责任制，编制“一点一案”防御方案，汛期安排专人值守，密切关注风险隐患点实时情况。对全区56座（其中南京南站2座、梅山钢铁集团7座）计202.84立方米/秒流量排涝泵站开展全面检查和维修保养；检查清疏排水管网212.53千米，清疏部分重点路段管网2遍，清捞检查井9401口，清捞雨水箅11460个，实现汛前管网全清疏。

【汛期救援】 2022年汛期，雨花台区遭遇多轮降雨。最大降水量出现在6月23日夜间，因短时强降雨，辖区各站点降水量为21~184.5毫米，最大降水量落点在区水务局站点，造成全区域出现较严重积淹水情况，积淹水48处，其中小区积淹水15处。各街道（园区）、区防汛抗旱指挥部成员齐力协作开展积淹水排除，当夜全区出动1210人、72辆应急车（其中泵车3台），投放应急水泵55台。至6月24日7：00，所有积淹水基本排除，未对早高峰交通出行造成影响。（毛雨婷）

【地质灾害防治】 2022年汛前，南京市规划和自然资源局雨花台分局向各街道（园区）发送“两卡一案”（地质灾害明白卡、遇险卡及应急预案），督促其开展汛前自查；组织技术专家开展全区地质灾害隐患点拉网式排查，全面查清地质灾害隐患底数，确认全区地质灾害隐患点12处，逐一落实防灾减灾措施。汛期建立常态巡查机制，除对日常防控地质灾害隐患点开展巡查，重点加强对水利工程、工矿企业、高陡边坡等易发生地质灾害的危险部位巡查，执行24小时值班制度，保障险情发生及时响应。汛后，组织技术专家对地质灾害隐患点动态变化情况（包括地质灾害点数量、威胁范围和对象等）进行复查，确认无新增地质灾害隐患点，治理完成并核销地质灾害隐患点1处，即雨花街道南京广播电视大学雨花校区东侧隐患点。至年末，雨花台区地质灾害隐患点有11处。（张　立）

【松材线虫病防控】 2022年,区农业农村局根据《关于印发〈雨花台区2022年度松材线虫病除治方案〉的通知》,开展松材线虫病除治与指导。以街道和相关单位作为责任主体,建立组织机构,组织专业技术力量,开展病死树清理,对枯死树木应清尽清。实施精细化疫木除治,在疫木清理前制定专项技术方案,在清理过程中引入林业有害生物智能管理系统,对疫木除治工作实时监管,保障疫木除治质量与进度监管,从伐桩包裹、迹地处理、疫木运输、疫木粉碎等各个环节制定疫木除治精细化流程。编写疫木处理伐桩编号,拍摄砍伐影像资料,建立疫木除治"一树一档"档案,建立伐桩二维码溯源,全程闭环管理。严禁疫区内所有松科类植物及其制品的流入与流出,强化疫木封锁管理,保障伐倒松木零流失。全年清理松材线虫病病死树5284棵。

【加拿大一枝黄花防控】 2022年,区农业农村局制定并下发《雨花台区加拿大一枝黄花防除工作方案》,各街道(园区)制定工作方案并开展全面普查,梳理一枝黄花在辖区内的发生点(片)位置。全年投入防除经费186.38万元、防除机械157台、参与防除6571人次,防除面积367.55公顷(全部开花)。

(胡蜀高)

应急救援

【应急物资储备】 2022年,雨花台区推动区、街道、社区三级物资储备,修订区级应急救灾物资装备清单,购置应急帐篷200顶、折叠床300张、棉被300床、垫褥300床。对接麦德龙、苏果超市等大型商超,签署应急食品代储协议,按照500人15天基数,代储大米6吨、食用油300箱、食盐25公斤、方便面200箱和足量饮用水。

【应急处置培训】 2022年,雨花台区联合社会救援队分别在板桥街道、雨花经济开发区开展"小型场所单位应急处置公益培训",对日常消防、用电、燃气、危险化学品安全知识进行理论讲解,组织开展安全技能实际操作与演练,提高小型场所单位应急处置能力。参加培训的小型场所业主近100人。推动辖区企业建立应急处置卡应用工作制度,增强企业岗位员工应急意识和自救能力。全区各部门和基层单位组织应急演练182场。

【应急救援队伍建设】 8月,南京先锋应急救援中心救援队伍成立。至年末,全区建有应急救援队伍7家,分别为:南京宁安应急救援服务中心、南京曙光应急救援服务中心、南京民安减灾应急促进中心、南京蓝豹减灾救援公益促进中心、南京宏浩应急救援队、南京泓洋应急救援队、南京先锋应急救援中心。救援队伍类型包含城市防汛、搜救、绳索救援、山地救援、水上救援、医疗救助、后勤保障等,队伍总人数700余人,拥有包括防汛、防灭火、抗震救灾等救援物资及装备。 (李　军)

责任编辑　杨静珺

雨花台年鉴

2023 YUHUATAI ALMANAC

街道·园区

2023 YUHUATAI ALMANAC

Subdistricts & Development Zones

雨花街道

【概　况】 雨花街道位于雨花台风景名胜区南麓，是雨花台区政府所在地。辖区东至宁溧路（卡子门大街），南至宏运大道，西至宁丹路，北至应天大街（雨花西路），面积12.06平方千米。2022年末常住人口10.3万人。辖雨花、丁墙、花神庙、农花、南站、康盛花园、能仁里、翠岛花城、普德村、翠竹园、共青团路、雨花台、吉山、凤凰山、云台山、青龙山16个社区。街道党工委有基层党组织113个，其中党委5个、党总支9个、党支部99个；党员4219人。

2022年，实现地区生产总值52.33亿元；外贸进出口总额15亿元；全社会固定资产投资7.88亿元；一般公共预算收入2.72亿元；社会消费品零售总额181.86亿元；实际使用内资5.14亿元，实际使用外资1500万美元；软件业务收入56亿元。签约上海诺玛液压、广东国融绿色新能源、北京嘉事苏堂医疗器械等亿元以上项目，签约项目投资总额51.3亿元。新申报高新技术企业62家。新增规模以上企业16家，新增高层次创新创业人才4人，新增数字经济企业50家。挂牌雨花瀚瑞数字创新中心、郁金香数字产业园等数字经济楼宇，技术合同成交额3.2亿元。科技中小企业入库123家，实现有效发明专利216件。争取省、市、区奖补资金近500万元，并按1∶1进行配比，惠及辖区近100家科技型企业。推进普德科创文化园、雨铁综合社区服务中心等4个人代会项目建设，实现投资3.4亿元。

全年发放低保金247.2万元；“两项补贴”（困难残疾人生活补贴、重度残疾人护理补贴）惠及7324人241.2万元；特困供养人员惠及18人32.3万元；发放80周岁以上老人尊老金2862人169万元；发放困境儿童补贴27人30.2万元；发放“三类”残疾人补贴38.7万元。完成新一届残联换届选举。完成600名残疾人“残疾人家庭医生”服务签约。节假日期间走访重病、困难残疾人群170人，发放慰问金（慰问品）近200万元。出资5万元为165名残疾人提供体检服务。依托“南京南站区域党建联盟360”平台，组织线上招聘会5场次、线下招聘会3场次。对接中国石油化工集团有限公司、宏图（集团）有限公司、万科企业股份有限公司、英菲尼迪汽车公司等50余家企业，提供就业岗位近1000个，实现就业700余人次。

年内，雨花街道团工委被团市委评为“五四红旗团工委”；雨花街道新的社会阶层人士联谊会“花红e万家”实践创新基地被市委统战部评为“第三批市级新的社会阶层人士统战工作实践创新重点项目”；“云上花

3月10日，雨花街道在“南京南站区域党建联盟360”广场开展“春风行动”线上、线下招聘会活动
（雨花街道　供图）

神”“微花园”案例入选市优秀“一社区一案例”；与区委党校合作调研撰写的《微治理大平安——以翠竹园社区疫情防控体系为例》被《雨花微调研》刊载并在全区推广。

【基础建设】 2022年，雨花街道完成地铁10号线二期共青团路站153户征收任务。投入资金100万元实施绿化养护管理16处。投入资金580万元养护各小区和驻地单位建成管网，实现老旧小区物业管理委员会覆盖16个片区42个小区。完成花神庙文体小游园、文化大厦等标准化示范单元创建。完成功德园路和民和路背街小巷整治。68个小区、121个点位的垃圾分类环保屋（亭房）投入使用。完成街道级河长巡河45次、社区级河长巡河128次，实现“污水不入河、堤岸无损毁、河底无淤积、河面无垃圾、岸坡无侵占、汛期无险情”的目标任务。投入资金1500万元建设普德寺后山小游园项目，项目占地面积约10980平方米。投入资金1233万元实施麦德龙暗涵及农花河上游段清疏整治改造，总长度约1.79千米，清淤量1.4万立方米。

【社区建设】 2022年，雨花街道完善“大数据+网格化+铁脚板”治理格局，推动“党建引领向未来　网格服务一体化”暨“党建引领、网格自治工作法”社会治理特色工作课题，打造“1+1+*N*”红色网格服务队。在花神庙社区培育“警网融合”项目，促进公安警务室工作和网格化社会治理工作相互融合。在翠竹园社区确定以“善举济世　共筑博爱”为主题的“一社区一案例”品牌项目，联合区红十字会走访居民45人，出动全民核酸志愿者60余人次，累计服务200余小时，开展急救培训、健康讲座等20余场；在花神庙社区探索“党建+花神文化”的特色社区治理之路，推进线上“云上花神”党建品牌建设，打造“全龄友好社区”，“云上花神”打造社区服务“零距离”项目，成功入选全市首批60个“一社区一案例”重点培育项目；农花社区与江苏宁创律师事务所共同设立“汪晶执委工作站”，定期开展“家庭学法月”“党旗耀芳华　农花月更圆”等法治宣传活动近20次，建立“农花社区法润民生群”“茶韵农花”微信群和“农花社区”微信公众号，推送法治资讯300余条。年内，翠竹园社区“侨胞之家”被中国侨联确定为2021—2022年度全国侨联系统“侨胞之家”典型选树单位；农花社区被共青团中央评为“社区青春行动全国试点优秀社区”；翠竹园社区被省精神文明建设指导委员会评为“江苏省文明社区”；花神庙社区被团市委评为“南京市第27届青年文明号”，并入选省级“三全”家庭教育指导服务示范社区建设名单。

【平安建设】 2022年，雨花街道打造个人品牌调解工作室、法院驻街工作站、法律援助律师顾问等“三位一体”多元调解模式。接待群众来访27批次47人次，处置到市、区集访4批次120余人次，受理办结网上信访63件。3家市级挂牌督办的消防安全隐患整改完毕，完成高层楼宇消防改造27栋。巡查场所单位26100家次，现场整改隐患13871处，限期整改隐患3564处。不定期检查瓶装燃气经营单位200余家次，即查即改隐患60余处，推进“安心管”工程，完成灶具置换220户。

【“南京南站区域党建联盟360”建设】 2022年，雨花街道党建联盟新增南京科技馆、卓学教育、区城管局等联盟成员，打造“360红宣讲”“360红实践”“360红公益”“360红服务”四大红色品牌；通过原创情景剧、剧本杀、快闪等方式丰富党史教育形式，开设雷锋精神专题党课；打造南京第一批样板“宁小蜂”驿站，为新业态、新就业“两新”人员提供休憩、阅读、充电等服务，成立“360宁小蜂临时党支部”，让“两新”党员有组织归属感；举办“因为南京 相伴成长”公益研学活动，来自青海省大通县、陕西省丹凤县、江苏省淮安市洪泽区的40名家庭困难学生参加。

【微花园共建】 2022年，雨花街道人大工委在雨花台社区试点实施“人大代表进网格”工作，通过组织代表进社区网格群，把“网格”建成“民情通道”，促进代表深入了解社区民情。其中区人大代表、雨花建设总经理陈峰在雨花台社区走访选民时了解到普德村132号小区存在毁绿种菜现象，了解到社区与共建单位区应急管理局开展“一社区一案例”工作，通过建设微花园来撬动社区文明环境的自治，但因缺乏资金运行维护，品质景观小区的推动进程较慢，陈峰当即表示愿意提供公共花园绿化及养护资金。提升老旧小区景观品质获居民一致好评，并被《南京晨报》、“大蓝鲸”抖音公众号、交汇点新闻等报纸媒体和平台报道。 （姜玮玮）

赛虹桥街道

【概　况】 赛虹桥街道位于雨花台区西北部，东起中山南路高架桥、雨花南路中心线，西至雨花台区与建邺区交界处，南起宁芜公路（安德门—宁铜铁路小行道口段）中心线，北至雨花台区与秦淮区交界处，面积7.31平方千米。2022年末常住人口7.67万人。辖赛虹桥、安德门、小行、长虹路、玻纤院、菊花里、邓府山、龙福8个社区。街道党工委有基层党组织30个，其中党委8个、党总支2个、“两新”党支部20个；党员2628人。

2022年，实现地区生产总值94.36亿元，全社会固定资产投资55.79亿元，一般公共预算收入5.008亿元，社会消费品零售总额234.66亿元，外贸进出口总额13亿元，居民人均可支配收入7.59万元，实际利用外资1.266亿元，软件业务收入92亿元，高技术产业投资0.8亿元。引进中电智恒信息科技项目、南京牧安信息技术项目、南京兢志远科技项目等亿元以上项目3个，投资总额5亿元。针对异地注册户开展税户划转工作，成功划转重点企业江苏苏汇供应链管理有限公司。制定并完善《赛虹桥街道房产（土地）出租管理办法》，全年新签订房屋、土地租赁合同58份，房屋出租面积20591.8平方米，土地出租面积72442.17平方米。

全年发放救助资金830万元，覆盖低保户263人、边缘户61人及8大类群体近3000人。开展特殊困难群体救助帮扶专项排查整治行动，排查出特殊困难群体943户，重点跟踪95户104人。设立区慈善总会赛虹桥街道分会，补贴2户困难学生1.3万元。新增高技能人才125人，引领大学生创业38人，支持自主创业526人，安置就业困难人员5人。开展专场招聘会7场，提供工种153类、就业岗位1410个。受理协调欠薪问题17起，追回劳动报酬257.19万元。成功培育省、市级清欠办示范工地各1家。接收企业退休社会化管理人员

10987人，发放慰问金53万元。安排4700名退休人员参与健康体检。发放夏送清凉用品4281份。发放优抚补贴400万元，向参战参试退役人员发放慰问金14万元。

年内，赛虹桥街道被工信部、民政部、国家卫健委评为智慧健康养老示范街道；被省委宣传部、省委组织部评为2021年度全省基层党员冬训工作示范街道；被省精神文明建设指导委员会评为2019—2021年度江苏省文明单位。赛虹桥街道司法所被省司法厅评为省优秀司法所。赛虹桥街道商会被省人力资源和社会保障厅评为全省工商联商会组织先进集体。

【基础建设】 2022年，赛虹桥街道完成拆迁面积13705.02平方米，拆除违章建筑181处、面积10685平方米。启动尤家凹3号片区棚改项目和长虹路片区城市更新项目征收工作。配合区交通局完成紫荆花路西延工程最后一家企业籽琪加工部搬迁工作，拆迁面积1274平方米。完成南京高速齿轮产业发展有限公司、西营村1.2公顷拆迁工作，拆迁房屋面积2.29万平方米。更新改造零散老旧小区16个、房屋33栋，改造面积9.04万平方米，惠及居民1028户。实施邓府山村24栋西侧滑坡地质灾害整治、应天花园小区地面塌陷及雨污管网严重破损应急整治、环形沟暗涵清疏整治及油脂化工厂、菊花暗涵清疏整治。完成赛虹桥公交场站道路挡土墙、无障碍通道及台阶续建。全年开展施工工地全覆盖检查500余次、危废固废巡查300余次，环境问题查处立案24件。在8个停车场施划共享停车位54个。完成吉庆里小区、康润园小区、铂悦澜庭小区、南河东寓4个省级达标小区创建并采取市场化运营。落实雨花西路50号、雨花西路100号等10个“C级”小区垃圾分类除差工作。完成69个小区135处亭房建设，其中43个小区垃圾分类工作移交物业管理。开展观云路、丁树路环境整治提升工程，投入资金约200万元。

【社区建设】 2022年，赛虹桥街道完成“时间银行”养老服务订单1623单，开展送检查进社区6次，为近4000名老人提供医疗咨询服务。引入专业服务机构为1700余名80岁以上老年人提供上门“三助”服务。为25户困难老年人家庭实施居家适老化改造项目，打造2100平方米街道级居家养老服务中心。组织红色观影活动4场、全民阅读活动80余场、“道德讲堂”活动32次，区、街道主办（承办）文艺演出16场、社区文艺演出40余场、展览活动8场、讲座20余场。开展志愿服务活动400余次，相关志愿服务活动被中央、省、市各级媒体平台报道40余次。年内，安德门社区被省精神文明建设指导委员会评为“江苏省文明社区”；玻纤院社区被省妇联评为全省新建“三全”社区；长虹路社区被省民族宗教事务委员会评为全省第三批“红石榴家园”；菊花里、邓府山社区被省住房和建设厅评为2021年度省级宜居示范居住区。

【平安建设】 2022年，赛虹桥街道以“181安全生产平台”为抓手，依托安全生产网格化治理体系，梳理5个应急网格、6个专属网格内风险隐患源单位3327家，巡查走访16041次；发现隐患12345条，整改12330条，整改率99.88%；小型场所（单位）安全信用脸谱注册完成率100%，安全评估完成率100%，月度体检率完成100%。开展安全执法检查237

家，发现安全隐患244处，整改243处，隐患整改率99.59%。开展厂中厂、大市场、九小场所、燃气餐饮场所、居民小区消防等13类专项安全整治及节假日安全生产督查保障工作，发现安全隐患10341处并完成整改。推进长虹路社区70岁以上高龄独居空巢老人家中燃气报警器安装。完成君悦城市花园高层消防隐患整改。开展消防救援、火灾逃生演练活动80场，举办安全生产大讲堂、专题讲座8场。接待群众来访141批次556人次，及时钝化尤家凹3号危房消险矛盾等新生问题。

【"微立方"党建联合体打造】 2022年，赛虹桥街道聚焦基层治理突出问题，结合全市开展的"同城共筑"行动，打造"微立方"党建联合体作为书记项目。制定出台《关于打造"微立方"党建联合体推进基层治理的实施意见》，推动属地机关、企业、"两新"组织等融入基层治理，汇聚多元共治"虹力量"，形成基层治理强大合力；把为70周岁以上高龄独居空巢老人家中安装燃气报警器作为切入点，推动长虹路社区与省、市、区住建系统、燃气公司共同打造红色"燃"阵地，入选南京市首批"一社区一案例"项目，并推广至全街道。年内，"微立方"党建联合体在《南京党建》《学习强国》《新华日报》《人民日报》等媒体刊登报道30余篇。

【淮风晓月项目】 12月主体封顶。该项目位于东至宁芜铁路，南至雨花南路，西至凤台南路，北至凤凰和美小区；规划占地面积5.15万平方米，建筑总面积21.2平方米，其中地上住宅建筑面积14.4万平方米，建设33层住宅9栋、房源1037套，地下建筑面积6.5万平方米；计划总投资58.7亿元，由南京沪铁房地产开发有限公司建设。 （王 香）

铁心桥街道

【概 况】 铁心桥街道位于雨花台区南部，距中华门4千米、禄口机场15千米，省道宁丹路贯穿南北，绕城公路、软件大道、龙西路，龙翔大道贯穿东西。东、西、南与江宁区接壤，北与雨花街道和赛虹桥街道相邻，土地面积27.21平方千米。2022年末常住人口15.6万人。下辖铁心、尹西、定坊、高家库、马家店、春江、新河、景明佳园、翠岭银河9个社区。街道党工委有基层党组织82个，其中党委6个、党总支5个（其中社区党总支4个、商圈党总支1个）、党支部71个；党员2410人。

实现地区生产总值30.07亿元，社会消费品零售总额28.36亿元。商圈入驻全球首店1家、华东首店1家、江苏首店5家、南京首店2家、区内首店11家。编制完成2021年度资产收益报告。审核经营性集体资产租赁合同165份。完成南京市农村集体资产监督平台预警工作，及时处理预警142条。

新增城镇就业5210人，实现再就业2062人，新增大学生就业参保人数6291人。开展"就业援助月"、南京市女性专场招聘会等就业服务专项活动10场，依托市、区人社对接高校组织开展校园系列招聘活动2场。提供岗位信息1200余个，推荐就业1500余人次。援助就业困难人员112人，新增公益性岗位安置就业困难人员5人。指导创业贷款申报2笔，支持成功自主创业者1034人，引领大学生创业67

人。上门督导培训企业22家，跟踪辅导企业申领补贴260余家，新增高技能人才318人，适岗培训1043人，见习培训110人，开发见习岗位280个。动态更新低保、重残、特困等扶贫人员1043人。为符合条件的247人办理免费城乡居民养老保险，扶贫人员参保完成率100%。向9380人发放“夏送清凉”慰问品，组织企业退休人员5757人健康体检。大病救助1699人次，受理临时救助20户。为辖区内80岁以上老人发放尊老金10504人次。完成2022年度残疾人家庭医生签约997人、就业年龄段残疾人就业及参加社保信息核查520人、老年人体检6493人、“两癌”（宫颈癌、乳腺癌）筛查1928人。为113名持证残疾人申请办理2021年度残疾人社保补贴。完成0~3岁托育机构复工验收工作，发放药具3343个。新增AED急救设备5台，完成辖区内红十字会急救培训500余人次。推进“一件事一次办”改革，将新生儿出生“一件事”服务对象从街道户籍向非南京籍常住人群拓展，全年辖区办理“新生儿出生一件事”148件。

年内，铁心桥街道铁心商会被中华全国工商业联合办公厅评为2021—2022年度全国“四好”商会；春江社区分别被人力资源社会保障部办公厅评为第五批国家级充分就业社区，被省委全面依法治省委员会办公室、省司法厅、省民政厅评为江苏省民主法治示范社区，被省爱卫办评为江苏省健康社区；景明佳园社区被省文明办评为2019—2021年度江苏省文明社区。

【基础建设】 2022年，铁心桥街道完成拆迁14740.32平方米，其中126省道南京段改扩建工程涉及5户房屋拆迁2965.32平方米，荷塘地块城中村改造项目中金旅集团办公区拆迁2800平方米，马家村委会项目拆迁6600平方米，高铁产业园项目中南都花卉地块拆迁2375平方米。拆除违章建筑260处、面积66089平方米。完成宁丹路沿线春江花园等5个小区、46栋楼宇、15.6万平方米环境综合整治。响应市、区两级搭建停车资源共享平台，新增停车资源共享机关单位3家。新增并复线非机动车线面积4390平方米，完成辖区52个小区垃圾分类资源回收“两网融合”投点建设工作。完成4个省级达标小区创建工作、6个小区“争优除差”工作。帮助沿街商户清洗店招标牌160个，冲洗油污路面175处。清理非法小广告280张、整治占道经营56处。维修阅宁路人行道面包砖约900平方米，更换路牙石和平牙石800米。更换景明佳园社区特巡警出行路边沟盖板300块，完成宁通线路面裂缝和沉陷维修沥青约320平方米，修复跨铁桥桥梁砼户维修砂浆165处。维修江淮路、天隆坊南路、致远路、春晓路、凤翔路等坑洼及人行道破损22处、350平方米。整改占用林地图斑3.74万平方米，补植紫薇、桂花、栾树等绿植约4500株。

【社区建设】 2022年，铁心桥街道完成社区居民委员会补选工作，产生社区居委会主任6人、社区居委会副主任2人、社区居委会委员3人。完成2022年度雨花台区数字社区等级评定申报工作，其中景明佳园、新河社区申报AAAAA级，春江社区、定坊社区、高家库社区申报AAAA级，尹西社区、翠岭银河社区申报AAA级。在9个社区成立环境和物业管理委员会。完成行业优秀党组织定坊兴苑党小组推选工作。对辖区内63个住宅物业项目开展安全检查9轮，及时发现并处理问题112处。组织消防电梯安全设施、设备安全管理等培训5次，参加培训人员139人次。审批应急维修和一般维修资金项目13个，涉及住宅小区5个。完成辖区全部982台住宅电梯“一梯一档”和298栋高层住宅“一栋一档”安全档案的建立。

【平安建设】 2022年，铁心桥街道化解矛盾纠纷328起，公调对接案件调解成功188起。推广“苏解纷”小程序注册2300余人，在7个社区成立家事调解室。成立街道统筹发展和安全“大走访、大排查、大攻坚”行动领导小组，并建立联席会议机制，录入“宁稳通”平台风险信息25条并化解风险。受理劳动争议案件12起，调解处理网上劳动争议案件64起。维护农民工合法权益，协调处置欠薪案件9起。开展地下室住人整治工作，清理群租房11户、地下室住人141户。推进街道应急管理智慧网与“181”信息化平台相融合，设置安全生产应急网格20个、专属网格4个，依托监管平台，开展排查治理风险隐患，巡查走访场所29469家，发现隐患21493条，现场整改17318条，其余均限期整改。检查工贸企业447家次，整改隐患1896条，清理“厂中厂”承租企业2家，劝退危化品企业1家，取缔回潮的“三合一”场所12家，整改高层住宅建筑和商住体消火栓无水问题37栋。开展燃气安全百日攻坚行动，组建9个检查组，对551家用气单位进行检查，发现安全隐患96处，完成整改75处。推进辖区内液化石油气用户“安心管”免费升级工作，完成“安心管”免费升级137户，完成“瓶改管”2户。对辖区内自建房399幢进行安全排查，消除隐患房屋2处。开展法治宣传活动10场次，发放宣传折页1200余份、法治宣传品2500余份，悬挂宣传标语350余幅，受教育人数2万人次，解答法律咨询近30人次。对142名防火护林员实行定人定岗，全年未发生一起山林火灾。

【“同心桥公益爱心助老联盟”成立】 3月2日，团区委、铁心桥街道政协工委、铁心桥街道社会事务服务中心联合辖区企业、部队、学校、医院及省、市、区社会组织，在区社会福利院举办“同心桥公益爱心助老联盟”成立揭牌暨学雷锋志愿服务启动仪式。该联盟联合江苏省薪火公益联盟、南京市公共工程建设中心、南京市延陵荟公益服务中心等单位，发挥爱心助老联盟的资源优势和共同体作用，扩大帮困对象服务外延、扩展帮困对象服务内涵、扩充帮困志愿服务群体。

【“三联”党建工作模式】 2022年，铁心桥街道采用“三联”（即“组织联心”“运转联动”“品牌联创”）党建工作模式，发挥“中心荟”商圈党建的“红色枢纽”作用，依托社区党群服务中心、商圈服务站点等阵地，挂牌成立雨花客厅、世茂52+在内的“宁小蜂”驿站14个，吸引10名党员主动报到，构建新业态新就业群体“商圈15分钟便民服务圈”，帮助200余名快递、外卖小哥解决配送末端“急难愁盼”的问题。

（李纪滕）

板桥街道

【概　况】 板桥街道位于雨花台区西南部，东至宁铜铁路边界，西依长江，南与江宁区江宁街道相邻，北与西善桥街道接壤，面积30.51平方千米。2022年末常住人口33246人，辖板桥、三山、新建、孙家、永安、殷富、绿洲7个社区。街道党工委有基层党组织59个，其中党委6个、党总支3个、党支部50个；党员1254人。

2022年，实现地区生产总值26.30亿元；一般公共预算收入1.61亿元；软件收入33.90亿元；社会消费品零售总额32.12亿元；外贸进出口总额2.50亿元；居民人均可支配收入6.60万元；全社会固定资产投资29.21亿元；签约项目投资总额37.90亿元，亿元以上签约项目4个；实际使用内资3亿元；实际利用外资0.14亿美元；新引进都市工业项目6个。新登记法人企业400家；新增高新技术企业2家，高技术产业投资3000万元。

新增创业带动就业1065人，实现再就业560人，支持成功自主创业465人，帮扶困难人员就业65人，大学生就业1050人，培育大学生自主创业77人。全年发放困难群体慰问金、低保金、残疾人补贴等317.68万元，其中低保金106.70万元，残疾人社保补贴5.51万元，春节慰问金29.84万元，临时困难补助25人次26.05万元，特困人员供养金40.40万元、特困人员医疗救助金4.39万元，残疾人“两项补贴”103.13万元，老“三类残”（指一户多残、重度残、依老养残）生活补助1.65万元。

年内，板桥街道被市委、市政府评为2021年南京市扛起“争当表率、争做示范、走在前列”三大光荣使命先进集体；被市委编办评为基层综合行政执法改革试点工作先进街道；被市人力资源和保障局、市农业农村局评为2022年度南京市就业富民乡村振兴基地。

【基础建设】 2022年，板桥街道推进辖区拆迁项目10个，其中城建类项目8个、土地储备类项目1个、环境整治项目1个。推进绿洲片区征拆扫尾项目、滨江大道板桥段整体搬迁项目、宁马城际铁路板桥段项目及板桥水泥厂整体搬迁项目。完成滨江大道快速路板桥段拆迁项目建通大院、汪海码头约5万平方米厂房拆除让地工作，拆除面积17.9万平方米。自加压力出资实施三山工业园（一期）整体搬迁，建筑面积15万平方米，搬迁费用3.5亿元。完成21家企业房屋调查工作，清退承租户41户。推进宁马城际铁路（S2号线）板桥南站及孙家村组整体搬迁项目，完成218户农户、7家企业房屋调查丈量工作。推进板桥片区路网建设。街道中部组团开工建设新湖大道二期、源泉路、振耀路等9条道路，总投资22.86亿元。投资0.32亿元实施振凤路南延和E线道路建设，改善绿洲南路保障房地区交通。投入资金90万元在向阳雅居小区8个单元增设城市居民集成油烟收集装置，解决部分家庭PM2.5、PM10等污染物无组织排放问题，油烟排放浓度由2.5~5毫克/立方米降至0.5毫克/立方米左右。整治工兵路环境，完成2处城市治理标准化市级示范单元创建任务。投入资金10万元，用于高科技除癣材料清理及市场化工作。辖区15个居民小区、90个企事业单位垃圾分类覆盖率100%。完成辖区各级河长巡河679次，其中街级河长巡河121次、社区级河长巡河558次，处理河道问题6次。整治长江入河排污口22个。利用长江板桥段智慧禁捕系统，做到巡查日常化、管控全覆盖。年内，街道护渔队伍被区农业农村局和区长江流域禁捕工作领导小组办公室通报表扬2次。

【社区建设】2022年，板桥街道推进社区养老服务水平，在殷富社区绿洲南苑B区门面房建设约1000平方米的街道级综合养老服务中心，在绿洲社区建设约700平方米社区综合养老服务中心。开展老年人运用智能技术免费培训330人次，为街道80周岁以上户籍老人每月开展2次。完成家庭养老床位申请及安装18户。为650名老年人提供助餐、助浴、助洁、助医、助急、志愿陪伴等上门服务。完成12户失能、半失能困难老年人家庭适老化改造评估工作。完成省级规范街镇养老综合服务中心选址工作，建成7个面积不少于50平方米的助餐点。开展“雨花文艺大讲堂”金秋文化艺术节等文体活动327场次，服务群众22.5万人次。构建“15分钟医保服务圈”，打造200平方米医保服务场地，科学划分咨询引导、自助服务、自动排队叫号、柜台受理服务、等候休息、多媒体服务六大功能区域，并将医保服务站建设推广至全街道，初步形成以“板桥街道便民服务中心”为中心、以“7个社区7条线”为支撑的医保网格化管理服务体系。创新“党建+骑手”基层治理模式，打通多元共治“最后一公里”。

【平安建设】2022年，板桥街道64个网格（综合网格50个、专属网格14个）业务数据完成率100%。推进“三官一律”“政法网格员进网格”“警网融合”等工作，网格质效工作完成率100%。推进“平安护民十项举措”工作，聚焦群众诉求，回应群众关切，街道和各社区调委会调解纠纷案件307件，达成口头协议185件，书面协议122件，纠纷调解成功率100%。排查风险点15个，化解重大矛盾纠纷5件。教育管理社区矫正对象22人。组织网格员与社区民警、党员志愿者、平安志愿者，开展常态化巡防和重点地区重点场所治安整治，智能安防小区实现全覆盖。印发《中华人民共和国反有组织犯罪法》宣传册、《中华人民共和国国家安全法》宣传册、打击整治养老诈骗宣传单页2万份，滚动播放电子屏21块。举办反诈宣传、群众安全感建设、法治建设等宣传活动20余场。开展“春风行动”、“4·8”司法日主题宣传活动16场次，宣传《中华人民共和国民法典》《中华人民共和国长江保护法》《中华人民共和国法律援助法》等法律法规，悬挂标语横幅46条，制作宣传栏12块，接待群众法律咨询82次。巡查雨污管网169千米，巡查供电（含路灯照明）地下管网268千米，巡查供水管网143千米，巡查燃气管网93千米，巡查通信线路119千米，巡查电视线路103千米，未发现地表以上存在的安全隐患问题。结合百日攻坚燃气安全专项行动，排查餐饮场所126家，排查隐患20处，全部落实整改。推进辖区液化气用户“安心管”免费升级行动，免费置换“安心管”145户。组织第三方专家、消防特勤、物业人员等287人次，对辖区15个居民小区进行全覆盖检查，发现电动车上楼、违规充电、占用楼梯间等问题隐患658条，全部落实整改。在辖区建设电动车棚297个、充电插口11380个，并为电动车棚安装烟感报警器、增加悬挂式干粉灭火器、贴遮阳膜等。出资70万元为绿洲南苑地下室充电桩区域安装喷淋系统。

【“党建+骑手”基层治理模式探索】2022年，板桥街道创新探索“党建+骑手”基层治理新模式。与顺丰速运党支部共建，将辖区范围的顺丰、百世、美团、菜鸟驿站等24家货运、快递、外卖企业及站点,80余名骑手纳入基层治理队伍。聚焦民生诉求的痛点、难点、焦点,整合企业及街道资源力量,赋予快递小哥、外卖送餐员流动"网格员""巡查员"身份,为居民送"服务"包裹上门。探索"文明包裹嫁接"模式,菜鸟驿站、百世快递等站点每日可随包裹向居民发放宣传资料近万份。将快递小哥、外卖送餐员融入网格员队伍,通过每天走街串巷开展业务工作,掌握辖区问题"第一手资料",把好风险"第一道关口"。通过搭建常态化集体协商议事平台,引导骑手参与"社情民意直通车""安全隐患直接报""三亮三比"活动。年内,"红桥骑手"入选全市首批"一社区一案例"重点培育项目;相关做法被《南京改革》《南京工作动态》采用。

【保障房小区物业市场化改革探索】 2022年,板桥街道以"雨花红桥"网格党建品牌为引,以"党建引领、五方联动、多维保障"为路,推动绿洲南苑小区物业服务市场化改革,打造"政府扶持、社区共治、管家服务、社会参与、居民共享"小区治理模式,探索拆迁安置保障房小区治理先行经验。围绕绿洲南苑小区管理,引入第三方品牌物业公司,探索"党建引领+专业服务+社会参与"物业服务机制,在全街道形成"社会专业物业+街道自管物业+社区直服物业"三类物业管理架构。通过改革,小区环境卫生得到提升,居民生活习惯逐步改善,公共设施设备维护及时,邻里矛盾通过管家桥梁作用得到缓和,居民群众满意度和安全感得到提升。 (余秀婷)

西善桥街道

【概　况】 西善桥街道位于雨花台区中部,东接中国(南京)软件谷核心区,北与河西新城为邻,西连雨花新滨江,南倚岱山,眺望长江,绕城、宁马、宁芜公路和皖赣铁路穿境而过,区划面积16.9平方千米。2022年末常住人口13.14万人。下辖油坊、福润、古遗井、西善桥、西善花苑、嘉业、齐修、明义、平治、永盛10个社区。街道党工委有基层党组织47个,其中党委3个、党总支2个、党支部42个;党员1537人。

2022年,实现地区生产总值51.84亿元;一般公共预算收入3.71亿元;软件业务收入58亿元;社会消费品零售总额43.51亿元;外贸进出口总额18亿元;居民人均可支配收入68176万元;全社会固定资产投资15.25亿元。启动南河智舟都市工业园和数字经济产业园开工建设,推进米特物联网研发园、上海铁路局南京地区铁路职工集资房、万科雨悦光年、南岸潮鸣花园4个人代会项目建设。新增办理城镇居民医保638人,灵活就业参保601人,灵活就业社保补贴162人,领取失业金340人。落实852名困难人员城乡居民养老保险及105名困难人员城镇居民医保精准扶贫工作。开办招聘会5场,支持成功自主创业778人,带动就业5075人。推进"医养融合"养老模式,建成符合省级规范的街镇养老综合服务中心——南山园护理院。

年内,西善桥街道被工信部、民政部、国家卫健委评为2021年全国智慧健康养老示范街道,并在全国第七届信息技术与健康养老融合发展高峰论坛上分享"为老服务"经验成果;

被江苏省委宣传部、省文明办评为南京市推进基层整合审批服务执法力量工作先进单位。“林长制”工作被省《政风热线》栏目报道。

【基础建设】2022年,西善桥街道推进集体土地征地项目12个。完成岱山中路北延集体土地协议搬迁及二钢宿舍、曹家洼、胡家庄协议搬迁。完成青山竹苑“双清”收退回、滨河南路(梅山矿业变电站仓库)等项目房屋拆除,全年拆除房屋面积4.36万平方米。实施泰山公寓、天虹山庄、福润雅居南区小区环境综合整治工程,开展管道路以北、秦淮新河以南戎村地块环境整治,古遗井黄村片区道路改造及供电管线专项下地工程。协调南京安居建设集团有限责任公司完成岱山17个园区及辅楼、门面房的暗管改明管工程。完成8个C级小区垃圾分类“争优除差”工作。实施规划机动车停车位410个、非机动车停放位345处、禁停黄线7800米、网格线297平方米,在福润社区停车场设置共享停车位6个。年内,西善花苑社区被省卫健委、省老龄委评为省老年友好社区,并入选江苏省第二批现代社区治理创新实验区典型案例;嘉业社区被共青团中央确定为全国首批社区青春行动试点社区;齐修社区在党建引领基层治理方面的特色做法被《焦点访谈》节目专题报道;永盛社区通过省级民主法治示范社区验收,“小永援法议事客厅”成为省级示范点品牌。

【安全生产】2022年,西善桥街道开展安全生产巡查走访17019家次,巡查走访覆盖率100%,发现隐患11542条,整改隐患11528条,隐患整改率99.9%。清理贲家井118号、丁家洼23号“厂中厂”企业9家,完成酒水仓库搬离,更换古遗井33号“厂中厂”区内1900平方米泡沫夹心板。整治经营、存储、居住“三合一”场所172家,清理3人以上商户40余家。投入资金80万元,完成39个高层小区微型消防站硬件建设。完成年度消防工作清单,实现辖区高层住宅消防智慧用水系统全覆盖,新建独立烟感报警器和简易喷器,开展电动车停放充电安全整治。

【社区建设】2022年,西善桥街道按照“一居一品一特色”标准,打造“三官两师进社区”“悦见倾心俱乐部”“蜗牛驿站流动人口之家”“老街茶馆文化”等品牌。成立基层治理工作室,引进社会组织236家,孵化培育居民自治组织147家。推进数字社区建设,建立社区网站等综合信息管理和服务平台,实现数据一次采集、资源多方共享。构建“德治、法治、自治、智治”四治立体矩阵,打造保障房片区社会治理“岱山模式”。

【平安建设】2022年,西善桥街道涉诉案件34件,终结25件。接访160批400余人次,信访答复177件;排查矛盾41件,化解矛盾21件;领导包案19件,化解2件,钝化14件。11个人民调解委员会、5个调解工作室调解纠纷665件,调解处理成功率达98%。8家签约律师事务所为辖区居民提供法律服务1400件次。开展特殊困难群体救助帮扶问题、妇女儿童权益保障问题和严重精神病患者服务管理问题专项排查整治行动。接收社区矫正对象79人,开展社区矫正适用审前调查111例。建成综合网格161个、专属网格16个,配设专职网格员164人,其中6人获评区优秀网格员称号、10人获评区优秀微网格员称号、10人获评区优秀微网格志愿者称号、2人获评区最美网格员称号、1人获评市最美网格员称号。

【教育助推社会治理】 2022年，西善桥街道以“向善家长学校”、开放大学课程等教育关联产业为抓手，推进“理想教育小镇”建设。“向善家长学校”邀请上海大学文学院教授、鲁迅文学奖获得者谭旭东，南京滨江外国语学校校长王树华等教育专家，开展线下家庭教育专题讲座6场、志愿教师课40场、社会实践活动40场；开展线上直播课，累计观看学习人数超87万人次。开放大学开设课程122个，参加学员超5万人次。年内，“理想教育小镇”入选2021—2022中国管理年度价值案例；《建设“理想教育小镇”，开展社会治理的探索与实践》案例入选《中国管理发展报告（2022）》蓝皮书；南京市社区教育“十四五”课题“‘理想教育小镇’社区教育志愿者队伍建设研究”成果立项。“向善家长学校”获全国“特别受老百姓喜爱的终身学习品牌项目”，并被收录进《春华秋实——2021年江苏省社区教育品牌案例》。《运用线上平台，开展“战疫”时期下家庭教育》《好父母，要60分，不要100分》被江苏省社会教育服务指导中心评为省级“能者为师”专题典型工作案例。

【志愿服务前置调解矛盾】 2022年，西善桥街道福润社区拓宽诉求反映渠道，借力志愿服务前置调解矛盾。梳理志愿服务力量，建立社区志愿者名录库，组建社区信访接访员、调解员和代理员“三员”队伍；通过文明典范城市创建、新时代文明实践活动等场景，新增挖掘青年志愿者、党员志愿者、教师志愿者43人，志愿者队伍累计249人；联合区市场监督管理局共建共商，黏合1名社区两委班子成员、1个市场监督管理局党支部、1支社区二级党支部志愿服务队三方力量搭建“1+1+1”党员志愿服务体系，设立“心愿红”党员调解室，推行社区党员志愿者“三员”服务；按照“排查走在预防前、预防走在调解前、调解走在激化前”思路，采取线上、线下同步收集矛盾纠纷的办法，加快形成“网格+人民调解”等多部门协同、法理情融合的矛盾纠纷多元化解机制，做到第一时间发现，发现即处理。

6月8日，向善家长学校开展“让树成树，让花成花”家庭教育专题讲座，教师刘春梅在与家长们探讨如何摆脱孩子内心自责等心理学相关知识

（西善桥街道　供图）

【影视文旅产业发展】 2022年，西善桥街道举办“在世界文学之都与文学大家面对面”系列活动11场次。举办“书写生活　走进西善”江苏省青年书法家协会书法小品展、“理想教育小镇杯”双主题征文大赛、第二届西善民歌节暨第三届岱山新市集、首场黄村音乐诗会、“遇见”街头音乐汇等活动近百场，

服务群众34.9万人次。开放大学新增特色公益课程3项,选送作品和参赛学员在第二届金秋文化艺术节和“雨花文艺大讲堂”教学汇报中分获“最佳表演奖”“优秀班级”和“优秀学员”等称号。出版《善美人间——画说西善桥》蔡震速写集,推出“南京先生”系列文创产品。完成秦淮新河纪录片拍摄、秦淮新河史料陈列馆改造出新、白家山文化墙体验区改造、街道综合文化服务中心一楼门厅的功能及外观提档优化改造、西善桥健身中心出新改造。协助3部影视作品在西善桥辖区内取景拍摄,“9424电影工园”作为拍摄取景地入选《南京市影视拍摄指南》。（尹　悦）

梅山街道

【概　况】梅山街道位于雨花台区西南郊,南部与江宁区接壤,东、西、北部与板桥街道、古雄街道搭界,距离主城区新街口约24千米。2022年末常住人口2.80万人。辖中兴路、上怡新村、梅清苑、梅欣、梅岭5个社区。街道党工委有基层党组织84个,其中党委5个、党总支5个、党支部74个;党员2479人(梅山街道土地面积含在板桥街道、西善桥街道土地面积中)。

2022年,实现地区生产总值119.41亿元;一般公共预算收入2.19亿元;社会消费品零售总额5.67亿元;外贸进出口总额52亿元;全社会固定资产投资1.02亿元;居民人均可支配收入7.06万元;实际利用内资1.4亿元;实际利用外资500万美元。签约项目投资总额6亿元,其中亿元以上签约项目1个。有效发明专利845个。新增“四上”企业3家、高新技术企业3家。煤炭消耗382.18万吨。对口陕西省丹凤县花瓶子镇工作,资助资金20万元。

实现再就业328人,援助困难人员就业48人,培育自主创业226人,大学生自主创业9人,新增公益性岗位2人,新增高技能人才125人。居民医保及新参保5414人,补缴60人,医保报销21万元。组织两年一度的老年人健康体检1241人。发放重病、死亡和生日慰问金93人1.95万元,特困和鳏寡慰问金18人2.02万元。发放低保资金111.77万元、各类人员救助金26.38万元。发放重度残疾人员护理补贴26.59万元,困境儿童、残疾群体生活补贴86.55万元。发放80岁以上老人尊老金60.39万元。完成劳动监察简易案件47件,调解处理劳动争议8件。开展2022年度“春风行动”暨“就业援助月”线上岗位招聘,提供岗位675个。

落实《新时代雨花产业工人队伍建设改革实施方案》,组织5家企业完成产改试点申报工作,15家基层工会完成江苏App注册。开展普法宣传3次、文体活动6次、技能竞赛1起,评选出优秀作品40余件,8人获岗位练兵优胜奖项。组织职工参加市职业技能大赛并获奖项7项。开展非公有制企业党建带工建“三创争两提升”活动,全年新建职工书屋1家、职工健康心理室3家、爱心母婴室3家。

【基础建设】2022年,梅山街道投资710万元,实施203道口积淹水改造工程。投资425万元,实施创业园改造出新工程。投资290万元,实施梅苑小区30栋地块及23栋西侧非机动车房建设工程。投资66万元,实施梅欣小区市民广场改造项目。投资127万元,实施雨花台区上怡新村公厕新建工程。推进辖区上怡南苑地块、老生活区地块、梅山医院地块、宝之云地块、朝阳地块等低效用地再开发。推动梅山老生活区城市更新、街道综合便民服务中心大楼项目建设。

【社区建设】 2022年，梅山街道完成梅清苑社区和梅欣社区二级党支部换届选举工作。成立“三大行动”领导小组，按照“网格+”社会治理模式，调动辖区5个社区百余名平安志愿者，联合派出所、企业巡防力量分时段对治安重点区域开展巡逻防范。上怡新村社区与区税务局结对，实施“创先锋五楼 探索社区治理新格局”一社区一案例项目；在中兴路社区试点打造“红心暖桑榆 低龄助高龄”公益项目，联合南京航空航天大学外国语学院团委实施“双百共建”工程；在梅清苑社区成立红船领航党支部，建立“青梅之家”党员志愿服务队、“五老”志愿者服务队、“青峰”青年志愿服务队、“小手牵大手”志愿服务队、荣耀梅清退役军人志愿服务队5支志愿服务队；在梅欣社区打造“红‘欣’助老恤民情”特色党建品牌。年内，中兴路社区被市总工会评为爱心母婴室社区；梅清苑社区分别被市总工会评为2022年度基础爱心母婴室社区，被市委政法委员会、市平安志愿者联合会评为市级最佳平安志愿服务组织，被市健康南京建设领导小组办公室评为南京市健康驿站。

【平安建设】 2022年，梅山街道落实辖区767栋既有建筑、70户用气场所、3家危化品汽修企业、在建工地、地下管网等场所安全生产工作。运用安全生产“181”平台，录入企业等场所巡查1426家次，限期隐患录入384条，现场隐患整改654条，月度体检1798条。开展重点单位整治，整改安全隐患60余处，组织专项检查和集中整治3次，即查即改和限期整改问题7处，约谈2次，实现立查立改。开展消防安全大排查，排查门面房隐患42条，清理居民楼楼道垃圾98处，劝阻飞线充电124起，为独居、残疾老人安装火灾烟感器72套。全年，开展网格巡查9436次，其中消防安全巡查4403次、食品安全巡查43次、城管违章处理291次、矛盾纠纷排查1124起、出租屋巡查2833次，收集社情民意处理720条；举办普法活动20余次，发放宣传品约2000余份。在2022年度南京市“示范网格”评选活动中，梅岭社区4号网格被市创新网格化社会治理机制工作领导小组评为2022年度市级“示范网格”。

【我为群众办实事】 2022年，梅山街道党工委在上怡新村社区探索“党建引领物业管理新模式”，成立物业党支部，完成为民服务项目312个单元的弱电箱电线整理、世纪苑围墙修复、休闲桌椅增添修缮等工作；在中兴路社区为辖区居民加装路灯13盏；在梅清苑社区开展健康义诊、便民理发、法律咨询、便民惠民、文化活动展示等“我为群众办实事”系列便民活动10余场，直接服务对象6000余人；在梅欣社区完成梅欣小区西区广场改造出新、“一家亲”广场竣工及验收工作。

【“先锋五楼”探索社区治理新格局】 2022年，梅山街道以楼栋为切入点，在上怡新村社区开展“党员先锋楼”“睦邻自治楼”“爱心志愿楼”“敬老孝亲楼”和“书香文化楼”等“先锋五楼”争创项目。该项目以“共学攻坚”

行动为契机，联合区税务局分别实施“怡家360° 全治理”“志愿者激励机制探索”“怡乐园游园升级改造”三个子项目。其中通过为居民修剪树枝、修理公共区域损坏物件、补植绿化等微型治理惠民利民；通过培训、管理、表彰志愿者，给予志愿者保障、福利等方式，激励志愿者队伍形成自治模式；升级改造364幢旁小公园，增添滑梯、秋千等儿童游乐设施，增加廉政、地区历史等宣传元素，提升居民满意度。

（王胜龙）

古雄街道

【概　况】古雄街道位于雨花台区西南部，东至江宁区谷里街道，南至中船绿洲公司，西至宁铜铁路，北至岱山保障房，面积11.07平方千米。2022年末常住人口6.27万人。辖大方、古雄、柿子树、新林4个社区。街道党工委有基层党组织40个，其中机关党总支1个、社区党委3个、社区党总支1个、党支部35个；党员1105人。

2022年，实现地区生产总值11.42亿元，全社会固定资产投资32.56亿元，一般公共预算收入1.87亿元，社会消费品零售总额10.9亿元，外贸进出口总额1.52亿元，软件业务收入8亿元，居民人均可支配收入7.5万元，高技术产业投资3000万元，实际利用外资1100万美元。签约亿元以上项目4个，投资总额42亿元。引进都市工业项目2个，新增高新技术企业1家。助推莲花湖都市工业产业社区发展，围绕都市工业、软件研发产业链招引项目，打造“研发+基地”都市工业产业先进社区。新增南京市测绘勘察研究院股份有限公司、南京汇泰医疗器械有限公司等企业22家。

新增城镇就业1365人，实现再就业546人，援助困难人员就业133人，培育自主创业392人，大学生就业1200人，创业带动就业438人。发放低保金131.83万元；发放低保户、低保边缘户、因病致贫家庭医疗救助金3.98万元；发放特困供养对象基本生活费1.57万元；发放因病、因灾致贫家庭临时救助金2.63万元；发放残疾人两项补贴106.78万元；发放奖学金、助学金3.9万元；发放“三节”结对帮扶慰问金15.2万元。年内，古雄街道商会被省工商业联合会评为江苏省“四好”商会。汤元虎被省成人教育协会评为省级“社区教育先进工作者”；汪华桂被省民政厅评为江苏省“最美社工”，被省总工会表扬为“女职工‘双争’（争创五一巾帼标兵岗、争当五一巾帼标兵）活动中成绩突出的个人”。

【基础建设】2022年，古雄街道投入资金8亿元，完成宁马高速大方互通改扩建配套工程。推进石巷街、大方路二期等道路建设工程和宋都柏悦府小区配套商业、华兴幼儿园等民生项目工程。拆迁板桥新城老街积淹水片区改造工程（二期）国有项目面积约900平方米。拆迁古雄老街积淹水片区改造（二期）集体项目面积约800平方米。新建停车场1处，设立共享停车资源3处。制定《古雄街道“创业森林”扶持计划》，引进江苏瑞芝康健老年产业（集团）有限公司、江苏三棵树医疗器械有限公司等项目。完成活水堂异地新建、板桥河张家岗段消险、新林芳庭消防管网整改等基础设施建设。在全区示范先行垃圾分类移交物业工作，19个小区全部实现移交物业运营。

【社区建设】 2022年，古雄街道4个社区完成“两委”班子换届选举，选举新一届社区“两委”班子成员37人，平均年龄40.7岁。其中：女性17人，35岁及以下12人，本科及以上学历21人。推进“古雄·YI家”党建引领基层治理共同体建设书记项目，联合辖区内外19家治理主体成立“古雄·YI家”基层治理党建联盟，推动社区形成“党建+家风”“党建+融合”“党建+自治”“党建+公益”“党建+议事”等基层治理模式。其中大方社区党委推行“七步七规”议事法，形成超大型小区自治管理的“D+1次方”模式；古雄社区党委发挥家庭家教家风在基层治理中的基础性作用；柿子树社区党委实施“一亩花田”助残辅助性就业公益项目，成为全市“共学攻坚”首批“一社区一案例”60个重点培育项目之一；新林社区党委推行“新心向融”工作法，联合共建单位、政协委员打造吾悦广场“宁小蜂”驿站，惠及外卖小哥、家政阿姨等新业态新就业群体110余人。推进社区治理创新，购买社会组织服务项目18个，项目资金184.5万元。利用“为民服务专项资金”，完成为民服务专项资金项目18个，项目资金152.5万元。推出升级版“喘息服务3.0”助残项目，签约重度残障人士家庭23户，累计服务2831次，总服务时长3465小时。年内，大方社区老干部党支部被省委老干部局、离退休干部工作委员会评为全省“六好”离退休干部示范党支部；柿子树社区被省爱委会评为江苏省健康社区；新林社区被省妇联评为全省新建“三全”示范社区；大方社区宋都南郡国际花园被省住建厅评为江苏省级示范物业管理项目；古雄社区家风家训教育馆被省文旅厅列入江苏省“最美公共文化空间”打造对象，并入选“最美公共文化空间”典型案例汇编；柿子树残疾人之家被省残联评为江苏省“书香残疾人之家”。

【平安建设】 2022年，古雄街道开展统筹发展和安全“大走访、大排查、大攻坚”行动，对14个重点领域开展风险隐患排查工作，排查出风险隐患9处，成功化解3处，保障春节、“两会”、冬奥会、冬残奥、清明节、中共二十大期间社会稳定。接待群众来访200人次，调解民事纠纷80件，化解矛盾65件。通过“和谐信访平台”解决诉求37起，办结率100%，承办案件均在规定时间内作出答复。通过“网格一体化平台”走访、巡查、提报并协调相关部门解决社会治理问题16246条。构建“街道—社区—网格—微网格”工作体系，划分微网格303个，处理基层社会治理问题200余条。检查企业312家次，下发安全隐患限期整改通知书278份，排查一般安全隐患625条，完成隐患整改复查625条，隐患闭环整改率100%。

【大方互通全线通车】 12月31日，大方互通A、G匝道开通，标志着大方互通全线通车。项目由古雄街道出资8亿元，于2020年8月开工建设，工期历时870余天；主线长2134米，主要建设道路、桥梁、管线及相关附属工程；前期陆续开通B、C、D、E、F、H等匝道，其中A匝道连接马鞍山方向，G匝道连接南京主城区方向。大方互通是宁马高速改扩建总工程中仅次于油坊桥立交的第二大互通，通车后，有助于打造南京主城、雨花新滨江、江宁、马鞍山等地区之间互联互通新格局。

【“红色楼长”工作法】 2022年，古雄街道在“古雄·YI家”党建品牌引领下，推行“红色楼长”工作法。根据居民小区的规模、数量、分布等，细化社区网格，以100户左右为单位标准，在19个小区选聘红色楼长262人；出台《楼栋长管理办法》，由群众选出楼栋长，组织岗前培训，明确工作职责，做好日常管理和激励；通过民意调查、志愿服务、邻里互助等方式，解决社区治理难题；与社区居民自治组织对接，关爱重点人群，助力“喘息服务”助残项目、全省家事调解社区工作室“汪姐工作室”等基层治理品牌。至年末，解决物业等小区管理难题400余件，“12345”工单投诉量下降明显。

【“一亩花田”助残项目】 2022年，古雄街道柿子树社区依托“古雄·YI家”党建品牌、“益路相伴”行动，汇聚助残多方资源力量，利用农用地资源优势探索打造“一亩花田”助残项目。该项目通过开展花卉种植生产工作，帮助残疾人增能创收。至年末，项目一期建造单体大棚8个、面积3200平方米，引入专业机构对残疾人进行花草鲜花种植、养护等指导，让残疾人参与鲜花种植、花艺制作，推进辅助性就业发展，在家门口实现“自我造血”。“一亩花田”助残项目相关做法获全省推广，被市人大常委会列入立法内容。（张　啸）

雨花经济开发区

【概　况】 雨花经济开发区位于雨花台区西南部，东起宁芜公路，西至长江，南至梅山，北起秦淮新河，面积26.69平方千米。雨花经济开发区地处南京都市圈宁芜轴线的重要节点，是南京市唯一与主城区紧密相连的省级经济开发区。2022年末常住人口2.69万人。辖近华、天保、天后、西寇、锦华新城5个社区和金叶花园、南奥新居2个社区筹备办。雨花经济开发区党工委有基层党组织74个，其中党委3个、党总支6个、党支部65个；党员1125人。

2022年，实现地区生产总值98亿元；全社会固定资产投资54.41亿元；社会消费品零售总额117.25亿元；外贸进出口总额13.1亿元；人均可支配收入增速4%。新增规模以上企业数13家，规模以上工业企业主营业务收入55.27亿元。推进人代会项目22个，其中产业类项目9个、城市建设类项目10个、民生服务类项目3个。发放低保、残疾人两项补贴、特困供养基本生活费、优抚对象生活补助、精简职工补助、困境儿童生活补贴、尊老金、万元以上大病救助、独生子女家庭奖特扶金、六类困难群体生活救助、老“三类残”（指一户多残、重度残、依老养残）、计划生育公益金11869人次、530.38万元。

年内，雨花经济开发区被市工信局评为2022年市级都市工业示范园区；被市文旅局评为2022年度南京市境外电视管理先进单位；被市文明委评为2019—2021年度南京市文明单位；被市健康南京建设领导小组办公室评为2021年度“健康细胞”工程单位；被市爱卫办、市市级机关爱国卫生运动委员会评为2021年度南京市无烟党政机关。

【招商引资】 2022年，雨花经济开发区推进中介招商，与仲量联行测量师事务所（上海）有限公司、北京联东投资集团有限公司等招商机构开展合作。完成亿元以上签约项目32个、投资总额176.1亿元。加大与阿里系企业的合作，引入菜鸟驿站项目，年纳税900万元。打造数字经济产业园，园区占地3.33公顷、总建筑面积9.5万平方米，签约企业24家；打造9号工坊都市工业园区，园区总建筑面积5.5万平方米、总投资3500万元，引进企业10家，实现年产值4.95亿元、年纳税1696万元；打造新天时园区，园区总建筑面积2.56万平方米，引进泽畅航空、方科电源科技项目，实现年产值2000万元、年税收60万元；打造汽贸园新能源特色产业园，成功引进比亚迪王朝项目和海洋项目。推进集思路创新中心建设，整租君融科技大厦，并完成公共区域改造装修，引进南京俊东机电设备有限公司等科技型企业6家，完成招商面积6527平方米，招商入驻率52%。开工建设玛莎拉蒂项目和雨开信息科创园，推进国豪装饰电商产业园等未开工项目的前期手续办理工作。

【基础建设】 2022年，雨花经济开发区推进秦淮新河入江口南岸片区开发建设，布局片区内6所学校（幼儿园3所、小学2所、中学1所），12轨36班中学、6轨36班小学完成方案设计，6轨18班幼儿园及社区服务中心完成相关评审。新出让七期地块，引入金基地产。改造升级青年路产业社区。投入资金3亿元实施南京金杉汽车塑料科技有限公司、南京风机厂有限公司、南京瑞盟电子制造有限公司、南京俊东机电设备有限公司等企业6.3万平方米的拆除工作，其中南京瑞盟电子制造有限公司和南京俊东机电设备有限公司完成拆除工作，南京金杉汽车塑料科技有限公司和南京风机厂有限公司完成搬迁协议签订。推进周边青年路、规划二路、龙吟路（二期）建设，在原旭日化工地块打造博盛德智能化绿色生产线及检测试验室，完成项目投资协议签订。

【社区建设】 2022年，雨花经济开发区为辖区内少年儿童、老年人及特殊困难群体分类提供4点半课堂、年华佳宝、残疾就业、养老家政等特色服务275次，服务居民5000余人。在7个社区（筹备办）打造“宁小蜂”驿站5124.6平方米。依托金叶花园服务中心打造雨花经济开发区未成年人保护工作站，并完成市级验收。将医保服务触角向基层末梢延伸，成功创建“15分钟医保服务圈”市级示范点。打造“幸福三圈”（文化体育圈、健康服务圈和商业配套圈），以锦华新城社区为试点，打造数字社区、智慧停车平台，推进垃圾分类工作。完成“两室”（乒乓球室、舞蹈室）、“一广场”（小区居民广场）、“一路径”（居民小区路径）全覆盖。新增文体服务功能室1处、阅读文艺空间2处。依托新时代文明实践所（站）五大平台，以“我们的节日”为契机，开展群众性主题宣传教育活动80余场。年内，锦华新城社区被国家减灾委员会、应急管理部、中国气象局、中国地震局评为2021年度全国综合减灾示范社区，被团市委评为五四红旗团总支部；近华社区被市健康南京建设领导小组办公室评为2021年南京市健康社区；西寇社区被市健康南京建设领导小组办公室评为2021年度“健康细胞”工程单位。

【平安建设】 2022年，雨花经济开发区推进“信访突出问题攻坚化解年”“整顿基层社会治理方面短板弱项专项”等行动，排查梳理矛盾隐患36条，并逐一落实责任单位和预防措施，形成工作闭环。在背街小巷“九小场所”、学校等重点区域,发放扫黑除恶宣传单1000余份,悬挂标语横幅25条。发挥企业防风险促合规法律服务中心、企业廉洁文化基地作用,为企业提供法治宣传、法治体检、合法性审查等法律服务,开展法律宣传和法律知识讲座13次,协助参与宣传2次。制定开发区安全生产大检查52条举措方案,开展“厂中厂”、大市场、居民小区、建筑工地、自建房屋等既有建筑安全排查整治。推进百日攻坚燃气安全专项行动,在新建保障房建设中加装燃气报警装置,安装居民独立式烟感报警器43户、53个。建立双重预防机制企业19家,完成安全生产标准化企业42家。与企业签订消防安全责任书100份,检查“厂中厂”321家次,开展在建工地安全专项检查92家次,发现隐患问题343处。年内,园区生产安全无事故、零伤亡。

【“微心愿”点亮】 2022年,雨花经济开发区结对区总工会,在锦华新城社区实施“微心愿”点亮行动。点亮“安全微心愿”,试点出新社区地下室,实施照明电路改造等工程,解决居民停车、充电难题,打造安全小区;点亮“文化微心愿”,升级改造锦华新城一期大广场,满足小区居民日常健身休闲、文体活动需求;点亮“特殊群体微心愿”,关注社区老年人、残疾人等特殊群体,开展走访慰问、帮扶救助等系列暖心活动。

【开发区社区卫生服务中心开诊】 6月6日,雨花经济开发区社区卫生服务中心开诊。该服务中心位于雨花经济开发区龙飞路16号,于5月建成;总体建设分为二期,其中一期占地面积8025.40平方米,建筑面积7301.24平方米,业务用房面积6037.97平方米,二期在规划中。社区卫生服务中心与社区卫生服务站施行一体化管理,覆盖园区医疗卫生服务网络。

【“服务企业·面对面”南京党员专业志愿者服务基层行雨花台区专场活动】 6月24日,“红色引擎”三聚行动发布仪式暨“服务企业·面对面”南京党员专业志愿者服务基层行雨花台区专场活动在江豚广场举行。市、区相关领导,区级机关部门及开发区近50家企业的代表参加活动。活动现场,成立“人居森林片区”“汽贸行业”“都市工业圈”三大党建联盟。

【招商中介推介会】 11月15日,雨花经济开发区在江豚广场举办“江河见证　英雄荟萃——2022雨花经济开发区招商中介推介会”。来自50家招商中介机构的负责人参加推介会。推介会现场,与南京科特科技创业服务有限公司、中工丝路(南京)园区发展有限公司、常州汇海企业咨询管理有限公司及南京敦行致远企业管理信息咨询有限公司4家招商中介机构合作签约,南京华成微波技术有限公司、江苏水云防腐新材料科技有限公司、鸾集科技(南京)有限公司及诚创智能科技(江苏)有限公司4家企业落地项目签约。

(杨　琦)

责任编辑　陈佳佳

人物·荣誉

2023 YUHUATAI ALMANAC

Personages & Honours

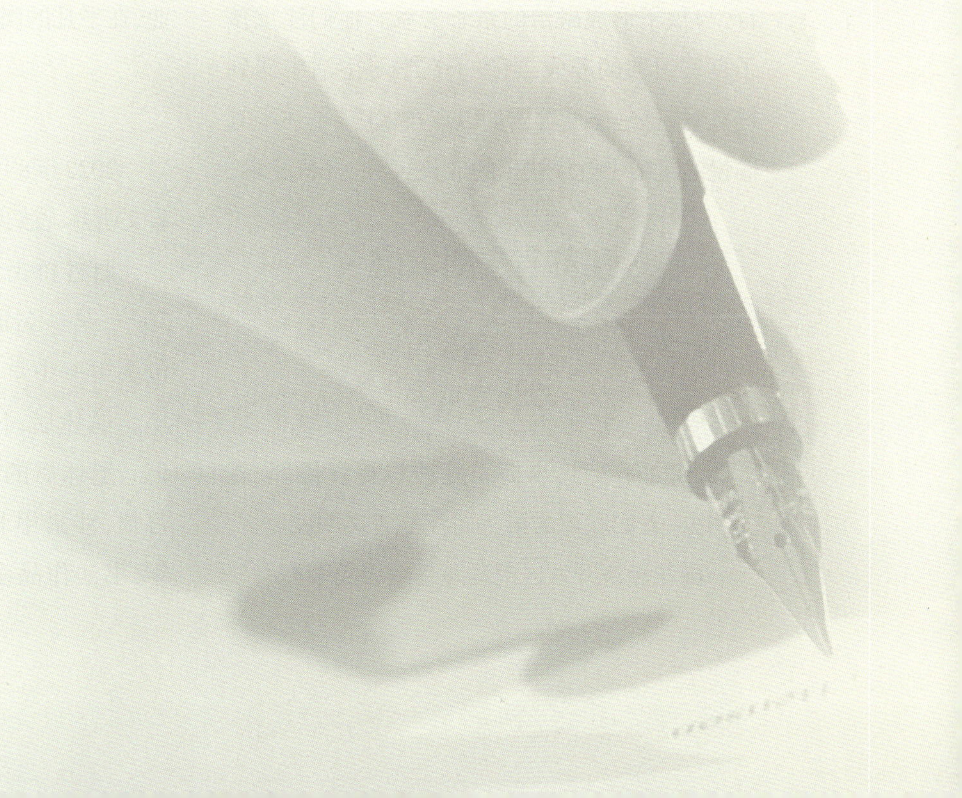

先进模范家庭

·全国“最美家庭”·

李蓉家庭

2022年5月，李蓉家庭被全国妇联评为2022年度全国“最美家庭”。

赛虹桥街道小行社区居民李蓉是南京市雨花台区花神美境幼儿园的一名教师，丈夫周礼寅是南京市雨花台中学的教师，他们的女儿周子娴品学兼优，2019年高考以雨花台中学第一名、南京市前20名、江苏省前200名的优异成绩考进南京大学。成绩的取得，与李蓉和他丈夫的教育理念是分不开的。他们爱岗敬业，工作认真有爱心，多次被表彰为优秀工作者；他们孝老爱亲，一家人悉心照料患重病婆婆；他们生活节俭，力行低碳生活，这一切对孩子养成健全的人格起到言传身教，潜移默化的作用。他们注重孩子个性品德的养成，采取鼓励式欣赏教育，与孩子形成融洽的亲子关系。他们注重孩子良好习惯的养成，当孩子在学习生活中遇到挫折时，总是循循善诱加以点拨，让孩子在平等愉悦的氛围中健康快乐的成长。（池宁琳）

·江苏省文明家庭·

李梅家庭

2022年8月，李梅家庭被省委宣传部、省文明办、省妇联评为第三届江苏省文明家庭。

雨花经济开发区南奥筹备组居民李梅有一个核工业大家庭。她的祖父、祖母是核一代，是国家核工业最早的建设者；她的父母是核二代，是国家三线建设的参与者；她的小家庭是核三代，是新时代核工业事业的接班人和传承者。李梅外公现年86岁，他1988年获得国家国防科工委颁发的“献身国防科技事业三十年”荣誉证章，2021年又收到“光荣在党50周年”纪念章。作为国家第一代核工业建设者，李梅的外公曾是西北戈壁404厂的拓荒者之一，后来辗转西南909、585和江苏仪征，现退休在家颐享天年。李梅的父母是核二代，他们从小便跟着核工业大军生活在甘肃、湖北宜昌和四川夹江，后投身核工业事业。李梅的父亲是一名核工业医生，李梅的母亲是一名普通的核工业工人。李梅的小家庭是核三代。李梅和丈夫在生活上互相关心，相濡以沫；在工作上互相扶持，并肩奋斗。新冠肺炎疫情期间，二人都主动到社区亮党员身份，作为志愿者参加抗击疫情志愿服务。李梅幼子在校表现优秀，多次获得“三好学生”“年级之星”称号。家中长辈总是和李梅一起探讨核工业的发展现状，也时常提醒他们爱岗敬业，在平凡的岗位上为核工业做出新贡献。

崔永兵家庭

2022年8月，崔永兵家庭被省委宣传部、省文明办、省妇联评为第三届江苏省文明家庭。

西善桥街道油坊社区居民崔永兵现年70岁，是一名退休大学教师，先后在内蒙古包头第一中学、少年宫、师范学院任教共40年。退休后，任油坊社区党委第四支部书记。退休后的崔永兵一直保持着爱学习的习惯，涉猎甲骨文书法，醉心于书法学习8年，书法作品多次收入全国、省、市、区级书法作品集，其甲骨文作品被省档案馆收藏。崔永兵先后担任南京甲骨文书法研究会常务副会长、南京老干部书画联谊会理事，成为江苏省甲骨文学会会员、江苏省书画研究会会员。崔永兵的老伴、子女也是教师，喜爱读书，家中经常能看到祖孙三代津津有味地读着不同的书。崔永兵家庭先后被评为“雨花台区学习型家庭”、南京市“最美家庭（书香家庭）”。崔永兵说：“读书让我们全家知理明义，晓国内国外大事，知人生在世之意。” （惠　子）

·江苏省“五好家庭”·

徐孝成家庭

2022年5月，徐孝成家庭被省妇联评为江苏省“五好家庭”。

铁心桥街道景明佳园社区居民徐孝成和妻子龚素娟是一对盲人夫妇，女儿徐思涵2007年5月出生，患有先天性白内障。经过7年的系统体育训练，2002年10月，在韩国釜山举行的“第八届远东南太平洋残疾人运动会”上，徐孝成一举获得100米、跳远、三级跳三项比赛的金牌，被共青团南京市委授予“南京市新长征突击手”荣誉称号。退役后，徐孝成仍热心于残疾人运动事业，先后当选2008年北京残奥会南京站第52棒火炬手、南京市新长征突击手、雨花台区新长征突击手。2021年5月，徐孝成家庭被评为南京市“最美家庭”。有推拿按摩技能的徐孝成夫妇，在景明佳园社区经营着一家推拿按摩店。2019年，徐孝成夫妇的思康盲人按摩馆被打造为本土孵化的社会组织，通过以残助残的方式，全方位服务社区居民。

·江苏省“最美家庭”·

徐静家庭

2022年5月，徐静家庭被省妇联评为2021年度江苏省“最美家庭”。

赛虹桥街道赛虹桥社区居民徐静是南京市第一医院神经内科主治医生。她的爱人袁祖亮是南京市第一医院感染科医生。2020年2月9日，袁祖亮成为江苏省南京市援助武汉第二医疗队的一名成员奔赴武汉，在武汉市同济医院光谷院区重症隔离病房，诊治新冠肺炎重症患者。在医疗组同心协力下，他们取得“患者零死亡，医护人员零感染”的成绩。2021年7—8月、2022年3月新冠肺炎疫情期间，袁祖亮均坚守在南京市第一医院的发热门诊及隔离病房，在他与同事的共同守护下，实现“院内零感染”的目标。徐静作为神经内科医生在第一医院承担神内专科急诊及门诊工作，每日需要抢救病危患者。虽然工作强度高，仍坚守岗位。医者仁心，夫妻俩义无反顾，与一线抗疫人员共同作战。

袁治荣家庭

2022年5月，袁治荣家庭被省妇联评为2021年度江苏省“最美家庭”。

西善桥街道永盛社区居民胡发辉和丈夫袁治荣是一对艺术伉俪，胡发辉是南京市首批“十佳”艺术教师志愿者之一、南京市“365”好人，她从艺越剧事业四十多年，主攻徐派小生、金派花旦，曾演出越剧《红楼梦》《西厢记》《追鱼》《春香传》《盘夫索夫》等，并获戏曲大赛一等奖。袁治荣是越剧团乐队指挥（司鼓），也是南京市艺术教师志愿者，2019年获永盛社区

“卓越才能奖”等称号。夫妻俩致力于传承越剧文化艺术，热心参与社区文化建设，长期服务于基层，退休后，通过组织培育，于2019年5月组建永盛社区“越之韵”越剧社，两人均在越剧社义务担任志愿服务老师。（池宁琳）

先进模范人物

·中共二十大代表·

崔圣菊

南京市公安局雨花台分局西善桥派出所教导员兼福润社区民警。2022年6月，被选为江苏省出席中共二十大代表。

崔圣菊，女，1974年9月生，汉族，中共党员，大学本科学历。1998年8月至2010年10月任徐州沛县公安局办事员、科员、副中队长，2010年10月至2022年12月任南京市公安局雨花台分局西善桥派出所科员、警长、副所长、教导员。崔圣菊探索创新社区警务工作方法，整合基层工作人员、社工、网格员、楼栋长、群众等各方力量共同参与社会治理，开展警网融合、联动共治，提升“大数据+网格化+铁脚板”社会治理效果。她提炼总结的“房屋出租户标识化管理”“流动人口一袋式管理”工作方法，被全市推广；参与研发的“慧联动”治安信息采集系统，增强重点信息采集和人口管理工作质效，被公安部简报登载推广；整合升级社区管理QQ群、微信群，率先打造“福润微警务”微信公众号平台，成为全市首批示范点；创新“警网E+”新模式，建立专职与兼职、固定与流动兼容调解机制，就近、就地调解矛盾纠纷、接受咨询；成立“小崔执委工作站”，年均处理家事纠纷256起；组建“小崔志愿者服务队”，13年如一日服务辖区独居老人。“崔圣菊劳模创新工作室”作为培养先进典型的“孵化器”，实现由先进个体到先进团队，逐步到先进警队目标。崔圣菊曾获“全国特级优秀人民警察”“全国敬老爱老助老模范人物”“全国三八红旗手”“全省政法系统忠诚卫士”“江苏省先进工作者”等荣誉称号，荣立一等功、二等功各1次。（崔圣菊）

·全国优秀共青团干部·

黄小乐

中国（南京）软件谷机关团工委书记。2022年4月，被共青团中央评为2021年度全国优秀共青团干部。

黄小乐，男，1986年8月生，汉族，中共党员，大学本科学历。自负责中国（南京）软件谷机关团工委工作以来，他按照从严治团要求，坚持“三会两制一课”制度，完善组织生活；做好团员关系转接，完善“智慧团建”系统；以《基层团组织工作指导手册》为指导，夯实团务基础；加强团员思想引领，确保团员始终跟党走；组织篮球赛、足球赛等文体活动，丰富团员活动；开展相亲交友、双创服务等面向企业团员的活动，拓宽团组织服务面；牵头开展“学党史、强信念、跟党走”学习教育动员会活动等，每周督促团员参与“青年大学习”。在他的带领下，中国（南京）软件谷基层团支部及多位团员、团干部获上级团组织表彰，中国（南京）软件谷创新创业服务中心获第五届“南京青年五四奖章集体”称号。黄小乐曾获

2016年度南京市政务信息先进个人、2018年度南京市优秀共青团干部、2019年度江苏省优秀共青团干部等荣誉称号。（袁　可）

·江苏省五一劳动奖章·

张　浩

江苏斑马软件技术有限公司总裁。2022年2月，获省总工会颁发的江苏省五一劳动奖章。

张浩，男，1984年5月生，汉族，本科学历，2008年毕业于同济大学，2016年12月就职于江苏斑马软件技术有限公司。2016年，张浩投身家政行业，针对家政行业小、散、乱的痛点，依托多年互联网技术和思维沉淀，以"科技+教育+信用"三大模块系统，打造家政产业互联网，有效打通线上线下两个市场，加快行业数字化发展，优化产业服务供给水平，实现互联网+家政服务业新模式、新业态。张浩始终关注家政灵活就业人员的技能和收入提高情况。针对家政服务员技能水平和职业素养不高的情况，他创新研发互联网+双师在线直播教育系统，汇集顶级家政师资和家政课程体系，为全国400家家政职业学校输送优质培训资源，累计帮助30万名一线家政员实现技能提升和收入提高。张浩曾于2019年获市总工会颁发的南京市五一劳动奖章；2021年被市总工会授予"南京市劳动模范"称号。（王　杉）

·江苏省"七五"普法工作先进个人·

徐　宁

南京市雨花台区司法局法治宣传科科长。2022年5月，被省政府评为全省"七五"普法工作先进个人。

徐宁，男，1974年5月生，汉族，中共党员，大学本科学历。"七五"普法期间，他围绕区"十三五"规划和中心工作，参与制定全区"七五"普法规划和年度普法工作计划，修定完善学法培训等制度和学法考核办法；落实"谁执法谁普法"责任制，指导协调各部门（单位）健全完善普法责任制；紧扣省、市法治宣传主题，结合实际情况，围绕"德法涵养文明　共建绿色生活""美好生活　法典相伴"等相关主题开展"法律七进"活动，引导社会力量积极参与，倡导全民学法、用法、守法，弘扬法治精神，营造良好社会法治氛围。徐宁曾于2018年获南京市"七五"普法中期先进个人荣誉称号。（徐　宁）

立功军人名录

表46　2022年雨花台籍立功军人名录

序号	奖励等级	姓　名	性别	出生年月	所在部队
1	三等功	聂周贤	男	1998年6月	73181部队
2	三等功	赵达龙	男	1991年2月	94973部队

（李述良）

先进单位表彰名录

表47 2022年获市委、市政府（含）以上表彰的先进单位一览表（选编）

获奖单位	获奖荣誉	授予单位
区委政法委	全国青少年普法教育先进集体	中国关工委、中央政法委、司法部、共青团中央、中国法学会
江苏润和软件股份有限公司团委	全国五四红旗团（工）委	共青团中央
区委宣传部、区检察院、区法院	2021 年度查处重大侵权盗版案件有功单位	国家版权局
铁心桥街道春江社区	全国红十字模范单位	中国红十字会总会
铁心商会	2021—2022 年度全国“四好”商会	中华全国工商业联合会
赛虹桥街道、西善桥街道	智慧健康养老示范街道	工信部、民政部、国家卫健委
雨花经济开发区锦华新城社区	2021 年度全国综合减灾示范社区	国家减灾委员会、应急管理部、中国气象局、中国地震局
区委区级机关工委	第三届党建创新成果展示交流活动十佳案例银奖	中央和国家机关工委旗帜杂志社
区委区级机关工委	第一届“新时代全国机关基层党建新成就”“十佳作品入围奖”	中央和国家机关工委旗帜杂志社、中共海南省委省级机关工作委员会
雨花台区	江苏省双拥模范区	省委、省政府、省军区
区法律援助中心	岱山“零距离”法律援助服务项目获第六届“江苏慈善奖”最具影响力慈善项目	省政府
区人大办	撰写的《统筹融合一体协同促进区域数字经济加快发展的对策研究——以南京市雨花台区“建设数字城”的探索实践为例》获全省人大优秀调研成果三等奖	省人大办公厅
区政府办	2021 年江苏省政务信息工作先进单位	省政府办公厅
区委区级机关工委	《“英雄支部”聚力铸魂“先锋出列”惠企惠民》获江苏省“模范机关建设优秀案例”	省委省级机关工委
区委网信办	全省网信系统先进集体	省人社厅、省委网信办
区体育局	2018—2021 年度全省群众体育先进单位	省体育局
区生态环境局	江苏省打好污染防治攻坚战先进集体	省生态环境厅、省人社厅
区审计局	江苏省审计机关“改革强审”先进单位	省审计厅
区发展和改革委	2021 年度全省发展改革系统先进单位	省发展和改革委
区委老干部局	全省老干部工作先进集体	省委组织部、省委老干部局、省人社厅
古雄街道大方社区退休干部党支部	全省离退休干部“六好”示范党支部	省委老干部局
区人社局	雨花“码农”劳务品牌获 2022 年度省级劳务品牌	省人社厅
江苏润和软件股份有限公司	省五一劳动奖状	省总工会
金地自在城小学、景明佳园小学	江苏省优秀少先队集体	省教育厅、共青团江苏省委、省少工委

续表47

获奖单位	获奖荣誉	授予单位
区检察院（于全利办案团队）	江苏省检察机关扫黑除恶先进集体	省检察院
雨花街道人民来访接待中心	2021年度“人民满意窗口”建设质量提升工程先进单位	省信访局
雨花经济开发区商会、古雄街道商会	2021—2022年度江苏省“四好”商会	省工商业联合会
赛虹桥街道	2021年度全省基层党员冬训工作示范街道	省委宣传部、省委组织部
雨花经济开发区、赛虹桥街道长虹路社区	全省第三批“红石榴家园”	省民族宗教事务委员会
雨花街道花神庙社区、赛虹桥街道玻纤院社区、板桥街道绿洲社区、西善桥街道西善花苑社区、古雄街道新林社区	全省新建“三全”社区	省妇联
赛虹桥街道司法所	省优秀司法所	省司法厅
雨花经济开发区团工委	江苏省五四红旗团（工）委	共青团江苏省委
区检察院团支部	江苏省五四红旗团支部	共青团江苏省委
区委组织部、区委宣传部、区委政法委、区财政局、区商务局、区行政审批局、板桥街道、中国（南京）软件谷党政办	2021年南京市打起“争当表率、争做示范、走在前列”三大光荣使命先进集体	市委、市政府
雨花经济开发区	2021年度机关作风建设标兵街道（镇）	市委、市政府

先进个人表彰名录

表48　2022年获市委、市政府（含）以上表彰的先进个人一览表（选编）

姓　名	工作单位	荣誉称号	授予单位
黄小乐	软件谷	2021年度全国优秀共青团干部	共青团中央
徐　宁	区司法局	全省“七五”普法工作先进个人	省政府
冯　娇	区政府办	2021年度全省政务信息工作先进个人	省政府办公厅
张　川	区政府办	江苏省机要通信先进个人	省机要通信局
施兴宝	区信访局	全省信访系统先进工作者	省人社厅、省信访局
李　钊	区发展和改革委	2021年度政府网站工作先进个人	省政府办公厅
方叶勇	区发展和改革委	全省发展改革系统先进工作者	省人社厅、省发展和改革委
贾　军	区发展和改革委	全省工信系统先进工作者	省人社厅、省工信厅
王　忻	区商务局	2022年度全省服务贸易（服务外包）统计工作成效显著个人	省商务厅
孙忠辉	区应急局	2021年全省防灾减灾救灾工作先进个人	省减灾委员会
黄　剑	区文旅局	江苏省最美青年社会体育指导员	省体育局
王学滨	区人防办	全省人民防空先进个人	省人防办

续表48

姓　名	工作单位	荣誉称号	授予单位
高莉萍	区妇联	2021 年度江苏妇女儿童慈善先进工作者	省妇女儿童福利基金会
杨　俏	区法院	全省法院执行裁判工作先进个人	省高级人民法院
冯培宏	雨花社区卫生服务中心	第六届江苏省“百名医德之星”	省委宣传部、省文明办、省卫健委
张秀兰	雨花街道	江苏省归侨侨眷先进个人	省人社厅、省归国华侨联合会、省侨办
何　翔 刘　琳	赛虹桥街道	江苏省第七次全国人口普查工作成绩显著个人	省统计局
李心怡	赛虹桥街道	2022 年江苏省优秀工会工作者	省总工会
罗思静	赛虹桥街道	2018—2021 年度江苏省群众体育先进个人	省体育局
霍佰义	西善桥街道	江苏省第二届“最美基层河长”“最美民间河长”	省河长制办公室
汪华桂	古雄街道	江苏省“最美社工”	省民政厅
石海燕	雨花经济开发区	2018—2021 年度全省基层党员冬训工作先进个人	省委组织部、省委宣传部
张　浩	江苏斑马软件技术有限公司	江苏省五一劳动奖章	省总工会
王秋月	赛虹桥街道	2021 年度江苏省优秀共青团干部	共青团江苏省委
江小伟	江苏润和软件股份有限公司	2021 年度江苏省优秀共青团干部	共青团江苏省委
丁　宇	南京中华中等专业学校	江苏省优秀共青团员	共青团江苏省委
穆彦童	区审计局	2021 年度机关作风建设先进个人	市委、市政府
姚明浩	铁心桥街道	2021 年度机关作风建设先进个人	市委、市政府
程　琳	区行政审批局	2021 年度机关作风建设先进个人	市委、市政府
沈　晨	区生态环境局	2021 年度机关作风建设先进个人	市委、市政府
孙　莉	区委区级机关工委	2021 年度机关作风建设先进个人	市委、市政府
关　进 李兴时	区委办	2021 年南京市扛起“争当表率、争做示范、走在前列”三大光荣使命先进个人	市委、市政府
程　扬	区人社局	2021 年南京市扛起“争当表率、争做示范、走在前列”三大光荣使命先进个人	市委、市政府
朱本光	区纪委区监委	2021 年南京市扛起“争当表率、争做示范、走在前列”三大光荣使命先进个人	市委、市政府
刘淑娟	雨花经济开发区	2021 年南京市扛起“争当表率、争做示范、走在前列”三大光荣使命先进个人	市委、市政府
刘　振	雨花国资投资集团有限公司	2021 年南京市扛起“争当表率、争做示范、走在前列”三大光荣使命先进个人	市委、市政府
朱　健	区生态环境局	2021 年南京市扛起“争当表率、争做示范、走在前列”三大光荣使命先进个人	市委、市政府

责任编辑　陈佳佳

附录

2023 YUHUATAI ALMANAC

Appendix

重要文件选编

雨花台区加快统筹推进数字政府高质量建设实施方案

雨花台区人民政府办公室

2022 年 11 月 9 日

为加快推进雨花台区现代数字政府建设，根据《南京市城市运行“一网统管”工作三年行动计划》（宁委办厅字〔2022〕5号）、《南京市加快统筹推进数字政府高质量建设实施方案》（宁政办发〔2022〕36号）等文件精神，制定本实施方案。

一、总体要求

（一）指导思想

以《南京市加快统筹推进数字政府高质量建设实施方案》为指导，扎实推进政务服务“一网通办”、城市运行“一网统管”、云数融合“一网集成”、城市治理“一网共治”，创新政府治理手段、模式、理念，高质量建设雨花台区数字政府。

（二）工作原则

——创新引领、改革驱动。要坚持管业务就要管数据，通过提升政府工作人员数字素养，为数字政府建设打造能力基础。要坚持组织变革、模式创新，把建设数字政府和政府体制机制变革、数字经济发展相结合，创新数字政府建设模式和投入方式，发挥体制创新的改革红利和社会资本在技术、运营等方面的优势，实现数字政府建设的可持续。

——集约建设、充分共享。要坚持共享为原则，不共享为例外，树立全区“一盘棋”思想，统筹云、网、数、技等基础能力建设。积极运用新一代信息技术推进业务、技术、数据融合发展，大力提升集约化、规模化、精细化建设管理水平，实现跨层级、跨地域、跨部门、跨业务、跨系统协同处置和服务。

——安全可信、底线思维。建立健全数据安全、网络安全、应用安全等技术能力、管理制度和工作机制，构建自主可控安全保障体系，强化数字政府安全管理责任。突出法治思维，完善标准规范，强化技术应用，保障数字设施、数据资源、应用系统安全，加强个人隐私保护。

（三）工作目标

到2024年，通过体制创新、流程再造、效能提升，实现政务服务“一网通办”、城市运行“一网统管”、云数融合“一网集成”、城市治理“一网共治”，基本建成行政管理能力强、政务服务效能高、数字产业发达的整体性数字政府。

二、主要任务

（一）提升政府管理水平，着重推进城市运行“一网统管”

1.建立城市运行管理中心组织架构。根据《南京市城市运行“一网统管”工作三年行动计划》文件要求，完善区级政府数字管理体制，建立健全区、街组织架构，与市级对接，形成分工协作、上下联动、平战结合的工作机制，统筹各自城运事务，提高政府管理效能。（责任单位：区智慧雨花城市运行专班、区编办、区大数据管理局，各街道、园区）

2.开展城运事件梳理和流程再造。围绕“高效处置一件事”目标，开展城市运行管理事件梳理和统筹管理。通过流程再造和数据驱动，提升事件处置效率。积极推动12345工单办理机制创新，着重提高跨层级、跨部门事件的处置效能。（责任单位：区智慧雨花城市运行专班、区行政审批局，各街道、园区）

3.加快“四标四实”建设。完善“四标”（标准地图、标准地址、标准建筑物编码、标准网格）技术标准和数据汇聚，加快“四实”（实有人口、实有单位、实有房屋、实有设施）资源的数字化、空间化。优化数据共享服务工作平台和运行机制，在保障数据安全条件下，满足市、区、街、社区、网格五级数字化场景需求，切实提高政府治理智能化水平。（责任单位：区智慧雨花城市运行专班、公安分局、区大数据管理局、区信息中心等各有关部门）

4.建设城市运行“一网统管”综合指挥调度系统。搭建区、街上下贯通、反应迅速的一体化指挥技术支撑平台，并与市级平台对接，进一步打通各类业务系统，形成横向到边、纵向到底、互联互通的矩阵结构，提供常态化的三级指挥调度支撑能力。（责任单位：区大数据管理局、区信息中心，各街道、园区）

5.建设政府管理统一入口。加快政府人员各项管理工作统一终端入口平台建设，逐步整合办公、办事、管理等各类移动应用，实现面向政府工作人员和基层工作人员的移动应用一端集成。（责任单位：区政府办、区大数据管理局、区信息中心）

6.建设城运中心各功能中心。创新数字政府建设模式。建设综合指挥调度中心，打造城市运行“起搏器”。建设分析研判中心，打造城市运行“服务器”。建设城市运行感知中心，打造城市运行“传感器”。建设轻应用开发中心，打造城市运行“助推器”。（责任单位：区智慧雨花城市运行专班、区大数据管理局）

7.打造政府数字治理重点场景。对接市相关部门，在经济调节、市场监管、社会管理、公共服务、生态环境保护和防灾减灾等领域积极打造数字治理场景。在应急管理方面，围绕安全生产、公共卫生、极端天气、房屋安全、工程建设、危险化学品、消防安全、防汛抗旱等，构建智能化城市安全预警体系。在日常管理方面，加强城市管理智能化应用，创新地下管线、群租治理、小区物管、垃圾分类、建筑工地、消防管理等热点难点问题的智能化解决方案，积极推进数字孪生城市建设。（责任单位：区各有关部门）

8.提升政府工作人员数字素养。开展“一网统管”体检工作。接受市相关部门对我区数字化转型情况进行诊断，提高系统建设的科学性。参加全市“一网统管”轮训和城市数字化转型培训，提高干部数字素养。（责任单位：区智慧雨花城市运行专班、区大数据管理局）

（二）提升政府服务能力，着力推进政务服

务“一网通办”

9.集成政府服务统一入口。采用统一标准和先进技术,建设“苏服办”雨花台区旗舰店,覆盖全区政务服务网、移动端、自助终端和办事窗口,整合各类服务应用,推动政务服务事项同源发布,统一管理,做到“一入口、好办事、管全程”。配合落实省、市移动端标准应用清单,推动高频民生服务事项网上办、掌上办。(责任单位:区行政审批局等各有关部门)

10.建设高效运行“主平台”。配合市一体化政务服务平台的优化升级工作,根据“一部门一系统”“一市一平台”要求,各级各类政务服务系统全面整合后统一接入、全面贯通。利用市一体化政务服务平台提供组件化、标准化技术能力,实现业务需求和数据供给精准匹配。统筹政务区块链技术平台建设,提供数据可信场景应用能力。(责任单位:区行政审批局、区委网信办、区大数据管理局等各有关部门)

11.深入推进“一网通办”。围绕个人事项全领域和企业经营全周期服务,融合线上线下全渠道,做到全时在线、网上可办好办。持续深化“一件事”改革,加快业务流程再造,进一步减环节、减材料、减时限、减费用,实行“两个免于提交”。积极主动接受人民群众评价监督,持续深入开展“好差评”,加强问题立整立改,严格实行闭环管理。(责任单位:区行政审批局、区大数据管理局等各有关部门)

12.加快电子证照共享应用。推动出生医学证明、户口簿、身份证、社会保障卡、驾驶证和新申领的结(离)婚证、不动产权证书、不动产登记证明等常用证照电子化和应用,打通各类电子证照相应的底层数据,在各应用场景实现互通互认,真正做到多码合一。拓展电子签名和电子印章应用,推动电子档案“单套制”管理,推进政务服务办件归档全程电子化管理。(区大数据管理局、区行政审批局、区卫健委、公安分局、区人社局、区民政局、区规资分局、区司法局、区档案馆)

13.打造惠企服务总入口。推广“宁企通”惠企综合服务平台,打造全区惠企服务总入口,为企业提供一站式、全流程政策服务,实现全区惠企政策兑现统一平台、一站申报,推动惠企政策精准匹配、一站直达。优化重大项目代办综合服务,构建高效便利的重大项目服务机制。(责任单位:区行政审批局等各有关部门)

(三)提升数字底座功能,着力推进云数融合“一网集成”

14.完善大数据管理规则和标准规范。落实《南京市政务云管理办法》《法人主数据规范》《自然人主数据规范》《政务数据安全管理指南》和《政务数据安全规定(试行)》等文件要求。对接市平台数据,实现基于网格的人、房、城市部件等数据统一汇聚、管理、计算和共享。(责任单位:区大数据管理局、区信息中心等各有关部门)

15.提升政务云基础支撑能力。加强区级政务云管理,建成政务云管理平台,加强政务云监测管理。配合市级部门,强化统一身份认证、电子签章、公共支付、语音识别等公共支撑组件服务能力,推广智能流程引擎、微服务、小程序等开发工具箱,提升政务云公共能力服务水平。(责任单位:区大数据管理局、区信息中心)

16.开展政务“智能云”建设。围绕数字政府建设需求提升基于物联网和人工智能的城市“感”“知”能力建设,打造城市“智能云”。

加强全区统一物联感知网建设，以采购服务形式、市场化投入方式，提升城市物联感知能力。建设全区集约、共享的人工智能云服务平台，通过集约化建设和统一管理，降低人工智能使用门槛和应用成本，为各部门、各街道的数字化转型提供人工智能技术支撑。（责任单位：区大数据管理局、区信息中心）

17.开展政务数据共享攻坚行动。强化政务数据共享机制。进一步梳理政务数据资源，建立健全以数据实时共享为主要目标、数据接口调用为基本方式、数据产品定制服务为重要手段的政务数据共享对接机制。依法依规编制全区政务数据目录，切实提升政务数据质量。扩大政企数据共享范围，将公共交通、卫生健康、城市管理、水务、电力、燃气、通信等公共企事业单位数据纳入《南京市政务数据管理暂行办法》管理范畴。开展政务数据授权运营试点。（责任单位：区大数据管理局、区行政审批局、区信息中心）

（四）提升公众参与效能，着力推进城市治理“一网共治”

18.优化公众参与治理的渠道。建设基于“随手拍”的一网共治能力平台。精准识别市民对于城市管理和政务服务的需求，形成“随手拍”问题发现、智能过滤和分类识别的能力，为各类社会主体共同参与城市治理提供技术服务。（责任单位：区大数据管理局、区信息中心）

19.提供个人数据管理工具。配合市级部门，持续打造基于可信帐户的基本公共数据服务平台。实现身份鉴证、数据资源管理（查询）、数据授权使用、电子证照亮证、电子合同服务、个人空间服务等服务能力，落实“南京的我”小程序使用，打造个人（法人）数据的“保险箱、百宝箱、工具箱”。（责任单位：区大数据管理局、区信息中心）

20.提升城市“门户”建设管理水平。配合“我的南京”APP平台架构升级。对接市统一身份认证系统，形成“我的南京”APP系列统一的用户体系。运用数据洞察系统强化性能监控服务，优化“我的南京”APP用户体验。加强网站群建设管理，落实意识形态工作责任制要求，加强内容监测，做好敏感时间节点安全保障。实施网站的适老化和无障碍改造。（责任单位：区大数据管理局、区信息中心）

（五）提升安全保障水平，着力筑牢网络数据安全“防火墙”

21.严格执行安全管理制度。依法加强数据安全防护，落实网络安全等级保护、关键信息基础设施安全保护、数据分类分级保护、密码应用管理等制度，落实《南京市政务信息化项目建设网络安全管理规定》，保证安全技术措施同步规划、同步建设、同步使用。全面强化数字政府安全管理责任，切实筑牢安全防线，确保网络、数据和个人信息安全。建立数字政府安全评估、责任落实和重大事件处置机制，加强对参与数字政府建设和运营企业的规范管理，确保政务信息系统和数据安全管理边界清晰、职责明确及责任落实。定期对数字政府全流程安全开展专项检查，提升关键信息基础设施保护水平。（责任单位：区委网信办、区委办、公安分局、区大数据管理局等各有关部门，各街道、园区）

22.全面加强安全技术防护。聚焦关键部位和薄弱环节，强化安全监测、漏洞扫描、安全加固等主动防控，提升全网、全域态势感知和安全防护本质能力。围绕数据全生命周期实行分类分级管理，综合运用先进技术和有效方法,防攻击、防病毒、防入侵、防篡改、防泄漏,持续推动信息技术应用创新,加快推进核心技术研发,强化自主可控技术和产品应用,积极采用信创产品,推进符合国家标准要求的密码应用。(责任单位:区委网信办、区委办、区科技局、区公安分局、区大数据管理局等各有关部门,各街道、园区)

23.着力提升应急处置能力。完善网络安全事件应急预案,提高应急预案的针对性、科学性和可操作性,建立健全网络和数据安全信息共享、风险研判、应急协调工作机制,规范应急处置流程。加强网络安全检查和应急技术支撑力量建设,发挥网络安全应急技术支撑机构作用。开展网安系列网络安全保障行动,对重要信息系统进行技术检测和漏洞筛查,及时通报处置漏洞隐患,防范化解重大网络安全风险。加强实战化、常态化的攻防演练,不断提升系统防护和应急处置能力。(责任单位:区委网信办、公安分局等各有关部门,各街道、园区)

(六)提升统筹协调水平,着力做好数字政府建设多元化保障

24.加强组织领导。成立区数字政府建设工作领导小组,由区政府主要领导任组长,各位副区长担任副组长,区有关部门、各街道办事处、园区管委会主要负责同志为成员,统筹推进南京数字政府高质量建设工作。各街道办事处、园区管委会要落实"一把手"责任制,加强组织领导和高位协调,层层压实责任,齐抓共管。细化数字政府建设的考核评价体系,从工作架构、平台支撑、数据共享、人才支持等方面对数字政府建设水平进行科学评价。(责任单位:区政府办、区行政审批局、区大数据管理局,各街道、园区)

25.强化工作落实。抓紧完善数字政府制度规定、标准规范、工作清单和重点任务,各街道(开发区)和各部门要细化实施方案,明确时间表、路线图、责任人。加强市、区两级推进机构的联动机制,按照上下级工作关联和职责明晰的要求,定期召开跨层级、跨区域、跨部门协调工作会议,有力有序有效推进数字政府建设。(责任单位:区行政审批局、区大数据管理局等各有关部门,各街道、园区)

26.强化改革创新。创新数字政府建设投入模式,发挥财政资金撬动作用,探索市场化推进方式,利用社会资本在技术和运营模式等方面的优势,共同参与数字政府建设,实现可持续运营。统筹数字政府建设和数字经济发展,通过开发、开放重大应用场景,将数字政府建设打造成数字经济的风向标、试验场、孵化器和项目库,整体带动数字政府生态企业做大、做强和"走出去"。(责任单位:区大数据管理局、区发改委、区财政局)

27.强化统筹管理。整体性推进数字政府数据资源采集、存储、交换、共享和开放,健全数据共享协调机制。做好"一网集成"下数字基础设施的统筹规划、建设、运营、维护工作,各级部门不得重复投资、建设和外购有关服务。深化政务信息化项目全过程管理,完善项目事前评估事后考核机制。对不符合数字化转型和数字政府建设总体方向的项目,不列计划、不批项目、不安排资金。对已建成的项目考核其使用效果,建立数字政府"红白榜"。

文件目录选编

表 49　2022 年中共雨花台区委员会文件目录（摘录）

文　号	文件标题	发文日期
雨委发〔2022〕1 号	关于印发《雨花台区 2022 年国民经济和社会发展目标级分解方案》的通知	1 月 3 日
雨委发〔2022〕2 号	中共南京市雨花台区委关于区第十二届三次全会召开情况的报告	1 月 4 日
雨委发〔2022〕4 号	雨花台区关于 2021 年污染防治攻坚战工作落实和目标任务完成自查报告	1 月 24 日
雨委发〔2022〕5 号	中共南京市雨花台区委关于深入学习贯彻党的十九届六中全会精神的决定	1 月 24 日
雨委发〔2022〕6 号	中共南京市雨花台区委关于深入学习宣传贯彻省第十四次党代会精神的实施意见	1 月 28 日
雨委发〔2022〕7 号	关于中共南京市雨花台区委常委会党史学习教育专题民主生活会情况报告	1 月 30 日
雨委发〔2022〕8 号	关于在全区开展法治宣传教育的第八个五年规划（2021—2025 年）	1 月 30 日
雨委发〔2022〕9 号	中共南京市雨花台区委履行全面从严治党主体责任报告	2 月 14 日
雨委发〔2022〕10 号	关于表彰雨花台区推进“全面创新 全域高新”先进集体、先进个人的决定	2 月 14 日
雨委发〔2022〕11 号	关于成立板桥新城开发建设指挥部的通知	2 月 16 日
雨委发〔2022〕12 号	关于印发《中共南京市雨花台区委关于完善区委常委联系点制度的工作方案》的通知	2 月 17 日
雨委发〔2022〕14 号	关于转发《政协南京市雨花台区委员会 2022 年度工作要点和协商议题安排》的通知	3 月 8 日
雨委发〔2022〕15 号	中共南京市雨花台区人大常委会党组关于建立街道议政代表会制度的实施意见	3 月 11 日
雨委发〔2022〕16 号	关于进一步调整优化雨花台区新冠肺炎疫情防控工作指挥体系的通知	4 月 1 日
雨委发〔2022〕17 号	关于雨花台区批建变电站项目涉稳风险事项的情况报告	4 月 2 日
雨委发〔2022〕22 号	关于印发《雨花台区推进“一区一特色”改革加快板桥新城开发建设工作实施方案》	4 月 20 日
雨委发〔2022〕24 号	关于表彰 2021 年机关事业单位人员年度考核中记三等功和嘉奖人员的决定	5 月 7 日
雨委发〔2022〕25 号	关于印发《雨花台区 2022 年民生实事项目及任务分解方案》的通知	5 月 11 日
雨委发〔2022〕34 号	关于印发《2022 年雨花台区防汛抗旱工作意见》的通知	6 月 27 日
雨委发〔2022〕38 号	关于印发《南京市雨花台区法治政府建设实施方案（2021—2025 年）》的通知	7 月 25 日
雨委发〔2022〕39 号	中共南京市雨花台区委印发《关于深入贯彻落实〈中国共产党政法工作条例〉的实施意见》的通知	8 月 3 日
雨委发〔2022〕43 号	关于进一步做好“三重一大”事项决策和监管的意见	8 月 15 日
雨委发〔2022〕44 号	关于印发《雨花台区化解民生诉求突出问题专项巡查整改方案》的通知	8 月 16 日

续表 49

文　号	文件标题	发文日期
雨委发〔2022〕45 号	关于中共南京市雨花台区第十二届委员会第五次全体会议召开情况的报告	8 月 27 日
雨委发〔2022〕49 号	关于印发《2022 年度雨花台区“全面创新、全域高新”推动高质量发展绩效评价考核实施方案》《雨花台区 2022 年度党的建设成效评价考核实施办法》《2022 年度雨花台区高质量发展满意度评价实施办法》的通知	9 月 19 日
雨委发〔2022〕53 号	雨花台区关于深入打好污染防治攻坚战的实施意见	10 月 17 日
雨委发〔2022〕56 号	关于做好 2022 年乡村振兴工作的实施意见	10 月 21 日
雨委发〔2022〕57 号	中共南京市雨花台区委关于雨花台区化解民生诉求突出问题专项巡察集中整改进展情况的通报	11 月 9 日
雨委发〔2022〕58 号	中共南京市雨花台区委关于深入学习贯彻党的二十大精神的通知	11 月 11 日
雨委发〔2022〕62 号	中共南京市雨花台区委关于中国共产党南京市雨花台区第十二届委员会第六次全体会议召开情况的报告	12 月 20 日
雨委发〔2022〕63 号	关于 2022 年度南京市雨花台区落实意识形态工作责任制情况的报告	12 月 20 日
雨委发〔2022〕64 号	中共南京市雨花台区委 2022 年度落实全面从严治党主体责任制情况的报告	12 月 23 日
雨委发〔2022〕65 号	雨花台区关于 2022 年度河长制湖长制贯彻落实情况的报告	12 月 28 日
雨委发〔2022〕66 号	中共南京市雨花台区委关于 2022 年统一战线工作总结及 2023 年工作计划的报告	12 月 28 日
雨委发〔2022〕67 号	雨花台区 2022 年度乡村振兴工作进展情况报告	12 月 30 日
雨委发〔2022〕68 号	雨花台区关于 2022 年工作情况和 2023 年工作计划的报告	12 月 30 日
雨委发〔2022〕69 号	雨花台区 2022 年宣传工作总结和 2023 年工作计划	12 月 30 日
雨委办发〔2022〕4 号	关于印发《雨花台区“十四五”应急管理规划》的通知	2 月 24 日
雨委办发〔2022〕5 号	关于成立智慧雨花城市运行管理系统建设领导小组的通知	2 月 25 日
雨委办发〔2022〕6 号	关于印发《全区贯彻落实党委（党组）网络意识形态工作者责任制实施方案》的通知	3 月 1 日
雨委办发〔2022〕7 号	关于对 2021 年度信息工作优秀集体、先进个人进行表扬的通报	3 月 3 日
雨委办发〔2022〕8 号	关于印发《雨花台区规范民办义务教育发展实施方案》的通知	3 月 4 日
雨委办发〔2022〕10 号	2022 年雨花台区深入打好污染防治攻坚战目标任务	3 月 19 日
雨委办发〔2022〕11 号	关于印发《雨花台区特殊困难群体救助帮扶和妇女儿童权益保障问题专项排查整治行动方案》的通知	4 月 2 日
雨委办发〔2022〕12 号	关于转发区关工委《2022 年雨花台区关心下一代工作要点》的通知	4 月 15 日
雨委办发〔2022〕13 号	印发《雨花台区“十四五”现代化产业发展规划》	4 月 20 日
雨委办发〔2022〕14 号	印发《雨花台区深化提升“安全生产专项整治三年行动”的实施意见》	4 月 28 日
雨委办发〔2022〕15 号	印发《雨花台区加强“两新”组织党建“三领一提”三年行动计划（2022 年—2024 年）的实施意见》	5 月 12 日
雨委办发〔2022〕16 号	印发《雨花台区贯彻落实“强力工程”深化党建引领基层治理到底到边的若干措施》	5 月 12 日
雨委办发〔2022〕18 号	关于印发区残联三定规定的通知	5 月 18 日
雨委办发〔2022〕19 号	关于印发区红十字会三定规定的通知	5 月 18 日

续表 49

文　号	文件标题	发文日期
雨委办发〔2022〕20 号	关于开展“暖心助企 纾困解难”大走访活动的通知	6 月 2 日
雨委办发〔2022〕22 号	关于印发《区委常委会成员、区政府领导班子成员、软件谷管委会、南站综管办主要领导 2022 年安全生产重点工作清单》的通知	6 月 10 日
雨委办发〔2022〕23 号	关于成立对口支援协作合作工作领导小组的通知	6 月 22 日
雨委办发〔2022〕25 号	关于印发《关于深化拓展新时代文明实践中心建设的实施方案》的通知	6 月 24 日
雨委办发〔2022〕26 号	关于印发《雨花台区区属国有企业改革方案》的通知	6 月 24 日
雨委办发〔2022〕28 号	雨花台区关于贯彻落实《市级层面整治形式主义为基层减负专项工作机制 2022 年工作要点》的实施意见	6 月 30 日
雨委办发〔2022〕29 号	关于进一步加强重点涉稳领域工作专班建设的通知	7 月 6 日
雨委办发〔2022〕30 号	关于印发《南京软件谷发展有限公司改革方案》的通知	7 月 7 日
雨委办发〔2022〕35 号	关于印发《关于推动党史学习教育常态化长效化的实施方案》的通知	8 月 11 日
雨委办发〔2022〕36 号	转发《区委宣传部、区委组织部关于〈习近平谈治国理政〉第四卷学习教育工作的通知》的通知	8 月 17 日
雨委办发〔2022〕39 号	关于印发《关于更加有效发挥统计监督职能作用的实施办法》的通知	8 月 31 日
雨委办发〔2022〕46 号	关于印发《雨花台区“十四五”教育发展规划》的通知	10 月 11 日
雨委办发〔2022〕47 号	关于印发《雨花台区人民政府国有资产监督管理办公室履职清单》《雨花台区区属国企履职待遇业务支出管理办法》《雨花台区区属国企负责人综合业绩考核及薪酬管理办法》的通知	10 月 17 日
雨委办发〔2022〕51 号	关于调整优化区新冠肺炎疫情防控工作指挥体系组织架构及有关领导职责分工的通知	11 月 15 日
雨委办发〔2022〕52 号	关于印发《南京市雨花台区“十四五”城市规划建设》的通知	11 月 16 日
雨委办发〔2022〕53 号	中共南京市雨花台区委办公室关于印发《贯彻落实区委人大工作会议重点任务分工方案》的通知	11 月 23 日
雨委办发〔2022〕55 号	关于全面深入开展重点行业领域安全生产排查整治“治本攻坚”大会战的通知	12 月 5 日
雨委办发〔2022〕56 号	关于印发《雨花台区共青团基层组织改革实施方案》的通知	12 月 26 日

（区委办）

表 50　2022 年雨花台区人民政府文件目录（摘录）

文　号	文件标题	发文日期
雨政发〔2022〕21 号	关于印发《雨花台区 2022 年政府投资计划》的通知	2 月 10 日
雨政发〔2022〕29 号	关于修订印发《雨花台区双创投资引导基金管理暂行办法》的通知	3 月 7 日
雨政发〔2022〕49 号	关于印发雨花台区全民健身实施计划的通知	4 月 13 日
雨政发〔2022〕51 号	关于印发《雨花台区医疗救助对象健康“保中保”实施方案（试行）》的通知	4 月 13 日
雨政发〔2022〕67 号	关于举办“2022 雨花满天——全国工笔画作品展”的报告	5 月 23 日
雨政发〔2022〕72 号	关于印发《2022 年基干民兵军事训练计划》的通知	5 月 20 日

续表 50

文　号	文件标题	发文日期
雨政发〔2022〕87 号	关于印发《雨花台区创建“江苏省健康区”工作方案》的通知	7 月 4 日
雨政发〔2022〕103 号	关于修订印发《雨花台区双创投资引导基金管理办法》的通知	8 月 31 日
雨政发〔2022〕108 号	关于国家级公益林优化成果的报告	10 月 12 日
雨政发〔2022〕129 号	雨花台区 2022 年度乡村振兴工作进展情况报告	12 月 30 日
雨政办发〔2022〕6 号	雨花台区开展国家级县域节水型社会达标建设工作实施方案	2 月 14 日
雨政办发〔2022〕7 号	关于印发《雨花台区 2022 年度松材线虫病除治方案》的通知	2 月 24 日
雨政办发〔2022〕13 号	关于印发《雨花台区“新生儿出生一件事”改革实施方案》的通知	5 月 5 日
雨政办发〔2022〕16 号	关于印发《雨花台区“十四五”人力资源和社会保障发展规划》的通知	5 月 7 日
雨政办发〔2022〕17 号	关于印发《雨花台区“15 分钟医保服务圈”示范点建设实施方案》的通知	5 月 7 日
雨政办发〔2022〕18 号	关于印发《雨花台区促进人力资源服务业高质量发展的实施意见》的通知	5 月 18 日
雨政办发〔2022〕19 号	关于印发《雨花台区“及时雨”民生服务平台实施细则》的通知	5 月 20 日
雨政办发〔2022〕21 号	关于建立雨花台区水污染防治工作联席会议制度的通知	6 月 2 日
雨政办发〔2022〕24 号	关于印发《雨花台区新建房屋建筑安全审批监管工作实施方案（试行）》的通知	6 月 15 日
雨政办发〔2022〕25 号	关于印发《雨花台区制造业智能化改造和数字化转型实施方案（2022—2024 年）》的通知	6 月 22 日
雨政办发〔2022〕27 号	关于印发雨花台区自建房安全专项整治实施方案的通知	8 月 3 日
雨政办发〔2022〕29 号	关于建立雨花台区农村住房条件改善工作联席会议的通知	8 月 19 日
雨政办发〔2022〕30 号	关于印发《雨花台区建设科创金融改革实验区总体方案》的通知	8 月 30 日
雨政办发〔2022〕31 号	关于印发《雨花台区科创金融扶持资金政策实施办法（试行）》的通知	8 月 30 日
雨政办发〔2022〕38 号	关于公布 2022 年度雨花台区人民政府重大行政决策事项目录的通知	10 月 11 日
雨政办发〔2022〕39 号	区政府办公室关于实施街道社区志编纂文化工程的通知	10 月 14 日
雨政办发〔2022〕40 号	关于印发《雨花台区关于全面加强药品监管能力建设的实施意见》的通知	10 月 17 日
雨政办发〔2022〕47 号	关于印发《雨花台区加快统筹推进数字政府高质量建设实施方案》的通知	11 月 9 日
雨政办发〔2022〕48 号	关于印发雨花台区全民科学素质行动规划纲要实施方案（2021—2025 年）的通知	11 月 24 日
雨政办发〔2022〕49 号	关于进一步完善雨花台区养老服务时间银行体系的通知	11 月 25 日
雨政办发〔2022〕51 号	关于印发《南京市雨花台区应急管理综合行政执法大队职能配置、内设机构和人员编制规定》的通知	12 月 30 日

（区政府办）

统计资料选编

表 51　2022 年雨花台区主要指标实绩统计表

指　　标	计量单位	2022 年	2021 年	2022 年比 2021 年 ±%
一、综　合				
街道（园区）	个	9	9	—
其中：园区	个	2	2	—
社区居民委员会	个	66	64	3.1
村民小组	个	182	182	—
年末总户数（户籍）	万户	13.0	12.60	3.2
年末总人口（户籍）	万人	33.40	32.69	2.2
常住人口	万人	62.35	61.63	1.2
土地面积	平方公里	132.39	132.39	—
地区生产总值	亿元	1040.22	1015.55	1.6
第一产业	亿元	0.15	0.11	33.4
第二产业	亿元	190.00	183.39	3.4
# 工业	亿元	167.28	159.36	4.4
第三产业	亿元	850.07	832.05	1.1
二、农　业				
农林牧渔总产值（现价）	万元	2451	1819	34.7
(1) 农业总产值	万元	2104	1476	42.5
(2) 林业总产值	万元	275	253	8.7
(3) 牧业总产值	万元	0	0	—
(4) 渔业总产值	万元	72	90	−20.0
(5) 农林牧渔服务总产值	万元	—	—	—
三、工　业				
规模以上工业企业单位数	个	123	123	—
规模以上工业总产值	亿元	566.02	624.71	−9.4
规模以上工业主营业务收入	亿元	588.62	627.77	−6.2

续表 51

指 标	计量单位	2022 年	2021 年	2022 年比 2021 年 ± %
规模以上工业利润总额	亿元	2.97	52.49	-94.3
规模以上工业企业综合能源消费量	万吨标准煤	561.9	534.6	5.1
规模以上工业企业煤炭消费量	万吨	532.4	518.3	2.7
四、全社会固定资产投资	亿元	390.08	—	11.9
其中：工业投资	亿元	0.85	—	-21.3
房地产投资	亿元	312.15	—	31.5
五、批发零售贸易和餐饮业				
社会消费品零售总额	亿元	716.55	—	-2.0
六、外经外贸				
注册外资实际到账	亿美元	3.709	—	—
外贸进出口总额	亿元	343.9	—	—
七、财 政				
公共财政预算收入	亿元	81.61	—	10.9
八、人民生活				
城镇居民人均可支配收入	元	74558.4	71663.2	4.0

注：地区生产总值2022年比2021年增长速度采用可比价增长速度

表 52 2022 年雨花台区各街道（园区）地区生产总值统计表

单位：亿元

街道（园区）	地区生产总值	一产	二产	三产
软件谷	586.57	0	26.43	560.14
其中：铁心桥街道	30.07	0	4.75	25.32
开发区	98	0	35.84	62.16
古雄街道	11.42	0	1.11	10.31
雨花街道	52.33	0	2.86	49.47
赛虹桥街道	94.36	0	8.15	86.21
西善桥街道	51.84	0	10.03	41.81
板桥街道	26.30	0.15	7.23	18.92
梅山街道	119.41	0	98.37	21.04

表 53　2022 年雨花台区城镇居民家庭全年人均收入统计表

单位:元

指标名称	2022 年	增长 %
城镇居民人均可支配收入	74558.4	4.0
（一）工资性收入	55453	4.0
（二）经营净收入	4781	3.8
（三）财产净收入	11135.0	3.2
（四）转移净收入	3189.4	7.2

表 54　2022 年雨花台区城镇居民家庭全年人均消费支出统计表

单位:元

指标名称	2022 年	增长 %
城镇居民人均生活消费支出	42443.0	2.9
（一）食品烟酒	10844.0	2.5
（二）衣着	2898.0	1.9
（三）居住	8766.0	6.7
（四）生活用品及服务	2675.0	5.4
（五）交通通信	8610.0	4.9
（六）教育文化娱乐	6430.0	-4.6
（七）医疗保健	1254.0	3.0
（八）其他用品和服务	966.0	6.7

表 55　2022 年雨花台区城镇居民住户调查主要指标统计表（一）

指标名称	总量（元）	人均（元）
一、可支配收入	26393666.0	74558.4
二、消费支出	15024822	42443.0
1. 食品烟酒	3838776	10844
2. 衣着	1025892	2898.0
3. 居住	3103164	8766.0
4. 生活用品及服务	946950	2675.0
5. 交通通信	3047940	8610.0
6. 教育文化娱乐	2276220	6430.0

续表 55

指标名称	总量(元)	人均(元)
7. 医疗保健	443916	1254.0
8. 其他用品和服务	341964	966.0

表 56　2022 年雨花台区城镇居民住户调查主要指标统计表（二）

指标名称	计量单位	总量	人均
一、期末家庭人口	人	354	1.00
二、自有现住房面积	平方米	12350	34.9
三、年末耐用物品			
1. 家用汽车	辆	101	0.29
2. 摩托车	辆	3	0.01
3. 助力车	辆	64	0.18
4. 洗衣机	台	125	0.35
5. 电冰箱（柜）	台	126	0.36
6. 微波炉	台	112	0.32
7. 彩色电视机	台	184	0.52
8. 空调	台	311	0.88
9. 热水器	套	123	0.35
10. 洗碗机	件	8	0.02
11. 排油烟机	台	118	0.33
12. 固定电话	台	23	0.06
13. 移动电话	台	306	0.86

表 57　2022 年雨花台区城镇居民住户调查主要指标统计表（三）

指标名称	计量单位	总量	人均
14. 计算机	套	127	0.36
15. 照相机	部	49	0.14
16. 中高档乐器	架	25	0.07
17. 健身器材	台	15	0.04

（区统计局）

组织机构及负责人

·雨花台区·

中国共产党南京市雨花台区委员会

书　记:戴华杰(5月25日免)
　　　　张连春(5月25日任)
副书记:李方毅(5月25日任)
　　　　凌向前(5月5日免)
　　　　陆瑞峰(8月16日任)
常　委:毛光明
　　　　王金玉
　　　　时　丹(女)
　　　　张建设
　　　　汪丹彦(女)
　　　　蓝　波
　　　　顾海军(3月25日任)
　　　　张　伟(8月16日任)
　　　　潘勇涛(9月23日挂职)

南京市雨花台区人民代表大会常务委员会

主　任:杨　明
副主任:艾长青
　　　　卞艳艳(女)
　　　　顾晓春(1月7日不再担任)
　　　　贾乐实
　　　　褚堂桂(1月7日当选)

南京市雨花台区人民政府

区　长:张连春(5月31日辞)
　　　　李方毅(5月31日代理)
副区长:李方毅(5月31日任)
　　　　陆瑞峰(9月28日免)
　　　　张建设(9月28日任)
　　　　蓝　波
　　　　潘勇涛(9月28日挂职)
　　　　郜叶红(女)
　　　　吕　晨(女)
　　　　赵道鞞
　　　　郑　婕(女)
　　　　袁修来(12月6日免)
　　　　侯育国(12月6日任)

中国人民政治协商会议南京市雨花台区委员会

主　席:于茂高(12月21日不再担任)
副主席:谢祖国(1月5日不再担任)
　　　　陆景文(1月5日不再担任)
　　　　杨　洋(1月5日不再担任)
　　　　杨宝龙(1月6日当选)
　　　　孙红霞(女)
　　　　朱天燕(女,1月6日当选)
　　　　项　前(女,1月6日当选)
秘书长:姜　宁

中共南京市雨花台区纪律检查委员会

区纪律检查委员会

书　记：毛光明

副书记：金　晖

凌　胜

常　委：郭治宇

任晨慧（女）

叶　君（女）

蔡亚锋（女）

区监察委员会（与区纪律检查委员会合署办公）

主　任：毛光明（1月7日当选）

副主任：金　晖

凌　胜

委　员：任晨慧（女）

叶　君（女）

林建斌

尹志辉

南京市雨花台区人民法院

院　长：黄德清（1月7日当选）

副院长：祝　怡（女）

韩　芳（女）

费月华（女）

陈　晨

政治部主任：胡正义

审判委员会专职委员：

陈　波

郑朝明

执行局局长：李筱艳（女）

南京市雨花台区人民检察院

检察长：肖水金

副检察长：吕齐斌

张梅菁（女）

尚小强

政治部主任：朱　琳

区委工作机关

中共南京市雨花台区委办公室（设区委国家安全委员会办公室，挂区委机要局、区国家保密局、区国家密码管理局、区档案局牌子）

主　任：陶龙波

副主任：李雅柳

施兴宝（兼）

王　洋

关　进（8月2日任，试用期一年）

李时兴（8月2日任，试用期一年）

区委国家安全委员会办公室

主　任：张建设（5月11日兼任，8月26日免）

王金玉（8月26日兼任）

副主任：冷　靖（5月11日任）

区委机要局

局　长：陶龙波

副局长：陈文彬（4月9日免）

任利军

区国家保密局

局　长：陶龙波

副局长：任利军

区国家密码管理局

局　长:陶龙波

副局长:任利军

区档案局

局　长:陶龙波

专职副局长:徐美如(女)

中共南京市雨花台区委组织部(挂区委非公有制企业和社会组织工作委员会、区公务员局牌子)

部　长:时　丹(女)

常务副部长:夏　风

副部长:俞　蓉(女)

王德伟(兼)

杨　彬

陈文彬

区委非公有制企业和社会组织工作委员会

书　记:陈文彬

区公务员局

局　长:杨　彬

副局长:李文卓(女)

中共南京市雨花台区委宣传部(设区委网络安全和信息化委员会办公室,挂区精神文明建设指导委员会办公室、区互联网信息办公室牌子)

部　长:汪丹彦(女)

常务副部长:许　慎

副部长:裴　鸿(女,9月30日免)

华晓朝

卞志宏(9月30日任)

区委网络安全和信息化委员会办公室

主　任:裴　鸿(女,9月30日免)

卞志宏(9月30日任)

专职副主任:葛丽霞(女)

区精神文明建设指导委员会办公室

主　任:华晓朝

专职副主任:谢　群

区互联网信息办公室

主　任:裴　鸿(女,9月30日免)

卞志宏(9月30日任)

中共南京市雨花台区委统一战线工作部(挂区委台湾工作办公室、区政府台湾事务办公室、区民族宗教事务局、区政府侨务办公室牌子)

部　长:王金玉(8月16日免)

张　伟(8月16日任)

副部长:翟青尧(女)

胡建忠

勾宏展

区工商业联合会

主　席:陆景文

副主席:桑金祥

区委台湾工作办公室

主　任:勾宏展

专职副主任:王　蔚(女)

区政府台湾事务办公室

主　任:胡建忠

专职副主任:王　蔚(女)

区民族宗教事务局

局　长：翟青尧（女）
专职副局长：魏以远

区政府侨务办公室

主　任：勾宏展
专职副主任：王　蔚（女）

中共南京市雨花台区委政法委员会（设区国家安全人民防线建设领导小组办公室、委托管理区法学会）

书　记：张建设（8月26日免）
　　　　王金玉（8月26日任）
常务副书记：衡长华
副书记：邵美玲（女，9月30日任）
　　　　石　磊（9月30日免）
　　　　刘　炜（挂职，8月17日止）
　　　　周朝阳

区国家安全人民防线建设领导小组办公室

主　任：张　晔（女，9月30日免）
　　　　石　磊（9月30日任）
副主任：冷　靖（5月11日免）

区法学会（群团组织）

会　长：张建设（8月26日免）
　　　　王金玉（8月26日任）
常务副会长：衡长华
副会长：蔡丽丽（女）

中共南京市雨花台区委研究室（设区委全面深化改革委员会办公室）

主　任：张雪梅（女）
副主任：王晓云（女）
　　　　金晓春

区委全面深化改革委员会办公室

主　任：陆瑞峰（12月13日兼任）

中共南京市雨花台区委机构编制委员会办公室（挂区事业单位登记管理局牌子）

主　任：王德伟
副主任：张建梅（女）
　　　　李　栋（6月30日免）
　　　　卞家军
　　　　吴　婧（女，6月30任，试用期一年）

区事业单位登记管理局

局　长：王德伟

中共南京市雨花台区委区级机关工作委员会

书　记：尹　宏
副书记：孙　莉（女）
　　　　张伯云

中共南京市雨花台区委巡察工作办公室

主　任：郭治宇
副主任：徐志成

中共南京市雨花台区委老干部局（挂区委离退休干部工作委员会牌子）

局　长：俞　蓉（女）
副局长：陈建平
　　　　袁国涛

区委离退休干部工作委员会

书　记：俞　蓉（女）

专职副书记：陈建平

区人大机关

南京市雨花台区人大常委会办公室

主　任：刘　军（女）

副主任：徐林骏

柳　伟

南京市雨花台区人大常委会研究室

主　任：朱运刚

副主任：邢苏平

南京市雨花台区人大法制委员会

主任委员：程　康（1月7日不再担任）

张明权（1月7日当选）

副主任委员：熊　军（1月7日当选）

南京市雨花台区人大财政经济委员会

主任委员：王　强（1月7日当选）

副主任委员：王长如

南京市雨花台区人大社会建设委员会

主任委员：王纯阳

副主任委员：何中亚

南京市雨花台区人大监察和司法委员会

主任委员：杨春霞（女）

副主任委员：过大江（1月7日当选）

南京市雨花台区人大常委会教育科学文化卫生工作委员会

主　任：高建平

副主任：徐文生

南京市雨花台区人大常委会环境资源城乡建设工作委员会

主　任：张晓东

副主任：娄翠红（女）

南京市雨花台区人大常委会人事代表联络工作委员会

主　任：张思军（1月7日当选）

副主任：吴　嶷

南京市雨花台区人大常委会民族宗教侨务台湾事务工作委员会

主　任：蒋宁卫

副主任：郑尚辉（女）

南京市雨花台区人大常委会预算工作委员会（与区人大财政经济委员会合署办公）

主　任：窦　勇

区政府工作部门

南京市雨花台区政府办公室（设区委外事工作委员会办公室，挂区政府外事办公室、区政府研究室、区机关事务管理局牌子）

主　任：朱盘江

副主任：刘　陈

周宏达

吴正茂

区政府外事办公室

主　任：朱盘江（兼）

副主任：董　倩（女）

区政府研究室

主　任：朱盘江

专职副主任：韩斐斐（女）

南京市雨花台区发展和改革委员会（挂区工业和信息化局、区大数据管理局牌子）

主　任：朱天燕

副主任：张　涛

杨和春

郑　强（8月2日任，试用期一年）

区工业和信息化局

局　长：朱天燕（女）

专职副局长：张　炎

区大数据管理局

局　长：朱天燕（女）

专职副局长：李　钊

南京市雨花台区教育局（区委教育工作委员会与其合署）

局　长：盛云生

副局长：李　进

周文林

刘大伟（挂职）

王　艳（女）

刘革平

区委教育工作委员会

书　记：盛云生

南京市雨花台区科学技术局

局　长：程道伟

副局长：黄　玲（女，6月30日免）

马志伟

徐　刚

南京市雨花台区民政局

局　长：宋海红

副局长：刘　涛（女，9月30日免）

熊康杰

乔　冲

胡晓华（9月30日任）

南京市雨花台区司法局（设区委全面依法治区委员会办公室）

局　长：朱震龙

副局长：张宋祥

丁红霞（女）

陈罗明

区委全面依法治区委员会办公室

主　任：王金玉（8月26日兼任）

专职副主任：任金忠（兼）

南京市雨花台区财政局（挂区政府国有资产监督管理办公室牌子）

局　长：项　前

副局长：秦旭文（8月2日免）

王　璐（女，9月30日免）

吕森晶（5月11日挂职）

王　影（女，9月30日任，试用期一年）

区政府国有资产监督管理办公室

主　任:项　前(女)

南京市雨花台区人力资源和社会保障局

局　长:梁　汶

副局长:沈　宇

童　静(女)

程　扬

李　栋(6月30日任)

南京市雨花台区住房和建设局

局　长:施晓明

副局长:朱向军

庄　毅

包　锋

南京市雨花台区交通运输局

局　长:陈明贵

副局长:沈　军

李　晨(9月30日免)

王世勇

陈　梁

吕　密(9月30日任,试用期一年)

南京市雨花台区水务局

局　长:王瑞荣

副局长:王小君

余　美(女)

王新奎

南京市雨花台区城市管理局(挂区综合行政执法局牌子)

局　长:褚堂桂(2月12日免)

石明舟(2月12日任)

副局长:笪洪斌

李小林

文　健

刘　庆

区综合行政执法局

局　长:褚堂桂(2月12日免)

石明舟(2月12日任)

南京市雨花台区农业农村局(设区委农村工作领导小组办公室,挂区乡村振兴局牌子)

局　长:伍葵阳

副局长:耿殿元

梅　军

朱耀华

王琼华

张　臻(女)

区委农村工作领导小组办公室

主　任:伍葵阳

南京市雨花台区商务局

局　长:蔡一菁

副局长:沈建新

胡耀俊

胡　蓉(女)

南京市雨花台区文化和旅游局（挂区体育局、区文物局牌子）

局　长：蒋朝晖
副局长：倪恒威
　　　　郜健胜
　　　　刘　丽（女）
　　　　唐传众

区体育局

局　长：蒋朝晖
专职副局长：江海翔（女）

南京市雨花台区投资促进局

局　长：欧仁谷
副局长：王　浩
　　　　杨　啸
　　　　华文锦

南京市雨花台区卫生健康委员会

主　任：褚堂琴
副主任：刘文江
　　　　戴国强
　　　　周建华
　　　　陈红云（女）
　　　　夏慧勇

南京市雨花台区退役军人事务局

局　长：史　军
副局长：向贵平（6月30日任）
　　　　胡晓华（9月30日免）
　　　　孟善武
　　　　孟凡群
　　　　严序健（5月11日兼任）

南京市雨花台区应急管理局（设区安全生产委员会办公室）

局　长：王惠强
副局长：许　谦
　　　　李正福（6月30日免）
　　　　李　勇
　　　　范雪明
　　　　马传银

区安全生产委员会办公室

主　任：王惠强（兼）

南京市雨花台区审计局（设区委审计委员会办公室）

局　长：尹湘麟
副局长：陆国顺
　　　　王　男（女）
　　　　金和根

区委审计委员会办公室

主　任：尹湘麟
专职副主任：丁　宁（女）

南京市雨花台区行政审批局（挂区政务服务管理办公室牌子）

局　长：李　茜
副局长：杨　勇
　　　　邢　凯
　　　　董富龙

区政务服务管理办公室

主　任：李　茜（女）
专职副主任：蒋　华（女）

南京市雨花台区市场监督管理局（挂区知识产权局牌子）

局　长：刘建功
副局长：裘　骏
　　　　刘德政
　　　　陆松林
　　　　邹志英（女）
　　　　易昌军
　　　　李俊平

区知识产权局

局　长：刘建功

南京市雨花台区统计局

局　长：曹祥娟
副局长：俞巍蔚（女）
　　　　汤光华

南京市雨花台区信访局（区委信访局与其合署）

局　长：施兴宝
副局长：刘　印
　　　　潘大清
　　　　杨秀林
　　　　党胜军
信访专员：高义华

南京市雨花台区人民防空办公室

主　任：刘　东
副主任：马翠平
　　　　林海滨

南京市雨花台区地方金融监督管理局（挂区政府金融工作办公室牌子）

局　长：孙向东（2月18日任；9月30日免）
　　　　吴　莹（女，9月30日任）
副局长：曹　钟（9月30日免）
　　　　于俊奇
　　　　卢　剑
　　　　王　凯（5月11日挂职）

区政协机关

南京市雨花台区政协常委会办公室

主　任：姜　宁
副主任：樊世友
　　　　陆凤锁（8月2日任，试用期一年）

南京市雨花台区政协常委会提案委员会

主　任：葛宗超
副主任：刘　全

南京市雨花台区政协常委会经济科技和农业农村委员会

主　任：孟　煜（女）
副主任：黄　霞（女，9月30日免）

南京市雨花台区政协常委会人口资源环境和城市建设委员会

主　任：沈　强
副主任：孙春阳（女）

南京市雨花台区政协常委会教卫文体和文史委员会

主　任：缪文新
副主任：王　新

南京市雨花台区政协常委会社会法制和民族宗教委员会
主　任：李君毅
副主任：袁　铁

南京市雨花台区政协常委会委员工作委员会
主　任：罗　敏（女）
副主任：孙向东（9月30日任）

区纪委监委机关

办公室
主　任：任晨慧（女）

纪检监察干部管理监督室
主　任：蔡亚锋（女）

党风政风监督室
主　任：李颖慧（女）

信访室
主　任：杨云头

案件监督管理室
主　任：解　静（女）

第一纪检监察室（挂第一派出监察员办公室牌子）
主　任：史　毅

第一派出监察员办公室
办公室主任：史　毅

第二纪检监察室
主　任：尹志辉

第三纪检监察室（挂第二派出监察员办公室牌子）
主　任：刘迎春

第二派出监察员办公室
办公室主任：刘迎春

第四纪检监察室
副主任：陆忱（主持工作）

第五纪检监察室
主任：叶荣发

案件审理室
主　任：詹　萍（女）

派驻第一纪检监察组
组　长：任晨慧（女）

派驻第二纪检监察组
组　长：丁伯龙

派驻第三纪检监察组
组　长：张　骞

派驻第四纪检监察组
组　长：王庆华

派驻第五纪检监察组
组　长：王　红（女，6月30日任）

派驻第六纪检监察组
组　长：蒋同良

中共南京市雨花台区委巡察一组

组　长：范小红（女）

副组长：李保庆

中共南京市雨花台区委巡察二组

组　长：邵美玲（女，9月30日免）

　　　　曹　钟（9月30任）

副组长：曾　群（女）

中共南京市雨花台区委巡察三组

组　长：刘晓燕（女）

副组长：张春晖

中共南京市雨花台区委巡察四组

组　长：卞志宏（9月30日免）

　　　　刘　涛（女，9月30日任）

副组长：陆纬栋

区群团机关

南京市雨花台区总工会

主　席：卞艳艳（女）

常务副主席：徐明桂

副主席：庄　捷（女）

　　　　方忠润

　　　　沈　宇（兼）

共青团南京市雨花台区委员会

书　记：李进进（女）

副书记：虞舒海（6月30日任）

　　　　茆弼春（女，6月30日任）

　　　　代贤伟（9月8日兼任）

　　　　江小伟（9月8日兼任）

　　　　徐立立（9月8日挂职）

南京市雨花台区妇女联合会

主　席：张晓慧

副主席：高莉萍（女）

　　　　王　红（女，6月30日免）

　　　　钟　芳（女，6月30日任，试用期一年）

南京市雨花台区残疾人联合会

执行理事会理事长：赵守阳

执行理事会副理事长：

　　　　马晓峰

　　　　陈晓华

　　　　夏　俊（9月30日免）

　　　　江海翔（女，9月30日挂职）

　　　　张卫宏（挂职，9月30日免）

南京市雨花台区红十字会

会　长：吕　晨（女，9月30日任）

常务副会长：陈维炜（女）

副会长：管　艳（女）

　　　　李月水（9月30日任）

　　　　曹永健

区科学技术协会

主　席：石明舟（2月12日免）

　　　　李正福（6月30日任）

副主席：韦　芸（女）

街　道

雨花街道

党工委书记：周洪涛
党工委副书记：郑诗宁
　　董　红（女）
人大工委主任：魏　平
办事处主任：郑诗宁
办事处副主任：秦飞宇
　　曹红伟（治安）
　　邹一兵
　　陈　凯
　　许辰星（女）
　　包　剑
政协工委主任：李家祥
纪工委书记：赵　波
组织委员：董　红（女）
宣传委员：徐嘉嘉（女）
人武部部长：陈　凯
统战委员：田　甜（女）
综合行政检查执法大队大队长：秦飞宇

赛虹桥街道

党工委书记：戴　俊（女）
党工委副书记：王　鹏
　　杨　浩
　　史居敏（女）
人大工委主任：任伯亭
办事处主任：王　鹏
办事处副主任：
　　杨　浩
　　姚礼明（治安）
　　谢　洪
　　陈　雷
　　徐　峰
纪工委书记：陈云国
人武部部长：谢建敏
组织委员：史居敏（女）
宣传委员：谢建敏
统战委员：笪崇军（女）
综合行政检查执法大队大队长：钱　前

铁心桥街道

党工委书记：赵　勇
党工委副书记：邵旻杰（8月2日免）
　　裴　鸿（9月30日任）
　　汤大开
人大工委主任：邓宁成
办事处主任：邵旻杰（8月2日免）
　　裴　鸿（9月30日任）
办事处副主任：王孝春
　　蒋　进
　　韩焕新（治安）
　　孙　星
　　钱问宇
　　袁天燚
政协工委主任：俞建宁
纪工委书记：袁克思
组织委员：汤大开
宣传委员：杨　勇
人武部部长：杨　勇
统战委员：赵惠斌
综合行政检查执法大队大队长：孙　星

板桥街道

党工委书记：刘善海
党工委副书记：武永杰
　　　　　　　陈　新
人大工委主任：乔兰俊
办事处主任：武永杰
办事处副主任：
　　　　向贵平（6月30日免）
　　　　张　凌（治安）
　　　　张秀平
　　　　黄欣宁
　　　　尹云霞（女，11月30日任）
　　　　袁玉进
　　　　朱龙祥（6月30日，试用期一年）
政协工委主任：徐建平
纪工委书记：顾春晖
组织委员：陈　新
宣传委员：李姗姗（女）
人武部部长：刘金钱
统战委员：李姗姗（女）
综合行政检查执法大队大队长：刘金钱

西善桥街道

党工委书记：徐　立
党工委副书记：魏建军
　　　　　　　余　飞
人大工委主任：张　伟
办事处主任：魏建军
办事处副主任：汪国勇（治安）
　　　　　　　张如铁
　　　　　　　王志贤
　　　　　　　范天赋
　　　　　　　李国庆
　　　　　　　袁亚琦（女）
政协工委主任：张良云
纪工委书记：朱大志
宣传委员：殷维维（女）
组织委员：余　飞
人武部部长：王志贤
统战委员：李国庆
综合行政检查执法大队大队长：
　　　　刘　玲（女）

梅山街道

党工委书记：陈志新
党工委副书记：李文浩
　　　　　　　杨镇宁（8月2日免）
　　　　　　　李　晨（9月30日任）
人大工委主任：祝殿龙
办事处主任：李文浩
办事处副主任：李　军（治安）
　　　　　　　李海斌
　　　　　　　程文军
　　　　　　　帅　师
　　　　　　　顾玲芳（女）
纪工委书记：冯良华
组织委员：杨镇宁（8月2日免）
　　　　　李　晨（9月30日任）
宣传委员：彭媛媛（女）
人武部部长：王　勇
统战委员：张　普
综合行政检查执法大队大队长：王　勇

古雄街道

党工委书记：李　睿
党工委副书记：张　盈（女）
　　　　　　　倪　芸（女）
人大工委主任：夏红忠

办事处主任:张　盈(女)
办事处副主任:庄兴海
　　方在金
　　落　陵
　　徐家连
　　李昌明
纪工委书记:余　波
组织委员:倪　芸(女)
宣传委员:周超近
人武部部长:周超近
统战委员:隋立军
综合行政检查执法大队大队长:曹昱鸿

区派出机构

雨花经济开发区

党工委书记:陈志康
党工委副书记:娄　杰(8月2日免)
　　施妙生(9月30日任)
　　仲肇文(女)
人大工委主任:陶　文
管委会主任:娄　杰(8月2日免)
　　施妙生(9月30日任)
管委会副主任:
　　郝　明(9月30日挂职,2023年9月30日止)
　　杨世保(治安)
　　刘新元
　　王　炜
　　陈晓燕(女)
纪工委书记:蒋培南
组织委员:仲肇文(女)
宣传委员:崔　琳
统战委员:王义国
人武部部长:汪立文

南京市雨花台区保障房片区管理办公室

主　任:张　晔(女,9月30日任)
副主任:朱　宇(试用期满,6月8日任)
　　吴方俊(6月30日任,试用期一年)
　　蒋　波(9月30日任,试用期一年)
　　顾菲凡(9月30日任,试用期一年)

雨花新城规划建设管理办公室

主　任:赵　涛
副主任:黄　霞(女,9月30日免)
　　刘　全
　　孙春阳(女)
　　袁　轶

雨花新滨江开发建设指挥部

综合服务部

部　长:陈文彬
副部长:马传银

规划资源部

部　长:张　盈(女)
副部长:袁亚琦(女)

开发建设部

副部长:武　娟(女)

财务管理部

部　长:夏红忠
副部长:王　男(女)

土地管理部

部　长:彭媛媛(女)
副部长:周振全

产业发展部

部　长:赵　华
副部长:华文锦

区直属事业单位

中共南京市雨花台区委党校（区行政学校与其合署,挂市委党校雨花台分校牌子）

校　长:凌向前（6月11日免）
　　　　陆瑞峰（8月26日任）
常务副校长:刘立龙
副校长:金　蕾（女）
　　　　樊宗球

南京市雨花台区档案馆（挂区委党史工作办公室、区地方志编纂委员会办公室牌子）

馆　长:徐美如（女）
副馆长:袁　琦（女,6月30日任,试用期一年）

区委党史工作办公室

主　任:陈明太
副主任:严明英（女）

区地方志编纂委员会办公室

主　任:张　镭（女）

南京市雨花台区机关事务管理服务中心（挂区信息中心牌子）

主　任:周福卫
副主任:李月水（9月30日免）
　　　　周晓林
　　　　高文萱（女,9月30日任,试用期一年）

南京市雨花台区社会保险管理中心（挂区企业退休人员社会化管理服务中心、区医疗保险管理中心牌子）

主　任:秦　翔

区企业退休人员社会化管理服务中心

主　任:程　扬
副主任:全　巍

区医疗保险管理中心

主　任:程　扬
副主任:全　巍

南京市雨花台区征收拆迁安置办公室

主　任:许发俊
副主任:潘　红（女,9月30日免）
　　　　朱　宇
　　　　吴方俊（6月30日任,试用期一年）

区属国有企业

南京雨花国资集团有限公司

董事长:秦旭文（8月2日任）
副总经理:刘　振（8月2日任）
　　　　余　岚（女,8月2日任）
　　　　许发俊（8月29日任）
财务总监:杨　琳（8月2日任）

南京雨花建设发展有限公司

董事长:娄　杰（8月2日任）
总经理:陈　峰（8月2日聘任）
副总经理:于兵勇（8月2日任）
　　　　姜　洁（女,8月2日聘任）
　　　　朱晓霞（女,8月2日聘任）
　　　　曹云刚（8月2日聘任）

财务总监：余文超（女，8月2日任）

软件谷发展公司

负责人：娄　伟

副总经理：彭庆东

　　　　　蔡　军

　　　　　陆文俊

　　　　　朱光明

南京润雨环境有限公司

董事长：杨镇宁（8月2日任）

总经理：陈玉香（女，8月2日聘任）

副总经理：张　颖（女，8月2日聘任）

　　　　　孔庆森（8月2日聘任）

　　　　　刘　莉（女，8月2日聘任）

·中国（南京）软件谷·

中共南京市委中国（南京）软件谷工作委员会

书　记：戴华杰（5月25日免）

　　　　张连春（5月25日任）

副书记：孙中华

委　员：毛光明（8月16日兼任）

　　　　王　辉（12月17日免）

　　　　张铁波（12月17日任）

　　　　黄敖齐（9月23日免）

　　　　彭金斌

　　　　黄海泉

　　　　娄　伟

　　　　刘　峰

　　　　薛守斌（挂职）

中国（南京）软件谷管委会

主　任：孙中华

副主任：王　辉（12月17日免）

　　　　张铁波（12月17日任）

　　　　黄敖齐（9月23日免）

　　　　彭金斌

　　　　黄海泉

　　　　娄　伟

　　　　刘　峰

　　　　张海毅

软件谷（高新区）党工委、管委会下设部门

党政办公室（党群工作部）

主任、部长：翟高峰

副主任、副部长：邹晶晶（女）

　　　　　　　　秦鹏慧

　　　　　　　　丁　艳（女）

产业发展部

部　长：龚健灵

副部长：肖　华（女）

　　　　郭　茜（女）

　　　　戎　燕（女）

招商合作部

部　长：赵　华

副部长：王　翔

　　　　闫　耿

　　　　冷　晶（女）

　　　　马　艳（女）

科技创新部

部　长:李文华(女)

副部长:匡　燕(女)

　　　杨敏娟(女)

　　　朱国庆

　　　李建中(挂职,8月止)

　　　吴贝尔

企业服务部(营商环境办公室)

部　长:翟云海

副部长:徐文俊

　　　郑　寰(女)

　　　吴　霞(女)

　　　蒋　坤

计划财务部

部　长:高金华

副部长:张金玲(女)

　　　赵燕宁(女)

　　　林　武

　　　王　璐(女,9月30日聘任)

资产运营部

部　长:吴　莹(女,9月30日免)

　　　黄　霞(女,9月30日聘任)

副部长:陈梦洁(女)

　　　蒋成财

规划建设部

副部长:袁天燚

　　　李良喜

土地储备中心

主　任:尹　波

副主任:周　鑫

　　　沈露珺(女)

江苏数字出版基地(南京园区)管理办公室

主　任:范春生

·南京市铁路南京南站地区综合管理办公室·

主　任:孙　凯

副主任:张苏海

　　　李　平

综合处

副处长:梁　震

督察处

处　长:陈正儒

副处长:傅传贵

法规处

处　长:赵　涛

副处长:申　昱

市政管养与综合服务中心

副主任:申　昱

　　　潘　红(女,9月30日任)

·市直单位·

南京市雨花台区人民武装部

部　长:李红鑫(2月18日任)

政　委:顾海军

副部长:严序健

南京市规划和自然资源局雨花台分局

局　长：赵　勇

副局长：张云颜（女）

　　　　林　萍（女）

南京市医疗保障局雨花台分局

局　长：张婉如（女）

副局长：吴晓军

南京市公安局雨花台分局

局　长：袁修来（10月31日免）

　　　　侯育国（10月31日任）

政　委：苗　满

副局长：韩启忠

　　　　芮红飞

　　　　傅小福（9月15日免）

　　　　袁　俊

　　　　武鹏程

　　　　李志斌（9月15任）

　　　　张　保（9月26日任）

南京市雨花台生态环境局

局　长：周　兵（10月16日免）

　　　　许颐欣（10月16日任）

副局长：孙环宇

　　　　李正龙

　　　　毕　怀

　　　　杨世伟

国家税务总局南京市雨花台区税务局

局　长：姜莱斌（1月17日免）

　　　　王　俊（4月2日任）

副局长：王桃之

　　　　李　毅（4月19日免）

　　　　谭　军（4月19日任）

　　　　周　薇（女，1月6日免）

　　　　马志奇（1月6日任，4月19日免）

　　　　郭智怡（女）

　　　　邱萌宇（4月2日任）

　　　　陈　钢（挂职，6月28日免）

纪检组组长：王晓健（女）

南京市公安局交通管理局第八大队

大队长：丁邦建

教导员：金灿灿（女）

副大队长：吴晓晖

　　　　　何英伟

　　　　　陆　平

　　　　　李　俊

南京市雨花台区消防救援大队

大队长：王　晋

教导员：孙浩健

副大队长：王　飞

　　　　　吴大朋

责任编辑　杨静珺

索引

雨花台年鉴

2023 YUHUATAI ALMANAC

2023 YUHUATAI ALMANAC

Index

说　明

一、本索引依照国家标准《索引编制规则(总则)》GB/T22466-2008的相关规则进行编制。

二、本索引分为主题索引、图片索引。索引按标目词第一个字的汉语拼音音序排列。索引标目后的数字表示内容所在的页码。数字后的小写字母(a、b)分别表示版面的左、右栏。类目、分目、副分目标题和人名作索引标目时,均用黑体字标明。

三、主题索引,以题目、条目和正文的主题为标目和主要来源进行标引;副标目以缩进方式表示;索引以标目字的汉语拼音音序排列,并添加标目首字的大写字母为助检符号,便于查找索引。

四、图片索引,以图片题名或部分题名为标目。出处页码的表示方式分两种情况:专题图片在表示页码的数字之前加"专题",例如"专题12"表示专题图片的第12页;正文部分则以图片所在的页码和栏目表示,左、右栏分别以小写字母a、b表示,例如"47b"表示第47页右栏。索引以标目字的汉语拼音音序排列,并添加标目首字的大写字母为助检符号,便于查找索引。

A

B

C

D

E

F

G

H

J

L

M

N

P

Q

R

S

T

U

W

Z